先秦文体源流

史学角度的文体研究

张 岩◎著

图书在版编目（CIP）数据

先秦文体源流 ： 史学角度的文体研究 / 张岩著.
北京 ： 五洲传播出版社， 2025. 5. -- ISBN 978-7-5085-5161-6

Ⅰ. G256.22

中国国家版本馆CIP数据核字第20254YR476号

先秦文体源流——史学角度的文体研究

张　岩著

出 版 人：关　宏
责任编辑：阴湙萌
装帧设计：岳　琪

出版发行：五洲传播出版社
地　　址：北京市海淀区北三环中路31号生产力大楼B座6层
邮　　编：100088
发行电话：010-82005927　82007837
网　　址：http://www.cicc.org.cn　http://www.thatsbooks.com
承 印 者：北京市房山腾龙印刷厂
版　　次：2025年5月第1版第1次印刷
开　　本：787×1092 mm 1/16
印　　张：28.25
字　　数：424千字
定　　价：118.00元

目　录

绪论　史学角度的文体研究 …… 1

第一章　《国语》《左传》中的典型文体（上） …… 21

第一节　《国语》文本特征及其成书 …… 22
第二节　《国语》劝谏体短文（上） …… 25
第三节　《国语》劝谏体短文（中） …… 31
第四节　《国语》劝谏体短文（下） …… 37
第五节　《国语》训语体短文（上） …… 45
第六节　《国语》训语体短文（下） …… 55

第二章　《国语》《左传》中的典型文体（下） …… 65

第一节　《国语》赞语体短文 …… 66
（一）赞语体短文内容与体式 …… 66
（二）赞语体A类短文 …… 67
（三）赞语体B类短文 …… 68
第二节　《国语》问答体短文 …… 73
第三节　个案研究：《仲尼非难》的双重史料 …… 79
第四节　《左传》中的典型文体 …… 84
（一）《左传》劝谏体短文（6例） …… 84
（二）《左传》训语体A类短文（6例） …… 86

（三）《左传》训语体B类短文（3例） …………………………………… 87
（四）《左传》赞语体A类短文（3例） …………………………………… 87
（五）《左传》赞语体B类短文（3例） …………………………………… 88
（六）《左传》事语体短文（不涉褒贬）（1例） ………………………… 89
（七）《左传》问答体短文（2例） ……………………………………… 89

第三章　典型文体的体式与内容……………………………………91

第一节　典型文体的体式分类 ……………………………………………92
第二节　典型文体简单变形 ………………………………………………95
第三节　典型文体短文的内容特征 ………………………………………97
第四节　《春秋》三传的文献属性与成书时间 ………………………… 100
第五节　《左传》文本特征及其成书 …………………………………… 104

第四章　典型文体短文的属性与用途………………………… 109

第一节　由典型文体引发的历史问题 …………………………………… 110
第二节　部落社会成年礼与早期官学教育 ……………………………… 112
第三节　国学与乡学 ……………………………………………………… 116
第四节　春秋时期的官学教育 …………………………………………… 119
第五节　《周礼》“中失之事”与教材类短文 …………………………… 122

第五章　君子之学与典型文体（上）………………………… 125

第一节　《国语》“君子曰”与教材类短文 ……………………………… 126
第二节　《左传》季札等人提到的“君子曰” …………………………… 129
第三节　《左传》君子曰：官学教材的权威性提示 ……………………… 131
（一）《左传》中较完整抄录的16条“君子曰”赞语内容 ……………… 131
（二）《左传》中较完整抄录的23条“君子曰”训语内容 ……………… 132
（三）《左传》中对原文有所省略的18条“君子曰”赞语概述内容 …… 134
（四）《左传》中对原文有所省略的21条“君子曰”训语概述内容 …… 136
第四节　“君子曰”是西周官学教本固有体式 ………………………… 138

第六章　君子之学与典型文体（下）…………………………… 141

第一节　“君子曰”的训辞性质 …………………………………… 142
第二节　“君子”与“君子之学” ………………………………… 146
第三节　君子之学 ……………………………………………… 151
第四节　《春秋》经传与“君子之学” …………………………… 154
第五节　周易《大象》君子言行约束 ……………………………… 157

第七章　神权观念与典型文体……………………………………… 163

第一节　《尚书·洪范》中的神权观念（上） …………………… 164
第二节　《尚书·洪范》中的神权观念（下） …………………… 168
第三节　《逸周书·命训》中的神权观念 ………………………… 172
第四节　教材类短文祸福因果 …………………………………… 177
第五节　甲骨卜辞与教材类短文（上） ………………………… 184
第六节　甲骨卜辞与教材类短文（下） ………………………… 189
第七节　《太子晋谏壅谷水》中的祸福因果 ……………………… 195
第八节　《尚书·伊训》等篇的神佑神罚观念 …………………… 200

第八章　《春秋》经传性质探寻…………………………………… 221

第一节　《春秋》产生的制度背景（上） ………………………… 222
（一）“祭者，教之本也”……………………………………… 222
（二）利用祭祀仪式“崇德”“绌恶” …………………………… 223
（三）“令德”“令闻”与祸福因果 ……………………………… 225
第二节　《春秋》产生的制度背景（下） ………………………… 228
（一）“至治馨香，感于神明” ………………………………… 228
（二）“祝嘏辞说”与“皇极”祸福 ……………………………… 231
第三节　《春秋》的文本、“书法”特征 ………………………… 235
（一）《公羊传》（6例）………………………………………… 236
（二）《穀梁传》（6例）………………………………………… 237
（三）《左传》（6例）…………………………………………… 238

第四节　令人畏惧的“书法不隐” …………………………………… 239
第五节　《春秋》简约文体与祝史言辞 ………………………………… 243
第六节　“则父之礼”与《春秋》“书法” ………………………………… 247
第七节　“书法”变通：史官的无奈 ……………………………………… 253
第八节　《左传》独有的“不书”之事 ………………………………… 258

第九章　试析《春秋》经传的由来………………………… 263

第一节　孟子所说孔子“作《春秋》” ………………………………… 264
第二节　《鲁春秋》早期情况 ……………………………………………… 269
（一）《春秋》溯源 ……………………………………………………… 269
（二）马、班所谓“不可以书见” …………………………………… 271
第三节　《春秋》三传与《国语》 ……………………………………… 273
第四节　试析《春秋》经传由来（上） ……………………………… 277
第五节　试析《春秋》经传由来（下） ……………………………… 281

第十章　文体源流分析（上） ……………………………… 285

第一节　《尚书》《逸周书》中的典型文体 ………………………… 286
（一）《尚书》 …………………………………………………………… 286
（二）《逸周书》 ………………………………………………………… 289
第二节　《晏子春秋》文体分析 ………………………………………… 291
第三节　《春秋事语》文体分析 ………………………………………… 296
第四节　《管子》《六韬》文体分析 …………………………………… 299
（一）《管子》 …………………………………………………………… 299
（二）《六韬》 …………………………………………………………… 304
第五节　大小戴《礼记》《论语》《孝经》文体分析 ……………… 306
（一）《礼记》 …………………………………………………………… 306
（二）《大戴礼记》 ……………………………………………………… 313
（三）《论语》 …………………………………………………………… 315
（四）《孝经》 …………………………………………………………… 316
第六节　《墨》《孟》《荀》《列》《庄》文体分析 ………………… 317

（一）《墨子》…… 317
（二）《孟子》…… 318
（三）《荀子》…… 319
（四）《列子》…… 319
（五）《庄子》…… 320

第十一章　文体源流分析（中）…… 321

第一节　《战国策》文体分析 …… 322
第二节　《韩非子》文体分析 …… 325
第三节　《吕氏春秋》文体分析 …… 333
第四节　《淮南子》文体分析 …… 342
第五节　《新书》《新语》《史记》《韩诗外传》文体分析 …… 346
（一）《新书》…… 346
（二）《新语》…… 348
（三）《史记》…… 349
（四）《韩诗外传》…… 349
第六节　《说苑》《新序》《列女传》《论衡》文体分析 …… 351
（一）《说苑》…… 351
（二）《新序》…… 354
（三）《列女传》…… 357
（四）《论衡》…… 358

第十二章　文体源流分析（下）…… 361

第一节　从春秋官学到战国私学（上）…… 362
第二节　从春秋官学到战国私学（下）…… 366
第三节　文体类型（上）…… 370
附录：教材类短文的较晚期案例 …… 375
◎《韩非子》劝谏体例证（6例）…… 375
◎《韩非子》事语体例证（6例）…… 376
◎《吕氏春秋》劝谏体例证（6例）…… 377

◎《吕氏春秋》事语体例证（6例）…………………………………………… 379
◎《说苑》劝谏体例证（6例）…………………………………………………… 381
◎《说苑》事语体例证（6例）…………………………………………………… 383
第四节 文体类型（下）………………………………………………………… 385
（一）无主题短文撮抄和主题辑录……………………………………………… 386
（二）“经传体”………………………………………………………………… 389
（三）“多事一语”的“话语习惯”………………………………………………… 391
（四）比喻类内容的过度使用…………………………………………………… 393

本书结语……………………………………………………………………… 397

参考文献……………………………………………………………………… 403

附录：《国语》《左传》典型文体短文索引………………………… 409

附录一：《国语》典型文体短文索引（196篇）………………………………… 410
一、《国语》劝谏体短文索引（120篇）……………………………………… 410
二、《国语》训语体短文索引（36篇）……………………………………… 415
三、《国语》赞语体短文索引（20篇）……………………………………… 417
四、《国语》问答体短文索引（21篇）……………………………………… 417
附录二：《左传》典型文体短文索引（588篇）………………………………… 419
一、《左传》劝谏体短文索引（236篇）……………………………………… 419
二、《左传》训语体A类短文索引（183篇）………………………………… 429
三、《左传》训语体B类短文索引（55篇）………………………………… 436
四、《左传》赞语体A类短文索引（18篇）………………………………… 438
五、《左传》赞语体B类短文索引（56篇）………………………………… 439
六、《左传》事语体短文索引（5篇）………………………………………… 441
七、《左传》问答体短文索引（35篇）………………………………………… 442

绪论

史学角度的文体研究

绪论：史学角度的文体研究

（一）

笔者在研究中注意到，《国语》《左传》中存在一些相对独立且特征分明的记言记事短文[1]。经过比较细致的文献分析，归纳出四种占比很高且特征分明的典型文体：劝谏体、讥语体、赞语体、问答体。

讥语体短文可以进一步分为A类和B类。按“讥”字第一层含义是否定和非难，第二层含义是祸福因果判断。例如《左传》（昭10）：“十年，春，王正月，有星出于婺女。郑裨灶言于子产曰：‘七月戊子，晋君将死。……吾是以讥之。’”本书“讥语”一词中“讥”字的用法，包含上述两层含义。赞语体短文也可以进一步分为A类和B类。下面是四种典型文体的构成情况。

◎**劝谏体短文**由三到四个部分构成：(1) 劝谏原因；(2) 劝谏言论；(3) 是否听从；(4) 听从或不听从的结果（验辞）。

◎**讥语体A类短文**由两到三个部分构成：(1) 讥语对象；(2) 讥语判断（对当事人败德劣政的灾祸预言）及其说明；(3) 讥语判断应验情况（验辞）。

◎**讥语体B类短文**由两个部分构成：(1) 讥语原因；(2) 讥语（否定和非难）。

◎**赞语体A类短文**由两到三个部分构成：(1) 赞语原因；(2) 赞语判断（对当事人善德善政作出将有善报的预言）及其说明；(3) 赞语判断的应验情况（验辞）。

◎**赞语体B类短文**由两个部分构成：(1) 赞语原因；(2) 赞语。

◎**问答体短文**由两个部分构成：(1) 问答背景；(2) 问答言论。

此项研究详见本书第一章〔《国语》《左传》中的典型文体（上）〕、第二章〔《国语》《左传》中的典型文体（下）〕和第三章（典型文体的体式与内容）。

《国语》体例是国别史，其细目242章（从本书角度可再细分为252章），每章都是一个相对独立的叙事单元，或者说是一篇相对独立的"历史散文"。《国语》中典型文体短文的具体篇数如下：劝谏体短文120篇，训语体短文（A类和B类）36篇，赞语体短文（A类和B类）20篇，问答体短文22篇。合计198篇，**约占《国语》总篇数的五分之四**。这些记言记事短文的文体特征分明，体裁严整，具有良好的分析和分类条件。其体裁的严整程度，如同填写表格。《国语》中其余50余篇短文，可以依据《晏子春秋》的短文分类方法，归入"杂"类。

《左传》体例是编年史，但在其编年体框架中仍可区分出许多相对独立的记言记事单元。除极简约的《春秋》类型"大事记"内容以及类似《公羊传》《穀梁传》的解经内容外，《左传》中有1210篇相对独立的记言记事短文。在这些记言记事短文中，特征分明的典型文体短文篇数如下：劝谏体短文236篇，训语体A类短文183篇，训语体B类短文55篇，赞语体A类短文18篇，赞语体B类短文56篇，事语体短文（不涉褒贬者）5篇，问答体短文35篇。合计588篇，**约占《左传》短文总篇数（1210篇）的二分之一**。《左传》中其余600余篇短文，可以归入《晏子春秋》"杂"类短文（单纯的记事或记言类短文）。

《国语》《左传》是后人了解春秋时期（前770—前476）近三个世纪中国历史的基本依据，这些典型文体短文在《国语》《左传》中占比很高，是重要现象。找到这些典型文体的认识途径类似早期自然科学中的博物学经验归纳：动植物形态，地貌特征，岩石节理，晶体结构等等。**这些现象与研究者主观想法没有关系，它们属于认识对象的自在特征。**

（二）

下面是《国语》《左传》典型文体短文在内容方面的基本特征。在四种典型文体短文（劝谏体、训语体、赞语体、问答体）中，各有两个主要角色：劝谏体短文是劝谏者与被劝谏者；训语体短文是训者与被训者；赞语体短文是赞者与被赞者；问答体短文是问者与答者。这些短文内角色主要是天子、诸侯及其卿大夫，当时的统治集团正是由这些人构成的，或者说他们是当时政权治理机构的核心成员。他们可以被进一步区分为：主政者（天子、诸侯国君和正卿等）与辅政者（士大夫等）。

劝谏体短文的劝谏者和被劝谏者之间，绝大多数情况下都是臣谏君、臣劝臣。在臣劝臣案例中，多数情况下被劝谏者的职官地位要高于劝谏者（下劝上）。在讥语体短文和赞语体短文中，讥语和赞语言说者的社会地位大多略低于被讥者和被赞者。在问答体短文的问者和答者之间，绝大多数情况下都是君问臣答、上官问下官答。换言之，四种典型文体短文的两个主要角色（劝谏者与被劝谏者、讥者与被讥者、赞者与被赞者以及问者与答者），大多可以被归入主政者与辅政者的关系。劝谏者、讥者、赞者和答者多为辅政者，被劝谏者、被讥者、被赞者以及提出问咨者则多为主政者。

问答体短文的主要问答内容是政事、军事、德能和礼制、仪规等。在劝谏体短文中，大多数谏语属性（关键问题）都可以被归入广义的政事类，大多数谏语主旨都是对失德、失政、不敬、不敏等"不应当如何之事"的劝阻，或是对善德、善政等"应当如何之事"的建议。在讥语体和赞语体短文中，大多数"被讥之事"和"被赞之事"也大体不出政事、军事、德能和礼制、仪规的范围。被讥之事包括失德、失政、不敬、不敏、违礼、不义、不仁、不智等等，被赞之事则与之相反。

在《国语》《左传》典型文体短文的言论部分（谏语、讥语、赞语、答语），存在一整套可以相互参照且高度统一的政治理念，其中包括一整套善恶是非的评判标准。来自夏商西周的传统制度和道德伦理原则，构成这一整套政治理念中是非褒贬的主要判别依据。这些言论中肯定与否定的立场明确，是非分明。被赞之事与"应当如何之事"属于是非评判标准中被肯定的范畴，被讥之事与"不应当如何之事"属于是非评判标准中被否定的范畴。

在三种典型文体（谏语体、讥语体、赞语体）短文中，当事人的行为与其此后的命运息息相关：凡善德善政必有善报，凡败德劣政必有恶果。在劝谏体短文中，当事人（被劝谏者）的休咎因果相对简单：听从劝谏会有好的结果，否则将自食恶果。在赞语体A类短文中，赞语对象是当事人的善德善政，赞语判断是针对当事人的命运及其族运、国运（因其善德善政）作出的善报预言。在讥语体A类短文中，讥语对象在大多数情况下是当事人的败德劣政（被讥者的失德、失政、不敬、不敏、违礼、不义、不仁、不智等等），讥语判断是针对当事人的命运及其族运、国运作出的灾祸预言。其所预言的灾祸包括天灾和人祸，且以人祸为主。在人祸中，小者如被讥者的短寿、蒙难、出奔、无后、被杀等等，大者如灭族、国祸、国运衰落乃至亡国等等。

《国语》《左传》典型文体短文的言论部分（谏语、讥语、赞语、答语）包含许多具有重要认识价值的史料内容。这些言论中存在一个唐虞夏商周历史的基本轮廓。参阅《史记》可以了解到：在司马迁的史料辑录中，有较大一部分内容直接来自《国语》《左传》典型文体短文的言论部分。在这些言论中存在一种彼此呼应且一脉相承的三代政权主流意识形态（三代礼乐观念）：为政者应当如何治理国家的礼制与道义规范和是非评判标准，包括将《诗》《书》等文献作为神圣经典的引用和遵从。《国语》《左传》典型文体短文的言论部分是三代议政制度的直接体现：谏语、答语是对为政者的当面言说，讥语、赞语是对为政者行为的公开评论。两汉以降的台谏制度是其因袭。

（三）

中国古代文体史研究的相关文献包括：从南朝《昭明文选》《文心雕龙》，到宋代和元代《文苑英华》《唐文粹》《宋文鉴》《文则》《元文类》，再到明代和清代《文章辨体》《文体明辨》《明文衡》《宋文苑》《古文辞类纂》《六朝文絜》《经史百家杂钞》《涵芬楼古今文钞》等等。中国古代各种文论、文选中文体分类或简或繁，蔚为大观[2]。以往对中国古代文体的几十上百种分类已经十分细致，甚至有些琐碎。

吴承学先生在《中国古代文体形态研究》一书绪论中指出："本世纪以来，我们的文学史研究主要是受到西方学术的影响，而在古代文体形态的研究对象和范围，往往未能从实际出发，对中国古代原来非常重要的一些文体形态相当忽视。因为从现在的眼光看古代许多重要的文体形态是'非文学'的文体形态，但是在中国古代实用文体形态与文学文体形态是浑成一体的。因此，我们的古代文体史研究，一定要从中国古代文体形态的实际情况出发，避免以西方的文体形态分类学的框框来套用，削足以适履。"[3]

笔者很赞成吴承学先生的上述见解。他在《中国古代文体形态研究》第一章以"先秦的盟誓"作为"文体个案"进行研究。这个研究对象属于实用文体与文学文体浑成一体的文体形态，是当时一种非常重要的文体现象。吴承学先生对这一特定文体现象的社会背景、文化宗教背景、使用场合、文体特征、主要内容、演化情况等进行了完整细致的分析归纳，解决了一个文体史上的实际问题。

本书研究与上述情况相近，研究对象也属于实用文体与文学文体浑成一体的文体形态。"先秦的盟誓"是已知"文体个案"，《国语》《左传》中的典型文体则在一定程度上属于未知现象。有必要提到，近期同类研究还包括韩高年先生的《礼乐制度变迁与春秋文体演变研究》[4]。一般来说，"文体史"是文学史研究中一个叙述角度。从"文学文体"的角度说，本书主要研究对象是先秦两汉文学史中文体分类的"历史散文"和"诸子散文"。虽然《国语》《左传》的典型文体特征分明，但在千余年来传统文论、文选和近百年来文学史研究中，研究者一直没有明确认识到这些现象的存在。这也是一个有必要深入研究的学术史现象。

宋代陈骙在其所撰《文则》中将《左传》内容别为八体：命、誓、盟、祷、谏、让、书、对。其侧重角度与本书的研究明显不同。本书研究是对一些"历史散文"的文本结构作整体分析。比如，前面提到"劝谏体"一般由三到四个部分构成：(1) 劝谏原因；(2) 劝谏言论；(3) 是否听从劝谏的交代；(4) 听从或不听从劝谏的结果（验辞）。陈骙所说"谏"体，则具体指劝谏体短文中劝谏言论部分。也就是说，陈骙的

“文章辨体”主要侧重局部，本书研究则同时兼顾整体与局部。

在现当代文学史研究中，《国语》《左传》中的文章都属于“历史散文”，进一步分为记事、记言二体，记言体下有“古代议论文体”，其中有谏语一项。这样的文章辨体并没有实质性超越陈骙“谏”体的划分。关于“谏”体，陈骙只举一例“臧哀伯谏鲁威公纳鼎”，自注：“谏文多矣，今取此为体”（《文则》卷下）。本书的研究则对《国语》（120篇）和《左传》（236篇）中356篇“劝谏体”作了通盘考察。这是简单枚举与成熟分类之间的不同，而相对成熟的分类则是提高知识质量的重要途径。这是培根“经验归纳法”所要实现的主要目标之一。

（四）

《国语》252篇历史散文平均篇幅360字左右，《左传》1210篇历史散文平均180字左右。可以从篇幅的意义上将这些历史散文称为“短文”。采用这个词可以大大扩充文体考察范围：从“历史散文”到“诸子散文”，从《国语》《左传》到《新序》《说苑》，这些文献中的“短文”数量超过一万篇。还可以扩充文体类型的考察范围：在《国语》《左传》中，除上述四种典型文体短文外，其余相对独立的记言记事短文是否也有各自的文体特征和具体属性？

在《国语》《左传》之前，是否存在与之相关的文体类型？从《国语》《左传》到《新序》《说苑》，曾经发生过什么样的文体流变过程？文体辨类的一般原则是形式、内容和用途。从这个角度向前追溯，甲骨文有卜辞文体，金文有命辞文体，在《尚书》有典、谟、训、诰、誓、命等体式。这三者均可归入上述“短文”范畴。

简单说，甲骨文绝大部分内容是记录占卜过程的卜辞。完整的卜辞类“短文”由四个部分构成。下面是马如森先生在《殷墟甲骨文引论》一书中的相关归纳：“（一）叙辞（又叫述辞或前辞），记述占卜的时间（有时也记述地点）和贞人。（二）命辞（又叫贞辞），记述占卜所要问的内容。（三）占辞，记述商王看了兆纹之后所下的判断。（四）验辞，记述占卜之后记录应验的事实。”[5]

在《西周册命制度研究》一书中，陈汉平先生对毛公鼎等80件青铜器上的铭文（命辞）作了细致全面的分析。他提出，完整的命辞类“短文”由六个部分构成：（一）时间地点。（二）册命仪式。（三）册命授职。（四）册命赐物。（五）受命仪式。（六）作器铭识。[6]

完整的卜辞类短文并不多见，一般由一到三部分构成。至少在西周时期，大部分册命金文（命辞类短文）内容相对完整。占卜和册命都是贯通三代的重要制度，卜辞和命辞都有其特定的形式、内容和用途。吴承学先生所研究的先秦盟誓也属于这种情况。这些短文均与本书主要研究对象（典型文体短文）情况相近。其中，卜辞文体与本书研究的“讥语体”“赞语体”之间，在文体结构方面存在比较明显的渊源关系。在这个意义上，本书直接将讥语判断和赞语判断的应验情况称为“验辞”。

《尚书》中的《洪范》是一篇典型的问答体短文。《西伯戡黎》（应撰写于周初）介于劝谏体和讥语体之间（谏→不从→讥）。这种类型的短文在《尚书》中只有一篇，但《国语》《左传》中却很多，具体例证详见后文第十章第一节。这些短文与《西伯戡黎》如出一辙，如同使用同一张“文体表格”填写出来的。此外，《逸周书》中的《大开武》《小开武》《大聚》《大戒》《本典》《官人》《祭公》都是典型的问答体短文。

（五）

《国语》《左传》中的典型文体短文都有其高度规范化的特定体式和内容。从许多具体迹象可以看出，《国语》《左传》的编写者并非这些短文的原创者，而是这些短文的收集、整理和汇编者。这些典型文体短文是《国语》《左传》中数量很大的重要现象（占其总篇幅一半以上），但还没有得到较完整的研究。因此，这些重要现象被发现后，其性质和由来立刻面临考察。

这些特定体式的短文不仅是一种文学意义上的文体现象，同时也是春秋战国的一种历史现象。因此，它们具有十分重要的历史学认识价值：这些典型文体短文是什么人写的？写给什么人看？为什么要写成这样一些特定体式？为什么局限于写这样一些特定内容？这些短文产生于什么时期？在什么样的历史文化背景下产生？什么动机导致人们大量写作这样的短文？什么原因导致这些短文的广泛流传？作为一种特定“文化制品”，这些短文在当时社会生活中发挥什么功能？需要研究的问题还包括《国语》《左传》的史料来源、成书过程乃至重新认识这两部重要古代文献的性质。

解决这些问题，必须到文学之外的历史学中去寻找认识途径。而这些问题的解决，又可以进而解决一些非常重要的史学问题，可以大大推进我们对中国古代史的认识水平。比如说，通过对三代官学（也被称为士学、宦学）教育制度的认识，可以确认这些短文的性质是“教材类短文”，其用途是官学教育中使用的教材。西周时期的官学教育主要有国学与乡学，受教育者包括贵族与平民。孔子本人之所以能够得到最起码的教育，也是得益于当时鲁国仍然残存的传统官学教育体制。

三代官学教育中的成绩优异者，将被选拔为当时政权的各级官吏。《论语》子夏曰：“学而优则仕。”《礼记·学记》引《记》曰：“凡学，官先事，士先志。”在西周礼制的官学教育制度中，学为“士”是基础教育，学为“官”是“专门教育”，二者是同一个教育过程中的两个内容。由于官学教育既是学为“士”，又是学为“官”，所以孔子说“学也，禄在其中矣”（《论语·卫灵公》），《左传》（襄31）子产语：“学而后入政”。

《礼记·曲礼上》：“宦学事师，非礼不亲。”德和能是宦学教育中两个核心内容，也是选任官吏的重要依据。通过对较早期文献中三代神权观念的了解，可以进一步了解到这些“教材类短文”中祸福因果观念的由来。通过在甲骨卜辞与训语体、赞语体短文之间的比较研究，可以了解到三代史中“神道设教”（《周易·观卦·彖传》）的具体情况。以此为基础，可以更加完整和准确地了解到三代官学教育制度的由来、性质和演化过程。

在《左传》《国语》教材类短文（主要是训语体、赞语体和劝谏体）与甲骨卜辞之间，存在宗教观念与文体结构的类同关系。甲骨卜辞祸福判断依据是一套特定的象数占卜规则，教材类短文祸福因果判断依据则直接针对为政者行为的智愚善恶。在赞语判断中，善德善政（包括劝谏体中听从劝谏）必有福报；在训语判断中，败德劣政（包括劝谏体中不听从劝谏）必因此取祸。《左传》《国语》中的祸福判断大体不出《洪范》休征、咎征、五福、六极的范围。据此推测，教材类短文最迟出现于商代。上述研究详见本书第四章（典型文体短文的属性与用途）、第五和第六章〔君子之学与典型文体（上）、（下）〕。

以此为线索，本书进一步扩展研究范围，考察从先秦到汉代其他文献中是否存在同类现象。分析对象包括《国语》《左传》《论语》《孝经》《礼记》《大戴礼记》《晏子春秋》《管子》《六韬》《墨子》《孟子》《荀子》《老子》《列子》《庄子》《关尹子》《尹文子》《鹖冠子》《战国策》《吴子》《韩非子》《吕氏春秋》《淮南子》《史记》《吴越春秋》《韩诗外传》《贾谊新书》《陆贾新语》《列女传》《新序》《说苑》《扬子法言》《新论》《论衡》《中论》等书，从中整理出先秦两汉三十余部相关文献的短文辑录本和文体分类本。

本书的具体分析步骤与方法如下：以《国语》为例，由于《国语》本身就是**短文辑录本**，因此可以直接对其中这些短文的文体类型加以分类。其分类结果是《国语》短文的**文体分类本**，进而以表格形式（训语体表格，赞语体表格，劝谏体表格，问答体表格）对《国语》中典型文体的内容与体式加以具体划分，以此验证上述文体分类在体式与内容方面的客观有效性。**针对《国语》的文体研究是发现《左传》中存在同类现象必不可少的认知路径。**

再以《左传》为例，先将其中1210篇相对独立的记言记事短文辑录出来（**短文辑录本**），然后对这些短文的文体类型加以分类（**文体分类本**），进而以表格形式（训语体表格，赞语体表格，劝谏体表格，问答体表格，事语体表格）对其中典型文体的内容与体式加以划分，包括为每篇典型文体短文冠以标题。**针对《国**

语》《左传》的文体研究是对其他先秦两汉文献展开文体研究必不可少的认知路径。

再以《说苑》为例，先将其中全部教材类短文及其“变体”区分出来（短文辑录本），为每篇短文确定标题，并确认其文体的性质（文体分类本）。与《国语》《六韬》《晏子春秋》《战国策》等书的情况相近，《说苑》本身就是**短文辑录本**。通过上述分析、整理，得到两个结果：一是《说苑》689篇短文经过分篇编号后的**文体分类本**；二是短文目录，包括与短文辑录本对应的编号和每一篇短文的文体属性标注。《说苑》中几乎全部内容都是由各类短文构成（例如：劝谏体106篇，讯语体20篇，赞语体46篇，单纯事语体50余篇，问答体80余篇等）。

以这种方法进行“素材分析”的结果：从《左传》《国语》到《新序》《说苑》的**短文辑录本**共有大约200万字，占这些文献全部篇幅的一半左右；各类短文数量的总和超过一万篇，在这些文献中的篇幅占比约为百分之五十。这项工作规模很大，由此获得此项研究中一些不可或缺、非常重要的基础研究数据。**这是本书“文体研究”的文献素材依据，同时也表明教材类短文及其变体在战国秦汉间诸子文献中篇幅占比很高，普遍存在。**

（六）

在文体、内容方面，《春秋》具有一些十分独特的重要特征。例如，只记国之大事且用字简约、表义准确（包括各种凡例、书法）。搞清《春秋》这些特征的由来，也有必要到文学之外的历史学中去寻找原因。本书第七章（神权观念与典型文体）和第八章（《春秋》经传性质探寻）通过对较早期文献中大量相关制度和宗教观念的比较研究，以及对《春秋》文本特征全面细致的数据化分析，证实《春秋》这种极其简约的记史方式产生于西周时期“祝史荐信”（《晏子春秋》）制度。笔者所著《从部落文明到礼乐制度》一书中已经初步讨论过这个问题。由于本书是文体方面的专题讨论，故有必要对此作些更加深入的研究。

这种“君举必书”（《国语·鲁语上》）的简约记录，是由祝史职官在（每一个岁年）祭祀仪式中向祖考神“汇报”为政者的德能政绩。这是一种特定形式（告神祝辞）的赞誉或警告制度；赞誉的制度效果是“德降为则，则信民宁”（《逸周书·成开》），警告的制度效果是“过慎于武（戒），设备无盈”和“修政戒官，官无不敬”（《逸周书·成开》）。祖考神的好恶及其庇护与惩罚稳定不变：善德、善政（遵从礼制、道义）便会得到神的庇护，《尚书·君陈》所谓“至治馨香，感于神明，黍稷非馨，明德惟馨”；否则便会招致神的惩罚，《尚书·吕刑》所谓“上帝监民，罔有馨香德，刑发闻惟腥”。

这是三代“神权政治”中“天道福善祸淫”（《尚书·汤诰》）和“神福仁而祸淫”（《左传》成5）的神佑与神罚的观念；这种“礼”的创制意图非常明显：是利用神权（祖考神的庇护与惩罚）来实施政权的管理，是“神道设教”。《春秋》的另外一个重要用途是《左传》（僖8）提到的“以示后嗣”的官学（士学）教材，其功效是《国语·楚语上》申叔时所说“教之《春秋》，而为之耸善而抑恶焉，以戒劝其心”，也就是后世学人所说的“垂范”和“垂戒”。

（七）

本书第十和第十一章〔文体源流分析（上）、（中）〕分别对先秦两汉二十余部主要文献的文体构成情况及其文献属性展开正面分析。此项研究的文献涉及范围包括《尚书》《逸周书》《晏子春秋》《春秋事语》《管子》《六韬》《礼记》《大戴礼记》《论语》《孝经》《墨子》《孟子》《荀子》《列子》《庄子》《战国策》《韩非子》《吕氏春秋》《淮南子》《新书》《新语》《史记》《韩诗外传》《说苑》《新序》《列女传》《论衡》等。

本书第十二章〔文体源流分析（下）〕第一和第二节〔从春秋官学到战国私学（上）、（下）〕简要梳理从春秋官学到战国私学的演化脉络。在西周结束前，由中央政权对下属方国的“国学”和“乡学”体制进行统一管理。在这个时期，典型文体教材类短文的撰写和发布也是由中央政权在官学系统中自上而下统一实行。在平王东迁之后，周天子失去对诸侯国的控制能力，“礼乐征伐自天子出”（孔子语，见《论语·季氏》）的局面发生了不可逆转的改观。

但在春秋时期的大部分时间里，以齐桓公、晋文公等为盟主的“诸夏”联盟仍然是当时诸侯国中最强大的一支政治军事势力。这支以“诸夏”为主体的强大势力仍然在一定程度上发挥着藩屏周室的作用，周王室因此拥有一定程度的或者说是名义上的正统地位。缓慢的“政治下移”与缓慢的“学术下移”平行发生。由于这个原因，一脉相承的三代礼制及其宗教观念并不是在一个突变过程中迅速消亡的。

《庄子·天下》：“古之人其备乎！配神明，醇天地，育万物，和天下，泽及百姓，明于本数，系于末度，六通四辟，小大精粗，其运无乎不在。其明而在数度者，旧法世传之史尚多有之。其在于《诗》《书》《礼》《乐》者，邹鲁之士、搢绅先生多能明之。《诗》以道志，《书》以道事，《礼》以道行，《乐》以道和，《易》以道阴阳，《春秋》以道名分。其数散于天下而设于中国者，百家之学时或称而道之。”

庄子所说“邹鲁之士”指孔门传人。“搢绅先生”则是指“垂绅搢笏”的仕宦者，更准确地说应是指曾经为官、已经致仕的宦学之师。由为官而为师在春秋时期曾经是一种普遍存在的重要制度。庄子所说“搢绅先生”是早期官学体制在战国中期的残存现象。学术下移开始于春秋时期，其结果是出现了“百家之学”；而“百家之学”对《诗》《书》《礼》《乐》《易》《春秋》的“时或称而道之”，又从一个相反的方向表明，在西周乃至春秋时期的官学与战国时期的“百家之学”之间，存在着一脉相承的演化关系。前者是后者的产生基础，后者中仍然残留着前者的成分。

在战国时期，西周乃至春秋时期的官学体制已经发生了进一步的衰落。但是，这个时期每一个诸侯方国的政权机器仍在运转，这种运转仍然需要很大数量的中下层官吏来维持，这些中下层官吏仍然需要掌握一些最起码的识字能力和宦学知识。这种仍然存在的社会需求为早期的家塾、乡校等中下层官学教育机构的残存提供了条件。只有“禄在其中”，才有人愿意求学，才有人愿意为其子弟的求学进行“投资”。只有在这种情况下，“搢绅先生”才能够有人可教和有饭可吃。这种由官学而私学的“搢绅之学”以及一直存在着的教与学之间的需求关系，为“百家之学”的产生和存在提供了不可缺少的条件。同时，也是“邹鲁之士”负笈远游、讲学于国门之外的“市场”。

战国诸子在未成就其学说之前，或就学于“搢绅先生”，或就学于“邹鲁之士”，或就学于已有的“百家之学”的传学者。他们学成之后，开始著书立说，成一家之言，开学授徒，于是“百家之学”又多一家。前面提到，战国诸子及其门徒的第一职业是教书，他们上则应对国君，为臣为客为王者师，下则受到望族、乡党的礼聘，开学授徒。这在当时是一种受人尊敬、收入不菲的重要职业。

自春秋晚期到战国乃至汉初，官学教育和学术可以分为两种情况：一是残存的“国学”体制，二是残存的“乡学”体制。“乡学”体制的早期职能是以德教民以及培养基层官吏。春秋时期每一个诸侯方国均有其“国学”体制，每一个诸侯国都是一个或大或小的学术中心（包括礼官、乐官、历官、史官和官学教育机构等等）。其职能是贵族教育，是传承周代礼制（《诗》《书》《礼》《乐》《易》《春秋》）以及各诸侯方国的制度和文化。

孔子曾观书周室，周王室在春秋时期结束前曾经是一个比较重要的学术中心。进入战国，这种情况仍有延续。“鲁学”“楚学”一直残存到战国晚期。三家分晋后，晋国的“学术中心”随之一分为三。田氏代齐，稷下之学继承并替代了传统的齐国学术。燕昭王即位于破燕之后，卑身厚币以招贤者，“士争趋燕”，于是燕有碣石宫。吕不韦广纳门客，秦始皇时设七十人的博士官机构，“秦学”随之兴盛。汉承秦制，设立博士学官“七十余人”。

综上所述，这一历史过程（春秋战国乃至汉初六个多世纪）中，《诗》《书》等早期文献的基本属性是官学和私学教育中使用的经典教材，略晚些的诸子文献也大多曾被用为教材。教材类短文最晚产生于周初，是早期官学教育中普遍使用的教材类型。诸子文献对《诗》《书》《礼》《乐》《易》《春秋》的“时或称而道之”，是晚期私学教材对早期官学经典教材的称引。

《国语》和《左传》中的教材类短文体现了此种教材类型的较早期形态。其基本特征如下：**一是篇幅**，平均二三百字；**二是体式**，四种典型文体占比很高；**三是内容**，完整体现三代官学教育中一整套居于统治地位的礼乐观念。诸子文献中对教材类短文的大量征引和撰写新篇，也属于晚期私学教材对早期官学短文体式的因袭。本书第十二章第三节给出先秦及汉代文献中包含教材类短文的具体篇数，第四节的附录部分给出《韩非子》《吕氏春秋》《说苑》中36篇典型文体教材类短文的较晚期案例。以此表明：从战国到汉武帝时期的现有文献中，教材类短文及其变体的占比一直很高。本书第十二章的第三节、第四节（文体类型—上、下）和第五节（从春秋到汉代的文体变迁）正面分析这个时段主要文献中的文体类型及其变迁过程。

从《诗》《书》《礼》《乐》《易》《春秋》到《国语》《左传》，再到《新序》《说苑》，其主要文献属性是教材。换言之，我国很大一部分先秦历史被记录和保留在这一较长时段官学乃至私学教育的教材中。

（八）

上文介绍本书研究的基本内容，下面简要讨论两个与本书研究相关联的重要史学问题。

第一个问题，先秦文献的属性与时段分类。

依据本书对三代礼乐制度和礼乐观念的文献征引，可以明显看出，在早期和较早期文献的相关内容之间，存在一个彼此呼应且一脉相承的三代礼制和主流意识形态（三代礼乐制度和礼乐观念）。在战国时期的诸子文献中，此类内容明显减少。据此，可以将先秦文献大致区分为：**(1) 夏商西周和春秋时期的早期文献以及较早期的孔门文献**（如《诗经》《周礼》《周易》《仪礼》《尚书》《逸周书》《国语》《左传》《礼记》《大戴礼记》《管子》《晏子春秋》《论语》《孝经》等），**(2) 孔子之后战国时期的诸子文献**（如《墨子》《孟子》《荀子》《列子》《庄子》《六韬》《关尹子》《商君书》《孙膑兵法》《孙子兵法》《吴子》《韩非子》《吕氏春秋》《战国策》《战国纵横家书》《春秋事语》等)。《管子》与《晏子春秋》虽然经过稷下学士的整理和改动，但其中主要内容应来自春秋时期管仲、晏婴之后的齐国官学教材。在《礼记》《大戴礼记》等孔门文献中，绝大部分内容(三代历史中的礼乐制度和礼乐观念)来自孔子之前的鲁国官学教材，由孔子及其弟子搜集、整理并加以解说。

在以往的先秦史研究中，所谓“儒家思想”可能是一个存在很大问题的误导性概念。三代礼乐制度和观念存在于孔子之前。孔子言行、著述的自律原则是守旧而非创新，这一点将在本书第二章第三节展开论述。孔子青少年时接受过当时鲁国残存的传统官学教育。他是“君子之学”教育出来的智慧卓越、才能出众、知识渊博、善于思考的合格君子。孔子的为人行事在《论语》中有着比较全面完整的体现。孔子是一位理性客观的人，从来没有构建过“儒家思想”的乌托邦。他的主要著述都是对三代礼乐制度和礼乐观念的“述而不作”。当先秦史研究者在上述第一类文献(例如《尚书》《逸周书》《国语》《左传》以及大小戴《礼记》)中去寻找和界定“儒家思想”的时候，有必要认真思考是否已经误入歧途。

第二个问题，三代德义传统的制度维系功能。

由本书的文献征引可以了解到，在上述第一类文献(如《尚书》《逸周书》《左传》《国语》《礼记》《大戴礼记》等)中，存在许多可以相互印证且一脉相承的三代礼乐制度和礼乐观念。在这些内容中有一个十分突出的重要特征，那就是连篇累牍的德能规范、道义原则：敬、忠、信、仁、义、智、勇、教、孝、友、惠、睦、和、让等等。此类内容是历史事实的客观记录，还是不符合历史事实的“儒家思想”？这是能否准确认知中国上古史乃至中国文明的核心问题之一。

中国文明政治制度的第一个阶段，是所谓“分封制”(历时大约十几个世纪)。夏商西周的政权格局一直是天子册封并统辖诸侯方国(分封制)。第二个阶段(春秋战国五个半世纪)是分封制的瓦解过程，是从分封制到中央集权制的过渡环节。第三个阶段是郡县天下的中央集权制度，始于秦汉延续到清代(历时二十一个

世纪）。在第二个阶段历史记录的完整、细致和可靠程度方面，《左传》《国语》等文献对春秋时期历史的记录质量要远好于《战国策》等文献对战国时期历史的记录质量。这是史学史中的一个特例。依据《左传》《国语》等文献，我们可以看到分封制的衰落过程，可以据此考察分封制“易坏而难成”的**薄弱环节**。

夏商西周的政权格局一直是天子之国统辖诸侯方国。诸侯方国大小强弱不一（公侯伯子男），各自拥有统辖一方、相对独立的政权机构和军事建制（政治军事自主权）。在天子之国和诸侯方国内部，执掌各级政权的公卿大夫背后各有其祖庙和宗族、家族背景，也都是相对独立的政治军事势力。古代中国分封制政体存在以下两个主要薄弱环节：一是天子对诸侯只具有间接和有限的控制权，二是天子和诸侯对其下属公卿大夫宗族同样也只具有间接和有限的控制权。

在上述情况下，古代中国分封制政体很容易发生如下失控状态：诸侯方国间恃强凌弱的侵伐与兼并（包括诸侯做大，不享、不庭）；天子之国和诸侯方国内部公卿大夫及其宗族之间的倾轧、兼并和专权，包括天子和诸侯的君位继承权争端。在三代王朝鼎盛期，此类失控状态发生率相对较低。依据《左传》《国语》等文献的相关记载可以了解到，此类失控状态在西周末期和春秋时期渐趋频繁。可以参阅清人顾栋高《春秋大事表》对此类历史现象接近数据化的归纳整理。孔子将西周到春秋时期的政治权力转移过程区分为如下四种状态（《论语·季氏》）：礼乐征伐自天子出→礼乐征伐自诸侯出→自大夫出→陪臣执国命。

在以趋利避害为首要动机的政治、军事博弈规则中，只要预期收益大于损失，就会有人为此铤而走险。在没有太大风险即可获得很大收益的情况下，就会有更多的人主动发起这些争端。庶子与嫡子争位一旦成功，争端发起者可以因此获得君位（天子、诸侯），其支持者（公卿大夫）也可以因此获得极大利益。同理，兼并他国以壮大本国，打击和削弱其他宗族以壮大本族，也都属于驱动当事者主动发起争端的重大利益诱因。

这些争端是否发生，直接取决于当事人（个体）的行为选择结果。礼乐制度及其道德原则的约束对象是当时主流社会中所有个体，包括天子、诸侯以及大夫和士。其约束途径一是制度规定的奖励与刑罚，二是道德礼义原则中的该做什么以及不该做什么。后者的行为约束范围远大于前者。后一个途径虽然没有实际奖励与刑罚，但却具有令人畏惧的神佑与神罚。在西周时期，将道德礼义原则灌输给当时主流社会中所有个体的重要礼制是官学教育，具体包括贵族教育和平民教育。贵族和平民子弟在冠礼前后的青少年时期进入官学体制中的“国学”和“乡学”接受教育，其所学内容是何以为人（“士先志”）的道德人格教育，是何以为官（“官先事”）的宦学知识教育。

三代礼乐制度及其道德原则（君子人格）的基本内容具有一目了然的针对性功能：最大限度减少上述失控状态的发生；以及此类失控状态一旦发生，会遇到更多和更有效的反对者。在前面提到从《尚书》《逸周书》《周易》到《左传》《国语》等重要历史文献中，与此相关的官学教育、道德原则、君子人格和官吏选拔制度等内容占有很大篇幅。不是蛛丝马迹，而是连篇累牍。

古代中国分封制政体属于一种十分脆弱的政治权力结构，但这个脆弱结构居然在十几个世纪中维持相对稳定的存在。在天子级政权失去对下属诸侯国的实际管辖能力（平王东迁）之后，古代中国分封制政体开始了一个十分缓慢的垮塌过程，此过程持续了长达五个半世纪。在上述两个历史阶段（古代中国分封制的存在期和瓦解期）的大部分时间里，夏商周三代主流意识形态中神佑神罚的宗教观念及其道德伦理原则一直在发挥着十分重要的政权支撑和制度维系功能。《礼记·学记》：**“是故古之王者建国君民，教学为先。”**

在春秋时期一些重要历史人物的政治军事决策中，我们可以明显看到三代德义传统的君子风范。此类案例不胜枚举，可以写成一部专题著述。不难理解，如果春秋时期诸侯国君臣中多一些合格的君子，就会减少一些弑君、征伐、灭国等失控事件，就会增多一些相互礼敬、救援、遵守盟约乃至存亡继绝，进而减慢分封制的

瓦解速度。反之，当纵横阴谋之术逐渐取代礼乐道统，当功利主义和机会主义的政治动机逐渐失去君子人格的制衡机制，同一个过程就会因此加快速度。这是战国中后期的“政治生态”。

---

[1] 张岩：《〈国〉〈左〉文体与王官之学》，《新原道》第二辑，郑州：大象出版社，2004年版。

张岩：《春秋战国文体源流考略》，见《从部落文明到礼乐制度》，上海三联书店2004年版，附录一。

[2] 褚斌杰：《中国古代文体概论》，北京：北京大学出版社，1990年版，附录部分。

[3] 吴承学：《中国古代文体形态研究》，广州：中山大学出版社，2002年版。

[4] 韩高年：《礼乐制度变迁与春秋文体演变研究》，北京：商务印书馆，2021年版。

[5] 马如森：《殷墟甲骨文引论》，长春：东北师范大学出版社，1993年版，第176页。

[6] 陈汉平：《西周册命制度研究》，上海：学林出版社，1986年版，第341-361页。

第一章

《国语》《左传》中的典型文体（上）

第一节 《国语》文本特征及其成书

《国语》约七万字，凡二十一卷，内分八个部分：周语三卷，鲁语二卷，齐语一卷，晋语九卷，郑语一卷，楚语二卷，吴语一卷，越语二卷。《国语》八个部分之间，存在一些比较明显的不同之处。在篇幅方面，晋语最长，其长度略少于另外七个部分的总和；郑语最短，仅为晋语的十七分之一。

表1.1 《国语》八个部分篇幅（字数不计标点）及述史长度（起讫年）比较

国别	卷数	章数	字数（约）	记事起点（年）	记事终点（年）	述史长度（年）
1周语	3	33	13395	（约）前966	（约）前458	（约）508
2鲁语	2	37	7162	（约）前684	（约）前483	（约）201
3齐语	1	8	3692	（约）前685	（约）前643	（约）42
4晋语	9	127	28780	（约）前709	（约）前453	（约）256
5郑语	1	2	1692	（约）前773	（约）前720	（约）53
6楚语	2	18	7060	（约）前606	（约）前479	（约）127
7吴语	1	9	4951	（约）前496	（约）前473	（约）21
8越语	2	9	3663	（约）前494	（约）前473	（约）21

在内容方面，吴语和越语都以吴越相争为主要记述对象，故二者重复之处最多；吴语最长一章是《勾践灭吴》，细读可知，此章记事本位是越国而非吴国，因此按照《国语》的国别史编写体例，这一章本应在越语中；越语上（一章）《勾践雪耻》从勾践战败讲到其灭吴，越语下（八章）彼此连贯，记录同一过程。越语上、下的不同之处在于：越语下记事角度以范蠡为中心，几乎是一篇范蠡传。在吴语和越语之间乃至越语上、下之间，一方面记事重复之处很多，另一方面在记事细节上的自相矛盾处也很多。据此，似乎有必要将《国语》中的“前六语”（周语、鲁语、齐语、晋语、郑语、楚语）与“后二语”（吴语和越语）加以区分。后者在编史质量、表述风格和礼

制观念等方面与前者多有不同。

在记事起点上，八个部分之间也存在明显不同。周语最早，其次是郑语、晋语、齐语、鲁语、楚语、吴语、越语。周语记事起点（周穆王时期，约为公元前900余年）比吴语和越语要早500余年，比“春秋时期”的起点（前770年）要早200余年。

在述史的长度上，也是周语最长（约508年），比整个“春秋时期”的长度（290余年）还要长210余年，约相当于晋语的近两倍、鲁语的两倍多、楚语的三倍多、郑语的六倍、齐语的十一倍、吴语（越语）的二十余倍。

在记事篇幅上，晋语最长，其次为周语、鲁语、楚语、吴语、齐语、越语、郑语。

《国语》体例是国别史，其细目242章，每章都是一篇相对独立的叙事单元（记言记事短文）。最长者2000余字，最短者只有几十字，平均290字左右（不计标点）。

《国语》八个国别部分在卷数、章数以及每章的平均篇幅等方面也存在明显的不同之处。下面是与此相关的具体数据：《周语》3卷，33章，每章平均篇幅406字（不计标点，下同）；《鲁语》2卷，37章，每章平均篇幅193字；《齐语》1卷，8章，每章平均篇幅461字；《晋语》9卷，127章，每章平均篇幅226字；《郑语》1卷，2章，每章平均篇幅846字；《楚语》2卷，18章，每章平均篇幅392字；《吴语》1卷，9章，每章平均篇幅550字；《越语》2卷，9章，每章平均篇幅406字。

编写一部史书至少应有两个主要步骤，一是史料的收集，二是对史料的加工整理、融会贯通。造成《国语》八个部分之间诸多方面的不平衡和互异之处的主要原因，一是在不同来源的若干种史料之间本身便存在体裁、篇幅、内容、年代等诸多方面的互异；二是作者对史料的处理以辑录为主，在整齐体例和融会贯通的编史方面下功夫较少。

从这个认识角度看，《国语》成书应是其编写者对若干种文献史料在以国别为体例的选择性辑录基础上进行“粗加工”的结果。因此《国语》明显具有“半成品”性质，其中相当一部分内容在很大程度上保留了既往文献史料被“加工”前的原貌。这种情况为本书对《国语》典型文体进行深入分析提供了较好的素材条件。

《国语》中典型文体主要有四种：劝谏体短文、讥语体A类短文、赞语体短文、问答体短文。这四种典型文体短文疏密不同地分布于《国语》的八个国别史部分之中。本节针对《国语》文本特征的简要讨论足以表明，《国语》中这些短文的文体特征直接来自既往文献史料被《国语》编写者"粗加工"前的原貌。这些记言记事短文的文体特征分明，体裁严整，具有良好的分析和分类条件（见本书附录一：《国语》典型文体短文索引）。

《国语》原本只有分章而没有标题，后人标点为《国语》每章冠以标题。由于《国语》内容大多是由一些结构完整且相对独立的记言记事单元构成，这为加上小标题提供了方便。这些标题大多比较得体和准确。本书统一使用岳麓书社"古典名著普及文库"《国语·战国策》（1988年9月第一版）的《国语》短文标题（李维琦先生所加）。下面以这些记言记事短文作为认识对象，具体讨论《国语》中一些特征分明的短文文体。

第二节 《国语》劝谏体短文（上）

在《国语》约190余篇典型文体短文中，劝谏体短文的数量最多（120篇）。在劝谏体短文中，劝谏者主要是士大夫，被劝谏者主要是周天子以及诸侯方国的国君。在士大夫之间，有时也会发生劝说与被劝说关系。前一种情况是臣谏君，后一种情况是臣劝臣。这两种情况并存，故此类短文可以被称为劝谏体。

完整的劝谏体短文由四个部分构成：（1）**劝谏原因**，（2）**劝谏言论**，（3）**是否听从**，（4）**验辞（具体指听从或不听从劝谏的结果）**。例如，周语上《祭公谏征犬戎》共有四个部分：（1）周穆王决定征伐犬戎；（2）祭公谋父进谏阻止，他正面讲述西周职贡制度的实施情况以及犬戎仍遵守这一制度因而不应征伐的道理；（3）“王不听，遂征之，得四白狼、四白鹿以归”；（4）“自是荒服者不至”。第一部分是**劝谏的原因**，第二部分是**劝谏的言论**，第三部分**交代被劝谏者是否接受劝谏**，第四部分是**接受或不接受劝谏的结果（验辞）**。

在《国语》120篇劝谏体短文中，主要有三种文体结构的构成情况：一是由上述四个部分中的前两个部分构成（3篇），二是由前三个部分构成（60余篇），三是由完整的四个部分构成（50余篇）。在劝谏体短文的验辞部分有一个固定“规律”：凡听从劝谏者便会有好的结局，凡不听从劝谏者便会有不好的结果。劝谏体短文的验辞部分都是对此种“规律”应验情况的具体交代。

从史学角度进行考察，在《国语》《左传》典型文体（讥语体、赞语体、劝谏体、问答体）短文中主要包括两类内容。一是对一个具体历史事件的直接记叙，二是通过历史事件中具体人物之口对既往历史的追述。例如，在《祭公谏征犬戎》（下文例证1）中，历史事件的直接记录是：周穆王将征犬戎，祭公谋父加以谏阻，穆王不听谏阻执意征伐，虽然征伐取胜但“自是荒服者不至”。在该文中，历史事件的间接记录是：祭公谋父在谏语中正面讲述周人先祖世袭三代王政中的后稷职官以及西周职贡制度的具体内容和实施情况等等。

在笔者对中国古史的正面研究中，上述两类内容至少具有同等重要的史料价值。完整说，《国语》《左传》典型文体短文的言论部分（谏语、训语、赞语、答语），包含许多具有重要价值的史料内容。为方便起见，本书称其为“**言论部分的重要史料内容**”或“**重要史料内容**”。在下文案例分析中，凡有此类内容者统一（在短文标题后面）使用符号“○”加以标记。本书后面还要对此作些具体讨论。

下面具体分析《国语》劝谏体短文的三个案例。

◎例证1《祭公谏征犬戎○》（周语上）[劝谏体-不从-验]

【劝谏原因】穆王将征犬戎。【劝谏言论】祭公谋父谏曰：“不可。(1) 先王耀德不观兵。夫兵戢而时动，动则威，观则玩，玩则无震。是故周文公之《颂》曰：‘载戢干戈，载櫜弓矢。我求懿德，肆于时夏，允王保之。’先王之于民也，懋正其德而厚其性，阜其财求而利其器用，明利害之乡，以文修之，使务利而避害，怀德而畏威，故能保世以滋大。(2) 昔我先王世后稷，以服事虞、夏。及夏之衰也，弃稷不务，我先王不窋用失其官，而自窜于戎、狄之间，不敢怠业，时序其德，纂修其绪，修其训典，朝夕恪勤，守以敦笃，奉以忠信，奕世载德，不忝前人。至于武王，昭前之光明而加之以慈和，事神保民，莫弗欣喜。商王帝辛，大恶于民。庶民不忍，欣戴武王，以致戎于商牧。是先王非务武也，勤恤民隐而除其害也。(3) 夫先王之制：邦内甸服，邦外侯服，侯、卫宾服，蛮、夷要服，戎、狄荒服。甸服者祭，侯服者祀，宾服者享，要服者贡，荒服者王。日祭、月祀、时享、岁贡、终王。先王之训也：有不祭则修意，有不祀则修言，有不享则修文，有不贡则修名，有不王则修德，序成而有不至则修刑。于是乎有刑不祭，伐不祀，征不享，让不贡，告不王。于是乎有刑罚之辟，有攻伐之兵，有征讨之备，有威让之令，有文告之辞。布令陈辞而又不至，则增修于德而无勤民于远，是以近无不听，远无不服。(4) 今自大毕、伯士之终也，犬戎氏以其职来王。天子曰：‘予必以不享征之，且观之兵。’其无乃废先王之训而王几顿乎！吾闻夫犬戎树惇，帅旧德而守终纯固，其有以御我矣！”【是否听从】王不听，遂征之，得四白狼，四白鹿以归。【验辞】自是荒服者不至。

〖案例分析〗

文体结构（四部分）。劝谏原因：周穆王决定征伐犬戎。劝谏言论：祭公谋父进谏制止，他正面讲述了西周职贡制度的实施情况以及犬戎仍遵守这一制度因而不应征伐的道理。是否听从：王不听，遂征之，得四白狼、四白鹿以归。验辞：自是荒服者不至。

被劝谏者：周穆王；劝谏者：祭公谋父；二者关系：臣谏君。

谏语属性：周穆王不可以征伐犬戎（属政事类）。谏语主旨：在王政实施中修文重于用武。

劝谏言论分析：这篇短文中的谏语大致可以分为四个部分。

(1) 讲“先王耀德不观兵”的道理。

(2) 追述后稷以来直到周武王的相关史事，以表明周之先祖历来以修文德为重，用武只是为民除弊，不得已而为之。

(3) 讲述相关的“先王之制”，以表明三代王政中“修文”“修德”与“修刑”的不同功能以及何者更加重要。

(4) 指出长期以来犬戎并没有不履行其应有的王政职能（戎、狄荒服），言外之意犬戎不是“先王之制”中“修刑”的对象。反过来说，天子（周穆王）对犬戎的征伐则是“废先王之训”。

劝谏言论中的重要史料内容：

例如，周人先祖于舜夏世袭三代王政中的后稷职官。《尚书·舜典》相关内容：“帝曰：‘弃！黎民阻饥。汝后稷，播时百谷。’”有必要指出，周人在商代兴盛时期仍然世袭后稷职官。详见《逸周书·商誓》：“在商先誓（哲）王，明祀上帝，……亦惟我后稷之元谷，用告和，用胥饮食。肆商先誓（哲）王维厥故，斯用显我西土。”

再如，三代王政中的五服制度："邦内甸服，邦外侯服，侯、卫宾服，蛮、夷要服，戎、狄荒服。甸服者祭，侯服者祀，宾服者享，要服者贡，荒服者王。"

又如，三代王政中的祭祀与贡赋制度："日祭、月祀、时享、岁贡、终王。"

又如，三代王政中维系祭祀与贡赋制度的主要方法（维系制度的制度）："有不祭则修意，有不祀则修言，有不享则修文，有不贡则修名，有不王则修德，序成而有不至则修刑。于是乎有刑不祭，伐不祀，征不享，让不贡，告不王。于是乎有刑罚之辟，有攻伐之兵，有征讨之备，有威让之令，有文告之辞。布令陈辞而又不至，则增修于德而无勤民于远，是以近无不听，远无不服。"

又如，犬戎氏此前一直遵从荒服者的职贡制度（以其职来王）。

诸侯方国职贡制度是三代王政（宗教、政治、经济）的主体框架，但正面记录此种制度的史料内容相当匮乏。除《国语》中的《祭公谏征犬戎》之外，正面记叙三代王政中方国职贡制度的先秦文献主要包括：《尚书》中的《禹贡》篇、《逸周书》中的《王会》篇和《职方》篇、《周礼》中的《职方氏》篇和《大行人》篇、《荀子》中的《正论》篇。因此，在《祭公谏征犬戎》言论部分，包含后人了解三代职贡制度的**重要史料内容**（○）。该文验辞内容（自是荒服者不至）表明，五服制度在西周中前期已经不能得到完整实施。

◎例证2《虢文公谏不籍千亩○》（周语上）[劝谏体-不从-验]

【劝谏原因】宣王即位，不籍千亩。【劝谏言论】虢文公谏曰："不可。夫民之大事在农，上帝之粢盛于是乎出，民之蕃庶于是乎生，事之供给于是乎在，和协辑睦于是乎兴，财用蕃殖于是乎始，敦庬纯固于是乎成，是故稷为大官。古者，太史顺时覛土，阳瘅愤盈，土气震发，农祥晨正，日月底于天庙，土乃脉发。先时九日，太史告稷曰：'自今至于初吉，阳气俱蒸，土膏其动。弗震弗渝，脉其满眚，谷乃不殖。'稷以告王曰：'史帅阳官以命我司事曰："距今九日，土其俱动，王其祗祓，监农不易。"'王乃使司徒咸戒公卿、百吏、庶民，司空除坛于籍，命农大夫咸戒农用。先时五日，瞽告有协风至，王即斋宫，百官御事，各即其斋三日。王乃淳濯飨醴，及期，郁人荐鬯，牺人荐醴，王祼鬯，飨醴乃行，百吏、庶民毕从。及籍，后稷监之，膳夫、农正陈籍礼，太史赞王，王敬从之。王耕一墢，班三之，庶民终于千亩，其后稷省功，太史监之；司徒省民，太师监之；毕，宰夫陈飨，膳宰监之。膳夫赞王，王歆大牢，班尝之，庶人终食。是日也，瞽帅、音官以风土。廪于籍东南，钟而藏之，而时布之于农。稷则遍诫百姓，纪农协功，曰：'阴阳分布，震雷出滞。'土不备垦，辟在司寇。乃命其旅曰：'徇，农师一之，农正再之，后稷三之，司空四之，司徒五之，太保六之，太师七之，太史八之，宗伯九之，王则大徇，耨获亦如之。'民用莫不震动，恪恭于农，修其疆畔，日服其镈，不解于时，财用不乏，民用和同。是时也，王事唯农是务，无有求利于其官，以干农功，三时务农而一时讲武，故征则有威，守则有财。若是，乃能媚于神而和于民矣，则享祀时至而布施优裕也。今天子欲修先王之绪而弃其大功，匮神乏祀而困民之财，将何以求福用民？"【是否听从】王不听。【验辞】三十九年，战于千亩，王师败绩于姜氏之戎。

〖案例分析〗

文体结构（四部分）。劝谏原因：周宣王继位后废止由天子亲自主持的籍耕礼。劝谏言论：虢文公进谏说"不可！"，然后较完整地讲述籍田礼的仪规及其在政权管理和国计民生方面的重要作用。是否听从：王不听。验辞：三十九年，战于千亩，王师败绩于姜氏之戎。

被劝谏者：周宣王；劝谏者：虢文公；二者关系：臣谏君。

谏语属性：周宣王不可以"不籍千亩"（属政事类）。谏语主旨：强调籍田礼在三代王政中的重要作用和不可废除。

劝谏言论分析：这篇短文谏语部分对三代王政中籍田礼的仪式程序、制度功能作出相对完整的概述。这些记述属于劝谏言论中的重要史料内容（⊙）。

◎例证3《内史兴论晋文公必霸》（周语上）[劝谏体-从-验]

【劝谏原因】襄王使太宰文公及内史兴赐晋文公命，上卿逆于境，晋侯郊劳，馆诸宗庙，馈九牢，设庭燎。及期命于武宫，设桑主，布几筵，太宰莅之，晋侯端委以入。太宰以王命命冕服，内史赞之，三命而后即冕服。既毕，宾、飨、赠、饯如公命侯伯之礼，而加之以宴好。【劝谏言论】内史兴归，以告王曰：“晋，不可不善也。**其君必霸**！逆王命敬，奉礼义成。敬王命，顺之道也；成礼义，德之则也。则德以导诸侯，诸侯必归之。且礼所以观忠、信、仁、义也，忠所以分也，仁所以行也，信所以守也，义所以节也。忠分则均，仁行则报，信守则固，义节则度。分均无怨，行报无匮，守固不偷，节度不携。若民不怨而财不匮，令不偷而动不携，其何事不济！中能应外，忠也；施三服义，仁也；守节不淫，信也，行礼不疚，义也。臣入晋境，四者不失，臣故曰：‘晋侯其能礼矣，王其善之！’树于有礼，艾人必丰。”【是否听从】王从之，使于晋者，道相逮也。【验辞】及惠后之难，王出在郑，晋侯纳之。襄王十六年，立晋文公。二十一年，以诸侯朝王于衡雍，且献楚捷，遂为践土之盟，于是乎始霸。

〖案例分析〗

文体结构（四部分）。劝谏原因：周襄王派遣太宰文公与内史兴向晋文公赐命，晋文公受命谨遵周礼且恭敬有加。劝谏言论：内史兴归国后向周襄王盛赞晋文公的忠、仁、信、义，认为晋文公必因此成就霸业，建议周襄王与晋国修好。是否听从：周襄王听从劝谏，交好晋国。验辞：此后周王室发生祸乱（惠后之难），襄王避祸到郑国。晋文公平复祸乱，助襄王归国主政。此后晋文公果然成就霸业，与诸侯同盟于践土，彼此修好，皆奖王室。

被劝谏者：周襄王；劝谏者：内史兴；二者关系：臣谏君。

谏语属性：周襄王有必要刻意修好于晋国（属政事类）。谏语主旨：由于晋文公的卓越道德品格（忠仁信义），他将成霸业。

劝谏言论分析：这篇短文谏语部分讲述成就霸业者所应具备的人格素质（忠仁信义）。按：此文具有劝谏体和赞语体双重属性。本书后文具体讨论。

第三节 《国语》劝谏体短文（中）

本书此项研究的文体分析包括四个步骤：一是发现《国语》中存在一些相对独立且特征分明的典型文体短文（训语体、赞语体、劝谏体、问答体），二是对这些短文进行分门别类的素材辑录，三是具体分析这些短文在内容与文体结构方面的基本特征，四是对这些短文内容与形式特征进行逐篇概述。本书附录一（《国语》典型文体短文索引）是前三个步骤的研究结果。上一节对《国语》三篇劝谏体短文（《祭公谏征犬戎》《虢文公谏不籍千亩》《内史兴论晋文公必霸》）的案例分析，是第四个分析归纳步骤。下文26个案例分析概述都是第四个步骤的研究结果。

◎例证1《祭公谏征犬戎○》（周语上）[劝谏体-不从-验]

〖案例分析〗（原文与具体分析见上一节，下文是案例分析概述）文体结构：四部分。臣（祭公谋父）谏君（周穆王）。谏语属性（属政事类）：周穆王不可以征伐犬戎。谏语主旨：在王政实施中修文重于用武。

◎例证2《虢文公谏不籍千亩○》（周语上）[劝谏体-不从-验]

〖案例分析〗（原文与具体分析见上一节，下文是案例分析概述）文体结构：四部分。臣（虢文公）谏君（周宣王）。谏语属性（属政事类）：周宣王不可以“不籍千亩”。谏语主旨：强调籍田礼的重要作用和不可废除。

◎例证3《内史兴论晋文公必霸○》（周语上）[劝谏体-从-验]

〖案例分析〗（原文与具体分析见上一节，下文是案例分析概述）文体结构：四部分。臣（内史兴）谏君（周襄王）。谏语属性（属政事类）：周襄王有必要刻意修好于晋国。谏语主旨：晋文公忠仁信义，将成霸业。

◎例证4《密康公母论小丑备物》（周语上）[劝谏体-不从-验]【劝谏原因】恭王游于泾上，密康公从，有三女奔之。【劝谏言论】其母曰：“必致之于王。夫兽三为群，人三为众，女三为粲。王田不取群，公行下众，王御不参一族。夫粲，美之物也。众以美物归女，而何德以堪之？王犹不堪，况尔小丑乎？小丑备物，终必亡。”【是否听从】康公不献。【验辞】一年，王灭密。

〖案例分析〗文体结构：四部分。母（密康公母）劝子（密康公）。谏语属性（礼制）：密康公应致三女于王。谏语主旨：强调社会等级的不可僭越。

◎例证5《邵公谏厉王止谤◎》（周语上）[劝谏体-不从-验]【劝谏原因】厉王虐，国人谤王。【劝谏言论】邵公告曰：“民不堪命矣！”【是否听从】王怒，得卫巫，使监谤者，以告，则杀之。国人莫敢言，道路以目。王喜，告邵公曰：“吾能弭谤矣，乃不敢言。”【劝谏言论】邵公曰：“是障之也，防民之口，甚于防川。川壅而溃，伤人必多，民亦如之。是故为川者决之使导，为民者宣之使言。故天子听政，使公卿至于列士献诗，瞽献曲，史献书，师箴，瞍赋，蒙诵，百工谏，庶人传语，近臣尽规，亲戚补察，瞽、史教诲，耆、艾修之，而后王斟酌焉，是以事行而不悖。民之有口，犹土之有山川也，财用于是乎出，犹其原隰之有衍沃也，衣食于是乎生。口之宣言也，善败于是乎兴，行善而备败，其所以阜财用、衣食者也。夫民虑之于心而宣之于口，成而行之，胡可壅也？若壅其口，其与能几何？”【是否听从】王不听，于是国人莫敢出言。【验辞】三年，乃流王于彘。

〖案例分析〗文体结构：六部分，具体是将劝谏体四个部分中第二部分（劝谏言论）和第三部分（是否听从）重复一遍（谏→不从→又谏→又不从）。臣（邵公）谏君（周厉王）。谏语属性（属政事类）：统治者不能以暴力防民之口。谏语主旨：强调民意可宣不可壅。“故天子听政……”一段是重要史料。

◎例证6《仲山父谏立戏》（周语上）[劝谏体-不从-验]【劝谏原因】鲁武公以括与戏见王，王立戏。【劝谏言论】樊仲山父谏曰：“不可立也！不顺必犯，犯王命必诛，故出令不可不顺也。令之不行，政之不立。行而不顺，民将弃上。夫下事上，少事长，所以为顺也。今天子立诸侯而建其少，是教逆也。若鲁从之而诸侯效之，王命将有所壅，若不从而诛之，是自诛王命也。是事也，诛亦失，不诛亦失，天子其图之！”【是否听从】王卒立之。【验辞】鲁侯归而卒，及鲁人杀懿公而立伯御。三十二年春，宣王伐鲁，立孝公，诸侯从是而不睦。

〖案例分析〗文体结构：四部分。臣（仲山父）谏君（周宣王）。谏语属性（属政事类）：诸侯国立储君不可立少不立长。谏语主旨：强调不可废长立少，否则便是“教逆”，是“自诛王命”。

◎例证7《穆仲论孝○》（周语上）[劝谏体-从]【劝谏原因】宣王欲得国子之能导训诸侯者。【劝谏言论】樊穆仲曰：“鲁侯孝。”王曰：“何以知之？”对曰：“肃恭明神而敬事耇老，赋事行刑，必问于遗训而咨于故实，不干所问，不犯所咨。”【是否听从】王曰：“然则能训治其民矣。”乃命鲁孝公于夷宫。

〖案例分析〗文体结构：三部分。臣（穆仲）谏君（周宣王）。谏语属性（属政事类）：何人堪任“国子之能导训诸侯者”。谏语主旨：论述当时礼制观念（主流意识形态）中为官者最基本的行为规范（肃恭明神而敬事耇老）。

◎例证8《仲山父谏料民○》（周语上）[劝谏体-不从-验]【劝谏原因】宣王既丧南国之师，乃料民于太原。【劝谏言论】仲山父谏曰：“民不可料也！夫古者不料民而知其少多，司民协孤终，司商协民姓，司徒协旅，司寇协奸，牧协职，工协革，场协入，廪协出，是则少多、死生、出入、往来者皆可知也，于是乎又审之以事，王治农于籍，搜于农隙，耨获亦于籍，狝于既烝，狩于毕时，是皆习民数者也，又何料焉？不谓其少而大料之，是示少而恶事也。临政示少，诸侯避之。治民恶事，无以赋令。且无故而料民，天之所恶也，害于政而妨于后嗣。”【是否听从】王卒料之。【验辞】及幽王乃废灭。

〖案例分析〗文体结构：四部分。臣（仲山父）谏君（周宣王）。谏语属性（属政事类）：周宣王不可“无故料民”。谏语主旨：强调“无故而料民”不合于礼制，将因此败坏国政。

◎**例证**9《太子晋谏壅谷水◎》（周语下）[劝谏体-不从-验]【劝谏原因】灵王二十二年，谷、洛斗，将毁王宫。王欲壅之。【劝谏言论】太子晋谏曰："不可。晋闻古之长民者，不堕山，不崇薮，不防川，不窦泽。……咨之前训，则非正也。观之《诗》《书》，与民之宪言，则皆亡王之为也。上下议之，无所比度，王其图之！夫事大不从象，小不从文。上非天刑，下非地德，中非民则，方非时动而作之者，必不节矣。作又不节，害之道也。"【是否听从】王卒壅之。【验辞】及景王多宠人，乱于是乎始生。景王崩，王室大乱。及定王，王室遂卑。

〖案例分析〗文体结构：四部分。臣（太子晋）谏君（周灵王）。谏语属性（属政事类）：周灵王不可以壅谷水。谏语主旨：强调礼乐制度中天、地、神、人秩序（象天，仪地，和民，顺时，共神）的可顺不可逆。

◎**例证**10《单穆公谏铸大钱◎》（周语下）[劝谏体-不从-验在下篇]【劝谏原因】景王二十一年，将铸大钱。【劝谏言论】单穆公曰："不可。古者，天灾降戾，于是乎量资币，权轻重，以振救民，民患轻，则为作重币以行之，于是乎有母权子而行，民皆得焉。若不堪重，则多作轻而行之，亦不废重，于是乎有子权母而行，小大利之。今王废轻而作重，民失其资，能无匮乎？……吾周官之于灾备也，其所怠弃者多矣，而又夺之资，以益其灾，是去其藏而翳其人也。王其图之！"【是否听从】王弗听，卒铸大钱。

〖案例分析〗文体结构：四部分。臣（单穆公）谏君（周景王）。谏语属性（属政事类）：周景王不可以铸大钱。谏语主旨：强调王政不可以夺民利。

◎**例证**11《单穆公伶州鸠谏铸大钟◎》（周语下）[劝谏体-不从-验]【劝谏原因】二十三年，王将铸无射，而为之大林。【劝谏言论】单穆公曰："不可。作重币以绝民资，又铸大钟以鲜其继。……出令不信，刑政放纷，动不顺时，民无据依，不知所力，各有离心。上失其民，作则不济，求则不获，其何以能乐，三年之中，而有离民之器二焉，国其危哉！"【是否听从】王弗听。【劝谏言论】问之伶州鸠，对曰："……听声越远，非平也。妨正匮财，声不和平，非宗官之所司也。夫有和平之声，则有蕃殖之财。于是乎道之以中德，咏之以中音，德音不愆，以合神人，神是以宁，民是以听。若夫匮财用，罢民力，以逞淫心，听之不和，比之不度，无益于教，而离民怒神，非臣之所闻也。”【是否听从】王不听，卒铸大钟。【验辞】二十四年，钟成，伶人告和。王谓伶州鸠曰：“钟果和矣。”对曰：“未可知也。”王曰：“何故？”对曰：“上作器，民备乐之，则为和。今财亡民罢，莫不怨恨，臣不知其和也。且民所曹好，鲜其不济也。其所曹恶，鲜其不废也。故谚曰：‘众心成城，众口铄金。’三年之中，而害金再兴焉，惧一之废也。”王曰：“尔老耄矣！何知？”二十五年，王崩，钟不和。

〖案例分析〗文体结构：六部分（谏→不从→又谏→又不从）。臣（单穆公、伶州鸠）谏君（周景王）。谏语属性（属政事类）：周景王不应铸大钟。谏语主旨：强调为君者不可奢靡（用物过度妨于财）。

◎例证12《曹刿谏如齐观社○》（鲁语上）[劝谏体-不从]【劝谏原因】庄公如齐观社。【劝谏言论】曹刿谏曰：“不可。夫礼，所以正民也。是故先王制诸侯，使五年四王、一相朝。终则讲于会，以正班爵之义，帅长幼之序，训上下之则，制财用之节，其间无由荒怠。夫齐弃太公之法而观民于社，君为是举而往之，非故业也，何以训民？土发而社，助时也。收捃而蒸，纳要也。今齐社而往观旅，非先王之训也。天子祀上帝，诸侯会之受命焉。诸侯祀先王、先公，卿大夫佐之受事焉。臣不闻诸侯相会祀也，祀又不法。君举必书，书而不法，后嗣何观？”【是否听从】公不听，遂如齐。

〖案例分析〗文体结构：四部分。臣（曹刿）谏君（鲁庄公）。谏语属性（属政事类）：鲁庄公不应如齐观社。谏语主旨：诸侯会祀非礼也。

◎例证13《叔孙穆子谏季武子○》（鲁语下）[劝谏体-不从-验]【劝谏原因】季武子为三军。【劝谏言论】叔孙穆子曰：“不可。天子作师，公帅之，以征不德。元侯作师，卿帅之，以承天子。诸侯有卿无军，帅教卫以赞元侯。自伯、子、男有大夫无卿，帅赋以从诸侯。是以上能征下，下无奸慝。今我小侯也，处大国之间，缮贡赋以共从者，犹惧有讨。若为元侯之所，以怒大国，无乃不可乎？”【是否听从】弗从。遂作中军。【验辞】自是齐、楚代讨于鲁，襄、昭皆如楚。

〖案例分析〗文体结构：四部分。臣（叔孙穆子）劝臣（季武子）。谏语属性（属政事类）：鲁国不可以“为三军”。谏语主旨：小国处大国之间应谨慎行事。

◎例证14《秦晋乞籴-甲篇》（晋语三）[劝谏体-从]【劝谏原因】晋饥，乞籴于秦。丕豹曰：“晋君无礼于君，众莫不知。往年有难，今又荐饥。已失人，又失天，其有殃也多矣。君其伐之，勿予籴！”公曰：“寡人其君是恶，其民何罪？天殃流行，国家代有。补乏荐饥，道也，不可以废道于天下。”谓公孙枝曰：“予之乎？”【劝谏言论】公孙枝曰：“君有施于晋君，晋君无施于其众。今旱而听于君，其天道也。君若弗予，而天予之。苟众不说其君之不报也，则有辞矣。不若予之，以说其众。众说，必咎于其君。其君不听，然后诛焉。虽欲御我，谁与？”【是否听从】是故泛舟于河，归籴于晋。

〖案例分析〗文体结构：三部分。臣（公孙枝）谏君（秦穆公）。谏语属性（外交，属政事类）：秦国是否应输粟于晋国。谏语主旨：不若予之，以说其众。众说，必咎于其君。

◎例证15《秦晋乞籴-乙篇》（晋语三）[劝谏体-不从-验]【劝谏原因】秦饥，公令河上输之粟。虢射曰：“弗予赂地而予之籴，无损于怨而厚于寇，不若勿予。”公曰：“然。”【劝谏言论】庆郑曰：“不可。已赖其地，而又爱其实，忘善而背德，虽我必击之。弗予，必击我。”【是否听从】公曰：“非郑之所知也。”遂不予。【验辞】六年，秦岁定，帅师侵晋，至于韩。

〖案例分析〗文体结构：四部分。臣（庆郑）谏君（晋惠公）。谏语属性（外交，属政事类）：晋国是否应输粟于秦国。谏语主旨：方国之间应该礼尚往来，不可“忘善而背德”。

第四节 《国语》劝谏体短文（下）

◎例证16《宋襄公赠马》（晋语四）[劝谏体-从]【劝谏原因】公子（重耳）过宋，与司马公孙固（公子目夷，宋襄公庶兄）相善。【劝谏言论】公孙固言于襄公曰："晋公子亡，长幼矣，而好善不厌，父事狐偃，师事赵衰，而长事贾佗。狐偃其舅也，而惠以有谋。赵衰其先君之戎御，赵夙之弟也，而文以忠贞。贾佗公族也，而多识以恭敬。此三人者，实左右之。公子居则下之，动则谘焉，成幼而不倦，殆有礼矣。树于有礼，必有艾。《商颂》曰：'汤降不迟，圣敬日跻。'降，有礼之谓也。君其图之。"【是否听从】襄公从之，赠以马二十乘。

〖案例分析〗文体结构：三部分。臣（公孙固）谏君（宋襄公）。谏语属性（外交，属政事类）：宋襄公应礼遇公子重耳。谏语主旨：慎择利害。

◎例证17《臼季举冀缺》（晋语五）[劝谏体-从]【劝谏原因】臼季使，舍于冀野。冀缺薅，其妻馌之，敬，相待如宾。从而问之，冀芮之子也，与之归。【劝谏言论】既复命，而进之曰："臣得贤人，敢以告。"文公曰："其父有罪，可乎？"对曰："国之良也，灭其前恶，是故舜之刑也殛鲧，其举也兴禹。今君之所闻也。齐桓公亲举管敬子，其贼也。"公曰："子何以知其贤也？"对曰："臣见其不忘敬也。夫敬，德之恪也。恪于德以临事，其何不济！"【是否听从】公见之，使为下军大夫。

〖案例分析〗文体结构：三部分。臣（臼季）谏君（晋文公）。谏语属性（举贤，属政事类）：冀缺是否贤人、是否可用。谏语主旨：强调"敬"是贤人德能之大端。

◎例证18《范文子不欲伐郑》（晋语六）[劝谏体-不从-验在后文]【劝谏原因】厉公将伐郑。【劝谏言论】范文子不欲，曰："若以吾意，诸侯皆叛，则晋可为也。唯有诸侯，故扰扰焉。凡诸侯，难之本也。得郑忧滋长，焉用郑！"郤至曰："然则王者多忧乎？”文子曰：“我王者也乎哉？夫王者成其德，而远人以其方贿归之，故无忧。今我寡德而求王者之功，故多忧。子见无土而欲富者，乐乎哉？”【是否听从】（不从）【验辞】在后文《范文子论胜楚必有内忧》：“（晋厉公宠臣长鱼矫）杀三郤而尸诸朝，纳其室以分妇人。于是乎国人不蠲，遂弑（晋厉公）诸翼，葬于翼东门之外，以车一乘。”

〖案例分析〗文体结构：三部分。臣（范文子）谏君（晋厉公）。谏语属性（属政事类）：晋国不应伐郑。谏语主旨：强调不可寡德而求王者之功。

◎例证19《范文子论胜楚必有内忧》（晋语六）[劝谏体-不从-验]【劝谏原因】鄢之役，晋伐郑，荆救之。栾武子将上军，范文子将下军。栾武子欲战。【劝谏言论】范文子不欲，曰：“吾闻之，唯厚德者能受多福，无德而服者众，必自伤也。称晋之德，诸侯皆叛，国可以少安。唯有诸侯，故扰扰焉，凡诸侯，难之本也。且唯圣人能无外患又无内忧，讵非圣人，不有外患，必有内忧，盍姑释荆与郑以为外患乎！诸臣之内相与，必将辑睦。今我战又胜荆与郑，吾君将伐智而多力，怠教而重敛，大其私昵而益妇人田，不夺诸大夫田，则焉取以益此？诸臣之委室而徒退者，将与几人？战若不胜，则晋国之福也；战若胜，乱地之秩者也，其产将害大，盍姑无战乎！”栾武子曰：“昔韩之役，惠公不复舍；邲之役，三军不振旅；箕之役，先轸不复命：晋国固有大耻三。今我任晋国之政，不毁晋耻，又以违蛮、夷重之，虽有后患，非吾所知也。”范文子曰：“择福莫若重，择祸莫若轻，福无所用轻，祸无所用重，晋国故有大耻，与其君臣不相听以为诸侯笑也，盍姑以违蛮、夷为耻乎。”【是否听从】栾武子不听，遂与荆人战于鄢陵，大胜之。【验辞】于是乎君伐智而多力，怠教而重敛，大其私昵，杀三郤而尸诸朝，纳其室以分妇人。于是乎国人不蠲，遂弑诸翼，葬于翼东门之外，以车一乘。厉公之所以死者，唯无德而功烈多，服者众也。

〖案例分析〗文体结构：四部分。臣（范文子）劝臣（栾武子）。谏语属性（属政事类）：鄢之役，晋师不应与楚师战。谏语主旨：强调内忧重于外患，小德不堪大福。

◎例证20《长鱼矫劝杀二子》（晋语六）[劝谏体-不从-验]【劝谏原因】长鱼矫既杀三郤。【劝谏言论】及胁栾、中行而言于公曰：“不杀此二子者，忧必及君。”【是否听从】公曰：“一旦而尸三卿，不可益也。”对曰：“臣闻之，乱在内为宄，在外为奸，御宄以德，御奸以刑。今治政而内乱，不可谓德。除鲠而避强，不可谓刑。德刑不立，奸宄并至，臣脆弱，不能忍俟也。”【验辞】乃奔狄。三月，厉公弑。

〖案例分析〗文体结构：四部分。臣（长鱼矫）谏君（晋厉公）。谏语属性（朝政权斗，属政事类）：晋厉公应果断诛杀胁栾、中行。谏语主旨：当断不断反受其乱。

◎例证21《祁奚荐贤○》（晋语七）[劝谏体-从]【劝谏原因】祁奚辞于军尉，公问焉，曰：“孰可？”【劝谏言论】对曰：“臣之子午可。人有言曰：‘择臣莫若君，择子莫若父。’午之少也，婉以从令，游有乡，处有所，好学而不戏。其壮也，强志而用命，守业而不淫。其冠也，和安而好敬，柔惠小物，而镇定大事，有直质而无流心，非义不变，非上不举。若临大事，其可以贤于臣。臣请荐所能择而君比义焉。”【是否听从】公使祁午为军尉。【验辞】殁平公，军无秕政。

〖案例分析〗文体结构：四部分。臣（祁奚）谏君（晋悼公）。谏语属性（举贤不避亲，属政事类）：何人可以接替祁奚请辞的军尉之职。谏语主旨：祁奚举荐其子，认为其子祁午的德能禀赋堪当任用。这篇短文谏语部分讲述在当时主流意识形态中一些堪当重任者所应具备的德能禀赋。

◎例证22《魏绛谏伐诸戎》（晋语七）[劝谏体-从-验]【劝谏原因】五年，无终子嘉父使孟乐因魏庄子纳虎豹之皮以和诸戎。公曰：“戎、狄无亲而好得，不若伐之。”【劝谏言论】魏绛曰：“劳师于戎，而失诸华，虽有功，犹得兽而失人也，安用之？且夫戎、狄荐处，贵货而易土。予之货而获其土，其利一也；边鄙耕农不儆，其利二也；戎、狄事晋，四邻莫不震动，其利三也。君其图之！”【是否听从】公说，故使魏绛抚诸戎。【验辞】于是乎遂伯。

〖案例分析〗文体结构：四部分。臣（魏绛）谏君（晋悼公）。谏语属性（属政事类）：晋国是否征伐戎狄。谏语主旨：应谨慎评估两种策略（征伐戎狄还是与之修好）的利弊。

◎例证23《司马侯荐叔向◎》（晋语七）[劝谏体-从]【劝谏原因】悼公与司马侯升台而望曰："乐夫！"【劝谏言论】对曰："临下之乐则乐矣，德义之乐则未也。"公曰："何谓德义？"对曰："诸侯之为，日在君侧，以其善行，以其恶戒，可谓德义矣。"公曰："孰能？"对曰："羊舌肸习于《春秋》。"【是否听从】乃召叔向使傅太子彪。

〖案例分析〗文体结构：三部分。臣（司马侯）谏君（晋悼公）。谏语属性（举贤，属政事类）：君侧应置有德义者匡正之，推荐叔向使傅太子彪。谏语主旨：强调君臣之间应有的谏从关系。

◎例证24《平公灭栾氏◎》（晋语八）[劝谏体-从-验]【劝谏原因】平公六年，箕遗及黄渊、嘉父作乱，不克而死。公遂逐群贼，谓阳毕曰："自穆侯以至于今，乱兵不辍，民志不厌，祸败无已。离民且速寇，恐及吾身，若之何？"【劝谏言论】阳毕对曰："本根犹树，枝叶益长，本根益茂，是以难已也。今若大其柯，去其枝叶，绝其本根，可以少间。"公曰："子实图之。"对曰："图在明训，明训在威权，威权在君。君抡贤人之后有常位于国者而立之，亦抡逞志亏君以乱国者之后而去之，是遂威而远权。民畏其威，而怀其德，莫能勿从。若从，则民心皆可畜。畜其心而知其欲恶，人孰偷生？若不偷生，则莫思乱矣。且夫栾氏之诬晋国久也，栾书实覆宗，弑厉公以厚其家，若灭栾氏，则民威矣。今吾若起瑕、原、韩、魏之后而赏立之，则民怀矣。威与怀各当其所。则国安矣，君治而国安，欲作乱者谁与？"君曰："栾书立吾先君，栾盈不获罪，如何？"阳毕曰："夫正国者，不可以昵于权，行权不可以隐于私。昵于权，则民不导；行权隐于私，则政不行。政不行，何以导民？民之不导，亦无君也，则其为昵与隐也，复害矣，且勤身。君其图之！若爱栾盈，则明逐群贼，而以国伦数而遣之，厚箴戒图以待之。彼若求逞志而报于君，罪孰大焉，灭之犹少。彼若不敢而远逃，乃厚其外交而勉之，以报其德，不亦可乎？"【是否听从】公许诺，尽逐群贼而使祁午及阳毕适曲沃逐栾盈，栾盈出奔楚。遂令于国人曰："自文公以来有力于先君而子孙不立者，将授立之，得之者赏？”居三年，栾盈昼人，为贼于绛。范宣子以公入于襄公之宫，栾盈不克，出奔曲沃，遂刺栾盈，灭栾氏。【验辞】是以没平公之身无内乱也。

〖案例分析〗文体结构：四部分。臣（阳毕）谏君（晋平公）。谏语属性（属政事类）：晋平公应当肃清乱臣、赏赐忠良，威与怀各当其所。谏语主旨：“夫正国者，不可以昵于权；行权，不可以隐于私。”

◎例证25《叔向谏杀竖襄》（晋语八）[劝谏体-从]【劝谏原因】平公射鴳，不死，使竖襄搏之，失，公怒，拘将杀之。叔向闻之，夕，君告之。【劝谏言论】叔向曰：“君必杀之。昔吾先君唐叔射兕于徒林，殪，以为大甲，以封于晋。今君嗣吾先君唐叔，射鴳不死，搏之不得，是扬吾君之耻者也。君其必速杀之，勿令远闻。”【是否听从】君忸怩，乃趣赦之。

〖案例分析〗文体结构：三部分。臣（叔向）谏君（晋平公）。谏语属性（属政事类）：晋平公不可因小过而杀竖襄。谏语主旨：国君不可妄杀。

◎例证26《叔向论德》（晋语八）[劝谏体-从]【劝谏原因】宋之盟，楚人固请先歃。【劝谏言论】叔向谓赵文子曰：“夫霸王之势，在德不在先歃，子若能以忠信赞君，而裨诸侯之阙，歃虽在后，诸侯将载之，何争于先？若违德而以贿成事，今虽先歃，诸侯将弃之，何欲于先？昔成王盟诸侯于岐阳，楚为荆蛮，置茅蕝，设望表，与鲜卑守燎，故不与盟。今将与狎主诸侯之盟，唯有德也，子务德无争先，务德，所以服楚也。”【是否听从】乃先楚人。

〖案例分析〗文体结构：三部分。臣（叔向）劝臣（赵文子）。谏语属性（外交，属政事类）：在宋之盟，晋国是否应认可楚人先歃。谏语主旨：强调方国间交往以德服人。

◎例证27《董叔将娶于范氏》（晋语九）[劝谏体-不从-验]【劝谏原因】董叔将娶于范氏。【劝谏言论】叔向曰：“范氏富，盍已乎！”【是否听从】曰：“欲为系援焉。”【验辞】他日，董祁诉于范献子曰：“不吾敬也。”献子执而纺于庭之槐，叔向过之，曰："子盍为我请乎！"叔向曰："求系，既系矣；求援，既援矣。欲而得之，又何请焉？"

〖案例分析〗文体结构：四部分。臣（叔向）劝臣（董叔）。谏语属性（政治权谋，属政事类）：董叔是否可以通过联姻（娶于范氏）而得到系援。谏语主旨：政治判断不可一相情愿，不可不听他人的劝告。

◎例证28《阎没叔宽谏受贿》（晋语九）[劝谏体-从]【劝谏原因】梗阳人有狱，将不胜，请纳赂于魏献子，献子将许之。阎没谓叔宽曰："与子谏乎！吾主以不贿闻于诸侯，今以梗阳之贿殃之，不可。"二人朝，而不退。献子将食，问谁于庭，曰："阎明、叔褒在。"召之，使佐食。比已食，三叹。既饱，献子问焉，曰："人有言曰：唯食可以忘忧。吾子一食之间而三叹，何也？"【劝谏言论】同辞对曰："吾小人也，贪。馈之始至，惧其不足，故叹。中食而自咎也。曰：岂主之食而有不足？是以再叹。主之既已食，愿以小人之腹，为君子之心，属餍而已，是以三叹。"【是否听从】献子曰："善。"乃辞梗阳人。

〖案例分析〗文体结构：三部分。臣（阎没、叔宽）劝臣（魏献子）。谏语属性（戒贪，属政事类）：魏献子是否应纳"梗阳之贿"。谏语主旨：为政者应务德戒贪。

◎例证29《邮无正谏杀尹铎○》（晋语九）[劝谏体-从]【劝谏原因】赵简子使尹铎为晋阳，曰："必堕其垒培。吾将往焉，若见垒培，是见寅与吉射也。"尹铎往而增之。简子如晋阳，见垒，怒曰："必杀铎也而后入。"大夫辞之，不可，曰："是昭余雠也。"【劝谏言论】邮无正进，曰："昔先主文子少衅于难，从姬氏于公宫，有孝德以出在公族，有恭德以升在位，有武德以羞为正卿，有温德以成其名誉，失赵氏之典刑，而去其师保，基于其身，以克复其所。及景子长于公宫，未及教训而嗣立矣，亦能纂修其身以受先业，无谤于国，顺德以学子，择言以教子，择师保以相子。今吾子嗣位，有文之典刑，有景之教训，重之以师保，加之以父兄，子皆疏之，以及此难。夫尹铎曰：'思乐而喜，思难而惧，人之道也。委土可以为师保，吾何为不增？'是以修之，庶曰可以鉴而鸠赵宗乎！若罚之，是罚善也。罚善必赏恶。臣何望矣！"【是否听从】简子说，曰："微子，吾几不为人矣！"以免难之赏赏尹铎。初，伯乐与尹铎有怨，以其赏如伯乐氏，曰："子免吾死，敢不归禄。"辞曰："吾为主图，非为子也。怨若怨焉。"

〖案例分析〗文体结构：三部分。臣（邮无正）劝臣（赵简子）。谏语属性（属政事类）：赵简子是否应杀尹铎。谏语主旨：为政者应别善恶慎赏罚。

在劝谏体短文中，劝谏者和被劝谏者之间的身份关系主要有臣谏君、臣劝臣。在臣劝臣案例中，大多数情况下被劝谏者的职官地位要高于劝谏者。这是劝谏体短文的一个基本特征：首先，在绝大多数情况下，劝谏者和被劝谏者都是当时政权中的重要成员（包括主政者与辅政者）；其次，在职官地位方面多是辅政者（士大夫）劝谏主政者（国君、正卿）。有必要提到少数例外，如妻劝夫、母劝子等（此应与妇德妇学有关）。**大多数谏语属性都可以被归入广义的政事类，大多数谏语主旨都在论述为政者应当如何以及不应当如何。**

上文例证5《邵公谏厉王止谤》（周语上）有一段与此相关的重要史料："故天子听政，使公卿至于列士献诗，瞽献曲，史献书，师箴，瞍赋，蒙诵，百工谏，庶人传语，近臣尽规，亲戚补察，瞽、史教诲，耆、艾修之，而后王斟酌焉，是以事行而不悖。"这里讲述三代王政中"天子听政"的议政制度，其适用范围当然也包括诸侯方国的议政制度。

在上文案例概述中，多数案例的文体结构由三或四个部分构成。只有两例（《单穆公伶州鸠谏铸大钟》《邵公谏厉王止谤》）包含六个部分，具体是将劝谏体四个部分中第二和第三个部分重复一遍：谏→不从→又谏→又不从。其成因有两种可能，一是此文草创完成时已存在变形；二是原有两个"原始版本"，一个是《单穆公谏铸大钟》，一个是《伶州鸠谏铸大钟》，而《国语》的作者将二者缩编为一。后一种情况的可能性更大些。

在《国语》120篇劝谏体短文中，类似上文"谏→从"或"谏→不从"的两次以上重复出现者还有《献公伐霍》（晋语一）、《郑文公不礼》（晋语四）、《文公称霸》

（晋语四）、《范蠡论持盈定倾节事》（越语下）等数篇。这些案例都属于典型文体的简单变形。

在《国语》120篇劝谏体短文中，有验辞者（50余篇）接近二分之一。这些验辞明确体现了短文作者所要强调的一种废兴规律：听从劝谏会有好结果，否则必会导致灾难性后果。只有一个案例（《夫差伐齐》）不符合这个“公式”：吴王夫差不听谏伐齐而“有功”。但由吴语后文可知，在《勾践灭吴》的大结局中，夫差最终还是未能逃过不听从劝谏导致的厄运。

在谏语部分也存在一些程式化特征。例如，劝谏言论大体不出三种情况：一是**劝阻类谏语**，即不可以如何（劝谏者劝阻被劝谏者正在或将要做的某事）；二是**劝阻加建议类谏语**，即不可以如何加上应当如何（如《卫文公不礼》宁庄子在劝谏言论中既劝阻卫文公的“不礼”，同时还建议他要礼遇公子重耳）；三是**建议类谏语**，即应当如何（劝谏者建议被劝谏者应做某事）。在劝阻类谏语中有一些比较多见的程式化用语。比如，在劝谏言论开始处说“不可”；在《国语》《左传》劝谏体短文中，这种类型的“不可”用法大约出现50次。又比如，在劝谏言论结束部分说“无乃不可乎”；在《国语》《左传》劝谏体短文中，这种类型的“无乃不可乎”用法大约出现30次。

第五节 《国语》讥语体短文（上）

在《国语》190余篇典型文体短文中，共有讥语体A类短文36篇。后文具体讨论讥语体和赞语体短文A、B两种类型的分类依据。

“讥”字第一层含义是否定和非难。如《公羊传》：“何讥尔？讥始不亲迎也。”“何讥尔？讥始僭诸公也。”“何讥尔？遂乱受赂，纳于太庙，非礼也。”《穀梁传》：“非礼也，故讥之。”《史记·晋世家》：“襄公元年春，秦师过周，无礼，王孙满讥之。”这些都是“讥”字第一层含义。

“讥”字第二层含义是祸福因果判断。《左传》（昭10）：“郑裨灶言于子产曰：**七月戊子，晋君将死**。今兹岁在颛顼之虚，姜氏、任氏实守其地，居其维首，而有妖星焉，告邑姜也。邑姜，晋之妣也。天以七纪，戊子逢公以登，星斯于是乎出，**吾是以讥之**。”“讥”在这里的用法，具有祸福判断的含义。这是“讥”字第二层含义。《左传》（襄29）季札观乐时所说的“自郐以下无讥焉”也是“讥”字第二层含义。本书“讥语”一词中“讥”字的用法，包含上述两层含义。

在讥语体短文中，至少存在两个角色：讥者（讥语言说者）与被讥者（讥语对象）。

上文“七月戊子，晋君将死”是类似诅咒的一种灾祸预言，本书将此类预言称为**讥语判断**。类似情况如“王室其将卑乎”和“今兹海其有灾乎”等。在没有讥语判断的情况下，讥语成为单纯的否定性评论。

讥语体短文一般由两个或三个部分构成。比如，周语上《芮良夫论专利》由三个部分构成：第一部分，周厉王赏识荣夷公。第二部分，芮良夫评论此事说：“王室其将卑乎！夫荣公好专利而不知大难。”然后他论述了好专利的害处，最后说："荣公若用，周必败！"第三部分，不久后周厉王用荣夷公为卿士，于是"诸侯不享，王流于彘"。这篇短文的第一部分是**训语原因（对象）**，第二部分是**训语判断及其说明**，第三部分是**训语判断的应验情况（验辞）**。**对训语判断的说明**主要论述判断依据。

再举一个例子。周语上《内史过论晋惠公无后》包含三个部分：第一部分，周襄王使内史过等二人到晋国为晋惠公赐命，吕甥、郄芮和晋侯在赐命仪式上均有失礼之处。第二部分，内史过回来后对周王说："晋不亡，其君必无后，且吕、郤将不免。"然后，内史过系统讲述了这样说的道理。第三部分，训语判断的应验情况："襄王三年而立晋侯，八年而陨于韩，十六年而晋人杀怀公。怀公无胄，秦人杀子金、子公。"

训语判断的有无可以构成对训语体短文进行分类的一个重要标准：有训语判断者为A类（本节例证均属此类），没有训语判断者为B类。训语体B类短文一般由两个部分组成：第一部分是**训语原因（对象）**，第二部分是**训语**（训语言说者对被训者不当行为的否定性评论）。由于没有训语判断，训语体B类短文也就没有A类短文的第三部分，即训语判断的应验情况（验辞）。训语体短文主要包含这两种类型（A类，B类）。《国语》中共有训语体A类短文36篇。训语体B类短文在《国语》中很少，在《左传》中有50余篇。详见本书附录一（《国语》典型文体短文索引）和附录二（《左传》典型文体短文索引）。

如本章第三节开头所述，本书文体分析包括四个步骤。本书附录一（《国语》典型文体短文索引）是前三个步骤的研究结果。下文《国语》中26篇训语体A类短文是第四个步骤的研究结果：内容与形式特征的逐篇概述。

在下面案例中，凡训语判断均用黑体字标记。

◎例证1《芮良夫论专利◦》（周语上）[训语体A-验]【训语原因】厉王说荣夷公。【训语判断及其说明】芮良夫曰："王室其将卑乎！夫荣公好专利而不知大难。夫利，百物之所生也，天地之所载也，而或专之，其害多矣。天地百物，皆将取焉，胡可专也？所怒甚多，而不备大难，以是教王，王能久乎？夫王人者，将导利而布之上下者也，使神人百物无不得其极，犹日怵惕，惧怨之来也。故《颂》曰：‘思文后稷，克配彼天。立我蒸民，莫匪尔极。’《大雅》曰：‘陈锡载周。’是不布利而惧难乎？故能载周，以至于今。今王学专利，其可乎？匹夫专利，犹谓之盗，王而行之，其归鲜矣。荣公若用，周必败。”【验辞】既，荣公为卿士，诸侯不享，王流于彘。

〖案例分析〗讥者：芮良夫（周大夫）。被讥者：周厉王（周天子）、荣夷公（周王卿士）。讥语原因（属政事类）：厉王说荣夷公，……荣公好专利而不知大难。讥语判断：**王室其将卑乎！……荣公若用，周必败**。验辞：既，荣公为卿士，诸侯不享，王流于彘。

◎例证2《内史过论晋惠公无后◎》（周语上）[讥语体A-验]【讥语原因】襄王使邵公过及内史过赐晋惠公命，吕甥、郤芮相晋侯不敬，晋侯执玉卑，拜不稽首。【讥语判断及其说明】内史过归，以告王曰：“晋不亡，其君必无后。且吕、郤将不免。”王曰：“何故？”对曰：“《夏书》有之曰：‘众非元后，何戴？后非众，无与守邦。’在《汤誓》曰：‘余一人有罪，无以万夫；万夫有罪，在余一人。’在《盘庚》曰：‘国之臧，则惟女众。国之不臧，则惟余一人，是有逸罚。’如是则长众使民，不可不慎也。民之所急在大事，先王知大事之必以众济也，是故祓除其心，以和惠民。考中度衷以莅之，昭明物则以训之，制义庶孚以行之。祓除其心，精也；考中度衷，忠也；昭明物则，礼也；制义庶孚，信也。然则长众使民之道，非精不和，非忠不立，非礼不顺，非信不行。今晋侯即位而背外内之赂，虐其处者，弃其信也；不敬王命，弃其礼也；施其所恶，弃其忠也；以恶实心，弃其精也。四者皆弃，则远不至而近不和矣，将何以守国？古者，先王既有天下，又崇立上帝、明神而敬事之，于是乎有朝日、夕月以教民事君。诸侯春秋受职于王以临其民，大夫、士日恪位著以儆其官，庶人、工、商各守其业以共其上。犹恐其有坠失也，故为车服、旗章以旌之，为贽币、瑞节以镇之，为班爵、贵贱以列之，为令闻嘉誉以声之。犹有散、迁、懈慢而著在刑辟，流在裔土，于是乎有蛮、夷之国，有斧钺、刀墨之民，而况可以淫纵其身乎？夫晋侯非嗣也，而得其位，亹亹怵惕，保任戒惧，犹曰未也。若将广其心而远其邻，陵其民而卑其上，将何以固守？夫执玉卑，替其贽也；拜不稽首，诬其王也。替贽无镇，诬王无民。夫天事恒象，任重享大者必速及，故晋侯诬王，人亦将诬之；欲替其镇，人亦将替之。大臣享其禄，弗谏而阿之，亦必及焉。"【验辞】襄王三年而立晋侯，八年而陨于韩，十六年而晋人杀怀公。怀公无胄，秦人杀子金、子公。

〖案例分析〗讥者：内史过（周大夫）。被讥者：晋惠公（诸侯国君）、吕甥（晋大夫）、郤芮（晋大夫）。讥语原因（属政事类）：襄王使召公过及内史过赐晋惠公命，吕甥、郤芮相晋侯不敬，晋侯执玉卑，拜不稽首。讥语判断：**晋不亡，其君必无后。且吕、郤将不免。……大臣享其禄，弗谏而阿之，亦必及焉。**验辞：襄王三年而立晋侯，八年而陨于韩，十六年而晋人杀怀公。怀公无胄，秦人杀子金、子公。

◎例证3《展禽论祀爰居○》（鲁语上）[讥语体A-验]（有赞语成分）【讥语原因】海鸟曰"爰居"，止于路东门之外三日，臧文仲使国人祭之。【讥语判断及其说明】展禽曰："越哉，臧孙之为政也！夫祀，国之大节也；而节，政之所成也。故慎制祀以为国典。今无故而加典，非政之宜也。夫圣王之制祀也，法施于民则祀之，以死勤事则祀之，以劳定国则祀之，能御大灾则祀之，能捍大肆患则祀之。非是族也，不在祀典。昔烈山氏之有天下也，其子曰柱，能殖百谷百蔬；夏之兴也，周弃继之，故祀以为稷。共工氏之伯九有也，其子曰后土，能平九土，故祀以为社。黄帝能成命百物，以明民共财，颛顼能修之。帝喾能序三辰以固民，尧能单均刑法以仪民，舜勤民事而野死，鲧障洪水而殛死，禹能以德修鲧之功，契为司徒而民辑，冥勤其官而水死，汤以宽治民而除其邪，稷勤百谷而山死，文王以文昭，武王去民之秽。故有虞氏禘黄帝而祖颛顼，郊尧而宗舜；夏后氏禘黄帝而祖颛顼，郊鲧而宗禹；商人禘舜而祖契，郊冥而宗汤；周人禘喾而郊稷，祖文王而宗武王；幕，能帅颛顼者也，有虞氏报焉；杼，能帅禹者也，夏后氏报焉；上甲微，能帅契者也，商人报焉；高圉、大王，能帅稷者也，周人报焉。凡禘、郊、祖、宗、报，此五者国之典祀也。加之以社稷山川之神，皆有功烈于民者也。及前哲令德之人，所以为明质也；及天之三辰，民所以瞻仰也；及地之五行，所以生殖也；禁九州名山川泽，所以出财用也。非是不在祀典。今海鸟至，己不知而祀之，以为国典，难以为仁且智矣。夫仁者讲功，而智者处物。无功而祀之，非仁也；不知而不问，非智也。**今兹海其有灾乎**？夫广川之鸟兽，恒知而避其灾也。”【验辞】是岁也，海多大风，冬暖。【赞语】文仲闻柳下季之言，曰：“信吾过也，季子之言不可不法也。”使书以为三策。

〖案例分析〗讥者：展禽（鲁大夫）。被讥者：臧文仲（鲁卿）。讥语原因（属政事类）：无故而加典，非政之宜也。讥语判断：**今兹海其有灾乎**。验辞：是岁也，海多大风，冬暖。

◎例证4《叔孙穆子论楚公子围◦》（鲁语下）[讥语体A-验]【讥语原因】虢之会，楚公子围二人执戈先焉。【讥语判断及其说明】蔡公孙归生与郑罕虎见叔孙穆子，穆子曰：“楚公子甚美，不大夫矣，抑君也。”郑子皮曰：“有执戈之前，吾惑之。”蔡子家曰：“楚，大国也；公子围，其令尹也。有执戈之前，不亦可乎？”穆子曰：“不然。天子有虎贲，习武训也；诸侯有旅贲，御灾害也；大夫有贰车，备承事也；士有陪乘，告奔走也。今大夫而设诸侯之服，有其心矣。若无其心，而敢设服以见诸侯之大夫乎？将不入矣。夫服，心之文也。如龟焉，灼其中，必文于外。若楚公子不为君，必死，不合诸侯矣。”【验辞】公子围反，杀郏敖而代之。

〖案例分析〗讥者：叔孙穆子（鲁卿）。被讥者：楚公子围（楚令尹）。讥语原因（属政事类）：大夫而设诸侯之服。讥语判断：**若楚公子不为君，必死，不合诸侯矣**。验辞：公子围反，杀郏敖而代之。

◎例证5《伯阳父论周将亡》（周语上）[讥语体A-验]【讥语原因】幽王二年，西周三川皆震。【讥语判断及其说明】伯阳父曰：“周将亡矣！夫天地之气，不失其序；若过其序，民乱之也。阳伏而不能出，阴迫而不能烝，于是有地震。今三川实震，是阳失其所而镇阴也。阳失而在阴，川源必塞；源塞，国必亡。夫水土演而民用也。水土无所演，民乏财用，不亡何待？昔伊、洛竭而夏亡，河竭而商亡。今周德若二代之季矣，其川源又塞，塞必竭。夫国必依山川，山崩川竭，亡之征也。川竭，山必崩。若国亡不过十年，数之纪也。夫天之所弃，不过其纪。”【验辞】是岁也，三川竭，岐山崩。十一年，幽王乃灭，周乃东迁。

〖案例分析〗讥者：伯阳父（周大夫）。被讥者：周王朝。讥语原因（异兆类+政事类）：西周三川皆震。今周德若二代之季矣。讥语判断：**周将亡矣！……若国亡不过十年，数之纪也。夫天之所弃，不过其纪**。验辞：是岁也，三川竭，岐山崩。十一年，幽王乃灭，周乃东迁。

◎例证6《王孙满观秦师○》（周语中）[讥语体A-验]【讥语原因】二十四年，秦师将袭郑，过周北门。左右皆免胄而下拜，超乘者三百乘。【讥语判断及其说明】王孙满观之，言于王曰：“**秦师必有谪**。”王曰：“何故？”对曰：“师轻而骄，轻则寡谋，骄则无礼。无礼则脱，寡谋自陷。入险而脱，能无败乎？秦师无谪，是道废也。”【验辞】是行也，秦师还，晋人败诸崤，获其三帅丙、术、视。

〖案例分析〗讥者：王孙满（周大夫）。被讥者：秦师。讥语原因（政事类）：师轻而骄，轻则寡谋，骄则无礼。讥语判断：**秦师必有谪。……秦师无谪，是道废也**。验辞：是行也，秦师还，晋人败诸崤，获其三帅丙、术、视。

按：同一篇讥语体A类短文也见于《左传》（僖33），二者可以对照阅读：【讥语原因】三十三年，春，秦师过周北门，左右免胄而下，超乘者三百乘。【讥语判断及其说明】王孙满尚幼，观之，言于王曰：“**秦师轻而无礼，必败**。轻则寡谋，无礼则脱。入险而脱，又不能谋，能无败乎？”【验辞】（在后文）败秦师于殽，获百里孟明视、西乞术、白乙丙以归。

◎例证7《单子知陈必亡○》（周语中）[讥语体A-验]【讥语原因】定王使单襄公聘于宋。遂假道于陈，以聘于楚。火朝觌矣，道茀不可行，候不在疆，司空不视途，泽不陂，川不梁，野有庾积，场功未毕，道无列树，垦田若艺，膳宰不致饩，司里不授馆，国无寄寓，县无施舍，民将筑台于夏氏。及陈，陈灵公与孔宁、仪行父南冠以如夏氏，留宾不见。【讥语判断及其说明】单子归，告王曰：“**陈侯不有大咎，国必亡**。”王曰：“何故？”对曰：“夫辰角见而雨毕，天根见而水涸，本见而草木节解，驷见而陨霜，火见而清风戒寒。故《先王之教》曰：‘雨毕而除道，水涸而成梁，草木节解而备藏，陨霜而冬裘具，清风至而修城郭宫室。’故《夏令》曰：‘九月除道，十月成梁。’其时儆曰：“收而场功，待而畚梮，营室之中，土功其始，火之初见，期于司里。此先王所以不用财贿，而广施德于天下者也。今陈国火朝觌矣，而道路若塞，野场若弃，泽不陂障，川无舟梁，是废先王之教也。’《周制》有之曰：‘列树以表道，立鄙食以守路，国有郊牧，疆有寓望，薮有圃草，囿有林池，所以御灾也。其余无非谷土，民无悬耜，野无奥草。不夺民时，不蔑民功。有优无匮，有逸无罢。国有班事，县有序民。’今陈国道路不可知，田在草间，功成而不收，民罢于逸乐，是弃先王之法制也。周之《秩官》有之曰：‘敌国宾至，关尹以告，行理以节逆之，候人为导，卿出郊劳，门尹除门，宗祝执祀，司里授馆，司徒具徒，司空视途，司寇诘奸，虞人入材，甸人积薪，火师监燎，水师监濯，膳宰致饔，廪人献饩，司马陈刍，工人展车，百官以物至，宾入如归。是故小大莫不怀爱。其贵国之宾至，则以班加一等，益虔。至于王吏，则皆官正莅事，上卿监之。若王巡守，则君亲监之。’今虽朝也不才，有分族于周，承王命以为过宾于陈，而司事莫至，是蔑先王之官也。《先王之令》有之曰：‘天道赏善而罚淫，故凡我造国，无从非彝，无即慆淫，各守尔典，以承天休。’今陈侯不念胤续之常，弃其伉俪妃嫔，而帅其卿佐以淫于夏氏，不亦嬻姓矣乎？陈，我大姬之后也。弃衮冕而南冠以出，不亦简彝乎？是又犯先王之令也。”“昔先王之教，懋帅其德也，犹恐殒越。若废其教而弃其制，蔑其官而犯其令，将何以守国？居大国之间，而无此四者，其能久乎？”【验辞】六年，单子如楚。八年，陈侯杀于夏氏。九年，楚子入陈。

〖案例分析〗讥者：单襄公（周王卿士）。被讥者：陈灵公（诸侯国君）。讥语原因（属政事类）：灵公帅其卿佐以淫于夏氏……废其教而弃其制，蔑其官而犯其令。讥语判断：**陈侯不有大咎，国必亡**。验辞：六年，单子如楚。八年，陈侯杀于夏氏。九年，楚子入陈。

◎**例证**8《单襄公论郤至⊙》（周语中）[讥语体A-验]【讥语原因】晋既克楚于

鄢，使郤至告庆于周。未将事，王叔简公饮之酒，交酬好货皆厚，饮酒宴语相说也。明日，王孙子誉诸朝，郤至见邵桓公，与之语。邵公以告单襄公曰："王叔子誉温季，以为必相晋国，相晋国，必大得诸侯，劝二三君子必先导焉，可以树。今夫子见我，以晋国之克也，为己实谋之，曰：'微我，晋不战矣！楚有五败，晋不知乘，我则强之。背宋之盟，一也；德薄而以地赂诸侯，二也；弃壮之良而用幼弱，三也；建立卿士而不用其言，四也；夷、郑从之，三陈而不整，五也。罪不由晋，晋得其民，四军之帅，旅力方刚；卒伍治整，诸侯与之。是有五胜也：有辞，一也；得民，二也；军帅强御，三也；行列治整，四也；诸侯辑睦，五也。有一胜犹足用也，有五胜以伐五败，而避之者，非人也。不可以不战。栾、范不欲，我则强之。战而胜，是吾力也。且夫战也微谋，吾有三伐；勇而有礼，反之以仁。吾三逐楚君之卒，勇也；见其君必下而趋，礼也；能获郑伯而赦之，仁也。若是而知晋国之政，楚、越必朝。'吾曰：'子则贤矣。抑晋国之举也，不失其次，吾惧政之未及子也。'谓我曰：'夫何次之有？昔先大夫荀伯自下军之佐以政，赵宣子未有军行而以政，今栾伯自下军往。是三子也，吾又过于四之无不及。若佐新军而升为政，不亦可乎？将必求之。'是其言也，君以为奚若？"

【讥语判断及其说明】襄公曰：**"人有言曰：'兵在其颈。'其郤至之谓乎！**君子不自称也，非以让也，恶其盖人也。夫人性，陵上者也，不可盖也。求盖人，其抑下滋甚，故圣人贵让。且谚曰：'兽恶其网，民恶其上。'《书》曰：'民可近也，而不可上也。'《诗》曰：'恺悌君子，求福不回。'在礼，敌必三让，是则圣人知民之不可加也。故王天下者必先诸民，然后庇焉，则能长利。今郤至在七人之下而欲上之，是求盖七人也，其亦有七怨。怨在小丑，犹不可堪，而况在侈卿乎？其何以待之？晋之克也，天有恶于楚也，故儆之以晋。而郤至佻天之功以为己力，不亦难乎？佻天不祥，乘人不义，不祥则天弃之，不义则民叛之。且郤至何三伐之有？夫仁、礼、勇，皆民之为也。以义死用谓之勇，奉义顺则谓之礼，畜义丰功谓之仁。奸仁为佻，奸礼为羞，奸勇为贼。夫战，尽敌为上，守和同顺义为上。故制戎以果毅，制朝以序成。叛战而擅舍郑君，贼也；弃毅行容，羞也；叛国即雠，佻也。有三奸以求替其上，远于得政矣。**以吾**

观之，兵在其颈，不可久也。虽吾王叔，未能违难。在《太誓》曰：‘民之所欲，天必从之。’王叔欲郤至，能勿从乎？”【验辞】郤至归，明年死难。及伯舆之狱，王叔陈生奔晋。

〖案例分析〗讥者：单襄公（周王卿士）。被讥者：郤至（晋卿）、王叔简公（周大夫）。讥语原因（属政事类）：郤至在七人之下而欲上之。王叔简公谬赞郤至。讥语判断：**人有言曰“兵在其颈”。其郤至之谓乎……虽吾王叔，未能违难。**验辞：郤至归，明年死难。及伯舆之狱，王叔陈生（即王叔简公）奔晋。

◎**例证**9《单襄公论晋有乱◎》（周语下）[讥语体A-验]（同时具有问答体和劝谏体属性）【讥语原因】柯陵之会，单襄公见晋厉公视远步高。晋郤锜见其语犯。郤犨见，其语迂。郤至见。其语伐。齐国佐见，其语尽。鲁成公见，言及晋难及郤犨之谮。【讥语判断及其说明】单子曰：“君何患焉！**晋将有乱，其君与三郤其当之乎！**”鲁侯曰：“寡人惧不免于晋，今君曰‘将有乱’，敢问天道乎，抑人故也？”对曰：“吾非瞽、史，焉知天道？吾见晋君之容，而听三郤之语矣，殆必祸者也。夫君子目以定体，足以从之，是以观其容而知其心矣。目以处义，足以步目，今晋侯视远而足高，目不在体，而足不步目，其心必异矣。目体不相从，何以能久？夫合诸侯，民之大事也，于是乎观存亡。故国将无咎，其君在会，步言视听，必皆无谪，则可以知德矣。视远，日绝其义；足高，日弃其德；言爽，日反其信；听淫，日离其名。夫目以处义，足以践德，口以庇信，耳以听名者也，故不可不慎也。偏丧有咎，既丧则国从之。晋侯爽二，吾是以云。夫郤氏，晋之宠人也，三卿而五大夫，可以戒惧矣。高位实疾颠，厚味实腊毒。今郤伯之语犯，叔迂，季伐，犯则陵人，迂则诬人，伐则掩人。有是宠也，而益之以三怨，其谁能忍之！**虽齐国子亦将与焉。**立于淫乱之国，而好尽言，以招人过，怨之本也，唯善人能受尽言，齐其有乎？吾闻之，国德而邻于不修，必受其福。今君逼于晋，而邻于齐，齐、晋有祸，可以取伯，无德之患，何忧于晋？且夫长翟之人利而不义，其利淫矣，流之若何？”【验辞】鲁侯归，乃逐叔孙侨如。简王十一年，诸侯会于柯陵。十二年，晋杀三郤。十三年，晋侯弑，于翼东门葬，以车一乘。齐人杀国武子。

〖案例分析〗讯者：单襄公（周王卿士）。被讯者：晋厉公（诸侯国君）、晋郤锜（晋卿）、郤犨（晋卿）、郤至（晋卿）、齐国佐（齐卿）。讯语原因（属政事类）：晋厉公视远步高……弃其德，绝其义。郤锜，其语犯……犯则陵人。郤犨，其语迂……迂则诬人。郤至，其语伐……伐则掩人。齐国佐，其语尽……立于淫乱之国，而好尽言，以招人过。讯语判断：**晋将有乱，其君与三郤其当之乎！……虽齐国子亦将与焉**。验辞：简王十一年，诸侯会于柯陵。十二年，晋杀三郤。十三年，晋侯弑，于翼东门葬，以车一乘。齐人杀国武子。

第六节　《国语》讥语体短文（下）

◎例证10《刘文公与苌弘欲城周◦》（周语下）[讥语体A-验]【讥语原因】敬王十年，刘文公与苌弘欲城周，为之告晋。魏献子为政，说苌弘而与之。将合诸侯。【讥语判断及其说明】卫彪傒适周，闻之，见单穆公曰：**“苌、刘其不殁乎？**《周诗》有之曰：‘天之所支，不可坏也。其所坏，亦不可支也。’昔武王克殷，而作此诗也，以为饫歌，名之曰‘支’，以遗后之人，使永监焉。夫礼之立成者为饫，昭明大节而已，少典与焉。是以为之日惕，其欲教民戒也。然则夫‘支’之所道者，必尽知天地之为也。不然，不足以遗后之人。今苌、刘欲支天之所坏，不亦难乎？自幽王而天夺之明，使迷乱弃德，而即慆淫，以亡其百姓，其坏之也久矣。而又将补之，殆不可矣！水火之所犯，犹不可救，而况天乎？《谚》曰：‘从善如登，从恶如崩。’昔孔甲乱夏，四世而陨；玄王勤商，十有四世而兴。帝甲乱之，七世而陨。后稷勤周，十有五世而兴，幽王乱之，十有四世矣。守府之谓多，胡可兴也？夫周，高山、广川、大薮也，故能生是良材，而幽王荡以为魁陵、粪土、沟渎，其有悛乎？”单子曰：“其咎孰多？”曰：**“苌叔必速及，将天以道补者也。夫天道导可而省否？苌叔反是，以诳刘子，必有三殃：违天，一也；反道，二也；诳人，三也。周若无咎，苌弘必为戮。虽晋魏子亦将及焉。若得天福，其当身乎？若刘氏，则必子孙实有祸。夫子而弃常法，以从其私欲，用巧变以崇天灾，勤百姓以为己名，其殃大矣。”**【验辞】是岁也，魏献子合诸侯之大夫于狄泉，遂田于大陆，焚而死，及范、中行之难，苌弘与之，晋人以为讨，二十八年，杀苌弘。及定王，刘氏亡。

〖案例分析〗讥者：卫彪傒（卫大夫）。被讥者：刘文公（周王卿士）、苌弘（周大夫）、魏献子（晋正卿）。讥语原因（属政事类）：刘文公与苌弘欲城周，为之告晋。魏献子为政，说苌弘而与之。讥语判断：**苌、刘其不殁乎？……周若无咎，苌弘必为戮。虽晋魏子亦将及焉。若得天福，其当身乎？若刘氏，则必子孙实有祸**。验辞：是岁也，魏献子合诸侯之大夫于狄泉，遂田于大陆，焚而死。及范、中行之难，苌弘与之，晋人以为讨，二十八年，杀苌弘。及定王，刘氏亡。

◎例证11《骊姬谮申生》（晋语一）[讥语体A-验]（有赞语成分）：【讥语原因】优施教骊姬夜半而泣谓公曰："吾闻申生甚好仁而强，甚宽惠而慈于民，皆有所行之。今谓君惑于我，必乱国，无乃以国故而行强于君。君未终命而不殁，君其若之何？盍杀我，无以一妾乱百姓。"公曰："夫岂惠其民而不惠于其父乎？"骊姬曰："妾亦惧矣。吾闻之外人之言曰：为仁与为国不同。为仁者，爱亲之谓仁；为国者，利国之谓仁。故长民者无亲，众以为亲。苟利众而百姓和，岂能惮君？以众故不敢爱亲，众况厚之，彼将恶始而美终，以晚盖者也。凡民利是生，杀君而厚利众，众孰沮之？杀亲无恶于人，人孰去之？苟交利而得宠，志行而众悦，欲其甚矣，孰不惑焉？虽欲爱君，惑不释也，今夫以君为纣，若纣有良子，而先丧纣，无章其恶而厚其败。钧之死也，无必假手于武王，而其世不废，祀至于今，吾岂知纣之善否哉？君欲勿恤，其可乎？若大难至而恤之，其何及矣！"公惧曰："若何而可？"骊姬曰："君盍老而授之政。彼得政而行其欲，得其所索，乃其释君。且君其图之，自桓叔以来，孰能爱亲？唯无亲，故能兼翼。"公曰："不可与政。我以武与威，是以临诸侯。未殁而亡政，不可谓武；有子而弗胜，不可谓威。我授之政，诸侯必绝；能绝于我，必能害我。失政而害国，不可忍也。尔勿忧，吾将图之。"骊姬曰："以皋落狄之朝夕苛我边鄙，使无日以牧田野，君之仓廪固不实，又恐削封疆。君盍使之伐狄，以观其果于众也，与众之信辑睦焉。若不胜狄，虽济其罪，可也；若胜狄，则善用众矣，求必益广，乃可厚图也。且夫胜狄，诸侯惊惧，吾边鄙不儆，仓廪盈，四邻服，封疆信，君得其赖，又知可否，其利多矣。君其图之！"公说。是故使申生伐东山，衣之偏裻之衣，佩之以金玦。【讥语判断及其说明】仆人赞闻之，曰："**太子殆哉**！君赐之奇，奇生怪，怪生无常，无常不立。使之出征，先以观之，故告之以离心，而示之以坚忍之权，则必恶其心而害其身矣。恶其心，必内险之；害其身，必外危之。危自中起，难哉！且是衣也，狂夫阻之衣也。其言曰：‘尽敌而反。’虽尽敌，其若内谗何！”【验辞】申生胜狄而反，谗言作于中。【赞语】君子曰：“知微。”

〖案例分析〗讥者：仆人赞（晋太子仆）。被讥者：申生（晋太子）。讥语原因（属政事类）：晋献公听从骊姬谗言，使申生伐东山，衣之偏裻之衣，佩之以金玦。……君赐之奇，奇生怪，怪生无常，无常不立。……危自中起，难哉！讥语判断：**太子殆哉**。验辞：申生胜狄而反，谗言作于中。在《国语·晋语》中共有9处“君子曰”（一般在短文结束部分），其作用很明显是教学课本中的权威性提示、评点。详见后文。

◎**例证**12《舟之侨告其族◦》（晋语二）[讥语体A-验]【讥语原因】虢公梦在庙，有神人面白毛虎爪，执钺立于西阿，公惧而走。神曰：“无走！帝命曰：‘使晋袭于尔门。’”公拜稽首，觉，召史嚚占之，对曰：“如君之言，则蓐收也，天之刑神也，天事官成。”公使囚之，且使国人贺梦。【讥语判断及其说明】舟之侨告诸其族曰：“**众谓虢亡不久，吾乃今知之**。君不度而贺大国之袭，于己也何瘳？吾闻之曰：‘大国道，小国袭焉曰服。小国傲，大国袭焉曰诛。’民疾君之侈也，是以遂于逆命。今嘉其梦侈必展，是天夺之鉴而益其疾也。民疾其态，天又诳之；大国来诛，出令而逆；宗国既卑，诸侯远己。内外无亲，其谁云救之？吾不忍俟也！”将行，以其族适晋。【验辞】六年，虢乃亡。

〖案例分析〗讥者：舟之侨（虢大夫）。被讥者：虢公（诸侯国君）。讥语原因（属异兆类+政事类）：虢公梦大国将来袭，使国人贺。讥语判断：**众谓虢亡不久，吾乃今知之**。验辞：六年，虢乃亡。

◎**例证**13《宰孔论晋侯将死◦》（晋语二）[讥语体A-验]【讥语原因】（在下文讥语中）【讥语判断及其说明】宰孔谓其御曰：“**晋侯将死矣**！景霍以为城，而汾、河、涑、浍以为渠，戎、狄之民实环之。汪是土也，苟违其违，谁能惧之！今晋侯不量齐德之丰否，不度诸侯之势，释其闭修，而轻于行道，失其心矣。君子失心，鲜不夭昏。”【验辞】是岁也，献公卒。八年，为淮之会。桓公在殡，宋人伐之。

〖案例分析〗讥者：宰孔（周王卿士）。被讥者：晋献公（诸侯国君）。讥语原因（属政事类）：晋侯不量齐德之丰否，不度诸侯之势，释其闭修，而轻于行道，失其心矣。讥语判断：**晋侯将死矣！**验辞：是岁也，献公卒。八年，为淮之会。桓公在殡，宋人伐之。

◎例证14《惠公悔杀里克○》（晋语三）[讥语体A-验]【讥语原因】惠公既杀里克而悔之，曰："芮也，使寡人过杀我社稷之镇。"【讥语判断及其说明】郭偃闻之，曰："**不谋而谏者，冀芮也。不图而杀者，君也。不谋而谏，不忠。不图而杀，不祥。不忠，受君之罚。不祥，罹天之祸。受君之罚，死戮。罹天之祸，无后。志道者勿忘，将及矣！**"【验辞】及文公入，秦人杀冀芮而施之。

〖案例分析〗讥者：郭偃（晋掌卜大夫）。被讥者：晋惠公（诸侯国君）、冀芮（晋大夫）。讥语原因（属政事类）：惠公不图而杀。冀芮不谋而谏。讥语判断：**不忠，受君之罚。不祥，罹天之祸。受君之罚，死戮。罹天之祸，无后。志道者勿忘，将及矣！**验辞：及文公入，秦人杀冀芮而施之。

◎例证15《宁嬴氏论阳处父》（晋语五）[讥语体A-验]【讥语原因】阳处父如卫，反，过宁，舍于逆旅宁嬴氏。嬴谓其妻曰："吾求君子久矣，今乃得之。"举而从之，阳子道与之语，及山而还。其妻曰："子得所求而不从之，何其怀也！"【讥语判断及其说明】曰："吾见其貌而欲之，闻其言而恶之。夫貌，情之华也；言，貌之机也。身为情，成于中。言，身之文也。言文而发之，合而后行，离则有衅。今阳子之貌济，其言匮，非其实也。若中不济，而外强之，其卒将复，中以外易矣。若内外类，而言反之，渎其信也。夫言以昭信，奉之如机，历时而发之，胡可渎也！今阳子之情譓矣，以济盖也，且刚而主能，不本而犯，怨之所聚也。**吾惧未获其利而及其难，是故去之。**"【验辞】期年，乃有贾季之难，阳子死之。

〖案例分析〗讥者：宁嬴氏（处士）。被讥者：阳处父（晋太傅）。讥语原因（属政事类）：今阳子之情譓矣，以济盖也，且刚而主能，不本而犯，怨之所聚也。讥语判断：**吾惧未获其利而及其难**。验辞：期年，乃有贾季之难，阳子死之。

◎例证16《郤献子耻国君》（晋语五）[讥语体A-验在后文]【讥语原因】靡笄之役也，郤献子伐齐。齐侯来，献之以得殒命之礼，曰：“寡君使克也，不腆弊邑之礼，为君之辱，敢归诸下执政，以整御人。”【讥语判断及其说明】苗棼皇曰：“**郤子勇而不知礼，矜其伐而耻国君，其与几何！**”

〖案例分析〗讥者：苗棼皇（晋大夫）。被讥者：郤献子（晋卿）。讥语原因（属政事类）：献子勇而不知礼，矜其伐而耻国君。讥语判断：**其与几何**。验辞：（在后文）郤克死后十余年，晋国发生三郤之难，郤氏灭族。

◎例证17《范文子论私难○》（晋语六）[讥语体A-验]【讥语原因】（在讥语中）【讥语判断及其说明】反自鄢，范文子谓其宗、祝曰：“君骄泰而有烈，夫以德胜者犹惧失之，而况骄泰乎？**君多私，今以胜归，私必昭。昭私，难必作，吾恐及焉**。凡吾宗、祝，为我祈死，先难为免。”【验辞】七年夏，范文子卒。冬，难作，始于三郤，卒于公。

〖案例分析〗讥者：范文子（晋卿）。被讥者：晋厉公（诸侯国君）。讥语原因（属政事类）：君骄泰而有烈，夫以德胜者犹惧失之，而况骄泰乎？讥语判断：**君骄泰而有烈……难必作**。验辞：七年夏，范文子卒。冬，难作，始于三郤，卒于公。

◎例证18《叔鱼杨食我之生-甲篇》（晋语八）[讥语体A-验在后文]【讥语原因】（在讥语中）【讥语判断及其说明】叔鱼生。其母视之，曰：“是虎目而豕喙，鸢肩而牛腹，溪壑可盈，是不可餍也，**必以贿死**。”遂不视。【验辞】（在后文，晋语九）士景伯如楚，叔鱼为赞理。邢侯与雍子争田，雍子纳其女于叔鱼以求直。及断狱之日，叔鱼抑邢侯，邢侯杀叔鱼与雍子于朝。

〖案例分析〗讥者：叔鱼之母（晋大夫妻）。被讥者：叔鱼（晋大夫）。讥语原因（婴儿相貌，属异兆类）：虎目而豕喙，鸢肩而牛腹，……是不可餍也。讥语判断：**必以贿死**。验辞：（在后文，晋语九）士景伯如楚，叔鱼为赞理。邢侯与雍子争田，雍子纳其女于叔鱼以求直。及断狱之日，叔鱼抑邢侯，邢侯杀叔鱼与雍子于朝。

◎例证19《叔鱼杨食我之生-乙篇》（晋语八）[讥语体A-验在《左传》]【讥语

原因】杨食我生，叔向之母闻之，往，及堂，闻其号也，乃还。【讥语判断及其说明】（叔向之母）曰："其声，豺狼之声，**终灭羊舌氏之宗者，必是子也**？"【验辞】《左传》（昭28）：夏六月，晋杀祁盈及杨食我。食我，祁盈之党也，而助乱，故杀之。遂灭祁氏、羊舌氏。

〖案例分析〗讥者：叔向之母（晋大夫妻）。被讥者：杨食我（晋大夫）。讥语原因（婴儿哭声，属异兆类）：其声，豺狼之声。讥语判断：终灭羊舌氏之宗者，必是子也？验辞：（在《左传》昭28）夏六月，晋杀祁盈及杨食我。食我，祁盈之党也，而助乱，故杀之，遂灭祁氏、羊舌氏。

◎**例证**20《师旷论乐⊙》（晋语八）[讥语体A-验在《左传》]【讥语原因】平公说新声。【讥语判断及其说明】师旷曰："**公室其将卑乎**！君之明兆于衰矣。夫乐以开山川之风也，以耀德于广远也。风德以广之，风山川以远之，风物以听之，修诗以咏之，修礼以节之。夫德广远而有时节，是以远服而迩不迁。"【验辞】《左传》：（襄31）及赵文子卒，晋公室卑，政在侈家。

〖案例分析〗讥者：师旷（晋乐师）。被讥者：晋平公（诸侯国君）。讥语原因（属政事类）：平公说新声。讥语判断：**公室其将卑乎**！验辞：验在《左传》（襄31）：及赵文子卒，晋公室卑，政在侈家。

◎**例证**21《叔向论忠信⊙》（晋语八）[讥语体A-验]【讥语原因】诸侯之大夫盟于宋，楚令尹子木欲袭晋军，曰："若尽晋师而杀赵武，则晋可弱也。"文子闻之，谓叔向曰："若之何？"【讥语判断及其说明】叔向曰："子何患焉。忠不可暴，信不可犯，忠自中，而信自身，其为德也深矣，其为本也固矣，故不可捎也。今我以忠谋诸侯，而以信覆之，荆之逆诸侯也亦云，是以在此。若袭我，是自背其信而塞其忠也。**信反必毙，忠塞无用，安能害我？且夫合诸侯以为不信，诸侯何望焉，为此行也，荆败我，诸侯必叛之**。子何爱于死，死而可以固晋国之盟主，何惧焉？"【验辞】是行也，以藩为军，攀辇即利而舍，候遮捍卫不行，楚人不敢谋，畏晋之信也。自是没平公无楚患。

〖案例分析〗讯者：叔向（晋大夫）。被讯者：子木（楚令尹）。讯语原因（属政事类）：楚人欲袭晋军。讯语判断：**子何患焉……荆败我，诸侯必叛之**。验辞：是行也，……楚人不敢谋，畏晋之信也。自是没平公无楚患。

◎例证22《秦后子来奔⊙》（晋语八）[讯语体A-验]【讯语原因】秦后子来奔，赵文子见之，问曰："秦君道乎？"对曰："不识。"文子曰："公子辱于敝邑，必避不道也。"对曰："有焉。"文子曰："犹可以久乎？"对曰："针闻之，国无道而年谷酥熟，鲜不五稔。"文子视日曰："朝夕不相及，谁能俟五！"【讯语判断及其说明】文子出，后子谓其徒曰："**赵孟将死矣！**夫君子宽惠以恤后，犹怨不济。今赵孟相晋国，以主诸侯之盟，思长世之德，历远年之数，犹惧不终其身；今忨日而愒岁，怠偷甚矣，**非死逮之，必有大咎**。"【验辞】冬，赵文子卒。

〖案例分析〗讯者：秦后子（秦公子）。被讯者：赵文子（晋正卿）。讯语原因（属政事类）：今赵孟相晋国，……忨日而愒岁，怠偷甚矣。讯语判断：**赵孟将死矣！……非死逮之，必有大咎**。验辞：冬，赵文子卒。

◎例证23《医和视疾⊙》（晋语八）[讯语体A-验]

【讯语原因】平公有疾。【讯语判断及其说明】秦景公使医和视之，出曰："不可为也。是谓远男而近女，惑以生蛊；非鬼非食，惑以丧志。**良臣不生，天命不佑。若君不死，必失诸侯**。"赵文子闻之曰："武从二三子以佐君为诸侯盟主，于今八年矣，内无苛慝，诸侯不二，子胡曰'良臣不生，天命不佑？'"对曰："自今之谓。和闻之曰：'直不辅曲，明不规闇，拱木不生危，松柏不生埤。'吾子不能谏惑，使至于生疾，又不自退而宠其政，八年之谓多矣，何以能久！"文子曰："医及国家乎？"对曰："上医医国，其次疾人，固医官也。"文子曰："子称蛊，何实生之？"对曰："蛊之慝，谷之飞实生之。物莫伏于蛊，莫嘉于谷，谷兴蛊伏而章明者也。故食谷者，昼选男德以象谷明，宵静女德以伏蛊慝，今君一之，是不飨谷而食蛊也，是不昭谷明而皿蛊也。夫文，'虫''皿'为'蛊'，吾是以云。"文子曰："君其几何？"对曰："**若诸侯服不过三年，不服不过十年，过是，晋之殃也**。"【验辞】是岁也，赵文子卒，诸侯叛晋，十年，平公薨。

〖案例分析〗讯者：医和（秦医官）。被讯者：晋平公（诸侯国君）、赵文子（晋正卿）。讯语原因（属政事类）：平公远男而近女，惑以生蛊。赵文子不能谏惑，使至于生疾，又不自退而宠其政。讯语判断：**若君不死，必失诸侯。……若诸侯服不过三年，不服不过十年，过是，晋之殃也。**验辞：是岁也，赵文子卒，诸侯叛晋，十年，平公薨。

◎例证24《智襄子为室美》（晋语九）[讯语体A-验]【讯语原因】智襄子为室美，士茁夕焉。智伯曰："室美夫！"对曰："美则美矣；抑臣亦有惧也。"智伯曰："何惧？"【讯语判断及其说明】对曰："臣以秉笔事君，志有之曰：'高山峻原，不生草木。松柏之地，其土不肥。'**今土木胜，臣惧其不安人也。**"【验辞】室成；三年而智氏亡。

〖案例分析〗讯者：士茁（智伯家臣）。被讯者：智襄子（晋正卿）。讯语原因（属政事类）：襄子为室美。讯语判断：**臣惧其（美室）不安人也**。验辞：室成；三年而智氏亡。

◎例证25《斗且廷见令尹子常○》（楚语下）[讯语体A-验]【讯语原因】斗且廷见令尹子常，子常与之语，问蓄货聚马。【讯语判断及其说明】归以语其弟，曰："**楚其亡乎！不然，令尹其不免乎**。吾见令尹，令尹问蓄聚积实，如饿豺狼焉，殆必亡者也。夫古者聚货不妨民衣食之利，聚马不害民之财用，国马足以行军，公马足以称赋，不是过也。公货足以宾献，家货足以共用，不是过也。夫货、马邮则阙于民，民多阙则有离叛之心，将何以封矣。昔斗子文三舍令尹，无一日之积，恤民之故也。成王闻子文之朝不及夕也，于是乎每朝设脯一束、糗一筐，以羞子文。至于今秩之。成王每出子文之禄，必逃，王止而后复。人谓子文曰：'人生求富，而子逃之，何也？'对曰：'夫从政者，以庇民也。民多旷者，而我取富焉，是勤民以自封也，死无日矣。我逃死，非逃富也。'故庄王之世，灭若敖氏，唯子文之后在，至于今处郧，为楚良臣。是不先恤民而后己之富乎？今子常，先大夫之后也，而相楚君无令名于四方，民之羸馁，日已甚矣。四境盈垒，道馑相望，盗贼司目，民无所放。是之不恤，而蓄聚不厌，其速怨于民多矣。积货滋多，蓄怨滋厚，不亡何待。夫民心之愠也，若防大川焉，溃而所犯必大矣。子常其能贤于成、灵乎？成不礼于穆，愿食熊蹯，不获而死。灵不顾于民，一国弃之，若遗迹焉。子常为政，而无礼不顾甚于成、灵，其独何力以待之！”

【验辞】期年，乃有柏举之战，子常奔郑，昭王奔随。

〖案例分析〗讥者：斗且廷（楚大夫）。被讥者：子常（楚令尹）。讥语原因（属政事类）：子常相楚君无令名于四方，民之羸馁，日已甚矣。四境盈垒，道馑相望，盗贼司目，民无所放。是之不恤，而蓄聚不厌，其速怨于民多矣。讥语判断：**楚其亡乎！不然，令尹其不免乎**。验辞：期年，乃有柏举之战，子常奔郑，昭王奔随。

◎**例证**26《蓝尹亹论吴将毙⊙》（楚语下）[讥语体A-验在后文]【讥语原因】子西叹于朝，蓝尹亹曰："吾闻君子唯独居思念前世之崇替，与哀殡丧，于是有叹，其余则否。君子临政思义，饮食思礼，同宴思乐，在乐思善，无有叹焉。今吾子临政而叹，何也？"子西曰："阖庐能败吾师。阖庐即世，吾闻其嗣又甚焉。吾是以叹。"【讥语判断及其说明】对曰："子患政德之不修，无患吴矣。夫阖庐口不贪嘉味，耳不乐逸声，目不淫于色，身不怀于安，朝夕勤志，恤民之羸，闻一善若惊，得一士若赏，有过必悛，有不善必惧，是故得民以济其志。今吾闻夫差好罢民力以成私好，纵过而翳谏，一夕之宿，台榭陂池必成，六畜玩好必从。夫差先自败也已，焉能败人。子修德以待吴，**吴将毙矣**。"【验辞】（在后文）勾践灭吴。

〖案例分析〗讥者：蓝尹亹（楚大夫）。被讥者：夫差（吴王）。讥语原因（属政事类）：夫差好罢民力以成私好，纵过而翳谏，一夕之宿，台榭陂池必成，六畜玩好必从。夫差先自败也已。讥语判断：**吴将毙矣**。验辞：（在后文）勾践灭吴。

在上面26篇讥语体短文案例中，讥者（讥语言说者）具有很高社会地位，从卿大夫到诸侯国公子。相对来说，除两处泛称（周王朝、秦师）之外，被讥者的社会地位更高，从卿大夫到诸侯嫡子、诸侯国君乃至周天子。除两个案例（婴儿相貌，婴儿哭声）属异兆类之外，其余"讥语原因"均可归入广义的政事类。在绝大多数情况下，讥语对象主要是被讥者对礼乐制度及其道德原则的背离，如失德、失政、不仁、不义、不敬、不忠、不孝、不让、不智、不敏等等。

讥语判断的应验情况可以分为两种类型，一是在短文之内验辞部分直接交代，二是在短文之外可以找到与讥语判断相呼应的应验情况。如例证26《蓝尹亹论吴将毙》的讥语判断是“吴将毙矣”，在该篇短文之内并无验辞，但在《国语》后文（吴语和越语）中存在相关内容（勾践灭吴）。在上文案例枚举中，将此类情况标注为“**验在后文**”。又如例证20《师旷论乐》的讥语判断是“公室其将卑乎”，在该篇短文之内并无验辞，但在《左传》（襄31）中存在相关内容：“及赵文子卒，晋公室卑，政在侈家。”在上文案例枚举中，将此类情况标注为“**验在《左传》**”。

讥语判断的灾祸预言包括天灾和人祸。在本节所举26篇讥语体A类短文的灾祸预言中，单纯天灾仅1例（案例3），其余都是人祸。在人祸中，小者如被讥者的短寿、蒙难、出奔、无后、被杀等等，大者如灭族、国祸、国运衰落乃至亡国等等。在《国语》和《左传》中，讥语体A类短文的灾祸预言大体不出这个范围。在上面26篇讥语体短文中，讥语判断及其应验情况明确体现短文作者所要强调的一种废兴规律：为政者的错误举措（非礼、失德、失政等等），必将导致灾祸发生，小则身死，大则灭族、亡国。**这是对当时社会政治生活中主流意识形态的重要体现，是三代礼乐制度中德义传统的延续，并非后人认为少数孔门弟子笔下的“儒家思想”。搞清这个问题，对于认识中国古代的社会制度和文化形态十分重要。**

第二章

《国语》《左传》中的典型文体（下）

第一节 《国语》赞语体短文

（一）赞语体短文内容与体式

在《国语》190余篇典型文体短文中，有赞语体短文20篇。在上一节已经讨论过的讥语体短文和本节讨论的赞语体短文之间，有相反之处，也有相同之处。相反之处是二者互为“倒映”关系，讥语的性质是否定和非难，赞语的性质是肯定和赞扬。相同之处是二者都包含A、B两种类型。对讥语体短文进行分类的重要标准是讥语判断的有无：有讥语判断者为A类，没有讥语判断者为B类。对赞语体短文进行分类的重要标准是赞语判断的有无：有赞语判断者为A类，没有赞语判断者为B类。

下面是讥语体短文和赞语体短文两种类型的比较。

表2.1 《国语》讥语体短文和赞语体短文类型分析

短文类型	第一部分	第二部分	第三部分
讥语体短文A类	讥语原因	讥语判断及其说明	讥语判断应验情况（验辞）
讥语体短文B类	讥语原因	讥语	
赞语体短文A类	赞语原因	赞语判断及其说明	赞语判断应验情况（验辞）
赞语体短文B类	赞语原因	赞语	

在《国语》和《左传》的赞语体A类短文中，有验辞者极少。

《内史兴论晋文公必霸⊙》（此篇正文见本书第一章）具有劝谏体和赞语体双重属性。从赞语体属性说，【赞语原因】内史兴等人代表周襄王到晋国为晋文公赐命。晋文公的接待礼仪周全、恭敬。【赞语判断及其说明】内史兴回来后对周襄王说：“晋……**其君必霸。**”然后讲述赞语判断的依据：晋文公逆王命敬，奉礼义成，因此具有忠、信、仁、义等品德。这一段论证中包含重要史料内容（⊙）。【验辞】晋文公果然成就霸业。

从劝谏体属性说，内史兴以晋文公“必霸”为依据，劝谏周襄王今后一定要与晋国修好（**晋，不可不善也**）。周襄王听从劝谏，于是此后周王室得到晋文公的援助（惠后之难，王出在郑，晋侯纳之）和拥戴（以诸侯朝王……遂为践土之盟）。

此外，《单襄公论晋周○》也具有劝谏体和赞语体双重属性。从赞语体属性说，单襄公提出的赞语判断是晋周“将得晋国”。单襄公的判断依据是论证晋周的言行举止表明他拥有卓越的德能品质（敬、忠、信、仁、义、智、勇、教、孝、惠、让）。这一段论证中包含重要史料内容（○）。单襄公赞语判断的应验情况（验辞）是：晋周果然“得晋国”，是为晋悼公。

（二）赞语体A类短文

下面是《国语》赞语体A类短文的两个例证。笔者用黑体字标记赞语判断。

◎例证1《羊舌肸聘于周》（周语下）[赞语体A]【赞语原因】晋羊舌肸聘于周，发币于大夫及单靖公。靖公享之，俭而敬；宾礼赠饯，视其上而从之；燕无私，送不过郊，语说《昊天有成命》。【赞语】单之老送叔向，叔向告之曰：“异哉！吾闻之曰：‘一姓不再兴。’**今周其兴乎！其有单子也**。昔史佚有言曰：‘动莫若敬，居莫若俭，德莫若让，事莫若咨。’单子之贶我，礼也，皆有焉。夫宫室不崇，器无彤镂，俭也；身耸除洁，外内齐给，敬也；宴好享赐，不逾其上，让也；宾之礼事，放上而动，咨也。如是，而加之以无私，重之以不肴，能避怨矣。居俭动敬，德让事咨，而能避怨，以为卿佐，其有不兴乎！且其语说《昊天有成命》，《颂》之盛德也。其诗曰：‘昊天有成命，二后受之，成王不敢康。夙夜基命宥密，于，缉熙！亶厥心肆其靖之。’是道成王之德也。成王能明文昭，能定武烈者也。夫道成命者，而称昊天，翼其上也。二后受之，让于德也。成王不敢康，敬百姓也。夙夜，恭也；基，始也。命，信也。宥，宽也。密，宁也。缉，明也。熙，广也。亶，厚也。肆，固也。靖，龢也。其始也，翼上德让，而敬百姓。其中也，恭俭信宽，帅归于宁。其终也，广厚其心，以固龢之。始于德让，中于信宽，终于固和，故曰成。单子俭敬让咨，以应成德。**单若不兴，子孙必蕃，后世不忘。**《诗》曰：'其类维何？室家之壶。君子万年，永锡祚胤。'类也者，不忝前哲之谓也。壶也者，广裕民人之谓也。万年也者，令闻不忘之谓也。胤也者，子孙蕃育之谓也。单子朝夕不忘成王之德，可谓不忝前哲矣。膺保明德，以佐王室，可谓广裕民人矣。**若能类善物，以混厚民人者，必有章誉蕃育之祚，则单子必当之矣。单若有阙，必兹君之子孙实续之，不出于他矣。**"

〖案例分析〗赞者：羊舌肸（晋大夫）。被赞者：单靖公（周王卿士）。被赞之事：俭敬让咨，以应成德。赞语判断：……今周其兴乎！其有单子也。**……单若不兴，子孙必蕃，后世不忘。**……以混厚民人者，必有章誉蕃育之祚，**则单子必当之矣。单若有阙，必兹君之子孙实续之，不出于他矣。**

◎例证2《文公欲弛宅-甲篇》（鲁语上）[赞语体A]【劝谏原因】文公欲弛孟文子之宅，使谓之曰："吾欲利子于外之宽者。"【劝谏言论】对曰："夫位，政之建也；署，位之表也；车服，表之章也；宅，章之次也；禄，次之食也。君议五者以建政，为不易之故也。今有司来命易臣之署与其车服，而曰：'将易而次，为宽利也。'夫署，所以朝夕虔君命也。臣立先臣之署，服其车服，为利故而易其次，是辱君命也。不敢闻命。若罪也，则请纳禄与车服而违署，唯里人所命次。"【是否听从】公弗取。【赞语】臧文仲闻之曰："孟孙善守矣，其可以盖穆伯而守其后于鲁乎！"

〖案例分析〗赞者：臧文仲（鲁卿）。被赞者：孟文子（鲁大夫）。被赞之事：善守。赞语判断："孟孙善守矣，**其可以盖穆伯而守其后于鲁乎！**"按：例证4《文公欲弛宅》实际上是甲乙两篇短文的"缩编"，以上是该章前半部分（甲篇）。该文乙篇（《文公欲弛宅-乙篇》）见本书附录一：《国语》典型文体短文索引。

（三）赞语体B类短文

下面是《国语》赞语体B类短文的16个例证。这些案例中的被赞之事，均可以归入广义的政事类。前面谈到，政事类训语原因主要是对礼乐制度及其道德原则的背离现象；赞语原因则刚好相反，主要是对礼乐制度及其道德原则的遵从现象。**二者共有特征：大多数例证在言论部分一般都具有肯定或否定的明确意向（是非分明）。**

◎例证1《公父文伯之母对问》（鲁语下）[赞语体B，同时具有问答体成分]【赞语原因】季康子问于共父文伯之母曰："主亦有以语肥也。"对曰："吾能老而已，何以语子。"康子曰："虽然，肥愿有闻于主。"对曰："吾闻之先姑曰：'君子能劳，后世有继。'"【赞语】子夏闻之，曰："善哉！商闻之曰：'古之嫁者，不及舅姑，谓之不幸。'夫妇，学于舅姑者也。"

〖案例分析〗赞者：子夏（孔子弟子）。被赞者：敬姜（鲁大夫妻）。被赞之事：对问得体。

◎例证2《敬姜论劳逸○》（鲁语下）[赞语体B]【赞语原因】公父文伯退朝，朝其母，其母方绩。文伯曰："以歜之家而主犹绩，惧憾季孙之怒也。其以歜为不能事主乎！"其母叹曰："鲁其亡乎！使僮子备官而未之闻耶？居，吾语女。昔圣王之处民也，择瘠土而处之，劳其民而用之，故长王天下。夫民劳则思，思则善心生；逸则淫，淫则忘善，忘善则恶心生。沃土之民不材，逸也。瘠土之民莫不向义，劳也。是故天子大采朝日，与三公、九卿祖识地德；日中考政，与百官之政事，师尹维旅、牧、相宣序民事；少采夕月，与大史、司载纠虔天刑；日入监九御，使洁奉禘、郊之粢盛，而后即安。诸侯朝修天子之业命，昼考其国职，夕省其典刑，夜儆百工，使无慆淫，而后即安。卿大夫朝考其职，昼讲其庶政，夕序其业，夜庀其家事，而后即安。士朝受业，昼而讲贯，夕而习复，夜而计过无憾，而后即安。自庶人以下，明而动，晦而休，无日以怠。王后亲织玄紞，公侯之夫人加之以纮、綖，卿之内子为大带，命妇成祭服，列士之妻加之以朝服，自庶士以下，皆衣其夫。社而赋事，蒸而献功，男女效绩，愆则有辟，古之制也。君子劳心，小人劳力，先王之训也。自上以下，谁敢由心舍力？今我，寡也，尔又在下位，朝夕处事，犹恐忘先人之业。况有怠惰，其何以避辟！吾冀而朝夕修我曰：‘必无废先人。’尔今曰：‘胡不自安。’以是承君之官，余惧穆伯之绝嗣也。”【赞语】仲尼闻之曰：“弟子志之，季氏之妇不淫矣。”

〖案例分析〗赞者：仲尼即孔子，鲁国的国老（自谓“从大夫之后”）。被赞者：敬姜。被赞之事：以礼教戒其子。敬姜言论中包含重要史料内容（○）。

◎例证3《公父文伯之母别于男女之礼》（鲁语下）[赞语体B]【赞语原因】公父文伯之母，季康子之从祖叔母也。康子往焉，闯门与之言，皆不逾阈。祭悼子，康子与焉，酢不受，彻俎不宴，宗不具不绎，绎不尽饫则退。【赞语】仲尼闻之，以为别于男女之礼矣。

〖案例分析〗赞者：仲尼。被赞者：敬姜。被赞之事：别于男女之礼。

◎例证4《公父文伯之母欲室文伯》（鲁语下）[赞语体B]【赞语原因】公父文伯之母欲室文伯，飨其宗老，而为赋《绿衣》之三章。老请守龟卜室之族。【赞语】师亥闻之曰：“善哉！男女之飨，不及宗臣；宗室之谋，不过宗人。谋而不犯，微而昭矣。诗所以合意，歌所以咏诗也。今诗以合室，歌以咏之，度于法矣。”

〖案例分析〗赞者：师亥（鲁乐师）。被赞者：敬姜。被赞之事：为子择偶，度于法矣。

◎例证5《敬姜之戒》（鲁语下）[赞语体B]【赞语原因】公父文伯卒，其母戒其妾曰：“吾闻之：好内，女死之；好外，士死之。今吾子夭死，吾恶其以好内闻也。二三妇之辱共先者祀，请无瘠色，无洵涕，无掏膺，无忧容，有降服，无加服。从礼而静，是昭吾子也。”【赞语】仲尼闻之曰：“女知莫如妇，男知莫如夫。公父氏之妇智也夫！欲明其子之令德。”

〖案例分析〗赞者：仲尼。被赞者：敬姜。被赞之事：为子治丧，欲明其子之令德。

◎例证6《敬姜之哭》（鲁语下）[赞语体B]【赞语原因】公父文伯之母朝哭穆伯，而暮哭文伯。【赞语】仲尼闻之曰：“季氏之妇可谓知礼矣。爱而无私，上下有章。”

〖案例分析〗赞者：仲尼。被赞者：敬姜。被赞之事：知礼，爱而无私，上下有章。

◎例证7《申生伐东山-甲篇》（晋语一）[赞语体B-有劝谏成分]**【赞语原因】**十七年冬，公使太子伐东山。里克谏曰："臣闻皋落氏将战，君其释申生也！"公曰："行也！"里克对曰："非故也。君行，太子居，以监国也；君行，太子从，以抚军也。今君居，太子行，未有此也。"公曰："非子之所知也。寡人闻之，立太子之道三：身钧以年，年同以爱，爱疑决之以卜、筮。子无谋吾父子之间，吾以此观之。"公不说。里克退，见太子。太子曰："君赐我以偏衣、金玦，何也？"里克曰："孺子惧乎？衣躬之偏，而握金玦，令不偷矣。孺子何惧！夫为人子者，惧不孝，不惧不得。且吾闻之曰：'敬贤于请。'孺子勉之乎！"**【赞语】**君子曰："善处父子之间矣。"

〖案例分析〗赞者：君子。被赞者：里克（晋大夫）。被赞之事：善处父子之间矣。

◎例证8《申生伐东山-乙篇》（晋语一）[赞语体B-有劝谏成分]**【赞语原因】**太子遂行，狐突御戎，先友为右，衣偏衣而佩金玦。出而告先友曰："君与我此，何也？"先友曰："中分而金玦之权，在此行也。孺子勉之乎！"狐突叹曰："以厖衣纯，而玦之以金铣者，寒之甚矣，胡可恃也？虽勉之，狄可尽乎？"先友曰："衣躬之偏，握兵之要，在此行也，勉之而已矣。偏躬无慝，兵要远灾，亲以无灾，又何患焉？"至于稷桑，狄人出逆，申生欲战。狐突谏曰："不可。突闻之：国君好艾，大夫殆；好内，适子殆，社稷危。若惠于父而远于死，惠于众而利社稷，其可以图之乎？况其危身于狄以起谗于内也？"申生曰："不可。君之使我，非欢也，抑欲测吾心也。是故赐我奇服，而告我权。又有甘言焉。言之大甘，其中必苦。谮在中矣，君故生心。虽蝎谮，焉避之？不若战也。不战而反，我罪滋厚；我战死，犹有令名焉。"果败狄于稷桑而反。谗言益起，狐突杜门不出。**【赞语】**君子曰："善深谋也。"

〖案例分析〗赞者：君子。被赞者：狐突（晋大夫）。被赞之事：善深谋也。

◎例证9《冀芮答问》（晋语二）[赞语体B]**【赞语原因】**穆公问冀芮曰："公子

谁恃于晋？”对曰：“臣闻之，亡人无党，有党必有雠。夷吾之少也，不好弄戏，不过所复，怒不及色，及其长也弗改。故出亡无怨于国，而众安之。不然，夷吾不佞，其谁能恃乎？”【赞语】君子曰：“善以微劝也。”

〖案例分析〗赞者：君子。被赞者：冀芮（晋大夫）。被赞之事：善以微劝也。

下面6个例证只列标题。

◎例证10《文公救宋败楚》（晋语四）[赞语体B]〖案例分析〗赞者：君子。被赞者：子犯（晋大夫）。被赞之事：善以德劝。

◎例证11《赵衰三让贤》（晋语四）[赞语体B]〖案例分析〗赞者：晋文公（诸侯国君）。被赞者：赵衰（晋卿）。被赞之事：三让不失义。

◎例证12《郤至甲胄见客》（晋语六）[赞语体B]〖案例分析〗赞者：君子。被赞者：郤至（晋卿）。被赞之事：勇以知礼。

◎例证13《悼公赏韩穆子》（晋语七）[赞语体B]〖案例分析〗赞者：晋悼公（诸侯国君）。被赞者：公族穆子（晋大夫）。被赞之事：难虽不能死君而能让。

◎例证14《悼公赐魏绛》（晋语七）[赞语体B]〖案例分析〗赞者：君子。被赞者：魏绛（晋元司马）。被赞之事：魏绛辞赏，能志善也。

◎例证15《少室周知贤而让》（晋语九）[赞语体B]〖案例分析〗赞者：赵简子（晋大夫）。被赞者：少室周（简子家臣）。被赞之事：知贤而让，可以训矣。

第二节 《国语》问答体短文

在《国语》190余篇典型文体短文中，有问答体短文（亦可称问对文体）约20篇。此类短文一般由一到两个部分构成，有时也会出现三个部分的情况。比如，《叔孙穆子聘于晋》（本节例证2）分为两个部分：第一部分，穆子行聘礼于晋，晋侯以宴享之礼来接待他。晋侯于宴中奏乐歌表示主人对宾客的礼敬，演奏到《鹿鸣》的第三章，穆子才起来拜谢。第二部分，晋侯使人问穆子为什么要这样，穆子回答说前面所奏乐歌都是更加高级的礼节，只有《鹿鸣》第三章和《四牡》等篇才是与他身份相称的礼节，所以他才拜谢。第一部分是交代**问答背景**，第二部分是**问答言论**。

下面继续简要分析《国语》中一些问答体短文具体例证。

◎例证1《里革论君过》（鲁语上）[问答体]【问答背景】晋人杀厉公，边人以告，成公在朝。【问答言论】公曰："臣杀其君，谁之过也？"大夫莫对，里革曰："君之过也。夫君人者，其威大矣。失威而至于杀，其过多矣。且夫君也者，将牧民而正其邪者也，若君纵私回而弃民事，民旁有慝无由省之，益邪多矣。若以邪临民，陷而不振，用善不肯专，则不能使，至于殄灭而莫之恤也，将安用之？桀奔男巢，纣踣于京，厉流于彘，幽每于戏，皆是术也。夫君也者，民之川泽也。行而从之，美恶皆君之由，民何能为焉。"

〖案例分析〗君问臣答。问答内容（政事得失）：主要议论"臣杀其君（晋人杀厉公），谁之过也"。里革的结论是"君之过也"，理由是"失威而至于杀"，也就是国君本身的失德失政导致其被杀。此文的主要议论对象可以归纳为国君政事的得失，可以进一步归纳为：政事得失。里革的议论包含两个内容：一是正面指出"君人者”应怎样治国（牧民而正其邪者）才能保证国政的安稳，由此构成得失判别的标准；二是依据标准对“臣杀其君，谁之过也”作出判断。

◎例证2《叔孙穆子聘于晋◦》（鲁语下）[问答体]【问答背景】叔孙穆子聘于晋，晋悼公飨之，乐及《鹿鸣》之三，而后拜乐三。【问答言论】晋侯使行人问焉，曰：“子以君命镇抚弊邑，不腆先君之礼，以辱从者，不腆之乐以节之。吾子舍其大而加礼于其细，敢问何礼也？”对曰：“寡君使豹来继先君之好，君以诸侯之故，贶使臣以大礼。夫先乐金奏《肆夏》《樊》《遏》《渠》，天子所以飨元侯也；夫歌《文王》《大明》《绵》，则两君相见之乐也。皆昭令德以合好也，皆非使臣之所敢闻也。臣以为肄业及之，故不敢拜。今伶箫咏歌及《鹿鸣》之三，君之所以贶使臣，臣敢不拜贶？夫《鹿鸣》，君之所以嘉先君之好也，敢不拜嘉？《四牡》，君之所以章使臣之勤也，敢不拜章？《皇皇者华》，君教使臣曰‘每怀靡及’，诹、谋、度、询，必咨于周。敢不拜教？臣闻之曰：‘怀和为每怀，咨才为诹，咨事为谋，咨义为度，咨亲为询，忠信为周。’君贶使臣以大礼，重之以六德，敢不重拜？”

〖案例分析〗君问臣答。问答内容（礼制仪规）：讲述在什么场合应使用《诗经》中的哪一首诗乃至哪一章作为主人向宾客致敬的乐歌。叔孙穆子的答语包含两个内容：一是正面指出相关仪规基本内容，二是具体回答他为什么“不敢拜”和“敢不拜”。此文主要问答内容可以归类为礼制仪规。

◎例证3《观射父论祀牲◦》（楚语下）[问答体]【问答背景】子期祀平王，祭以牛俎于王。【问答言论】王（楚昭王）问于观射父，曰：“祀牲何及？”对曰：“祀加于举。天子举以大牢，祀以会；诸侯举以特牛，祀以太牢；卿举以少牢，祀以特牛；大夫举以特牲，祀以少牢；士食鱼炙，祀以特牲；庶人食菜，祀以鱼。上下有序则民不慢。”王曰：“其小大何如？”对曰：“郊禘不过茧栗，蒸尝不过把握。”王曰：“何其小也？”对曰：“夫神以精明临民者也，故求备物，不求丰大。是以先王之祀也，以一纯、二精、三牲、四时、五色、六律、七事、八种、九祭、十日、十二辰以致之，百姓、千品、万官、亿丑，兆民经入畡数以奉之，明德以昭之，和声以听之，以告边至，则无不受休。毛以示物，血以告杀，接诚拔取以献具，为齐敬也。敬不可久，民力不堪，故齐肃以承之。”王曰：“刍豢几何？”对曰：“远不过三月，近不过浃日。”王曰：“祀不可以已乎？”对曰：“祀所以昭孝息民、抚国家、定百姓也，不可以已。夫民气纵则底，底则滞，滞久而不振，生乃不殖。其用不从，其生不殖，不可以封。是以古者先王日祭、月享、时类、岁祀。诸侯舍日，卿大夫舍曰，士、庶人舍时。天子边祀群神品物，诸侯祀天地、三辰及其土之山川，卿大夫祀其礼，士、庶人不过其祖。日月会于龙〈豕龙〉，土气含收，天明昌作，百嘉备舍，群神频行。国于是乎蒸尝，家于是乎尝祀，百姓夫妇择其令辰，奉其牺牲，敬其粢盛，洁其粪除，慎其采服，禋其酒醴，帅其子姓，从其时享，虔其宗祝，道其顺辞，以昭祀其先祖，肃肃济济，如或临之。于是乎合其州乡朋友婚姻，比尔兄弟亲戚。于是乎弭其百苛，殄其谗慝，合其嘉好，结其亲昵，亿其上下，以申固其姓。上所以教民虔也，下所以昭事上也。天子禘郊之事，必自射其牲，王后必自舂其粢；诸侯宗庙之事，必自射牛，刲羊、击豕，夫人必自舂其盛。况其下之人，其谁敢不战战兢兢，以事百神！天子亲舂禘郊之盛，王后亲缫其服，自公以下至于庶人，其谁敢不齐肃恭敬致力于神！民所以摄固者也，若之何其何之也！”王曰：“所谓一纯、二精、七事者，何也？”对曰：“圣王正端冕，以其不违心，帅其群臣精物以临监享祀，无有苛慝于神者，谓之一纯。玉帛为二精。天、地、民及四时之务为七事。”王曰：“三事者，何也？”对曰：“天事武，地事文，民事忠信。”王曰：“所谓百姓、千品、万官、亿丑、兆民经入畡数者，何也？”对曰：“民之彻官百。王公之子弟之质能言能听彻其官者，而物赐之姓，以监其官，是为百姓。姓有彻品，十于王谓之千品。五物之官，陪属万为万官。官有十丑，为亿丑。天子之田九畡，以食兆民，王取经入焉，以食万官。”

〖案例分析〗君问臣答。问答内容（礼制）：由楚昭王与观射父之间的八问八答构成，随着楚王的提问，观射父系统讲述与祀牲有关的礼制以及祭神典礼在王政中的重要作用。这一篇的主要问答内容是礼制和国政。

◎例证4《观射父论绝地天通⊙》（楚语下）[问答体]【问答背景】昭王问于观

射父曰："《周书》所谓重、黎实使天地不通者，何也？若无然，民将能登天乎？"

【问答言论】对曰："非此之谓也。古者民神不杂。民之精爽不携贰者，而又能齐肃衷正，其智能上下比义，其圣能光远宣朗，其明能光照之，其聪能听彻之，如是则明神降之，在男曰觋，在女曰巫。是使制神之处位次主，而为之牲器时服，而后使先圣之后之有光烈，而能知山川之号、高祖之主、宗庙之事、昭穆之世、齐敬之勤、礼节之宜、威仪之则、容貌之崇、忠信之质、禋絜之服而敬恭明神者，以为之祝。使名姓之后，能知四时之生、牺牲之物、玉帛之类、采服之仪、彝器之量、次主之度、屏摄之位、坛场之所、上下之神、氏姓之出，而心率旧典者为之宗。于是乎有天地神民类物之官，是谓五官，各司其序，不相乱也。民是以能有忠信，神是以能有明德，民神异业，敬而不渎，故神降之嘉生，民以物享，祸灾不至，求用不匮。及少昊之衰也，九黎乱德，民神杂糅，不可方物。夫人作享，家为巫史，无有要质。民匮于祀，而不知其福。蒸享无度，民神同位。民渎齐盟，无有严威。神狎民则，不蠲其为。嘉生不降，无物以享。祸灾荐臻，莫尽其气。颛顼受之，乃命南正重司天以属神，命火正黎司地以属民，使复旧常，无相侵渎，是谓绝地天通。其后，三苗复九黎之德，尧复育重黎之后，不忘旧者，使复典之。以至于夏、商，故重、黎氏世叙天地，而别其分主者也。其在周，程伯休父其后也，当宣王时，失其官守，而为司马氏。宠神其祖，以取威于民，曰：'重实上天，黎实下地。'遭世之乱，而莫之能御也。不然，夫天地成而不变，何比之有？"

〖案例分析〗君问臣答。问答内容（德能）：对早期王政中一些重要史事和礼制（祭祀制度和礼乐观念）的比较完整、细致的追述。**在《观射父论祀牲》和《观射父论绝地天通》两个问答体案例中，提问者的设问方式在很大程度上是为了让回答者更好地展开论说。在这种情况下，问者与答者之间的主动和被动关系发生颠倒，提问者反而成为回答者展开论说的"工具"。这种类型的问答体短文在《国语》《左传》《礼记》《晏子春秋》等较早期文献中比较多见。**

例如，在上文例证3的问答体短文《观射父论祀牲》（楚语下）中，楚昭王向观射父提出八个问题，“帮助”观射父完成了与祀牲相关的各种礼制的完整说明。楚昭王向观射父提出的八个问题具体如下：(1)“祀牲何及？”(2)“其小大何如？”(3)“何其小也？”(4)“刍豢几何？”(5)“祀不可以已乎？”(6)“所谓一纯、二精、七事者，何也？”(7)“三事者，何也？”(8)“所谓百姓、千品、万官、亿丑、兆民经入畡数者，何也？”

又如，《礼记·哀公问》通篇内容是孔子回答鲁哀公的提问，鲁哀公连续提出十三个问题：(1)“大礼何如？君子之言礼，何其尊也？”(2)“今之君子胡莫行之也？”(3)“敢问人道谁为大？”(4)“敢问何谓为政？”(5)“敢问为政如之何？”(6)“寡人虽无似也，愿闻所以行三言之道，可得闻乎？”(7)“寡人愿有言。然冕而亲迎，不已重乎？”(8)“敢问何谓敬身？”(9)“敢问何谓成亲？”(10)“敢问何谓成身？”(11)“敢问君子何贵乎天道也？”(12)“寡人惷愚冥烦，子志之心也？”(13)“寡人既闻此言也，无如后罪何？”

又如，在《晏子春秋》(卷三，第二十二章)，齐景公向晏子提出的两个问题是：“圣人之不得意何如？”“圣人之得意何如？”

在上述类型的问答体短文中，两个撰写动机（记录历史与编写教材）发生矛盾，编写教材的意图被彰显出来。

下面4个例证只列标题。

◎例证5《季桓子穿井》(鲁语下)[问答体]〖案例分析〗上问下答。问答内容（博物）：起因是季桓子“穿井获羊”，该文是季桓子对孔子是否“博物”的一次测试。也可以反过来说：此事证明了孔子的博物。同类篇章还包括《仲尼论大骨》和《仲尼论苦矢》等。

◎例证6《献公问攻虢》(晋语二)[问答体]〖案例分析〗君问臣答。问答内容（预测）：晋献公问攻虢的日期，卜偃作为专事占卜的官吏回答，以童谣和天象为依据，当在“九月十月之交”。这应是当时一种特定的占卜预测方式。

◎例证7《胥臣论教诲◎》(晋语四)[问答体]〖案例分析〗君问臣答。问答内容

（受教育者个人禀赋与官学教育效果影响）：主要讲述当时官学教育对被教育者的作用和效果，一方面不能没有教育（文益其质。故人生而学，非学不入），另一方面教育的作用并不是绝对有效的（若有违质，教将不入，其何善之为）。胥臣正面讲述周文王的德能成长道路，以此为例说明文王的成长和成就并不仅仅是教育的结果（则文王非专教诲之力也）。他关于教育功能的最终结论是："夫教者，因体能质而利之者也。"

◎例证8《申叔时论傅太子○》（楚语上）[问答体]〖案例分析〗君问臣答。问答内容（德能）："傅太子"的教育效果问题，也可以归入德能问题。申叔时言论中讲述楚国傅太子传统制度的基本内容，包括具体使用哪些教材，以及使用这些教材具体要实现哪些教育效果。

第三节 个案研究：《仲尼非难》的双重史料

前面提到，《国语》《左传》典型文体短文的言论部分（谏语、讥语、赞语、答语），包含许多具有重要价值的史料内容，其中多有对早期（三代或更早）一些重要**史事**和**制度**的追述。例如在典型文体短文《仲尼非难》的记事记言中存在两个时间位置（双重史料），一是对鲁国正卿季康子（季孙）“使冉有访诸仲尼”之事的直接记录（当时），二是在孔子答语中追述了早期井田制的实施情况（既往）。这里对该文作些具体讨论。

◎例证9《仲尼非难◎》（鲁语下）[问答体]【问答背景】季康子欲以田赋，使冉有访诸仲尼。【问答言论】仲尼不对，私于冉有曰：“求来！女不闻乎？先王制土，籍田以力，而砥其远迩；赋里以入，而量其有无；任力以夫，而议其老幼。于是乎有鳏寡孤疾，有军旅之出则征之，无则已。其岁，收田一井，出稯禾、秉刍、缶米，不是过也。先王以为足。若子季孙欲其法也，则有周公之籍矣；若欲犯法，则苟而赋，又何访焉！”

《左传》中也有一篇记录同一事件的短文。《国语》《左传》记此事互有详略，可以彼此印证。◎《季孙问田赋之法于孔子》（哀11）原文如下：季孙欲以田赋，使冉有访诸仲尼。仲尼曰：“丘不识也。”三发，卒曰：“子为国老，待子而行，若之何子之不言也？”仲尼不对，而私于冉有曰：“君子之行也，度于礼：施取其厚，事举其中，敛从其薄。如是，则以丘亦足矣。若不度于礼，而贪冒无厌，则虽以田赋，将又不足。且子季孙若欲行而法，则周公之典在；若欲苟而行，又何访焉？”弗听。

《左传》此文具有问答体和劝谏体双重属性。问者是鲁国正卿季康子（季孙），答者是鲁国的国老孔子。二者关系是上问下答。时间是孔子晚年归国之后。问答背景是“季康子欲以田赋”，为此季康子“使冉有访诸仲尼”。按：从此前鲁国的“初税亩”（宣15）、“作丘甲”（成1），到季孙的“用田赋”（哀12），都是对三代传统制度（井田制）的逐步改变。其改制效果都是通过加征赋税以提升鲁国的政治军事实力。这是春秋中期以降诸侯方国变革原有赋税制度的共同途径。

冉有的身份是季康子使者。在当时的礼制（因袭西周）中，使者接受使命后便等同于他所代表的那个人。比如《内史过论晋惠公无后》（见本书第一章第五节例证2），在“襄王使召公过及内史过赐晋惠公命”过程中，使者是“王命”载体，他用天子口气说话，他的行为和话语等同于天子本人的行为和话语。对于接受赐命的晋侯来说，他所面对的使者等同于天子本人，他以直接对天子讲话的方式对使者讲话。因此，晋侯对使者的不敬是“不敬王命”，是“诬其王也”。

《内史兴论晋文公必霸》（见本书第一章第三节例证3）的情况刚好相反：晋侯对周王使者的礼敬是“敬王命”，是“逆王命敬”。本章第一节所举例证《郤至甲胄见客》中楚王的使者是工尹襄，使者自称“不穀”，郤至自称“君之外臣”；此时使者成为楚王与郤至之间一个“透明”中介，二者通过使者“直接”对话。使命的完成本是一个间接过程，而上述礼制的创制意图在于将间接过程“虚拟”为直接过程，以此减少间接沟通过程中“信息”准确性的下降。

孔子对使者的正式回答是：“丘不识也。”而冉有对孔子“三发，卒曰”的追问也是以季孙的口气在说话：“子为国老，待子而行，若之何子之不言也？”孔子仍然“不对”。他接下来的话是“私于冉有曰”，此时沟通情境发生转换，当他说“求来！女不闻乎？先王制土……”时，冉有的身份已非使者而是孔子弟子。孔子处理此事的方式有些耐人寻味。他在直接沟通的正式场合拒绝回答，以此表示他对季孙意欲改变三代之礼（欲以田赋）的不满。他又在非正式场合（通过冉有）向季孙间接表示了他的看法。

三桓（季孙氏、叔孙氏、孟孙氏）世居卿大夫之位，是鲁国最有权势的三个家族。孔子五十岁为鲁国大司寇摄行相事，因力主“堕三都”与三桓发生矛盾，最终因正卿季氏（季桓子）的怠慢离开鲁国（鲁定公十四年，前496年）。十余年后，孔子弟子冉有率鲁师战胜齐国。由于冉有的努力，季孙（季康子）以重礼迎孔子归鲁（鲁哀公十一年，前484年），并委以国老之位。这是孔子与专权于鲁国的季氏之间的复杂关系。孔子“私于冉有”的言说，使冉有可以向季康子委婉转达孔子的意见。

可以假设，这篇短文在被纳入《国语》和《左传》之前已经存在，是为其“原始版本”，也是二书所使用的同一篇史料。《国语》作者和《左传》作者在将这篇短文编入二书的过程中，以不同方式对其进行了缩编，于是有了“《国语》本”和“《左传》本”两个“次生版本”。二者在缩编详略上有所不同：在“《国语》本”中记言重于记事，在“《左传》本”中记事重于记言。这种情况与《国语》和《左传》各自的基本风格相一致。若这一假设属实，通过两个次生版本的彼此参照，可以得其原始版本的大致原貌。

在“《国语》本”的言论部分，孔子正面讲述相关礼制（井田制）的以往情况，然后以此为标准对“季康子欲以田赋”的改制作出否定。在这个例证中，问者（季孙）身份是鲁国的主政者，答者（孔子）身份是鲁国的国老。问答的主要内容是要不要将以往“籍田以力”“赋里以入”和“其岁收田一井”的旧制度改为“以田赋”的新制度。征赋制度是当时方国财政主要来源之一，因而这一例证的所问所答是一个极重要的**国政问题**，也是一个**是否放弃传统礼制而另立新法的制度选择问题**。

《国语·周语上·穆仲论孝》讲述樊穆仲对鲁侯（鲁孝公）的赞誉：“肃恭明神而敬事耇老，赋事行刑，必问于遗训而咨于故实，不干所问，不犯所咨。”由此我们可以了解到，作为鲁国正卿的季康子向国老孔子的问咨（**子为国老，待子而行**）实际上是对一种传统礼制的遵循。这种传统礼制在《国语·晋语八·范宣子争田》的言论中也有明确体现：“国家有大事，必顺于典刑，而访谘于耇老，而后行之。”《羊舌肸聘于周》（周语下）叔向：“昔史佚有言曰：‘动莫若敬，居莫若俭，德莫若让，事莫若咨。’”**上述引文表明，政权主导者（天子、诸侯、卿大夫等）针对重大国政问题的问咨制度（必问于遗训而咨于故实）是三代礼制的重要组成部分，也是典型文体**

中问答体短文的制度背景。

季康子对孔子的问咨是对传统礼制的遵循，但季康子将井田制改为“以田赋”又是一件严重违背传统礼制的事。孔子一方面在正式场合拒绝回答，另一方面在私下场合还是讲述了“先王制土”的“遗训”“故实”，并强调了“君子之行也，度于礼”的原则。这种情况体现了孔子的义愤、无奈和委婉，以及孔子其人其行及其思想在当时社会文化大背景中的“位置”。

这里花费较大笔墨讨论这篇短文，是由于这篇短文在多个方面具有很高的认识价值。

第一，孔子言论中追述了早期井田制的实施情况（属于重要史料内容）。井田制是中国古代社会存在千年以上的重要制度，但在较早期文献中的直接记述仅有数条而已，散见于《周礼》（小司徒）、《穀梁传》（宣15）等书，《仲尼非难》中孔子对井田制的追述居其一。

第二，这篇短文是《国语》乃至《春秋》经传是非原则和褒贬意向的准确体现：维系来自夏商西周的传统礼制，以及对任何礼制破坏行为（所谓“非礼也”）的否定和非难。

第三，这篇短文准确体现了整个春秋时期二百余年间的制度变迁和历史文化的基本走向：礼乐文化和制度在当时的社会生活中仍然有非常重要的影响，但礼坏乐崩过程一直在潜移默化地发生着，并每况愈下，不可逆转。

第四，这篇短文对于了解孔子其人其行及其思想的历史背景具有重要意义：礼乐文化的“前儒家思想”构成孔子“儒家思想”的基本依据，或者说儒家思想在产生之初更主要体现为“前儒家思想”的余波。孔子称自己的信仰是三代之礼的德义传统，是“克己复礼”（《论语·颜渊》），是“祖述尧舜，宪章文武”（《礼记·中庸》），是“述而不作，信而好古”（《论语·述而》）。由此可知，孔子言行、著述的自律原则是守旧，而非创新。

沿着这个思路，我们有必要对一些中国古代文献的基本属性作出更加明晰、准确的界定：哪些属于在孔子之前已经存在的文献，哪些属于孔子及其门人（两代之内）的撰述；在后一种文献中，哪些篇章是对孔子之前文献的完整引录（如《礼记》中的《月令》篇），哪些篇章是对孔子之前重要礼制的高质量综述（如《礼记》中的《王制》篇）。当我们将“十三经”（《周易》《尚书》《诗经》《周礼》《仪礼》《礼记》《左传》《公羊传》《穀梁传》《论语》《孝经》《孟子》《尔雅》）笼统地认为是儒家经典文献时，似乎遗漏了太多理应澄清的文献属性界定。

第四节　《左传》中的典型文体

除少数变形情况外，《国语》中大部分典型文体短文都结构清楚、特征分明。这是一个非常引人关注的现象。在这个认识基础上考察《左传》内容，便可注意到一个更加令人关注的现象：在典型文体方面，《国语》和《左传》之间存在非常明显的呼应关系。从另一个角度说，**针对《国语》的文体研究是发现《左传》中存在同类现象必不可少的认知路径**。

由于前面已经对《国语》中典型文体短文作过较深入细致的举证分析，这里只用一节篇幅简要介绍《左传》中的典型文体短文。介绍的方法是每种短文各举一到六个案例，读者可以由此直观了解到《左传》中典型文体的相应情况（详见本书附录二：《左传》典型文体短文索引）。由于本节下文所举《左传》短文案例在文体类型（形式与内容）方面与已经讨论过的《国语》案例（除平均篇幅的不同之外）大同小异，故无须再作具体说明。

（一）《左传》劝谏体短文（6例）

在《左传》中，共有劝谏体短文236篇。下面枚举六个例证。

◎例证1《公子突献策大败戎师》（隐9）[劝谏体-从-验]【劝谏原因】北戎侵郑。郑伯御之，患戎师，曰："彼徒我车，惧其侵轶我也。"【劝谏言论】公子突曰："使勇而无刚者，尝寇而速去之。君为三覆以待之。戎轻而不整，贪而无亲；胜不相让，败不相救。先者见获，必务进；进而遇覆，必速奔。后者不救，则无继矣。乃可以逞。"【是否听从】从之。戎人之前遇覆者奔，祝聃逐之，衷戎师，前后击之，尽殪。戎师大奔。【验辞】十一月，甲寅，郑人大败戎师。

◎例证2《臧文仲谏鲁侯不可轻敌》（僖22）[劝谏体-不从-验]【劝谏原因】邾人以须句故出师。公卑邾，不设备而御之。【劝谏言论】臧文仲曰："国无小，不可易也。无备，虽众，不可恃也。《诗》曰：'战战兢兢，如临深渊，如履薄冰。'又曰：'敬之敬之！天惟显思，命不易哉！'先王之明德，犹无不难也，无不惧也，况我小国乎！君其无谓邾小，蜂虿有毒，而况国乎！"【是否听从】弗听。【验辞】八月丁未，公及邾师战于升陉，我师败绩。邾人获公胄，县诸鱼门。

◎例证3《祭仲谏郑伯勿辞齐婚》（桓11）[劝谏体-不从-验]【劝谏原因】郑昭公之败北戎也，齐人将妻之。昭公辞。【劝谏言论】祭仲曰："必取之。君多内宠，子无大援，将不立。三公子皆君也。"【是否听从】弗从。【验辞】夏，郑庄公卒。初，祭封人仲足有宠于庄公，庄公使为卿。为公娶邓曼，生昭公。故祭仲立之。宋雍氏女于郑庄公，曰雍姞，生厉公。雍氏宗，有宠于宋庄公，故诱祭仲而执之，曰："不立突，将死。"亦执厉公而求赂焉。祭仲与宋人盟，以厉公归而立之。秋，九月丁亥，昭公奔卫。己亥，厉公立。

◎例证4《申繻谏鲁桓公勿携姜氏如齐》（桓18）[劝谏体-不从-验]【劝谏原因】十八年，春，公将有行，遂与姜氏如齐。【劝谏言论】申繻曰："女有家，男有室，无相渎也。谓之有礼。易此必败。"【是否听从】公会齐侯于泺，遂及文姜如齐。【验辞】齐侯通焉。公谪之。以告。夏，四月丙子，享公。使公子彭生乘公，公薨于车。鲁人告于齐曰："寡君畏君之威，不敢宁居，来修旧好。礼成而不反，无所归咎，恶于诸侯。请以彭生除之。"齐人杀彭生。

◎例证5《斗射师谏公子元勿处王宫》（庄30）[劝谏体-不从-验]【劝谏原因】楚公子元归自伐郑，而处王宫。【劝谏言论】斗射师谏。【是否听从】则执而梏之。【验辞】秋，申公斗班杀子元。斗谷于菟为令尹，自毁其家，以纾楚国之难。

◎例证6《宁庄子劝卫侯伐邢求雨》（僖19）[劝谏体-从-验]【劝谏原因】秋，卫人伐邢，以报菟圃之役。于是卫大旱，卜有事于山川，不吉。【劝谏言论】宁庄子曰："昔周饥，克殷而年丰。今邢方无道，诸侯无伯，天其或者欲使卫讨邢乎？"【是否听从】从之。【验辞】师兴而雨。

（二）《左传》讥语体A类短文（6例）

《左传》中讥语体A类短文有183篇。下举六例。

◎**例证**1《原伯讥郑伯效尤》（庄21）[讥语体A-验]【讥语原因】二十一年，春，胥命于弭。夏，同伐王城。郑伯将王自圉门入。虢叔自北门入。杀王子颓及五大夫。郑伯享王于阙西辟，乐备。王与之武公之略，自虎牢以东。【讥语判断及其说明】原伯曰：“**郑伯效尤，其亦将有咎**！”【验辞】五月，郑厉公卒。

◎**例证**2《辛有料陆浑之戎迁于伊川》（僖22）[讥语体A-验]【讥语原因】初，平王之东迁也，辛有适伊川，见被髪而祭于野者。【讥语判断及其说明】（辛有）曰：“**不及百年，此其戎乎**！其礼先亡矣。”【验辞】秋，秦、晋迁陆浑之戎于伊川。

◎**例证**3《叔仲惠伯料越椒将灭宗》（文9）[讥语体A-验在后文]【讥语原因】冬，楚子越椒来聘，执币傲。【讥语判断及其说明】叔仲惠伯曰：“是必灭若敖氏之宗。傲其先君，神弗福也。”【验辞】（在后文，宣4）（楚）王……遂灭若敖氏。

◎**例证**4《刘康公讥赵同献俘不敬》（宣15）[讥语体A-验在后文]【讥语原因】晋侯使赵同献狄俘于周，不敬。【讥语判断及其说明】刘康公曰：“不及十年，原叔必有大咎。天夺之魄矣。”【验辞】（在后文，成8）晋杀其大夫赵同、赵括。

◎**例证**5《君子知晋平公失政》（襄26）[讥语体A-验在后文]【讥语原因】卫人归卫姬于晋，乃释卫侯。【讥语判断及其说明】**君子是以知平公之失政也**。【验辞】（在后文，襄31）及赵文子卒，晋公室卑，政在侈家。韩宣子为政，不能图诸侯。（按：晋平公晚年重赋税、兴建池台楼阁，不务政事，晋公室渐弱。）

◎**例证**6《孟孙讥庆封美车聘鲁》（襄27）[讥语体A-验在后文]【讥语原因】齐庆封来聘，其车美。【讥语判断及其说明】孟孙谓叔孙曰：“庆季之车，不亦美乎！”叔孙曰：“豹闻之：‘**服美不称，必以恶终**。’美车何为？”叔孙与庆封食，不敬。为赋《相鼠》，亦不知也。【验辞】（在后文，昭4）秋，七月，楚子、蔡侯、陈侯、许男、顿子、胡子、沉子、淮夷伐吴，执齐庆封，杀之。

（三）《左传》讥语体B类短文（3例）

《左传》中讥语体B类短文有55篇。下举三例。

◎例证1《孔子论器与名不可假人》（成2）[讥语体B]【讥语原因】新筑人仲叔于奚救孙桓子，桓子是以免。既，卫人赏之以邑，辞，请曲县、繁缨以朝。许之。【讥语】仲尼闻之曰：“惜也，不如多与之邑。唯器与名，不可以假人，君之所司也。名以出信，信以守器，器以藏礼，礼以行义，义以生利，利以平民，政之大节也。若以假人，与人政也。政亡，则国家从之，弗可止也已。”

◎例证2《君子论澶渊之盟无信》（襄30）[讥语体B]【讥语原因】为宋灾故，诸侯之大夫会，以谋归宋财。冬，十月，叔孙豹会晋赵武、齐公孙虿、宋向戌、卫北宫佗、郑罕虎及小邾之大夫会于澶渊。既而无归于宋，故不书其人。【讥语】君子曰：“信其不可不慎乎！澶渊之会，卿不书，不信也夫。诸侯之上卿，会而不信，宠名皆弃，不信之不可也如是。《诗》曰：‘文王陟降，在帝左右’，信之谓也。又曰：‘淑慎尔止，无载尔伪’，不信之谓也。”

◎例证3《昭子论齐师伐徐无道》（昭16）[讥语体B]【讥语原因】二月丙申，齐师至于蒲隧，徐人行成。徐子及郯人、莒人会齐侯，盟于蒲隧，赂以甲父之鼎。【讥语】叔孙昭子曰：“诸侯之无伯，害哉！齐君之无道也，兴师而伐远方，会之，有成而还，莫之亢也。无伯也夫！《诗》曰：‘宗周既灭，靡所止戾。正大夫离居，莫知我肄’，其是之谓乎！”

（四）《左传》赞语体A类短文（3例）

《左传》中赞语体A类短文有18篇。下举三例。

◎例证1《鲁厚孙料卫侯必归》（襄14）[赞语体A-验]【赞语原因】公使厚成叔吊于卫，曰：“寡君使瘠，闻君不抚社稷，而越在他竟，若之何不吊？以同盟之故，使瘠敢私于执事，曰：‘有君不吊，有臣不敏；君不赦宥，臣亦不帅职，增淫发泄，其若之何？’”卫人使大叔仪对，曰：“群臣不佞，得罪于寡君。寡君不以即刑，而悼弃之，以为君忧。君不忘先君之好，辱吊群臣，又重恤之。敢拜君命之辱，重拜大贶。”【赞语判断及其说明】厚孙归，复命，语臧武仲曰：**“卫君其必归乎**！有大叔仪以守，有母弟鱄以出。或抚其内，或营其外，能无归乎！”【验辞】齐人以郲寄卫侯。及其复也，以郲粮归。

◎**例证**2《公孙挥料子产将主郑政》（襄26）[赞语体A-验在后文]【赞语原因】郑伯赏入陈之功，三月甲寅朔，享子展，赐之先路三命之服，先八邑；赐子产次路再命之服，先六邑。子产辞邑，曰：“自上以下，降杀以两，礼也。臣之位在四，且子展之功也，臣不敢及赏礼，请辞邑。”公固予之，乃受三邑。【赞语判断及其说明】公孙挥曰：**“子产其将知政矣**。让不失礼。”【验辞】（在后文，襄30）郑子皮授子产政。

◎**例证**3《文子谓郑人有礼乃数世之福》（襄31）[赞语体A]【赞语原因】十二月，北宫文子相卫襄公以如楚，宋之盟故也。过郑，印段迋劳于棐林，如聘礼而以劳辞。文子入聘。子羽为行人，冯简子与子大叔逆客。【赞语判断及其说明】事毕而出，言于卫侯曰：**“郑有礼，其数世之福也，其无大国之讨乎**！《诗》云：‘谁能执热，逝不以濯？’礼之于政，如热之有濯也。濯以救热，何患之有？”

（五）《左传》赞语体B类短文（3例）

《左传》中赞语体B类短文有56篇。下举三例。

◎**例证**1《君子赞郑庄公以王命讨不庭》（隐10）[赞语体B]【赞语原因】六月戊申，公会齐侯、郑伯于老桃。壬戌，公败宋师于菅。庚午，郑师入郜；辛未，归于我。庚辰，郑师入防；辛巳，归于我。【赞语】君子谓郑庄公于是乎可谓正矣，以王命讨不庭，不贪其土，以劳王爵，正之体也。

◎**例证**2《子罕赞子皮饩国人粟◦》（襄29）[赞语体B]【赞语原因】郑子展卒，子皮即位。于是郑饥，而未及麦，民病。子皮以子展之命饩国人粟，户一钟，是以得郑国之民，故罕氏常掌国政，以为上卿。【赞语】宋司城子罕闻之，曰：“邻于善，民之望也。”

◎例证3《孔子赞子产不毁乡校》（襄31）[赞语体B]【赞语原因】郑人游于乡校，以论执政。然明谓子产曰：“毁乡校何如？”子产曰：“何为？夫人朝夕退而游焉，以议执政之善否。其所善者，吾则行之；其所恶者，吾则改之，是吾师也。若之何毁之？我闻忠善以损怨，不闻作威以防怨。岂不遽止？然犹防川。大决所犯，伤人必多，吾不克救也。不如小决使道，不如吾闻而药之也。”然明曰：“蔑也今而后知吾子之信可事也。小人实不才，若果行此，其郑国实赖之，岂唯二三臣？”【赞语】仲尼闻是语也，曰：“以是观之，人谓子产不仁，吾不信也。”

（六）《左传》事语体短文（不涉褒贬）（1例）

《左传》中不涉褒贬的事语体短文有5篇。下举一例。

◎《韩献子患楚师伐陈》（襄4）[事语体]【事】四年，春，楚师为陈叛故，犹在繁阳。【语】韩献子患之，言于朝曰：“文王帅殷之叛国以事纣，唯知时也。今我易之，难哉！”

（七）《左传》问答体短文（2例）

《左传》中问答体短文有35篇（按：不包括言论部分采用问对形式的训语体、赞语体、劝谏体等数十篇短文）。下举两例。

◎例证1《鲁桓公为子问名○》（桓6）[问答体]【问答背景】九月丁卯，子同生。以太子生之礼举之，接以大牢，卜士负之，士妻食之，公与文姜、宗妇命之。【问答言论】公问名于申繻。对曰：“名有五：有信，有义，有象，有假，有类。以名生为信，以德命为义，以类命为象，取于物为假，取于父为类。不以国，不以官，不以山川，不以隐疾，不以畜牲，不以器币。周人以讳事神，名，终将讳之。故以国则废名，以官则废职，以山川则废主，以畜牲则废祀，以器币则废礼。晋以僖侯废司徒，宋以武公废司空，先君献、武废二山，是以大物不可以命。”公曰：“是其生也，与吾同物，命之曰同。”

◎例证2《申丰答季武子御雹藏冰》（昭4）[问答体]【问答背景】大雨雹。【问答言论】季武子问于申丰曰：“雹可御乎？”对曰：“圣人在上，无雹。虽有，不为灾。古者日在北陆而藏冰，西陆朝觌而出之。其藏冰也，深山穷谷，固阴冱寒，于是乎取之。其出之也，朝之禄位，宾、食、丧、祭，于是乎用之。其藏之也，黑牡、秬黍以享司寒。其出之也，桃弧棘矢，以除其灾。其出入也时。食肉之禄，冰皆与焉。大夫命妇丧浴用冰。祭寒而藏之，献羔而启之，公始用之，火出而毕赋，自命夫命妇至于老疾，无不受冰。山人取之，县人传之，舆人纳之，隶人藏之。夫冰以风壮，而以风出。其藏之也周，其用之也遍，则冬无愆阳，夏无伏阴，春无凄风，秋无苦雨，雷出不震，无灾霜雹，疠疾不降，民不夭札。今藏川池之冰弃而不用，风不越而杀，雷不发而震。雹之为灾，谁能御之？《七月》之卒章，藏冰之道也。”

按：上文申丰回答季武子的言论部分，较完整地讲述了一个至少始于西周时期的重要民生产业：冬季取冰、藏冰，夏季用冰。申丰在文中提到《诗·七月》之卒章与此相关，还可以参阅《周礼·凌人》和《礼记·月令》（季冬之月）的相关内容。我国这一民生产业延续到几十年前，直到人造冰完全取代自然冰的使用。

第三章

典型文体的体式与内容

第一节　典型文体的体式分类

在马王堆三号汉墓（位于湖南省长沙市）出土的帛书中，有一种记载春秋时事的佚书。其抄写年代大约在秦末汉初[1]，全书十六章，每章都是一篇独立短文。每篇短文都是由记事和记言两个部分构成（因此可以被称为事语体），记言部分的篇幅一般要长于记事部分。整理者据此将该书定名为《春秋事语》[2]。

张政烺先生认为："（《春秋事语》每章的言论部分）内容既有意见，也有评论，使人一望而知这本书的重点不在讲事实而在记言论。这在春秋时期的书籍中是一种固定的体裁，称为'语'。语，就是讲话。**语之为书既是文献记录，也是教学课本。**"他认为，《国语·楚语下》申叔时提到的《语》，《汉书·艺文志》提到的《新国语》，《晋书·束皙传》记汲郡魏墓出土"《国语》三篇，言楚晋事"，以及传世本《国语》等文献，均为"语"类作品[2]。

《春秋事语》十六章实为十六篇典型文体短文。其中劝谏体短文五篇，训语体短文十一篇（本书将在第七章第三节对此作具体讨论）。出土文献《春秋事语》中这些短文与传世文献《国语》《左传》中典型文体短文的体式、内容如出一辙。这是一个非常引人关注的重要现象。这里存在两个认识线索。其一，张政烺先生针对这些短文属性与用途作出了重要判断：既是文献记录，也是教学课本。据此，可以将其称为**教材类短文**。其二，从《国语》《左传》到《春秋事语》，直接表明这些特定体式教学课本存在与使用的时间跨度（从西周到西汉）。这是两个有必要作进一步讨论和求证的重要问题（见本书后文）。

下面是《国语》《左传》典型文体短文的基本数据。《国语》共有相对独立的记言记事短文240余篇（章），其中典型文体短文190余篇。具体如下：劝谏体短

文（120篇），训语体短文（36篇），赞语体短文（20篇），问答体短文（20篇）。《左传》共有相对独立的记言记事短文1210篇，其中典型文体短文580余篇。具体如下：劝谏体短文（236篇），训语体A类短文（183篇），训语体B类短文（55篇），赞语体A类短文（18篇），赞语体B类短文（56篇），事语体短文（不涉褒贬者，5篇），问答体短文（35篇）。

下面对典型文体的内容和体式作简要分析。四种典型文体（训语体、赞语体、劝谏体和问答体）都属于**内容和形式相结合的文体类型。**

在《国语》《左传》（包括《春秋事语》）的四种典型文体短文中，一般都有两个主要角色：在劝谏体中是劝谏者与被劝谏者，在训语体中是训者与被训者，在赞语体中是赞者与被赞者，在问答体中是问者与答者。**四种短文中的主要言论分别是谏语、训语、赞语、答语。其中，谏语、答语都是当面言说，训语和赞语则是事后评论。**在许多典型文体短文的言论部分（谏语、训语、赞语、答语），**存在两类内容：一是议论时事，二是追述既往。在后一类内容中，包含许多具有重要价值的史料内容。具体包括：三代礼乐制度、史事和一整套以君子为楷模的道德原则、人格修养规范（这是三代历史中一以贯之的主流意识形态）。**

下面是四种典型文体短文的文体构成情况。

◎劝谏体短文：(1) 劝谏原因，(2) 劝谏言论，(3) 是否听从，(4) 听从或不听从的结果（验辞）。

◎训语体A类短文：(1) 训语原因，(2) 训语判断及其说明，(3) 训语判断的应验情况（验辞）。

◎训语体B类短文：(1) 训语原因，(2) 训语。

◎赞语体A类短文：(1) 赞语原因，(2) 赞语判断及其说明，(3) 赞语判断的应验情况（验辞）。

◎赞语体B类短文：(1) 赞语原因，(2) 赞语。赞语体B类短文：(1) 赞语原因，(2) 赞语。

◎问答体短文：(1) 问答背景，(2) 问答言论。

可以将典型文体教材类短文归并在同一个文体分类系统之内。依据典型文体的客观特征（文体结构与内容），可将“事语体”分为三类：讥语体（A类和B类）、赞语体（A类和B类）以及不涉褒贬的单纯事语体，并将劝谏体和问答体单列出来。具体如下。

图3.1 教材类短文的分类系统

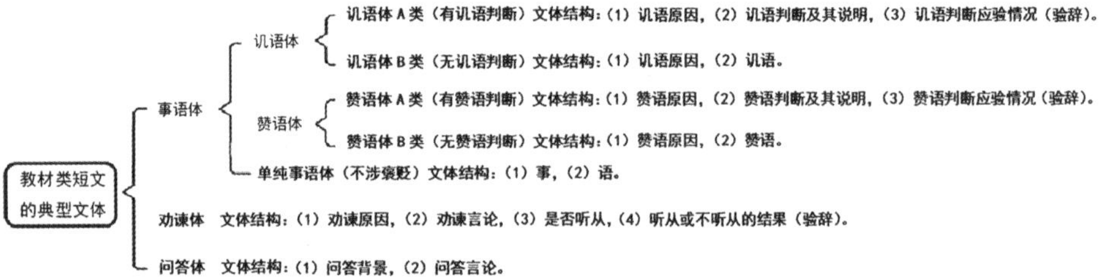

本书附录一（《国语》典型文体短文索引）和附录二（《左传》典型文体短文索引）中，在每篇教材类短文标题之后的方括号内简要标注其文体类型。有验辞的劝谏体短文标注为[劝谏体-从-验]或[劝谏体-不从-验]，无验辞者标注为[劝谏体-从]或[劝谏体-不从]；有讥语判断和验辞的讥语体A类短文标注为[讥语体A-验]，有讥语判断而没有验辞的讥语体A类短文标注为[讥语体A]；有赞语判断和验辞的赞语体A类短文标注为[赞语体A-验]，有赞语判断而没有验辞的赞语体短文标注为[赞语体A]；不涉褒贬的单纯事语体短文标注为[事语体]。问答体短文的情况比较简单，无需再作具体说明。

---

[1] 马王堆汉墓帛书整理小组：《马王堆汉墓出土帛书〈春秋事语〉释文》，《文物》1977年第1期。

[2] 张政烺：《〈春秋事语〉解题》，《文物》1977年第1期。

第二节 典型文体简单变形

本书前面已经提到，在《国语》《左传》的典型文体教材类短文中，存在一些内容与体式方面的简单变形。下面举例说明。

劝谏体短文的基本结构是：(1) 劝谏原因，(2) 劝谏言论，(3) 是否听从，(4) 听从或不听从的结果（验辞）。大多数劝谏体短文由上述三到四个部分构成，但也有少数案例存在第二部分（劝谏言论）和第三部分（是否听从）重复的现象。

例如《范蠡谏勾践勿许吴成》（越语下）是两次劝谏和两次听从：谏→从→又谏→又从。《国语》中的同类案例（包括三次劝谏和三次听从）：《文公称霸》（晋语四）、《臧文仲请赏》（鲁语上）、《范蠡论战》（越语下）等篇。《左传》中的同类案例：《晋文图霸从谏如流》（僖27）、《荣驾鹅劝季孙慎办昭公后事》（定1）等篇。

又如《单穆公伶州鸠谏铸大钟》（周语下）是两次劝谏和两次不从：谏→不从→又谏→又不从。《国语》中的同类案例还有（包括三次劝谏和三次不从）：《邵公谏厉王止谤》（周语上）、《献公伐霍》（晋语一）、《郑文公不礼》（晋语四）、《楚成王享重耳》（晋语四）等篇。《左传》中的同类案例：《三甥请邓侯杀楚子》（庄6）、《令尹子西不听谏而败》（僖28）、《蹇叔谏秦师不可远袭》（僖32）等篇。

劝谏体短文的"因果规律"是：听从劝谏必有好的结果（验辞），否则必遭祸患（验辞）。训语体（A类）短文的"因果规律"是：为政者的错误举措（非礼、失德、失政等等），必将导致灾祸发生，小则身死，大则灭族、亡国（验辞）。在劝谏体与训语体之间，存在一个"因果规律"的重合：为政者的错误举措，包括不听从劝谏。由于这个原因，在少数劝谏体短文不听从劝谏情节的后面会有一个"训语判断及其说明"。

具体如《宫之奇谓其子》（晋语二）是一篇典型的劝谏体短文，只是在该文第三部分（是否听从）之后多出一个部分，即针对虞君不听从劝谏的讥语判断及其说明：“**虞将亡矣！**（以上为讥语判断，以下是对讥语判断的说明）唯忠信者能留外寇而不害。除暗以应外谓之忠，定身以行事谓之信。今君施其所恶于人，暗不除矣；以贿灭亲，身不定矣。夫国非忠不立，非信不固。既不忠信，而留外寇，寇知其衅而归图焉。已自拔其本矣，何以能久？”于是后文（三月，虞乃亡）既是虞君不从谏的结果，也是讥语判断的应验情况。

在《国语》中，《宫之奇谓其子》的同类案例有《夏父弗忌改常》（鲁语上）等篇。《左传》中的同类案例有《令尹子西不听谏而败》（僖28）、《蹇叔谏秦师不可远袭》（僖32）、《椒举谏楚子不可示诸侯侈》（昭4）、《伍员谏吴王勿与越议和》（哀1）、《伍子胥谏吴王勿遗越患》（哀11）等篇。本书对此类短文的简要标注是[劝谏体-不从-讥-验]。**在《国语》《左传》教材类短文中，讥语判断的应验情况（包括劝谏体短文是否从谏的应验情况）可以分为两种类型。一是在短文之内验辞部分的直接交代，二是在短文之外与讥语判断（和是否从谏）相呼应的应验情况。本书对后一种情况的简要标注是“验在后文”或“验在《左传》”等。**

此外，在有些情况下，谏语体、讥语体、赞语体的言论部分采用问答等对话形式，还有一些提示性简短评语的灵活使用（后面具体讨论）。

第三节　典型文体短文的内容特征

本书用两章篇幅具体讨论《国语》《左传》典型文体短文的内容与体式构成情况。下面简要归纳这些短文在内容方面的基本特征。

在四种典型文体短文中，各有两个主要角色：劝谏体短文是劝谏者与被劝谏者，讥语体短文是讥者与被讥者，赞语体短文是赞者与被赞者，问答体短文是问者与答者。这些短文内角色主要是天子、诸侯及其卿大夫，当时的统治集团正是由这些人构成，或者说他们是当时政权治理机构的核心成员。他们可以被进一步区分为：主政者（天子、诸侯国君和正卿等）与辅政者（士大夫等）。

劝谏体短文的劝谏者和被劝谏者之间，绝大多数情况下都是臣谏君、臣劝臣。在臣劝臣案例中，多数情况下被劝谏者的职官地位要高于劝谏者（下劝上）。在讥语体短文和赞语体短文中，讥语和赞语言说者的社会地位大多略低于被讥者和被赞者。在问答体短文的问者和答者之间，绝大多数情况下都是君问臣答、上官问下官答。换言之，四种典型文体短文的两个主要角色（劝谏者与被劝谏者、讥者与被讥者、赞者与被赞者以及问者与答者），大多可以被归入主政者与辅政者的关系。劝谏者、讥者、赞者和答者多为辅政者，被劝谏者、被讥者、被赞者以及提出问咨者则多为主政者。

问答体短文的主要问答内容是政事、军事、德能和礼制、仪规等。在劝谏体短文中，大多数谏语属性（关键问题）都可以被归入广义的政事类，大多数谏语主旨都是对失德、失政、不敬、不敏等“不应当如何之事”的劝阻，或是对善德、善政等“应当如何之事”的建议。在讥语体和赞语体短文中，大多数“被讥之事”和“被赞之事”也大体不出政事、军事、德能和礼制、仪规的范围。被讥之事包括失德、失政、不敬、不敏、违礼、不义、不仁、不智等等，被赞之事则与之相反。

在《国语》《左传》典型文体短文的言论部分（谏语、讥语、赞语、答语），存在一整套可以相互参照且高度统一的政治理念，其中包括一整套善恶是非的评判标准。来自夏商西周的传统制度和道德伦理原则，构成这一整套政治理念中是非褒贬的主要判别依据。这些言论中肯定与否定的立场明确，是非分明。被赞之事与“应当如何之事”属于是非评判标准中被肯定的范畴，被讥之事与“不应当如何之事”属于是非评判标准中被否定的范畴。按：在《国语》中的吴语和越语部分，上述特征相对不够分明。

在三种典型文体（谏语体、讥语体、赞语体）短文中，当事人的行为与其此后的命运臧否息息相关：凡善德善政必有善报，凡败德劣政必有恶果。在劝谏体短文中，当事人（被劝谏者）的休咎因果相对简单：听从劝谏会有好的结果，否则将自食恶果。在讥语体A类短文中，讥语对象在大多数情况下是当事人的败德劣政（被讥者的失德、失政、不敬、不敏、违礼、不义、不仁、不智等等）。讥语判断是针对当事人的命运及其族运、国运（因其败德劣政）作出的灾祸预言。在这些灾祸预言中，包括天灾和人祸，且以人祸为主。在人祸中，小者如被讥者短寿、蒙难、出奔、无后、被杀等等，大者如灭族、国祸、国运衰落乃至亡国等等。

下面简单枚举《国语》《左传》中的相关案例。《国语》中的讥语判断案例：“周将亡矣（周语上）”；“虢必亡矣（周语上）”；“晋不亡，其君必无后。且吕、郤将不免（周语上）”；“陈侯不有大咎，国必亡（周语中）”；“叔孙、东门其亡乎！若家不亡，身必不免（周语中）”；“晋将有乱，其君与三郤其当之乎（周语下）”。《左传》中的讥语判断案例：“五父必不免（隐7）”；“殃将至矣（闵2）”；“晋侯其无后乎（僖11）”；“期年将有大咎，几亡国（僖14）”；“宋其亡乎！幸而后败（僖21）”；“是必灭若敖氏之宗（文9）”等。

在赞语体A类短文中，赞语对象是当事人的善德善政。赞语判断是针对当事人的命运及其族运、国运（因其善德善政）作出的善报预言。在《国语》中赞语判断的相关案例："今周其兴乎！其有单子也（周语下）"等。在《左传》中赞语判断的相关案例："宋其兴乎（庄11）"；"栾伯善哉！实其言，必长晋国（宣12）"；"知惧如是，斯不亡矣（成7）"；"子产其将知政矣（襄26）"；"韩氏其昌阜于晋乎（襄26）"等。

前面已经提到，《国语》《左传》典型文体短文的言论部分（谏语、讥语、赞语、答语）包含许多具有重要价值的史料内容（《国语》中的吴语和越语除外）。**首先，在这些言论中存在一个三代历史的基本轮廓。其次，在这些言论中存在一个彼此呼应且一脉相承的三代政权主流意识形态（三代礼乐观念）：为政者应当如何治理国家的礼制与道德规范和是非评判标准，包括将《诗》《书》等文献作为神圣经典的引用和遵从。**进一步说，**在《国语》《左传》中，典型文体短文的言论部分都形成于三代议政制度的基础之上。谏语、答语是对为政者的当面言说；讥语、赞语是对为政者行为的公开评论。**

有必要强调指出，**在《国语》《左传》典型文体短文的言论部分，对三代礼制中道德伦理规范的论述可谓连篇累牍。**例如在《单襄公论晋周》（周语下）[劝谏体-从-验]一文中，**单襄公对晋周道德品格的赞誉是对此类内容的较完整体现（敬、忠、信、仁、义、智、勇、教、孝、惠、让）：**"夫敬，文之恭也；忠，文之实也；信，文之孚也；仁，文之爱也；义，文之制也；智，文之舆也；勇，文之帅也；教，文之施也；孝，文之本也；惠，文之慈也；让，文之材也。象天能敬，帅意能忠，思身能信，爱人能仁，利制能义；事建能智，帅义能勇，施辩能教，昭神能孝，慈和能惠，推敌能让。此十一者，夫子皆有焉。天六地五，数之常也。经之以天，纬之以地。经纬不爽，文之象也。文王质文，故天胙之以天下。夫子被之矣，其昭穆又近，可以得国。且夫立无跛，正也；视无还，端也；听无耸，成也；言无远，慎也。夫正，德之道也；端，德之信也；成，德之终也；慎，德之守也。守终纯固，道正事信，明令德矣。慎成端正，德之相也。"

第四节 《春秋》三传的文献属性与成书时间

为顺利展开下一节的讨论，这里有必要初步讨论《春秋》三传（《左传》《公羊传》《穀梁传》）的文献属性、成书时间等相关问题。《春秋左氏传》的主要编写者是鲁国史官左丘明。按：孟子和董仲舒提出的孔子“作《春秋》”，在当时具体是指《春秋公羊传》中的《春秋》经传。《春秋公羊传》和《春秋穀梁传》同源异流，由于三百余年的私学辗转传授，形成不同门户。《左传》的主要编写者是左丘明，汉以来学者对此没有太多争议。而孔子是否曾经“作《春秋》”，则是一个牵涉面极广、高度复杂、多有争议且很难厘清的重要文献学和历史学问题。

《左传》（昭2）记韩宣子聘鲁“观书于大史氏”，见到《鲁春秋》。此时孔子还是少年。首先，《春秋》的第一属性是鲁国史官逐年记事（以年、四时和月份为序）的《鲁春秋》，是在孔子之前早已存在的鲁国官史。其次，孔子在《礼记·经解》中提到：“入其国，其教可知也。……属辞比事，《春秋》教也。”据此可知，《鲁春秋》在孔子之前早已被用为官学教材。第三，在孔子之前的《春秋》教材同样需要《春秋》传文加以解说，否则教育者与学习者无法搞清楚《春秋》经文中各种“书法”的“微言大义”。为方便起见，本书将孔子之前鲁国传统官学用为教材的《春秋》经文称为“**教材《春秋》经文**”，将官学教材《春秋》经的解经内容称为“**教材《春秋》传文**”，将二者合称为“**教材《春秋》经传**”。

《汉书·艺文志》的基本内容是东汉班固对西汉刘歆《七略》的概述，其中提到《左传》（在汉代也被称作《春秋内传》）和《国语》（在汉代也被称作《春秋外传》）的编写者都是鲁太史左丘明。《春秋左氏传》的“左氏”即指左丘明。《汉书·艺文志》还提到，《公羊传》的编写者是齐人公羊子，《穀梁传》的编写者是鲁人穀梁子。班固在《汉书·刘向传》提到刘歆《七略》内容：左丘明“亲见夫子（孔子）”，公羊子、穀梁子则“在七十子后”。此外，《汉书·艺文志》还提到未能传世的《邹氏传》《夹氏传》，这里只能存而不论。

在《公羊传》中只有两次提到“子公羊子曰”，其内容都是有别于《春秋》经文和传文的解释性评论。我们可以将此类内容称为“加名解经”。在《穀梁传》中只有一次“穀梁子曰”的加名解经，其内容与“子公羊子曰”性质相同。此类加名解经在《公羊传》有“子沉子曰”（3次）、“子公羊子曰”（2次）、“鲁子曰”（6次）、“子司马子曰”、“子女子曰”、“高子曰”、“子北宫子曰”等；在《穀梁传》有“穀梁子曰”、“尸子曰”（2次）、“沉子曰”等。据此可知，公羊子、穀梁子并非《公羊传》和《穀梁传》全部传文的原创者，他们应是战国到西汉时期《公》《穀》二传的私学传授者，由于世代相传而形成门户。

《汉书·艺文志》记西汉皇家秘府《春秋》类藏书中的《春秋》经文共有两个版本，其一是“《春秋古经》十二篇”，其二是“《经》十一卷”。《汉书·艺文志》对后一个《春秋》经文版本（《经》十一卷）的来源标注是“公羊、穀梁二家”。《汉书·艺文志》虽然对前一个版本（《春秋古经》十二篇）的归属未作标注，但由于问题相对简单，汉代以来相关研究者大多认为，“《春秋古经》十二篇”是指使用“古文”写就的《春秋》，具体来自同样以“古文”写就的“古文《春秋左氏传》”。[1]

刘歆《七略》（《汉书·艺文志》）的下述内容比较可靠：左丘明是与孔子同时在世（且与孔子有过直接交往）的鲁国太史，是《左传》和《国语》的主要编写者。《鲁春秋》的经文是极简约的“大事记”写法。一方面，在没有《春秋》传文加以解说的情况下，后人无法读懂《春秋》经文中各种“书法”的“微言大义”。另一方面，在没有《春秋》经文的情况下，《春秋》三传的解经传文同样也是无的放矢、无法被读懂。因此，在《春秋》三传成书之后的辗转传授过程中，《春秋》经文与传文无法独立存在。进一步说，**《春秋》经文的主要传世方式是存在于《春秋》三传的经文部分**。自汉代以来，学者将（经文与传文共存于同一部书中的）《春秋》三传称作《春秋左氏传》《春秋公羊传》《春秋穀梁传》。

由于从战国到西汉（三百余年）传世久远等原因，三传中的《春秋》经文在汉代已经发生极少量由同而异的改变。从整体保存质量看，《左传》经文和传文在成书之初均已书于竹帛。刘歆在《移让太常博士书》中提到，他曾经以《左传》等“古文旧书”校对今文《公羊传》《穀梁传》等“学官所传”，后者存在一些错谬之处：“经或脱简，传或间编。”（《汉书·刘歆传》）刘歆在《七略》中提到，《公》《穀》二传的传文在战国时期曾经历过一段没有书于竹帛的口头传授过程（口说流行）（《汉书·艺文志》）。《公》《穀》二传的《春秋》经文在经过相互校勘整理后形成同一版本（《经》十一卷）。西汉时期，刘向、刘歆父子受命校理皇家秘府藏书。因此，《公》《穀》二传的《春秋》经文校勘工作应由刘向、刘歆父子完成。

司马迁在《史记·儒林列传》和《史记·孔子世家》中提到孔子“因史记作《春秋》”的起始时间在鲁哀公十四年春“获麟”之后。司马迁曾经就学于董仲舒，他关于孔子“作《春秋》”的见解直接来自董氏（《史记·太史公自序》太史公曰：“余闻董生曰……”）。《公羊传》和《穀梁传》的《春秋》经文截止日期相同：鲁哀公十四年（前481）“春，西狩获麟”。从“西狩获麟”到孔子辞世（鲁哀公十六年，前479）只有两年时间。因此，孔子晚年没有太多时间和精力对“**教材《春秋》经传**”作出较大幅度改动。

孟子说：“世衰道微，邪说暴行有作。……孔子惧，作《春秋》。《春秋》，天子之事也。是故孔子曰：‘知我者，其惟《春秋》乎！罪我者，其惟《春秋》乎！’”（《孟子·滕文公下》）董仲舒在《春秋繁露·俞序》中也曾提出同类说法。《论语》是正面记录孔子言行最为完整、可靠的孔门文献。如果按照孟子上文所说，则“作《春秋》”是孔子毕生治学的一件大事。若果真如此，则《论语》何以对此只字未提？早有学者提出这个问题，并据此质疑孟子、董仲舒此说是否言过其实。

根据前文的论述，孔子言行、著述的自律原则是守旧而非创新。孔子还在《礼记·中庸》中明确提到：**“非天子，不议礼，不制度，不考文。……虽有其德，苟无其位，亦不敢作礼乐焉。”**因此，**孔子不太可能如孟子所说行此“天子之事”**。本书后文将进一步讨论这个问题。**从孟子到董仲舒，神化孔子、神化《春秋》乃至神化《公羊传》，有其客观历史原因。**

---

[1] 见《汉书·刘歆传》：“及歆校秘书，见古文《春秋左氏传》，歆大好之。”

第五节 《左传》文本特征及其成书

今本《公羊传》和《穀梁传》都是由两个部分构成：(1)《春秋》经文，(2)解经传文。相对来说，《公羊传》和《穀梁传》在体式、内容、篇幅等方面比较接近，二者的解经传文都是只解经文而不及其他，传文大多采用问答体式。**今本《左传》中包含三部分内容：(1)《春秋》经文(1800余条)，(2)类似《公羊传》《穀梁传》的经文解说内容(800余条)，(3)1210篇相对独立的记言记事短文(占《左传》全书篇幅的五分之四)。**

《春秋》三传都是双重体例，一是编年体，二是经传体。《鲁春秋》的编年体经文是纲，《春秋》三传的传文是目。《左传》的前两部分内容与《公羊传》《穀梁传》的构成情况大致相同(《春秋》经文+解经传文)。所不同者，一是《左传》第二部分内容(解经传文)不采用问答体式，而是平铺直叙；二是《左传》第二部分内容中包括一些《春秋》经文没有记录的"大事记"写法记史内容(本书后文具体讨论)。

《左传》与《公羊传》《穀梁传》最主要的不同之处，是《左传》中多出的第三部分内容：1210篇相对独立的记言记事短文。在《左传》第三部分内容中，共有特征分明的典型文体短文580余篇：劝谏体短文236篇，训语体A类短文183篇，训语体B类短文55篇，赞语体A类短文18篇，赞语体B类短文56篇，问答体短文35篇。**这是《左传》(第三部分)与《国语》(全书)之间可以进行典型文体短文类项比较的重要场合。**

本书前面已经简要讨论过《国语》的文本特征(见本书第一章第一节)。《国语》的八个国别史部分，在篇幅、内容、记事起点、述史长度以及每章的平均篇幅等诸多方面存在明显的不同之处。

编写一部史书至少应有两个主要步骤，一是史料的收集，二是对史料的加工整理、融会贯通。造成《国语》八个部分之间诸多方面的不平衡和互异之处的主要原因，一是在不同来源的若干种史料之间本身便存在体裁、篇幅、内容、年代等诸多方面的互异；二是作者对史料的处理以辑录为主，在整齐体例和融会贯通的编史方面下功夫较少。从这个认识角度看，《国语》成书应是其编写者对若干种文献史料在以国别为体例的选择性辑录基础上进行“粗加工”的结果。**由于这个原因，《国语》相当一部分内容在很大程度上保留了既往文献史料被“加工”前的原貌，其中包括占比很高的典型文体短文。**

可以从同一个认识角度考察《国语》和《左传》的成书过程。上述讨论足以确认，相对独立的记言记事短文是《左传》第三部分内容和《国语》全书的主要史料来源。换言之，**在《国语》《左传》成书之前，这些典型文体短文已大量存在并广泛流传于春秋时期方国之间。否则，《国语》和《左传》编写者（左丘明）便无法收集到如此大数量的记言记事短文作为其史书撰写素材。还须提到第二个必不可少的史料收集条件：左丘明是鲁国的专职史官（鲁太史）。**

与《国语》成书的“粗加工”情况相反，《左传》成书则是难度很高的“精加工”结果。《左传》中最主要的“精加工”编撰环节，就是将一千余篇记言记事短文编入《鲁春秋》的编年体框架之中。**《国语》240余篇记言记事短文的平均篇幅是290字左右（不计标点，下同）。《左传》1210篇记言记事短文的平均篇幅是130字左右，不及《国语》短文平均篇幅的二分之一。由此可以了解到，《左传》编写者在将短文编入《左传》的具体环节，对所有短文史料作过一番简约化处理（包括删减、概述等）**。上文所说是平均篇幅，也存在《左传》短文篇幅大于《国语》短文的少量个案，例如《左传》短文《子囊议楚王谥》的篇幅略长于《国语》短文《屈建祭父》（后文具体讨论）。

在将这些短文编入《鲁春秋》编年体框架时，需要将每篇短文的记事时间（后文简称“短文时位”）与《春秋》记事的年月位置（后文简称“《春秋》时位”）相互对应。完成此事难度甚高，需要编写者能够整体把握春秋时期列国历史足够细致的基本脉络。**左丘明是一位极具天赋的专职史官，他因此有条件收集到如此大数量的记言记事短文，有条件高质量完成《左传》第三部分的编写环节。**韦昭《国语解叙》：“可谓命世之才，博物善作者也。”**《左传》第三部分一千余篇短文的编撰方式脉络清晰、行云流水、细密严谨、很少疏漏。在成书之后，《左传》三个部分之间相互契合、体例完备、内容宏富、述史周详、文采斐然，是我国先秦时期首屈一指的史学经典。**

下面举例说明《左传》第三部分编写环节的存在迹象。

可以将编入《国语》《左传》之前的记言记事短文称为“史料短文”，将编入二书之后的短文称为“《国语》短文”和“《左传》短文”。本书前面具体讨论过《国语》短文《仲尼非难》与《左传》短文《季孙问田赋之法于孔子》，二者来自同一篇史料短文，记事详略各有侧重，各有其不可替代的史料价值。《国语》短文和《左传》短文同记一事的情况不少于七八十处。

许多史料短文由于记事时间跨度较大，与《左传》编年体时序（细分到年月）不相匹配。《左传》编写者对此类短文主要采用两种抄编方式。一是将史料短文内容化整为零纳入编年体的时序框架之中。在有些情况下我们可以较明显地辨识出同一篇短文在化整为零前的原貌，并且可以较有把握地进行一些化零为整的复原。在另外一些情况下，诸多篇短文的组成部分交错在一起，甚至有些是只取部分而不用整体，这样便失去了辨识和复原的条件。二是将压缩后的短文较完整地放进编年体的某一个时序位置上，将短文的结束部分与《春秋》时位相对应。在这种情况下，短文前面部分的事件发生时间与这个时序位置不相配合，于是《左传》编写者在这个部分之前加一个“初”字，这个部分便成为对往事的追述。在《左传》中，与此相关的“初”字约出现了八九十次，这种写法构成了《左传》中“追述”这种叙史体例的主要成分。

◎例证1《斗辛讥吴人不能定楚》（定5）[讥语体A-验]【验辞（倒置）】楚子入于郢。【讥语原因】**初**，斗辛闻吴人之争宫也。【讥语判断及其说明】（斗辛）曰："吾闻之：'不让，则不和；不和，不可以远征。'**吴争于楚，必有乱；有乱，则必归，焉能定楚？**"【验辞（在前文）】：楚子入于郢。

案例分析：上文"楚子入于郢"是斗辛讥语判断的验辞部分。《左传》编写者将验辞部分纳入编年体叙事的一个具体时序位置（定5），然后倒叙（初）讥语的原因（吴人争宫）以及斗辛的讥语判断及其说明。这是对一篇（讥语体A类）史料短文的征引，在征引环节多有省略，但以倒叙方式保留了讥语体A类短文的完整结构。

◎例证2《辛伯谏周公勿启祸端》（桓18）[劝谏体-不从-验]【验辞（倒置）】周公欲弑庄王而立王子克。辛伯告王，遂与王杀周公黑肩。王子克奔燕。【劝谏原因】**初**，子仪有宠于桓王，桓王属诸周公。【劝谏言论】辛伯谏曰："并后、匹嫡、两政、耦国，乱之本也。"【是否听从】周公弗从。【验辞】故及。

案例分析：上文"周公欲弑庄王……王子克奔燕"是此篇劝谏体短文的验辞部分。在将此篇史料短文编入《左传》时，编写者将短文验辞部分纳入《春秋》时位（桓18），然后倒叙劝谏原因（初，子仪有宠于桓王，桓王属诸周公）、劝谏言论（辛伯谏曰：并后、匹嫡、两政、耦国，乱之本也）以及是否听从（周公弗从），后面用"故及"二字指出周公黑肩被杀一事是其不听从劝谏的结果。这是对一篇史料短文[劝谏体]的征引，在征引环节多有省略（例如辛伯谏语明显经过很大篇幅的删减），但以倒叙方式保留了此篇劝谏体短文的完整结构[谏→不从→验]。

上文提到，《国语》短文和《左传》短文同记一事的情况不少于七八十处，并已具体分析过《国语》短文《仲尼非难》与《左传》短文《季孙问田赋之法于孔子》的同源关系。下面再举两个案例加以说明。

◎例证3《国语》短文——《昭王出奔》（楚语下）[劝谏体-从]【劝谏原因】吴人入楚，昭王出奔，济于成臼，见蓝尹亹载其孥。王曰："载予。"对曰："自先王莫坠其国，当君而亡之，君之过也。"遂去王。王归，又求见，王欲执之。【劝谏言论】

子西曰："请听其辞，夫其有故。"王使谓之曰："成臼之役，而弃不穀，今而敢来，何也？"对曰："昔瓦唯长旧怨，以败于柏举，故君及此。今又效之，无乃不可乎？臣避于成臼，以儆君也，庶悛而更乎？今之敢见，观君之德也，曰：庶意惧而鉴前恶乎？君若不鉴而长之，君实有国而不爱，臣何有于死，死在司败矣！惟君图之！"子西曰："使复其位，以无忘前败。"【是否听从】王乃见之。

◎例证4《左传》短文——《子西谏楚王勿杀蓝尹亹》（定5）[劝谏体-从]【劝谏原因】王之奔随也，将涉于成臼。蓝尹亹涉其帑，不与王舟。及宁，王欲杀之。【劝谏言论】子西曰："子常唯思旧怨以败，君何效焉？"【是否听从】王曰："善。使复其所，吾以志前恶。"

上面两个案例来自同一篇史料短文（具有同源关系），且均有所删减。《国语》短文改动较少，《左传》短文则多有删减。前者重于记言，后者重于记事。后者的篇幅是前者的三分之一，但仍然保留了劝谏体短文的典型文体特征[劝谏体-从]。由此表明，《左传》编写者在将史料短文编入《左传》第三部分的具体环节，尽可能（刻意）保留了史料短文的文体特征。其结果是，在《左传》第三部分1210篇相对独立的记言记事短文中，四种典型文体短文的占比仍然很高（将近二分之一）。

这两个案例（《国语》短文《昭王出奔》和《左传》短文《子西谏楚王勿杀蓝尹亹》）大致体现了《国语》《左传》二书对史料短文的改写与编入方式。《国语》和《左传》中还有许多存在同源关系的短文案例，这是一个有待深入研究的重要课题。

第四章

典型文体短文的属性与用途

第一节　由典型文体引发的历史问题

本书前三章具体讨论了《国语》《左传》中典型文体短文的主要特征及其成书过程，并较完整给出与此相关的具体数据。此项研究表明，《国语》《左传》的编写者并不是这些短文的原创者。在《国语》《左传》成书之前，这些典型文体短文已大量存在并广泛流传于春秋时期方国之间。否则，《国语》和《左传》编写者便无法收集到如此大数量的短文作为其史书撰写素材。

前面提到，《春秋事语》中共有十六篇（章）相对独立的记言记事短文[1]。张政烺先生认为《春秋事语》每一篇章的言论部分既有意见，也有评论，重点不在讲事实而在记言论。他指出，这在春秋时期的书籍中是一种固定的体裁，称为“语”。**语之为书既是文献记录，也是教学课本。**[2]

从本书的认识角度和研究方法考察《春秋事语》，可以明显看出，《春秋事语》十六篇短文均在典型文体范畴之内。其中，劝谏体短文五篇（章）：《韩魏章》[劝谏体-不从-验]，《鲁文公卒章》[劝谏体-不从-验]，《晋献公欲袭虢章》[劝谏体-不从-验]，《卫献公出亡章》[劝谏体-不从-验]，《吴人会诸侯章》[劝谏体-从]；其余十一篇（章）均为训语体A类短文：《杀里克章》[训语体A]，《燕大夫章》[训语体A-验]，《晋献公欲得随会章》[训语体A-验]，《伯有章》[训语体A-验]，《齐桓公与蔡夫人乘舟章》[训语体A-验]，《鲁桓公少章》[训语体A-验]，《长万章》[训语体A]，《宋荆战泓水之上章》[训语体A-验]，《吴伐越章》[训语体A-验]，《鲁庄公有疾章》[训语体A-验]，《鲁桓公与文姜会齐侯于乐章》[训语体A-验]。

从《国语》《左传》到《春秋事语》，直接表明这些特定体式教学课本（典型文体教材类短文）存在与使用的时间跨度（从西周到西汉）。由此引发如下问题：**这些**

在内容和体式上特征分明的短文是什么人写的？写给什么人看的？为什么要写成这样一些特定体式？为什么局限于写这样一些特定内容？这些短文产生于什么时期？是在一个什么样的历史背景下（社会形态、政治制度、宗教观念、教育制度等等）产生的？是什么动机导致人们大量写作这样的短文？是什么原因导致这些短文的广泛流传？这些短文作为一种特定的文化制品在当时社会生活中发挥着什么样的功能？此外，还包括《国语》《左传》的史料来源、成书过程乃至重新认识这两部重要古代文献的性质问题。

张政烺先生关于“语”类文献是“教学课本”的见解非常重要。因其提出方式相对简单，有必要对此展开更加具体、深入的专题研究。可以从四个方面考察这些典型文体短文的由来、性质和用途：其一，从夏商西周到春秋时期的官学教育；其二，这一时期官学教育中使用的官学教材；其三，这一时期居于社会意识形态主导地位的三代礼乐观念，也就是《周易·彖传》所说的“神道设教”；其四，这一时期政权治理者一直在强调的政治伦理、道德规范（指为政者所应具有的德能标准）。

---

[1] 马王堆汉墓帛书整理小组：《马王堆汉墓出土帛书〈春秋事语〉释文》，《文物》1977年第1期。

[2] 张政烺：《〈春秋事语〉解题》，《文物》1977年第1期。

第二节 部落社会成年礼与早期官学教育

《尚书·舜典》讲到尧舜时期的官学教育："帝曰：'夔，命汝典乐，教胄子。直而温，宽而栗，刚而无虐，简而无傲，诗言志，歌咏言，声依咏，律和声；八音克谐，无相夺伦，神人以和。'"夔的职司是"典乐"，《周礼·大司乐》所述制度与此一脉相承："大司乐：掌成均之法，以治建国之学政，而合国之子弟焉。凡有道者、有德者，使教焉；死则以为乐祖，祭于瞽宗。以乐德教国子：中和、只庸、孝友。以乐语教国子：兴道、讽诵、言语。以乐舞教国子舞《云门》《大卷》《大咸》《大韶》《大夏》《大濩》《大武》。以六律、六同、五声、八音、六舞大合乐，以致鬼神示，以和邦国，以谐万民，以安宾客，以说远人，以作动物。乃分乐而序之，以祭，以享，以祀。"

这种制度的起源，可以直接追溯到小型和中型部落社会阶段的成年礼教育制度。在小型和中型部落社会阶段的成年礼教育中，包括男子成年礼和女子成年礼。男子成年礼尤为严苛。西周时期的男子成年礼是"冠礼"，女子成年礼是"笄礼"。《礼记·丧服小记》所谓"男子冠而妇人笄"。《仪礼·士昏礼》："女子许嫁。笄而醴之，称字。祖庙未毁，教于公宫三月。若祖庙已毁。则教于宗室。"《国语·鲁语》子夏所说"夫妇，学于舅姑者也"是指春秋时期的女子成年礼教育。下面《周礼·九嫔》的内容也与女子成年礼（妇学）有关："掌妇学之法，以教九御、妇德、妇言、妇容、妇功，各帅其属而以时御叙于王所。"

小型和中型部落社会阶段男子成年礼教育中的教育者是部落"长老"，被教育者是部落中未成年男子。只有通过成年礼教育，他们才能获得部落社会正式成员资格，才能获得婚配权等部落社会正式成员的一些基本权利。部落社会成年礼教育是一个制度化和强制性的文化灌输过程，这种制度的功能是实现部落文化代间传递，并保证这一过程中文化传递质量。按：笔者所著《从部落文明到礼乐制度》一书[1]（第二章第四节和第七章第三节）已经对小型和中型部落社会阶段成年礼教育制度作过比较充分的民族志征引，并进行了具体讨论。此外，还可以参阅笔者所著《文明起源：从原始群到部落社会》[2]。

在部落社会成年礼教育中，祭神仪式中的歌舞仪规、作为一个部落成员必须遵守的道德规范和行为准则都是非常重要的教育内容。在上引《尚书·舜典》中“教胄子”的情况与部落社会成年礼教育内容间存在着明显继承关系。在上引《尚书·舜典》与《周礼·大司乐》内容间，也存在着明显的制度继承关系。《周礼》“大胥”“乐师”等职条也有一些与此相关的内容。具体如下。

《周礼》“教国子”相关制度：

◎《周礼·大司乐》（引文见上）

◎《周礼·大胥》：掌学士之版，以待致诸子。春，入学，舍采合舞。秋，颁学合声。以六乐之会正舞位，以序出入舞者，比乐官，展乐器。凡祭祀之用乐者，以鼓征学士。

◎《周礼·师氏》：掌以媺诏王。**以三德教国子：一曰至德，以为道本；二曰敏德，以为行本；三曰孝德，以知逆恶。教三行：一曰孝行，以亲父母；二曰友行，以尊贤良；三曰顺行，以事师长。居虎门之左，司王朝。掌国中失之事，以教国子弟。凡国之贵游子弟学焉。**

◎《周礼·保氏》：**掌谏王恶，而养国子以道。**乃教之六艺：一曰五礼，二曰六乐，三曰五射，四曰五驭，五曰六书，六曰九数。乃教之六仪：一曰祭祀之容，二曰宾客之容，三曰朝廷之容，四曰丧纪之容，五曰军旅之容，六曰车马之容。

◎《周礼·诸子》：掌国子之倅，掌其戒令与其教治。辨其等，正其位，国有大事，则帅国子而致于大子，惟所用之。若有兵甲之事，则授之车甲，合其卒伍，置其有司，以军法治之。司马弗正。凡国正，弗及。大祭祀，正六牲之体。凡乐事，正舞位，授舞器。大丧，正群子之服位。会同、宾客，作群子从。**凡国之政事，国子存游倅，使之修德学道，春合诸学，秋合诸射，以考其艺而进退之。**

◎《周礼·乐师》：掌国学之政，以教国子小舞。

◎《周礼·籥师》：掌教国子舞羽吹籥。祭祀，则鼓羽籥之舞；宾客、飨食，则亦如之。大丧，廞其乐器，奉而藏之。

上文“国子”指天子、诸侯、卿大夫等子弟，故“**教国子**”指西周时期贵族教育，其主持者和执教者包括大司乐、大胥、师氏、保氏等。这种制度直接来自《尚书·舜典》中的“教胄子”。

《周礼》“教万民”相关制度：

◎《周礼·大司徒》：**以乡三物教万民而宾兴之：一曰六德，知、仁、圣、义、忠、和；二曰六行，孝、友、睦、姻、任、恤；三曰六艺，礼、乐、射、御、书、数。……以五礼防万民之伪而教之中。以六乐防万民之情而教之和。**

◎《周礼·乡师之职》：**各掌其所治乡之教而听其治。**

《周礼》中两次提到西周礼乐制度中“儒”的职能。《周礼·大宰》：“以九两系邦国之民：……**三曰师，以贤得民。四曰儒，以道得民。**”《周礼·大司徒》：“以本俗六安万民：……四曰**联师儒**。”

已有学者指出，《周礼》多次出现的“万民”与《国语》《左传》多次出现的“国人”成分基本一致。[3]由《周礼·大宰》“以九职任万民”可知，“万民”也就是“邦国之民”的主要成分，包括百工、商贾以及国都外围乡州结构中的务农者。故“**教万民**”是指西周时期礼乐制度中的平民教育，其主持者和执教者包括大司徒和乡师以及“儒”。

在小型和中型部落社会阶段，成年礼的教育对象是所有部落成员。随着早期国家的出现，或者说是“大型古代文明”的形成，出现了社会分层。于是早期的全民教育也随之分化为贵族教育（教国子）和平民教育（教万民）。

---

[1] 张岩：《从部落文明到礼乐制度》，上海：上海三联书店，2004年版。

[2] 张岩：《文明起源：从原始群到部落社会》，北京：科学出版社，2012年版。

[3] 童书业：《春秋左传研究》，上海：上海人民出版社，1980年版。

第三节　国学与乡学

《周礼·小司寇之职》："掌外朝之政，以致万民而询焉，一曰询国危，二曰询国迁，三曰询立君。"按：《尚书·盘庚》与商代政权所行"询国迁"的制度有直接关系（盘庚迁殷）。《周礼·大司徒》："若国有大故，则致万民于王门。"在西周乃至春秋时期，"国人"是一种举足轻重的社会政治势力，并拥有一定的参政和议政权。[1]

白寿彝总主编的《中国通史》第三卷以"'国人'对政治的干预"为题，引述许多例证专门讨论了这个问题[2]。《国语》和《左传》都曾提到"国人"的"谤"政，这应与西周时期的"国人"议政制度有关。《左传》（襄31）"郑人游于乡校，以论执政"的现象亦属于同一制度在春秋晚期的残留。

因此，对于西周时期的统治者来说，官学教育中的国学体制"教国子"和乡学体制"教万民"具有同等重要的意义。《礼记·王制》下述内容（"节民性""兴民德"）都是官学体制对一般民众的教育："司徒修六礼以节民性，明七教以兴民德，齐八政以防淫，一道德以同俗，养耆老以致孝，恤孤独以逮不足，上贤以崇德，简不肖以绌恶。"这种教育的社会效果之一是"崇德"和"绌恶"，也就是提高"万民"的道德素养。

《周礼·大司徒》"十有二教"也与此相关："……而施十有二教焉：一曰以祀礼教敬，则民不苟；二曰以阳礼教让，则民不争；三曰以阴礼教亲，则民不怨；四曰以乐礼教和，则民不乖；五曰以仪辨等，则民不越；六曰以俗教安，则民不愉；七曰以刑教中，则民不虣；八曰以誓教恤，则民不怠；九曰以度教节，则民知足；十曰以世事教能，则民不失职；十有一曰以贤制爵，则民慎德；十有二曰以庸制禄，则民兴功。"

这种教育制度可以分为两个阶段：一是未成年阶段的学习，二是成年后的学习。前者是学习知识的过程，后者是运用知识的过程。第一阶段学习“行”的“原理”和规则，第二个阶段依据这些“原理”和规则去学习中而不失的“行”。

《礼记·王制》讲述了乡学体制对“不帅教者”的管理制度：“命乡，简不帅教者以告。耆老皆朝于庠，元日，习射上功，习乡上齿，大司徒帅国之俊士与执事焉。不变，命国之右乡，简不帅教者移之左；命国之左乡，简不帅教者移之右，如初礼。不变，移之郊，如初礼。不变，移之遂，如初礼。不变，屏之远方，终身不齿。”

下面是国学体制中对“不帅教者”的管理制度：“将出学，小胥、大胥、小乐正简不帅教者以告于大乐正。大乐正以告于王。王命三公、九卿、大夫、元士皆入学。不变，王亲视学。不变，王三日不举，屏之远方。……终身不齿。”（《礼记·王制》）

西周国学体制的受教育者包括如下几种成分：“王大子、王子、群后之大子、卿大夫元士之适子、国之俊选”（《礼记·王制》）。其中，“王大子、王子、群后之大子、卿大夫元士之适子”都是以其出身等级获得进入国学的资格；“国之俊选”则是一种不确定成分，他们是从乡学体制中选拔出来的佼佼者。

《礼记·王制》提到“秀士”“俊士”的选拔和“造士”过程：“命乡，论秀士，升之司徒：曰选士。司徒论选士之秀者而升之学，曰俊士。升于司徒者，不征于乡；升于学者，不征于司徒，曰造士。”《礼记·王制》：“大乐正论造士之秀者以告于王，而升诸司马，曰进士。司马辨论官材，论进士之贤者以告于王，而定其论。论定然后官之，任官然后爵之，位定然后禄之。”上文“进士”是国学体制中“造士”过程中选出的佼佼者（“论造士之秀者”）。这种制度是西周时期“国人”中的优秀者得以入仕为官的一个主要通道。

上引《礼记·王制》主要讲述“方千里”王畿之内“天子之国”的教育制度，当时诸侯方国的教育制度与之大同小异，只是等而次之。也就是说，在西周时期诸侯方国的教育制度中，均有其国学体制和乡学体制的设置，也均有其选贤入仕的制度。

毛礼锐、沈灌群主编的《中国教育通史》第一卷对相关问题作了专题讨论（第86~94页）[3]。该书还提到另外一种重要制度，即《礼记·射义》所说**“诸侯岁献，贡士于天子”**的制度[4]。**这是西周时期诸侯方国“国学”中的佼佼者得以入仕于天子之国的一个通道。**

---

[1] 何兹全：《西周春秋时期的贵族和国人》，《烟台大学学报（哲学社会科学版）》，1990年第4期。

[2] 白寿彝总主编，徐喜辰、斯维至、杨钊主编：《中国通史》（第三卷），上海：上海人民出版社，1994年版。

[3][4] 毛礼锐、沈灌群：《中国教育通史》，济南：山东教育出版社，1985年版。

第四节　春秋时期的官学教育

西周官学的主要教育内容有四个方面，一是道德伦理；二是祭祀仪规（包括祭祀歌舞）以及各种仪式性场合的进退等序、揖让周旋；三是射御、军阵等军事技能；四是专业技能。前三个内容为“教国子”的“国学”和“教万民”的“乡学”所共学，只是前者教育等级更高一些。在专业技能方面，授业者各以其“世事”学其所学，商则学商，农则学农。《礼记·王制》所说“祝史、射御、医卜及百工”等“执技以事上者”，亦各有所学，所谓“不贰事”。《礼记·曲礼》“宦学”即官学。“宦”字此种用法见《国语·越语下》：“（越王）令大夫种守于国，与范蠡入宦于吴。”国学体制从学者的出路是入仕为官，故其受业为“宦学”。

这里有必要具体说明。**本书所用“官学”概念**（亦即《礼记·曲礼》所谓“**宦学**”）**具有双重含义，一是指教学体制的主办者——官办之学，二是指教学内容——为官者所应具备的道德修养与礼乐制度中何以为官的相关知识**。《左传》（襄31）记郑卿子皮（罕虎）欲使尹何为官，子产劝阻：“不可。……**侨闻学而后入政，未闻以政学者也**。若果行此，必有所害。譬如田猎射御，贯则能获禽，若未尝登车射御，则败绩厌覆是惧，何暇思获？”子产所说“**学而后入政**”很明显是在讲官学（宦学）教育，也就是对**将要入政为官者进行的教育过程**。

《国语·晋语七》：君（晋悼公）知士贞子之帅志博闻而宣惠于教也，使为太傅。……栾伯请公族大夫，公曰：“荀家惇惠，荀会文敏，黡也果敢，无忌镇静，使兹四人者为之。夫膏粱之性难正也，故使惇惠者教之，使文敏者导之，使果敢者谂之，使镇静者修之。惇惠者教之，则遍而不倦；文敏者导之，则婉而入；果敢者谂之，则过不隐；镇静者修之，则壹。使兹四人者为公族大夫。”

上文“太傅”所教是晋侯世子，“公族大夫”所教是晋悼公时期晋国公族子弟。晋侯世子是《礼记·王制》所说“群后之大子”，在西周时期本应到天子之国的“国学”接受教育。因此，上文所讲是西周官学的国学体制在春秋时晋国的存留情况，包括早期选贤任官制度的存留情况。

《国语·晋语九》：“昔先主文子少衅于难，从姬氏于公宫，有孝德以出在公族，有恭德以升在位，有武德以羞为正卿，有温德以成其名誉。”由此可知，并非每一个公族子弟都可为官乃至为卿。除为官治事才干之外，伦理道德修养水平也是当时选任官吏的重要依据。《礼记·曲礼》所谓“宦学事师，非礼不亲”，亦指这种类型的宦学教育。**归纳起来说，德和能是宦学教育的两个重要内容，也是选任官吏的重要依据。**

在《国语·楚语上·申叔时论傅太子》中，申叔时提到春秋时期楚国用以教导太子的九种主要教材，包括这些教材预期实现的教育效果：“教之《春秋》，而为之耸善而抑恶焉，以戒劝其心；教之《世》，而为之昭明德而废幽昏焉，以休惧其动；教之《诗》，而为之导广显德，以耀明其志；教之《礼》，使知上下之则；教之《乐》，以疏其秽而镇其浮；教之《令》，使访物官；教之《语》，使明其德，而知先王之务用明德于民也；教之《故志》，使知废兴者而戒惧焉；教之《训典》，使知族类，行比义焉。”**在上述九种官学教材的教育效果中，道德教育比重远大于具体的政务知识（7比2）。**

由下面两条引文可以了解到，在孔子之前，《诗》《书》《礼》《乐》《易》《春秋》已是使用范围很广的官学教材。

《礼记·王制》：“乐正崇四术，立四教，顺先王，《诗》《书》《礼》《乐》以造士。春、秋教以《礼》《乐》，冬、夏教以《诗》《书》。”

《礼记·经解》：“孔子曰：‘入其国，其教可知也。其为人也，温柔敦厚，《诗》教也；疏通知远，《书》教也；广博易良，《乐》教也；洁静精微，《易》教也；恭俭庄敬，《礼》教也；属辞比事，《春秋》教也。故《诗》之失，愚；《书》之失，诬；《乐》之失，奢；《易》之失，贼；《礼》之失，烦；《春秋》之失，乱。其为人也，温柔敦厚而不愚，则深于《诗》者也；疏通知远而不诬，则深于《书》者也；广博易良而不奢，则深于《乐》者也；洁静精微而不贼，则深于《易》者也；恭俭庄敬而不烦，则深于《礼》者也；属辞比事而不乱，则深于《春秋》者也。’”

在《国语》和《左传》中，人们在一些重要场合大量引用《诗》《书》的现象，同样说明西周官学教育制度在春秋时期的残存。墨子在战国时仍可读到“周之《春秋》”“燕之《春秋》”“宋之《春秋》”和“齐之《春秋》”（《墨子·明鬼》）。《左传》（昭2）也提到在孔子之前早已存在的《鲁春秋》。**这表明，《春秋》作为一种特定类型的官学教本，也是由来已久。**

第五节 《周礼》“中失之事”与教材类短文

在前引《周礼》内容中，“师氏”具体职司之一是“掌国中失之事，以教国子弟”。所谓“失”即不中，所谓“中”即不失。因此，上文“国”的“中、失之事”，是指邦国治理方面的“中”事和“失”事。“中”事指合于礼法之事，也就是善德、善言、善行、善政等等；“失”事指不合于礼法之事，也就是失德、失言、失行、失政等等。《周礼·大司徒》提到“以五礼防万民之伪而教之中”一语中的“中”字，也是这种用法。《逸周书》（寤儆解）：“监戒善败，护守勿失。”此语中的“善败”与《周礼》“中失”的文义相同：中者善也，失者败也。

在《国语》和《左传》典型文体的谏语、讯语、答语等内容中，还有一些在同一个意义上使用“善败”者。下面是与此相关的几个案例。《国语》短文：《邵公谏厉王止谤》（周语上）[劝谏体-不从-验]邵公（谏语）：“口之宣言也，**善败**于是乎兴，行善而备败，其所以阜财用、衣食者也。”《史黯论良臣》（晋语九）[劝谏体-从]史黯（谏语）：“夫事君者，谏过而赏善，荐可而替否，献能而进贤，择材而荐之，朝夕诵**善败**而纳之。道之以文，行之以顺，勤之以力，致之以死。听则进，否则退。”《子高杀白公胜》（楚语下）[劝谏体-不从-验]子高（谏语）：“人求多闻**善败**，以监戒也。”《王孙圉论楚宝》（楚语下）[问答体]王孙圉（答语）：“又有左史倚相，能道训典，以叙百物，以朝夕献**善败**于寡君，使寡君无忘先王之业。”《左传》短文：《君子论随叛楚不自量力》（僖20）[讯语体B]君子曰（讯语）：“**善败**由己，而由人乎哉？”

从这个认识线索可以了解到，讯语体短文的所讯对象，几乎全是国之“失”（败）事；赞语体短文的所赞对象，几乎都是国之“中”（善）事。劝谏体短文则兼

有中、失之事：听从劝谏为中事，不听从劝谏为失事。这三种文体的短文有四个主要特征：一是篇幅较短，二是内容与结构的规范化，三是“中”“失”（是非）分明，四是都有着明确的肯定和否定的褒贬意向。这四个特征均具有便于教学且易于理解的性质。因此，这三种文体的由来，应与《周礼》所记西周师氏用以“教国子”的“国中、失之事”的教本有直接关系。

《国语》中最早的短文是周语上《祭公谏征犬戎》，周穆王征犬戎在西周中前期（约公元前900年）。这是一篇载于劝谏体短文的国之“失”事。**《国语》这一章可以提供一个极为重要的认识线索，即此类文体的短文可以上接西周师氏所掌教本，下续春秋时期官学教材。**这些短文的教育功能与上引《国语》短文《申叔时论傅太子》中申叔时提到的几种官学教材基本一致。

此外，在《国语》和《左传》中，问答体短文的结构一般也比较规范，许多短文的内容也有着分明的善恶是非的褒贬意向。在问答体短文中，有一部分介于劝谏体和问答体之间；还有一部分主要讲述历史、制度等方面知识性内容，如《左传》中的《鲁桓公为子问名》（桓6）、《郯子论官》（昭17）、《梓慎答鲁侯日食祸福》（昭21）等，又如《国语》中的《申叔时论傅太子》《观射父论祀牲》《观射父论绝地天通》《郭偃论治国》《仲尼非难》等。**因此，问答体也应是官学教本中由来已久的重要体例之一。**

前面提到《国语·周语上·穆仲论孝》中樊穆仲对鲁侯（鲁孝公）的赞誉：“肃恭明神而敬事耇老，赋事行刑，必问于遗训而咨于故实，不干所问，不犯所咨。”这种传统礼制在《国语·晋语八·范宣子争田》的言论中也有明确体现：“国家有大事，必顺于典刑，而访谘于耇老，而后行之。”《羊舌肸聘于周》（周语下）叔向：“昔史佚有言曰：‘动莫若敬，居莫若俭，德莫若让，事莫若咨。’”**上述引文表明，政权主导者（天子、诸侯、卿大夫士等）针对重要国政问题的问咨制度（“必问于遗训而咨于故实”）是三代礼制的重要组成部分，也是典型文体中问答体短文形成与广泛用于官学教材的制度基础。**

根据本节讨论，可以得出如下结论：第一，《国语》和《左传》典型文体短文都是当时官学教育中使用的教材。这种短文在西周时期官学教育中已经存在。按：《周礼》“掌国中失之事，以教国子弟”的内容，后人很难作伪。第二，春秋时期虽已开始礼坏乐崩，但来自西周的礼乐制度及其道德原则仍然在当时社会生活中发挥强大的影响力。在当时诸侯方国残留的官学教育中，仍然大量需要此类短文作为官学教材。因此，在春秋时期仍然有人大量写作这种短文，以此为当时残留的官学教育提供教材。这是此类短文得以在春秋时期诸侯国间广泛传布的直接原因。

每一篇此类短文都是一篇官学（宦学）教育中使用的课文。

第五章

君子之学与典型文体（上）

第一节 《国语》“君子曰”与教材类短文

在《国语》中，共有十一处“君子曰”。其中，晋语九处，一般在短文结束部分。《史苏论骊姬》的“君子曰”是“知难本矣”，《骊姬谮申生》是“知微”，《申生伐东山》前半部分（甲篇）是“善处父子之间矣”，后半部分（乙篇）是“善深谋也”。《里克杀奚齐》是“不食其言矣”，《冀芮答问》是“善以微劝也”，《文公救宋败楚》是“善以德劝”，《郤至甲胄见客》是“勇以知礼”，《悼公赐魏绛》是“能志善也”。**不难看出，这九处“君子曰”都是赞语，其作用很明显是教学课本中的权威性提示、评点。**

《国语》另外两处“君子曰”在楚语。与晋语的情况不同，楚语两处“君子曰”都是由文内人物（左史倚相）在劝谏言论中所引用。《左史倚相论唯道是从》（楚语上）是一篇劝谏体短文[劝谏体-从]，第一部分【劝谏原因】讲述司马子期欲以妾为妻（这在当时是一件违背礼制的事），他为此专程拜访左史，问是否可以这样做。第二部分【劝谏言论】，左史倚相以委婉的方式表达了否定的意见。第三部分【是否听从】：“子期乃止。”

下面是左史倚相的谏语部分：“昔先大夫子囊违王之命谥；子夕嗜芰，子木有羊馈而无芰荐。**君子曰：‘违而道。’**谷阳竖爱子反之劳也，而献饮焉，以毙于鄢；芋尹申亥从灵王之欲，以陨于乾溪。**君子曰：‘从而逆。’**君子之行，欲其道也，故进退周旋，唯道是从。夫子木能违若敖之欲，以之道而去芰荐，吾子经营楚国，而欲荐芰以干之，其可乎？”左史倚相在其谏语中一共讲了四件事情，前两件见于楚语的靠前部分，即《子囊议谥》和《屈建祭父》。具体如下。

◎《国语》短文《子囊议谥》（楚语上）[劝谏体-从]：【劝谏原因】恭王有疾，

召大夫曰："不穀不德，失先君之业，覆出国之师，不穀之罪也。若得保其首领以殁，唯是春秋所以从先君者，请为'灵'若'厉'"。大夫许诺。王卒，及葬，子囊议谥。大夫曰："王有命矣。"【劝谏言论】子囊曰："不可。夫事君者，先其善不从其过。赫赫楚国，而君临之，抚征南海，训及诸夏，其宠大矣。有是宠也，而知其过，可不谓'恭'乎？若先君善，则请为'恭'。"【是否听从】大夫从之。

◎《国语》短文《屈建祭父》（楚语上）[劝谏体-从]：【劝谏原因】屈到嗜芰，有疾，召其宗老而属之，曰："祭我必以芰。"及祥，宗老将荐芰，屈建命去之。宗老曰："夫子属（嘱）之。"【劝谏言论】子木曰："不然。夫子承楚国之政，其法刑在民心而藏在王府，上之可以比先王，下之可以训后世，虽微楚国，诸侯莫不誉。其《祭典》有之曰：'国君有牛享，大夫有羊馈，士有豚犬之奠，庶人有鱼炙之荐，笾豆、脯醢则上下共之。不羞珍异，不陈庶侈。'夫子不以其私欲干国之典。"【是否听从】遂不用。

根据《左史倚相论唯道是从》中左史答语可以了解到，这两篇短文（《子囊议谥》和《屈建祭父》）曾经有"君子曰"部分，但是被《国语》编写者在编史过程中删掉了。《子囊议谥》之事亦见《左传》短文《子囊议楚王谥》（襄13），此事在《左传》中是一个相对独立的记事单元，其内容与《国语》所记基本一致，且稍微详细一些。具体如下。

◎《左传》短文《子囊议楚王谥》（襄13）[劝谏体-从]：【劝谏原因】楚子疾，告大夫曰："不穀不德，少主社稷。生十年而丧先君，未及习师保之教训而应受多福，是以不德，而亡师于鄢；以辱社稷，为大夫忧，其弘多矣。若以大夫之灵，获保首领以殁于地，唯是春秋窀穸之事、所以从先君于祢庙者，请为'灵'若'厉'。大夫择焉。"莫对。及五命，乃许。秋，楚共王卒。子囊谋谥。大夫曰："君有命矣。"【劝谏言论】子囊曰："君命以共（？），若之何毁之？赫赫楚国，而君临之，抚有蛮夷，奄征南海，以属诸夏，而知其过，可不谓共（恭）乎？请谥之'共（恭）'。"【是否听从】大夫从之。

在上引《左史倚相论唯道是从》（楚语上）左史谏语内容和《国语》《左传》同记一事的两篇短文（《国语》短文《子囊议谥》、《左传》短文《子囊议楚王谥》）之间进行比较，可以得出如下结论：《国语》《左传》所记此事均取材于当时官学教本中的典型文体短文（史料短文），“君子曰”是此类文体中较常使用的教材评语形式（权威性点评）。在编史过程中，《国语》和《左传》的编写者均删去官学教本原文中的“君子曰”部分。相对来说，《左传》短文对原文（史料短文）述之较详，《国语》短文则作了更多简省。这篇短文在《国语》中仍保留作为独立短文的原貌，《左传》则将其编入编年体框架之中。

此外，在上引《左史倚相论唯道是从》的谏语中，还有一个非常重要的认识线索。从教材类短文的体式与内容角度进行考察，在左史倚相的谏语中一共包含了两个“二事一语”。第一个“二事一语”：【事1】昔先大夫子囊违王之命谥；【事2】子夕嗜芰，子木有羊馈而无芰荐。【语】**君子曰：违而道**。第二个“二事一语”：【事1】谷阳竖爱子反之劳也，而献饮焉，以毙于鄢；【事2】芋尹申亥从灵王之欲，以陨于乾溪。【语】**君子曰：从而逆**。

在本书前面对教材类短文（体式与内容）的分类中，左史倚相谏语中提到的两个“二事一语”分别属于事语体中的赞语体B类短文（赞语：违而道）和讥语体B类短文（讥语：从而逆）。**事语体短文的基本类型是“一事一语”，其简单变形是“二事一语”。在《国语》《左传》中，绝大多数事语体短文都是“一事一语”，“二事一语”仅此两例。但在略晚些的战国秦汉间诸子著述中，“多事一语”成为一种非常多见的“话语习惯”（详见本书后文）。**

第二节　《左传》季札等人提到的“君子曰”

与《国语》中《左史倚相论唯道是从》的情况相近，在《左传》中也有两处由当时历史人物直接引述“君子曰”的案例，一是鲁襄公十四年吴公子季札的引述，二是鲁昭公三年晋大夫赵文子的引述。具体如下。

◎《左传》短文《季札辞为吴君》（襄14）[劝谏体-从]：【劝谏原因】吴子诸樊既除丧，将立季札。【劝谏言论】季札辞曰：“曹宣公之卒也，诸侯与曹人不义曹君，将立子臧。子臧去之，遂弗为也，以成曹君。**君子曰**：‘**能守节**。’君，义嗣也，谁敢奸君，有国，非吾节也。札虽不才，愿附于子臧，以无失节。”【是否听从】固立之。弃其室而耕。乃舍之。

◎《左传》（昭3）：初，州县，栾豹之邑也。及栾氏亡，范宣子、赵文子、韩宣子皆欲之。文子曰：“温，吾县也。”二宣子曰：“自郤称以别，三传矣。晋之别县不唯州，谁获治之？”文子病之，乃舍之。二宣子曰：“吾不可以正议而自与也。”皆舍之。及文子为政，赵获曰：“可以取州矣。”文子曰：“退！二子之言，义也。**违义，祸也**。余不能治余县，又焉用州，其以徼祸也？**君子曰**：‘**弗知实难**。’知而弗从，祸莫大焉。有言州必死！”丰氏故主韩氏，伯石之获州也，韩宣子为之请之，为其复取之之故。

上文赵文子（昭3）只提到“君子曰”内容，季札（襄14）则较完整地引述了一个包含“君子曰”的赞语体B类短文。子臧之事的正面记叙见于《左传》鲁成公十三年、十五年和十六年，将这些散见内容合在一起，可以构成一个相对完整的记事单元。据此判断，季札的引述虽然完整，但却是简省后的梗概；而鲁成公时四年之间（《左传》成13-16）的相关记载虽然省去了“君子曰”部分，但对教材类短文（史料短文）原文的引述却比季札所言更加详细。

在《左传》中还有一些可与上述判断相互印证的现象。例如，隐公元年《郑伯克段于鄢》的记载比较集中，也是一个相对完整的记事单元[赞语体B]。在这个记事单元的结尾部分，使用了“君子曰”的议论方式（赞语）：“君子曰：颍考叔，纯孝也，爱其母，施及庄公。《诗》曰：‘孝子不匮，永锡尔类’，其是之谓乎！”

又如，在《左传》紧接《子囊议楚王谥》之后有一个相对独立的记事单元，即《君子讥吴乘楚丧伐之》（襄13）[讥语体B]。该文记吴国借楚国有丧事的机会征伐楚国，结果吴师败绩。在这个记事单元的结束部分，以略写方式保留了史料短文的“君子曰”内容（讥语）：“君子以吴为不吊，《诗》曰：不吊昊天，乱靡有定。”**此语中“君子以吴为不吊”很明显是《左传》编写者对史料短文“君子曰”内容的概述。**

第三节　《左传》君子曰：官学教材的权威性提示

在《左传》中，“君子曰”的位置一般在教材类短文“语”的部分。《左传》编写者引述“君子曰”有两种情况：一是对原文（史料短文）的较完整抄录，二是对原文有所省略的概述。下面是《左传》中的相关内容。我们可以由此看到，这些内容均属官学教材中的权威性提示、评点。细读这些内容我们还可以了解到，在《左传》“君子曰”中有一些相对统一的道德伦理原则、是非标准，即礼义忠信仁恕孝善让等等，这些都是从西周到春秋时期官学教育中何以为官、何以为政乃至何以为人的基本信条。

（一）《左传》中较完整抄录的16条“君子曰”赞语内容

(1) 君子曰：“颍考叔，纯孝也，爱其母，施及庄公。《诗》曰：‘孝子不匮，永锡尔类’，其是之谓乎！”（隐1）

(2) 君子曰：“宋宣公可谓知人矣。立穆公，其子飨之，命以义夫！商颂曰：‘殷受命咸宜，百禄是荷’，其是之谓乎！”（隐3）

(3) 君子曰：“石　，纯臣也。恶州吁而厚与焉。‘大义灭亲’，其是之谓乎！”（隐4）

(4) 君子曰：“善自为谋。”（桓6）

(5) 君子曰：“鬻拳可谓爱君矣！谏以自纳于刑，刑犹不忘纳君于善。”（庄18）

(6) 君子曰：“酒以成礼，不继以淫，义也；以君成礼，弗纳于淫，仁也。”（庄22）

(7) 君子曰：“管氏之世祀也宜哉！让不忘其上。《诗》曰：‘恺悌君子，神所劳矣。’”（僖12）

(8) 君子曰：“知命。”（文13）

(9) 君子曰：“知惧如是，斯不亡矣。”（成7）

(10) 君子曰:“从善如流,宜哉!《诗》曰:‘恺悌君子,遐不作人?’求善也夫!作人,斯有功绩矣。”(成8)

(11) 君子曰:“善戒。《诗》曰:‘慎尔侯度,用戒不虞’,郑子张其有焉。”(襄22)

(12) 君子曰:“善事大国。”(襄26)

(13) 君子曰:“‘彼己之子,邦之司直’,乐喜之谓乎!‘何以恤我,我其收之’,向戌之谓乎!”(襄27)

(14) 君子曰:“仁人之言,其利博哉!晏子一言,而齐侯省刑。《诗》曰:‘君子如祉,乱庶遄已’,其是之谓乎!”(昭3)

(15) 君子曰:“礼,其人之急也乎!伯石之汰也,一为礼于晋,犹荷其禄,况以礼终始乎!《诗》曰:‘人而无礼,胡不遄死’,其是之谓乎!”(昭3)

(16) 君子曰:“惠王知志。夏书曰:‘官占唯能蔽志,昆命于元龟’,其是之谓乎!志曰:‘圣人不烦卜筮’,惠王其有焉。”(哀18)

(二)《左传》中较完整抄录的23条“君子曰”训语内容

(1) 君子曰:“信不由中,质无益也。明恕而行,要之以礼,虽无有质,谁能间之?苟有明信,涧、溪、沼、沚之毛,苹、蘩、蕰、藻之菜,筐、筥、锜、釜之器,潢、污、行、潦之水,可荐于鬼神,可羞于王公,而况君子结二国之信,行之以礼,又焉用质?《风》有《采蘩》《采蘋》,《雅》有《行苇》《泂酌》,昭忠信也。”(隐3)

(2) 君子曰:“不备不虞,不可以师。”(隐5)

(3) 君子曰:“善不可失,恶不可长,其陈桓公之谓乎!长恶不悛,从自及也。虽欲之,其将能乎?商书曰:‘恶之易也,如火之燎于原,不可乡迩,其犹可扑灭?’周任有言曰:‘为国家者,见恶如农夫之务去草焉,芟夷蕰崇之,绝其本根,勿使能殖,则善者信矣。’”(隐6)

(4) 君子曰:“苟信不继,盟无益也。《诗》云:‘君子屡盟,乱是用长’,无信

也。”（桓12）

(5) 君子曰：“商书所谓‘恶之易也，如火之燎于原，不可乡迩，其犹可扑灭’者，其如蔡哀侯乎！”（庄14）

(6) 君子曰：“《诗》所谓‘白圭之玷，尚可磨也；斯言之玷，不可为也。’荀息有焉。”（僖9）

(7) 君子曰：“随之见伐，不量力也。量力而动，其过鲜矣。善败由己，而由人乎哉？《诗》曰：‘岂不夙夜，谓行多露。’”（僖20）

(8) 君子曰：“非礼也。妇人送迎不出门，见兄弟不逾阈，戎事不迩女器。”（僖22）

(9) 君子曰：“服之不衷，身之灾也。《诗》曰：‘彼己之子，不称其服。’子臧之服，不称也夫！《诗》曰：‘自诒伊戚’，其子臧之谓矣。夏书曰：‘地平天成’，称也。”（僖24）

(10) 君子曰：“秦穆之不为盟主也宜哉！死而弃民。先王违世，犹诒之法，而况夺之善人乎？《诗》云：‘人之云亡，邦国殄瘁。’无善人之谓。若之何夺之？古之王者知命之不长，是以并建圣哲，树之风声，分之采物，着之话言，为之律度，陈之艺极，引之表仪，予之法制，告之训典，教之防利，委之常秩，道之礼则，使毋失其土宜，众隶赖之，而后即命。圣王同之。今纵无法以遗后嗣，而又收其良以死，难以在上矣。”君子是以知秦之不复东征也。（文6）

(11) 君子曰：“失礼违命，宜其为禽也。戎，昭果毅以听之之谓礼。杀敌为果，致果为毅。易之，戮也。”（宣2）

(12) 君子曰：“仁而不武，无能达也。凡弑君，称君，君无道也；称臣，臣之罪也。”（宣4）

(13) 君子曰：“史佚所谓‘毋怙乱’者，谓是类也。《诗》曰：‘乱离瘼矣，爰其适归’，归于怙乱者也夫！”（宣12）

(14) 君子曰：“清丘之盟，唯宋可以免焉。”（宣13）

(15) 君子曰：“‘恶之来也，已则取之’，其先縠之谓乎！”（宣13）

(16) 君子曰："位其不可不慎也乎！蔡、许之君，一失其位，不得列于诸侯，况其下乎！《诗》曰：'不解于位，民之攸塈。'其是之谓矣。"(成2)

(17) 君子曰："恃陋而不备，罪之大者也，备豫不虞，善之大者也。莒恃其陋，而不修城郭，浃辰之间，而楚克其三都，无备也夫！诗曰：'虽有丝、麻，无弃菅、蒯；虽有姬、姜，无弃蕉萃；凡百君子，莫不代匮。'言备之不可以已也。"(成9)

(18) 君子曰："忠为令德，非其人犹不可，况不令乎？"(成9)

(19) 君子曰："非礼也。礼无所逆。妇，养姑者也。亏姑以成妇，逆莫大焉。《诗》曰：'其惟哲人，告之话言，顺德之行。'季孙于是为不哲矣。且姜氏，君之妣也。《诗》曰：'为酒为醴，烝畀祖妣，以洽百礼，降福孔偕。'"(襄2)

(20) 君子曰："志所谓'多行无礼，必自及也'，其是之谓乎！"(襄4)

(21) 君子曰："信其不可不慎乎！澶渊之会，卿不书，不信也夫。诸侯之上卿，会而不信，宠名皆弃，不信之不可也如是。《诗》曰：'文王陟降，在帝左右'，信之谓也。又曰：'淑慎尔止，无载尔伪'，不信之谓也。"(襄30)

(22) 君子曰："莒展之不立，弃人也夫！人可弃乎？《诗》曰：'无竞维人'，善矣。"(昭1)

(23) 君子曰："此之谓弃礼，必不钧。《诗》曰：'人而无礼，胡不遄死？'涉佗亦遄矣哉！"(定10)

(三)《左传》中对原文有所省略的18条"君子曰"赞语概述内容

(1) 君子谓郑庄公于是乎可谓正矣，以王命讨不庭，不贪其土，以劳王爵，正之体也。(隐10)

(2) 君子谓郑庄公于是乎有礼。礼，经国家，定社稷，序民人，利后嗣者也。许无刑而伐之，服而舍之，度德而处之，量力而行之，相时而动，无累后人，可谓知礼矣。(隐11)

(3) 君子谓昭公知所恶矣。(桓17)

(4) 君子是以善鲁庄公。(庄8)

(5) 君子谓是盟也信，谓晋于是役也，能以德攻。(僖28)

(6) 君子谓文公其能刑矣，三罪而民服。《诗》云："惠此中国，以绥四方"，不失赏、刑之谓也。(僖28)

(7) 君子以为古。古者，越国而谋。(文1)

(8) 君子谓狼瞫于是乎君子。《诗》曰："君子如怒，乱庶遄沮。"又曰："王赫斯怒，爰整其旅。"怒不作乱，而以从师，可谓君子矣。(文2)

(9) 君子是以知秦穆之为君也，举人之周也，与人之壹也；孟明之臣也，其不解也，能惧思也；子桑之忠也，其知人也，能举善也。《诗》曰："于以采蘩？于沼、于沚。于以用之？公侯之事"，秦穆有焉。"夙夜匪解，以事一人"，孟明有焉。"诒厥孙谋，以燕翼子"，子桑有焉。(文3)

(10) 君子谓晋于是乎有礼。(成18)

(11) 君子谓祁奚于是能举善矣。称其雠，不为谄；立其子，不为比；举其偏，不为党。商书曰："无偏无党，王道荡荡"，其祁奚之谓矣。解狐得举，祁午得位，伯华得官，建一官而三物成，能举善也。夫唯善，故能举其类。《诗》云："惟其有之，是以似之"，祁奚有焉。(襄3)

(12) 君子是以知季文子之忠于公室也。相三君矣，而无私积，可不谓忠乎？(襄5)

(13) 君子以为知礼。(襄8)

(14) 君子谓子囊忠。君薨，不忘增其名；将死，不忘卫社稷，可不谓忠乎？忠，民之望也。《诗》曰："行归于周，万民所望"，忠也。(襄14)

(15) 君子谓楚于是乎能官人。官人，国之急也。能官人，则民无觎心。《诗》云："嗟我怀人，置彼周行"，能官人也。王及公、侯、伯、子、男，甸、采、卫大夫，各居其列，所谓周行也。(襄15)

(16) 君子谓合左师善守先代，子产善相小国。(昭4)

(17) 君子谓叔侯于是乎知礼。(昭5)

(18) 君子谓子产于是乎知礼。礼，无毁人以自成也。(昭12)

(四)《左传》中对原文有所省略的21条“君子曰”训语概述内容

(1) 君子谓郑庄公失政刑矣。政以治民，刑以正邪。既无德政，又无威刑，是以及邪。邪而诅之，将何益矣！(隐11)

(2) 君子是以知桓王之失郑也。恕而行之，德之则也，礼之经也。已弗能有，而以与人，人之不至，不亦宜乎？(隐11)

(3) 君子是以知息之将亡也。不度德，不量力，不亲亲，不征辞，不察有罪。犯五不韪，而以伐人，其丧师也，不亦宜乎？(隐11)

(4) 君子以督为有无君之心，而后动于恶，故先书弑其君。(桓2)

(5) 君子以二公子之立黔牟为不度矣。夫能固位者，必度于本末，而后立衷焉。不知其本，不谋；知本之不枝，弗强。《诗》云：“本枝百世。”(庄6)

(6) 君子谓强鉏不能卫其足。(庄16)

(7) 君子以齐人之杀哀姜也为已甚矣，女子，从人者也。(僖1)

(8) 君子是以知出姜之不允于鲁也，曰：“贵聘而贱逆之，君而卑之，立而废之，弃信而坏其主，在国必乱，在家必亡。不允宜哉！《诗》曰：‘畏天之威，于时保之’，敬主之谓也。”(文4)

(9) 君子谓羊斟非人也，以其私憾，败国殄民，于是刑孰大焉？《诗》所谓“人之无良”者，其羊斟之谓乎！残民以逞。(宣2)

(10) 君子谓华元、乐举于是乎不臣。臣，治烦去惑者也，是以伏死而争。今二子者，君生则纵其惑，死又益其侈，是弃君于恶也，何臣之为？(成2)

(11) 君子是以知齐灵公之为“灵”也。(襄2)

(12) 君子谓子重于是役也，所获不如所亡。(襄3)

(13) 君子以吴为不吊，《诗》曰：“不吊昊天，乱靡有定。”（襄13）

(14) 君子谓庆氏不义，不可肆也。故《书》曰：“惟命不于常。”（襄23）

(15) 君子是以知平公之失政也。（襄26）

(16) 君子是以知郑难之不已也。（襄30）

(17) 君子谓宋共姬女而不妇。女待人，妇义事也。（襄30）

(18) 君子是以知其不能终也。（襄31）

(19) 君子是以恶之。故志曰：“买妾不知其姓，则卜之。”（昭1）

(20) 君子是以知陈、许之先亡也。（昭18）

(21) 君子谓子然于是不忠。苟有可以加于国家者，弃其邪可也。《静女》之三章，取彤管焉。《竿旄》：“何以告之”，取其忠也。故用其道，不弃其人。《诗》云：“蔽芾甘棠，勿翦勿伐，召伯所茇。”思其人，犹爱其树，况用其道而不恤其人乎！子然无以劝能矣。（定9）

在《左传》这些“事语体”短文中，“事”的部分是为人行事的“史”，“语”的部分是对“史”作出的评论；这些“史”的记录对象主要局限于为政、为官者的为人行事；“君子”对“史”的评论，具体是对为政、为官者的为人行事作出是非分明的褒贬与权威性点评。这种情况与“价值中立”原则相反，是非分明的导向性意识形态灌输是教材类短文的基本特征。对于将要为政、为官的宦学受教育者来说，教材类短文的撰写和使用意图（教学目的）是让他们学会分辨是非、爱憎分明，学习为政、为官时为人行事的礼制准则和德能准则，所谓“宦学事师，非礼不亲”，所谓“进退周旋，唯道是从”。

由上述征引、讨论可知，这些短文的教育功能与上引《国语》短文《申叔时论傅太子》中申叔时提到的几种官学教材基本一致：是“耸善而抑恶焉，以戒劝其心”，是“昭明德而废幽昏焉，以休惧其动”，是“导广显德，以耀明其志”，是“使知上下之则”，是“以疏其秽而镇其浮”，是“使明其德，而知先王之务用明德于民也”，是“使知废兴者而戒惧焉”。

第四节 “君子曰”是西周官学教本固有体式

在《左传》的教材类短文中，出现“君子曰”一类内容有95次；具体可以分为四种情况：(1)“君子曰”50次；(2)“君子谓”22次；(3)“君子以为”(包括“君子以……为”)10次；(4)“君子是以知”(包括“君子是以善”“君子是以恶之”各一条)13次。第一种情况(“君子曰”)多是接近(史料短文)原文的抄录，不能排除有些是对原文的概述。其余三种情况(“君子谓”“君子以为”和“君子是以知”等)都是对原文的概述。

在《国语》中，只有“君子曰”而没有《左传》中的另外三种情况(即“君子谓”“君子以为”和“君子是以知”)。依据上面的数据和讨论可以了解到，《左传》编写者对教材类短文的史料处理有所不同：在有些地方(如《子囊议谥》)，将史料短文“君子曰”部分完全删去；在有些地方(如上一节所引较完整抄录的16条“君子曰”赞语内容和23条“君子曰”讥语内容)，抄录史料短文原文；在有些地方(如上一节所引的17条“君子曰”赞语的概述内容和21条“君子曰”讥语概述内容)，则只是简单交代史料短文“君子曰”内容大意。

前面谈到，《国语》编写者对教材类短文(史料短文)“君子曰”内容的处理方式也包括删掉和引录两种情况。《国语》和《左传》在这个方面的不同是，《国语》编写者只使用“君子曰”三字，而《左传》编写者除“君子曰”外，还采用了“君子谓”等另外三种写法。**这三种写法是对原文(史料短文)概述式引录的明确表示。**

《国语》有“君子曰”内容的短文约占其全部短文的二十分之一。《左传》相对独立的记事单元约有1200篇，其中有“君子曰”(包括概述)内容的短文约占其全部短文的十三分之一。由此可以推测：在这两部书的编写过程中，《国语》编写者删去了更多的“君子曰”内容。

《左传》最长的“君子曰”内容接近300字（昭31），最短的只有2个字（文13）：“知命”。《左传》虽然删去很大一部分“君子曰”，但其成书后仍有较大数量的保留。在保留下来大致90处此类内容中，其位置一般都在一个相对独立和完整的记言记事单元的结束部分。其中，是非分明的赞语和讥语约90次，另有5次无褒贬意向。

从这样一些数量很大的事实来看，典型文体短文及“君子曰”类型议论一方面是由来已久的西周官学教本的固有体式，另一方面在春秋时期所残留的官学教育中仍然在大量使用这种类型的教本，并不断有人以传统体式撰写新的官学教材。

依据前引楚语《申叔时论傅太子》内容可以了解到，至少《语》《故志》和《训典》这三种教本与典型文体官学教材有直接关系。“使知族类，行比义焉”是《训典》的教育功能。在《季札辞为吴君》（襄14）[劝谏体-从]中，**季札所引子臧辞为曹君的一条赞语体短文，目的是为说明他自己辞为国君的道理，这是一个典型的“行比义焉”的教材使用方式。也可以反过来说，这件事刚好说明此类教材所预期的教育效果在季札身上得到了良好的实现。**

《国语·楚语·王孙圉论楚宝》是一篇问答体短文，其中讲到当时楚国两个杰出人才（观射父和左史倚相）：“楚之所宝者，曰观射父，能作训辞，以行事于诸侯，使无以寡君为口实。又有左史倚相，能道《训典》，以叙百物，以朝夕献善败于寡君，使寡君无忘先王之业；又能上下说（悦）于鬼神，顺道其欲恶，使神无有怨痛于楚国。”

这里讨论上引《王孙圉论楚宝》的具体内容（关于“悦于鬼神”的含义，本书后面具体讨论）。首先，《国语·楚语》中的《观射父论绝地天通》和《观射父论祀牲》都是由观射父所作“训辞”的直接例证。其次，《国语·楚语》中的《左史倚相儆申公子亹》和《左史倚相论唯道是从》则是左史倚相能道《训典》的直接例证。左史在后一篇中所引“训辞”的情况前面已经谈过，他在前一篇所“道”《训典》内容则是卫武公的年迈自儆："在舆有旅贲之规，位宁有官师之典，倚几有诵训之谏，居寝有亵御之箴，临事有瞽史之导，宴居有师工之诵。史不失书，蒙不失诵，以训御之，于是乎作《懿》戒以自儆也。"

上文"训辞"指以问答和赞语等体式所撰写的教材类短文。**由此类短文汇编而成的官学教本在春秋时期楚国曾被称为《训典》。此类官学教本不但用于官学教育学习阶段，也用于为政期间的劝谏。上文所谓"善败"之事，实际上就是《周礼》师氏所掌"中失"之事。左史引卫武公事来儆戒申公子亹，是此类教材用于劝谏的具体事例。《左史倚相儆申公子亹》所说卫武公的"官师之典"和"诵训之谏"，也是指这一类官学教本。**

第六章

君子之学与典型文体（下）

第一节 “君子曰”的训辞性质

晋语《少室周知贤而让》：“少室周为赵简子之右，闻牛谈有力，请与之戏，弗胜，致右焉。简子许之，使少室周为宰，曰：知贤而让，可以训矣。”这是一篇典型的赞语体“训辞”，这篇“训辞”被记录下来并用为教材的直接原因，是赵简子认为少室周的“知贤而让”具有“可以训矣”的教育功能。在《国语》和《左传》中“训”字这种用法很多见。《左传》“加之以训辞”（僖7）和“道之以训辞”（昭5），讲的都是“训辞”用为劝谏的功能。

与赵简子有直接关系的教材类短文不止一篇。比如《国语》中还有《叔向对赵简子》《赵简子使尹铎为晋阳》《邮无正谏杀尹铎》《铁之战》《卫庄公祷》等篇，又如《左传》中有《赵简子问礼于子大叔》（昭25）、《史墨以梦及日食料吴将入郢》（昭31）、《史墨论鲁君与蔡氏》（昭32）、《郑子大叔九言》（定4）等篇。其中，《郑子大叔九言》虽不是典型文体，但其内容却有明显的“训辞”性质：“反自召陵，郑子大叔未至而卒。晋赵简子为之临，甚哀，曰：‘黄父之会，夫子语我九言’，曰：‘无始乱，无怙富，无恃宠，无违同，无敖礼，无骄能，无复怒，无谋非德，无犯非义。’”

本书第一章已引过的《国语·展禽论祀爰居》是一篇由三个部分（1. 引发训语的原因，2. 训语判断及其说明，3. 训语判断的应验情况）构成的训语体短文。但在短文结尾还有一个附加部分：“文仲闻柳下季之言，曰：‘信吾过也，季子之言不可不法也。’使书以为三策。”与前面讨论过的晋语《少室周知贤而让》的情况相同，这段话明确交代了《展禽论祀爰居》这篇教材类短文从无到有的过程。具体说，就是臧文仲认为“季子之言”具有“不可不法”的教育功能，于是令人“书以为三策”。

除《展禽论祀爰居》外，与臧文仲有直接关系的教材类短文，在《国语》还有《臧文仲如齐告籴》《臧文仲请免卫成公》《臧文仲请赏》《文公欲弛宅》等篇，在《左传》有《臧氏父子论宋公子善对》（庄11）、《臧文仲评宋襄公欲合诸侯》（僖20）、《臧文仲谏鲁侯勿焚巫尫》（僖21）、《臧文仲谏鲁侯不可轻敌》（僖22）、《臧文仲谏鲁侯朝齐》（僖33）、《臧文仲悲楚灭六与蓼》（文5）等篇。

《国语》短文《叔孙穆子论死而不朽》（晋语八）[问答体]：鲁襄公使叔孙穆子来聘，范宣子问焉，曰：“人有言曰‘死而不朽’，何谓也？”穆子未对。宣子曰：“昔丐之祖，自虞以上为陶唐氏，在夏为御龙氏，在商为豕韦氏，在周为唐杜氏。周卑，晋继之，为范氏，其此之谓也？”对曰：“以豹所闻，此之谓世禄，非不朽也。鲁先大夫臧文仲，其身殁矣，其言立于后世，此之谓死而不朽。”

此事也见于《左传》（襄24），内容大同小异。文中讲臧文仲所“立”之“言”，无疑包括前面提到的《国语》和《左传》中与臧文仲有直接关系的教材类短文。也可以反过来说，这些教材类短文是臧文仲“其言立于后世”的主要载体。这些短文在臧文仲“既没”之后一直用为官学教材，一直是当时鲁国主流社会生活中的权威性“话语”，是士大夫们为人行事的准则，他因此而“不朽”。

《左传》短文《季文子逐莒仆》（文18）是一篇劝谏体短文，季文子谏语中有如下内容：“先大夫臧文仲教行父事君之礼，行父奉以周旋，弗敢失队，曰：‘见有礼于其君者，事之，如孝子之养父母也；见无礼于其君者，诛之，如鹰鹯之逐鸟雀也。’”

这里包含两个重要认识线索：第一，季文子曾师事臧文仲。以季文子的“出身”，他应就学于当时鲁国的国学体制。因此臧文仲除了是为官者，同时还是鲁国当时残留的“国学”中的为师者。第二，季文子所引臧文仲的“语录”也是当时一种教材体式。也就是说，当时教材类短文并不局限于前面已经讨论过的几种典型文体，语录、格言、赠言等也是很多见的一类教材体式。

臧文仲（孙辰）是春秋中期人，赵简子（鞅）是春秋末期人；前者是鲁国正卿，后者是晋国主卿，二人都曾长期主持国政，都曾是国学体制中宦学教育的直接参与者，也都曾直接参与过教材类短文的撰写。

下面是《国语》短文《范宣子争田》（晋语八）[劝谏体-从]中訾祏对晋国卿大夫德能政绩的回顾："昔隰叔子违周难于晋国，生子舆为理，以正于朝，朝无奸官；为司空，以正于国，国无败绩。世及武子，佐文、襄为诸侯，诸侯无二心。及为卿，以辅成、景，军无败政。及为成师，居太傅，端刑法，缉《训典》，国无奸民，后之人可则，是以授随、范。"

上文中有一些与前面讨论相呼应的情况：(1) 直到春秋时期，一些诸侯方国官学教育中的为师者由为官多年且卓有政绩的人来担任。前引《礼记》"宦学事师，非礼不亲"一语所说的为师者，也应是这种由为官而为师的人。(2) 晋国一部分官学教本也被称为《训典》，其功用是上训世子，下训国人。

《大戴礼记·盛德》："公曰：'善哉，子察教我也。'子曰：'乡也，君之言善，执国之节也。君先眇而后善，中备以君子言，可以知古，可以察今。奂然而兴，民壹始。'"孔子所说"君子言"指与"君子曰"相关的官学教材。其功用不仅是上训世子、下训国人，更完整地说，是对包括国君在内各级为政者的一种训诫和约束。

在《国语》《左传》劝谏体短文中，谏语中时常引用"先王之训""先王之遗训""前训""古之训""明训"，这些"先王之训"往往被劝谏者用为判别是非以及说服被劝谏者的权威性依据。此类短文应当就是前面已经提到过的"诵训之谏"，这些"诵训之谏"与孔子所说"君子言"的功用相近："可以知古，可以察今"。换言之，可以借助"古之训"来考察和判别今日之是非。

《国语》中还有一种与"君子曰"有直接关系的议论方式，如鲁语中的"仲尼闻之曰"凡四见，均在短文的结尾，其写法与晋语中的八次"君子曰"基本一致。比如，《敬姜论劳逸》："仲尼闻之曰：弟子志之，季氏之妇不淫矣。"这应是孔子所作的一篇赞语体短文，他撰写此篇训辞的目的正是赵简子所说"可以训矣"，是"后之人可则"，也就是他自己说的"弟子志之"。在《国语》"君子曰"类内容中，虽然没有

《左传》“君子以为……”“君子谓”等概述方式，但在四次“仲尼闻之曰”中，有一次值得注意的概述方式：“仲尼闻之，以为别于男女之礼矣。”

这种类型的议论，在《国语》中还有鲁语的“臧文仲闻之曰”“子夏闻之曰”“师亥闻之曰”和晋语的“郭偃曰”各一次。在《左传》中，这种类型的议论方式多达二百余次，议论者包括臧文仲、叔向、子产、晏子等等，这些人在当时都足以称为“君子”。因此，“君子曰”中的“君子”，应是教材类短文中对此类人物的敬称。

第二节　“君子”与“君子之学”

“君子”一词在先秦乃至两汉文献中的出现次数极多，故其在先秦史中是一个非常重要的概念。下面是“君子”一词在一些重要古文献中的出现次数（按：叶舒宪在《诗经的文化阐释》中也提到“君子”在一些先秦文献中的出现次数，下面的计数与之略有不同）：《尚书》8次；《诗经》186次；《周易》127次；《逸周书》6次；《仪礼》7次；《国语》47次；《左传》183次；《公羊传》38次；《穀梁传》16次；《晏子春秋》60次；《礼记》329次；《大戴礼记》135次；《论语》107次；《孟子》82次；《荀子》296次；《墨子》116次；《管子》39次；《战国策》11次；《商君书》5次；《韩非子》31次；《吕氏春秋》45次；《老子》3次；《列子》6次；《庄子》36次；《孝经》7次；《孔子家语》167次；《韩诗外传》125次；《列女传》143次；《淮南子》75次；《盐铁论》61次；《春秋繁露》70次；《新序》39次；《说苑》233次。“君子”一词作为一个重要“现象”，不可以被忽视。

在上述文献中，经常出现“君子”与“小人”的对举。这是了解“君子”含义的重要认识角度。下面是《左传》（宣12）记随武子对楚国政事的议论：“其君之举也，内姓选于亲，外姓选于旧。举不失德，赏不失劳。老有加惠，旅有施舍。君子小人，物有服章。贵有常尊，贱有等威，礼不逆矣。”上文中的“君子”指“贵”者，“小人”指“贱”者。《左传》短文《师旷讽谏晋侯宫室崇侈》（昭8）[劝谏体-不从-讥-验在后文]记叔向语：“君子之言，信而有征，故怨远于其身；小人之言，僭而无征，故怨咎及之。”这里的“君子”指有德能者，“小人”指无德能者。

《左传》短文《君子赞晋诸臣相让》（襄13）是一篇典型的赞语体短文[赞语体B]，文中“君子曰”（赞语）讲到，在礼乐制度正常运行时（“世之治也”），“君子尚能而让其下，小人农力以事其上，是以上下有礼，而谗慝黜远，由不争也，谓之懿德”；在礼乐制度开始瓦解时（“及其乱也”），“君子称其功以加小人，小人伐其技以冯君子，是以上下无礼，乱虐并生，由争善也，谓之昏德”。

上面所举第一个例子（宣12）侧重于讲“君子”“小人”的社会地位，第二个例子（昭8）侧重于讲“君子”“小人”的人品德能，第三个例子（襄13）讲治与乱两种情况下“君子”“小人”人品德能及关系的变化。上面的三条引文表明，“君子”一词的较早期含义有两个：一是政权治理者，二是有德能的人。这两个含义有时分用，有时合用。

下面枚举《尚书》中的相关案例。《尚书·酒诰》：“王若曰：……庶士、有正，越庶伯、君子，其尔典听朕教。”《尚书·召诰》：“予小臣，敢以王之雠民、百君子、越友民，保受王威命明德。”《尚书》中提到的这两处“君子”，指西周时期社会结构中的为官者。《尚书·泰誓》提到“王（周武王）乃大巡六师，明誓众士”时，周武王称“众士”为“我西土君子”。

《左传》（昭6）记楚公子弃疾前往晋国途中路过郑国，郑三卿（子皮、子产、子大叔）随从郑伯以“郊劳”国君之礼请见，弃疾略事推辞后以国君身份相见（“见如见王”）。在假道郑国时，楚公子弃疾严格约束其从属：“禁刍牧采樵，不入田，不樵树，不采蓺，不抽屋，不强丐”，他在约束的誓词中说：“有犯命者，君子废，小人降！”郑国三卿因此“皆知其将为王也”。上文中的“君子”和“小人”都是楚公子弃疾前往晋国的随行者，“君子”应指随行者中的有官位者（士大夫之属），“小人”则指无官位者。

《左传》（昭27）“吴子欲因楚丧而伐之”，楚人起师拒敌，“楚莠尹然、工尹麇帅师救潜，左司马沈尹戌帅都君子与王马之属以济师，与吴师遇于穷”。这里的“都君子”应是当时楚国的中下层官员，日常情况下他们守其官事，战时则编队御敌，与“王马之属”同为楚人军阵中坚。

在《尚书·大禹谟》禹征三苗的誓师辞中讲到：“蠢兹有苗，昏迷不恭，侮慢自贤，反道败德。君子在野，小人在位，民弃不保，天降之咎。”这里“君子”指有德能的人和应当“在位”者，“小人”指无德能的人和应当“在野”者；而“君子在野，小人在位”是有苗“反道败德”的结果，同时也是禹征三苗的原因。《尚书·大禹谟》的“反道败德”与上文“昏德”（《左传》襄13）意思相当，而禹征三苗的目的则是正“昏德”为“懿德”，将“君子在野，小人在位”恢复到“君子在位，小人在野”的应有的常态。

从这个意义上，可以更加准确地理解下面这些（较早期文献中很常见的）语句的含义。《左传》（襄9）：“君子劳心，小人劳力，先王之制也。”《国语·鲁语上》：“君子务治而小人务力。”《国语·鲁语上》：“君子劳心，小人劳力，先王之训也。”《论语·阳货》：“君子学道则爱人，小人学道则易使也。”《孟子·滕文公》：“无君子莫治野人，无野人莫养君子。”

下面几段引文可以彼此参照：

《管子·法法》：“是故先王制轩冕，所以著贵贱，不求其美。设爵禄，所以守其服，不求其观也。使君子食于道，小人食于力。君子食于道，则上尊而民顺。小人食于力，则财厚而养足。”

《左传》（成13）：“君子勤礼，小人尽力。勤礼莫如致敬，尽力莫如敦笃。敬在养神，笃在守业。”

《左传》（襄31）：“君子务知大者、远者，小人务知小者、近者。”

《左传》（襄28）：“君子有远虑，小人从迩。”

“小人”是“劳力”者，故“守业”“敦笃”“务力”“尽力”是“小人”的本分。为此，“小人”只须“务知小者、近者”。《左传》（哀11）所谓“小人虑材而言，量力而共者也”。

“君子”的情况与之相反：“君子”是礼乐制度中的“务治”者和“劳心”者，因而“勤礼”和“致敬”是“君子”的本分。为此，“君子”必须“务知大者、远者”。《荀子·富国》所谓“君子以德，小人以力；力者，德之役也”，《礼记·乐记》所谓“君子乐得其道，小人乐得其欲。以道制欲，则乐而不乱；以欲忘道，则惑而不乐”。

《管子·君臣》讲同一个道理但更加细致：“……君子食于道，小人食于力。……君子食于道，则义审而礼明。……齐民食于力，则作本。……君子行于礼，则上尊而民顺；小民笃于农，则财厚而备足。上尊而民顺，财厚而备足，四者备体，顷时而王不难矣。四肢六道，身之体也。四正五官，国之体也。四肢不通，六道不达，曰失。四正不正，五官不官，曰乱。”

《尚书·旅獒》：“德盛不狎侮；狎侮君子，罔以尽人心；狎侮小人，罔以尽其力。”

由于“君子”是“劳心”者，所以“狎侮君子，罔以尽人心”；由于“小人”是“劳力”者，所以“狎侮小人，罔以尽其力”。上文“德盛不狎侮”，正是前引《左传》（襄13）“世之治也”的所谓“懿德”状态。这里有必要指出，同一种相对复杂的文化观念或者说是道理，在不同古文献、不同场合中存在着如此丝丝入扣的呼应关系，这是（新旧疑古派主观臆断中的）作伪者所不可能实现的“作伪效果”。

《尚书·周官》：“王（周成王）曰：‘呜呼！凡我有官君子，钦乃攸司，慎乃出令，令出惟行，弗惟反。以公灭私，民其允怀。学古入官，议事以制，政乃不迷。其尔典常作之师，无以利口乱厥官。蓄疑败谋，怠忽荒政，不学墙面，莅事惟烦。戒尔卿士，功崇惟志，业广惟勤，惟克果断，乃罔后艰。位不期骄，禄不期侈。恭俭惟德，无载尔伪。作德心逸日休，作伪心劳日拙。居宠思危，罔不惟畏，弗畏入畏。推贤让能，庶官乃和，不和政庬。举能其官，惟尔之能，称匪其人，惟尔不任。’”

在周成王时，周王朝尚有“懿德”，故“君子”既是有德能的人，同时也是“有官”者。所谓“学古入官”指西周时期的官学（宦学）教育。《尚书·周官》中讲了“政乃不迷”的两个先决条件：一是“学古入官”，二是“议事以制”。所谓“古”“制”即前面已经谈到的“先王之训”“先王之遗训”“前训”“古之训”“明训”，以及教材类短文中同样很多见的“先王之制”“古之制”“明王之制”“周之制”等等。在《国语》和《左传》的教材类短文中，“议事以制”的事例（尤其是在劝谏体短文的谏语内容中）非常多见。

《尚书·说命》："说曰：'王！人求多闻，时惟建事。学于古训，乃有获。事不师古，以克永世，匪说攸闻。惟学逊志，务时敏，厥修乃来。允怀于兹，道积于厥躬。惟教学半，念终始典于学，厥德修罔觉。监于先王成宪，其永无愆。惟说式克钦承，旁招俊乂，列于庶位。'"

上引《周官》和《说命》的内容，可以互为说明。《说命》"学于古训，乃有获。事不师古，以克永世，匪说攸闻"，这段话讲述《周官》为什么要"学古入官"以及"不学墙面"；《说命》"监于先王成宪，其永无愆"，讲述《周官》为什么要"议事以制"；唯其如此，"政乃不迷"。上文"旁招俊乂"中所讲的"俊乂"，指有德能的人，让这样的人"列于庶位"即"举能其官"，也就是《尚书·周官》所谓"有官"的"君子"。

第三节　君子之学

《国语·晋语·曹共公不礼》是一篇劝谏体短文，下面是僖负谏语部分内容：“臣闻之，爱亲明贤，政之干也；礼宾矜穷，礼之宗也；礼以纪政，国之常也。失常不立，君所知也。”前引《说命》和《周官》强调了“监于先王成宪，其永无愆”和“其尔典常作之师，无以利口乱厥官”的原则，这里“失常不立”是在强调相同的观念。

《逸周书·常训》：“明王自血气耳目之习，以明之丑，丑明乃乐义，乐义乃至上，上贤而不穷，哀乐不淫，民知其至，而至于子孙，民乃有古，古者因民以顺民。夫民群居而无选，为政以始之，始之以古，终之以古，行古志今，政之至也。政维今，法维古。”这里的“古”不是一个单纯的时间概念：“古者因民以顺民”。尚“古”、尚“常”是三代王政主流意识形态中一直被强调的重要原则，与此相关的内容在《尚书》《逸周书》《国语》和《左传》等文献中非常多见（可谓连篇累牍）。

《尚书》“曰若稽古”中“稽”的含义是“察”，故所谓“稽古”即“行古志今”的“学古”。《逸周书·寤儆解》“稽古”一词也是这个含义：“王其敬命，奉若稽古，维王克明三德维则，戚和远人维庸；致王祷，赦有罪，怀庶有，兹封福。监戒善败，护守勿失。”

参照本书前引《礼记·经解》孔子所说“入其国，其教可知也”一段中关于《诗》《书》《礼》《乐》《易》《春秋》教育效果的言论，可以进一步确定：这些古代文献（《诗》《书》等）都曾经在官学中被长期用作“学古入官”的基本教材。这些教材的使用范围，包括国学体制中对“国子”和“公族”子弟的教育，同时也包括乡学体制中对“国人”的教育。

这种特定类型的教育体制和教育观念一脉相承于夏商西周，在春秋时期大部分诸侯国中仍有广泛的“残存”，并对当时的社会生活发挥着支配性影响。因此，仍有人在大量撰写作为“国中、失之事”的教材类短文，这些短文仍有条件在方国之间广泛流传。

上一节谈到，事语体短文中“语”的部分经常采用“君子曰”称谓。在《国语》中还有“臧文仲闻之曰”“师亥闻之曰”“郭偃曰”等类似议论方式，《左传》这种类型的议论方式多达二百余次，议论者包括臧文仲、叔向、子产、晏子等等。

这些人为官多年且卓有政绩，既是有德能的人，也是为官者，即《尚书·周官》所谓“有官君子”。他们都曾主持或参与过所在方国的官学教育，也都曾主持或参与过教材类短文的撰写。事语体短文中的“君子曰”都属于当时官学教本中的“权威性评论”，这些“君子”都应具备与臧文仲、叔向、子产、晏子等人类似的“资格”：他们或是“有官君子”，或是“有官君子”致仕以后的官学为师者。

这种教育体制和观念有一个非常重要的特征，即由“君子”主持教育，教育目的则是使受教育者成为“君子”。由于这个原因，“君子”一词的重要含义之一是：德能楷模。下面是几个与此相关的具体例证。

(1)《左传》(襄25)：“君子之行，思其终也，思其复也。”

(2)《左传》(襄31)：“可以树善，君子也。”

(3)《左传》(襄31)：“君子在位可畏，施舍可爱，进退可度，周旋可则，容止可观，作事可法，德行可象，声气可乐；动作有文，言语有章，以临其下，谓之有威仪也。”

(4)《左传》(昭20)：“君子不食奸，不受乱，不为利疚于回，不以回待人，不盖不义，不犯非礼。”

(5)《左传》(昭25)：“君子贵其身，而后能及人，是以有礼。”

(6)《左传》(昭31)：“君子动则思礼，行则思义；不为利回，不为义疚。”

(7)《礼记·曲礼》：“君子恭敬撙节退让以明礼。”

(8)《公羊传》(宣12)：“君子笃于礼而薄于利。”

在先秦文献中，以这种方式使用“君子”一词的情况不少于500次。因此，西周乃至春秋时期的官学教育也被称为“君子之学”。《国语·晋语》：“范献子聘于鲁，问具山、敖山，鲁人以其乡对。献子曰：‘不为具、敖乎？’对曰：‘先君献、武之讳也。’献子归，遍戒其所知曰：‘人不可以不学。吾适鲁而名其二讳，为笑焉，唯不学也。人之有学也，犹木之有枝叶也，犹庇荫人，而况君子之学乎？’”

《周礼》“大司乐”主要职能之一是“**以治建国之学政，而合国之子弟焉**”。《周礼》大司乐职条中明确规定在“国之学政”选任主持教育者的德能标准：“**凡有道者、有德者，使教焉**”。这里的“有道者”和“有德者”都是“君子”。这是西周时期由“君子”主持官学教育的重要认识依据。

孔子晚年归国，以国老身份主持鲁国学政，此后孔门学术的地位与影响即具有鲁国官学性质。在《大戴礼记·子张问入官》中，**孔子通篇讲述“君子入官”的德能规范**。《大戴礼记·曾子立事》：“君子既学之，患其不博也；既博之，患其不习也，既习之，患其无知也；既知之，患其不能行也；既能行之，贵其能让也；**君子之学，致此五者而已矣。**”

第四节 《春秋》经传与“君子之学”

由于《春秋》也是春秋时期官学教育或者说是“君子之学”的重要教本，故《公羊传》《穀梁传》都统一将《春秋》的“为”者、“修”者称为“君子”。下面是与此相关的两个例证。《公羊传》（庄7）：“不修《春秋》曰：‘雨星不及地尺而复。’君子修之曰：‘星霣如雨。’”《穀梁传》（文2）：“君子不以亲亲害尊尊，此《春秋》之义也。”

《公羊传》和《穀梁传》的体式都是所谓“经传体”。“经”是《鲁春秋》，“传”是对《春秋》经文的解说。在解说部分统一采用问答体。例如，《公羊传》昭公元年的《春秋》经文是“夏，秦伯之弟针出奔晋”，传文是：“秦无大夫，此何以书？仕诸晋也。曷为仕诸晋？有千乘之国，而不能容其母弟，**故君子谓之出奔也。**”《穀梁传》隐公二年《春秋》经文：“九月，纪履緰来逆女。”解经传文：“逆女，亲者也。使大夫，非正也。以国氏者，为其来交接于我，故君子进之也。”

《公羊传》以上述方式使用“君子”一词21次，《穀梁传》13次。由上面引文可以了解到，《春秋》在当时人们观念中是“君子言”。《春秋》一书的性质有两个：它是记录历史的史书，同时又是一部以特定方式明确判定史事是非的官学教材。下面再举两个《公》《穀》二传的“书法”案例。《穀梁传》庄公三十年《春秋》经文：“齐人伐山戎。”解经传文：“齐人者，齐侯也，其曰人，何也？爱齐侯乎！山戎也，其爱之何也？桓内无因国，外无从诸侯，而越千里之险，北伐山戎，危之也，则非之乎，**善之也。**何善乎尔？燕，周之分子也；贡职不至，山戎为之伐矣。”《公羊传》隐公四年《春秋》经文：“春，王二月，莒人伐杞，取牟娄。”解经传文：“（传）牟娄者何？杞之邑也。**外取邑不书，此何以书？疾始取邑也。**”

在《左传》中，也有许多与《公羊传》和《穀梁传》性质相同的解经内容（约八百条）。例如，《左传》僖公二十九年《春秋》经文："夏，六月，会王人、晋人、宋人、齐人、陈人、蔡人、秦人，盟于翟泉。"解经传文："夏，公会王子虎、晋狐偃、宋公孙固、齐国归父、陈辕涛涂、秦小子慭，盟于翟泉，寻践土之盟，且谋伐郑也。**卿不书，罪之也。在礼，卿不会公侯，会伯子男可也。**"《左传》文公九年《春秋》经文："公子遂会晋人、宋人、卫人、许人，救郑。"解经传文："公子遂会晋赵盾、宋华耦、卫孔达、许大夫救郑，不及楚师。**卿不书，缓也，以惩不恪。**"

在春秋时期的官学（宦学）教育中，《春秋》作为教材的教育功能主要有两个：其一，受教育者用它来学习历史；其二，受教育者用它来学习分辨为政者在德能政绩方面的是与非。所谓"是"，是对有德能者以及合于礼法之事的肯定；所谓"非"，是对无德能者以及"非礼"之事的否定。

这种判定史事是非的特定方式即所谓"春秋书法"，也就是以"书""不书""先书""故书""言""不言""称""不称""书曰"等"微言大义"来体现"君子言"中的褒贬意向，肯定者如："进之""贤之""褒之""喜之""善之""贵之""大之""与之""亲之""闵之"等；否定者如："罪之""非之""甚之""危之""微之""疾之""绝之""过之""卑之""疏之""贱之""不与""不耻""刺""讥""贬""难""嫌"等等。

由于《春秋》经文的各种"书法"和褒贬意向是一套相当复杂、晦涩的表述规则，所以要通过《春秋》三传的解经内容才能实现讲授者与学习者之间比较顺利的沟通。**至于《春秋》为什么要采用这样一套相当复杂、晦涩的表述规则，这是一个极为重要的问题。本书后面具体讨论。此外，通过仔细阅读不难看出，《公羊传》中确实存在许多"非常异义可怪之论"。在此，我们直接面对一个非常重要的问题：是否如孟子、董仲舒等儒家学者所言，孔子曾经"修"过或"作"过《春秋》？如果确有此事，孔子修或作《春秋》在多大程度上改变了"未修"《鲁春秋》的原初文本？**

根据本章讨论，已经可以初步确认《国语》《左传》中教材类短文的性质以及短文中“君子曰”的含义。实际上，在春秋时期“残存”的官学教育中，《诗》《书》《礼》《乐》《易》《春秋》仍然是更加重要的经典教本；教材类短文则属于次一等的教材，属于“理论联系实际”，也就是“摆事实”和“讲道理”的辅助性教材。

第五节　周易《大象》君子言行约束

《周易》由经传两部分构成。经的部分（全文6000余字）：64个卦画及其卦名、卦辞以及386条爻题和爻辞（每卦六爻，乾坤二卦各多出两条爻辞）；卦、爻辞合计450条。传的部分解释《周易》经文（具体包括《彖辞》《象辞》《系辞》《文言》《序卦》等七种十篇，全文不足两万字）。其中，《象辞》分为《大象》（置于卦辞之后）和《小象》（系于爻辞之下）。

《左传》（昭2）记韩宣子聘鲁“观书于大史氏”，见到《易象》与《鲁春秋》后说：“周礼尽在鲁矣，吾乃今知周公之德与周之所以王也。”杜预的注解：“《易象》，上下经之《象》辞。”杜注后文：“《易象》《春秋》，文王、周公之制。”杜预认为韩宣子所见《易象》即今本《周易》中的《象传》（上下经之《象》辞），其撰述者是周文王。孔颖达疏认同杜预的见解：“《易象》，文王所作。”

关于《易象》与《象传》之间的关系以及《象传》（这里主要指《大象》）的作者和成文时间，是一个众说纷纭、很难厘清的经学问题，同时也是一个非常重要的历史学问题。相对来说，杜预注解的上述内容更加合理。

当代学人刘大钧、刘保贞、廖名春等也从不同角度论证了《易传》中《大象》（主要内容）成文在先[1]。刘保贞先生独辟蹊径，依据对《大象》与《礼记·月令》的比较研究，认为《大象》主要内容“是据卦时而治事的《月令》性质的文字”[2]。

《礼记·经解》孔子曰：“入其国，其教可知也。其为人也：温柔敦厚，《诗》教也；疏通知远，《书》教也；广博易良，《乐》教也；洁静精微，《易》教也；恭俭庄敬，《礼》教也；……洁静精微而不贼，则深于《易》者也。”由上文可以了解到，《诗》《书》《乐》《易》《礼》《春秋》都是在孔子之前已经用于官学教育中道德规范的经典文献。在《周易》经文中，其简约记事和吉凶判断无法用于道德规范。在《易传》七种十篇中，具有明确道德规范特征的内容集中体现在《大象》中。

《易传》中约有30处“子曰”（《系辞》24处，《文言》6处）。按照正常的逻辑判断，冠以“子曰”的内容为孔子所言，不冠以“子曰”的内容则不是孔子所言。《象传》无“子曰”，故更有可能是孔子之前早已存在的《易象》。

《大象》在《周易》经文卦辞之后，凡六十四条，每条由两个部分构成。例如，履卦《大象》内容的第一部分是“上天下泽，履”，第二部分是“君子以辩上下，定民志”。第一部分是对具体卦象的说明，第二部分是对“君子”“先王”等政权治理者政教行为、道德修养的指令性约束。

具体说，在六十四条《大象》内容（第二部分）中，其言行约束对象除“君子”（53条）外，还包括“先王”（7条）、“后”（2条）、“上”（1条）、“大人”（1条）。孔疏对这几种约束对象权力地位的注释：先王专指天子，后兼指天子与诸侯，君子泛指“天子诸侯兼公卿大夫有地者”。据此可知，在六十四条《大象》内容（第二部分）中，其约束对象都可以被归入不同等级的政权主持者。

从《大象》内容看，其六十四条指令性约束应与岁时之中一些具体日期相互对应：**具体规定君子在何时应当如何。**比如，在需卦之时“君子以饮食宴乐”；在否卦之时“君子以俭德辟难，不可荣以禄”；在颐卦之时“君子以慎言语，节饮食”；在小过卦之时“君子以行过乎恭，丧过乎哀，用过乎俭”。

可以明显看出，在“饮食宴乐”与“节饮食”和“用过乎俭”等指令性约束之间，存在着不同程度的约束规则。只有在一个完整的岁时序列中，此种有张有弛的行为约束才具有其不相矛盾的内在合理性。

又如，在贲卦之时“君子以明庶政，无敢折狱”；在大有卦之时“君子以遏恶扬善，顺天休命”；在解卦之时“君子以赦过宥罪”；在丰卦之时“君子以折狱致刑”；在旅卦之时“君子以明慎用刑而不留狱”；在中孚卦之时“君子以议狱缓死”。

上文规定了君子在其主政所辖范围内，在不同时日实施刑罚的不同严厉程度，何时“遏恶扬善”“折狱致刑”，何时“无敢折狱”，何时“明慎用刑而不留狱”，何时“赦过宥罪”“议狱缓死”。同理，只有在一个完整的岁时序列及其天象历数阴阳消长中，此种有张有弛的刑罚约束才具有其不相矛盾的内在合理性。《彖传》所谓“损益盈虚，与时偕行”，所谓“与时行也”，所谓“时止则止，时行则行，动静不失其时，其道光明”。

刘保贞先生依据卦时与四时的同步序列，将《大象》（第二部分）与《礼记·月令》同类内容加以比较。例如，在卦时十一月的《大象》内容（“复，先王以至日闭关，商旅不行，后不省方。颐，君子以慎言语，节饮食”）与《月令》的仲冬内容（“君子斋戒，处必掩身。身欲宁，去声色，禁耆欲，安形性，事欲静，以待阴阳之所定”）之间，存在明显的共同之处。[3]

刘保贞先生通过列表形式对二者加以完整比较，他的结论：“二者在内容上有着惊人的相似之处，其不同点仅在于，《大象》说的较笼统、概括，《月令》则详细具体些。”他对《大象》中“君子以……”的说明：“就是君子在某卦所当日期内，应做什么事。”[4]

再举两个《大象》中依据卦时行事的具体例证：在豫卦之时“先王以作乐崇德，殷荐之上帝，以配祖考”；在涣卦之时“先王以享于帝，立庙”。在三代礼制中，祭祀上帝、祖考属于“国之大事”，属于《周礼·大宗伯》所说“岁时之祭祀”，亦即《春秋》三传、《仪礼》、《礼记》等文献中多次提到的“常事”。

“岁时之祭祀”需要在四时十二月中一些固定时段之内举行相关仪式。《周易正义》孔颖达对卦时的注释：“故离、坎、震、兑，各主其一方，其馀六十卦，卦有六爻，爻别主一日，凡主三百六十日。”

大致可以将《大象》六十四条指令性约束内容分为五类。上文提到的“饮食宴乐”“节饮食”和“用过乎俭”等内容属于个人行为约束类；“遏恶扬善”“折狱致刑”“明慎用刑而不留狱”等内容属于刑罚类；“先王以作乐崇德，殷荐之上帝，以配祖考”等内容属于宗教祭祀类。下面是更加重要的两类内容。

一是德能操守、身心修养类：君子以自强不息。君子以厚德载物。君子以经纶。君子以果行育德。君子以作事谋始。君子以懿文德。君子以多识前言往行，以畜其德。君子以独立不惧，遁世无闷。君子以虚受人。君子以立不易方。君子以远小人，不恶而严。君子以非礼弗履。君子以自昭明德。君子以言有物而行有恒。君子以同而异。君子以反身修德。君子以惩忿窒欲。君子以见善则迁，有过则改。君子以顺德，积小以高大。君子以致命遂志。君子以正位凝命。君子以恐惧修省。君子以思不出其位。君子以朋友讲习。君子以慎辨物居方。君子以居贤德善俗。君子以永终知敝。

二是施政、治民、教民类：君子以容民畜众。先王以建万国，亲诸侯。君子以辩上下，定民志。后以财成天地之道，辅相天地之宜，以左右民。君子以类族辨物。君子以裒多益寡，称物平施。君子以振民育德。君子以教思无穷，容保民无疆。先王以省方观民设教。上以厚下安宅。先王以至日闭关，商旅不行，后不省方。先王以茂对时，育万物。君子以常德行，习教事。君子以莅众，用晦而明。君子以治历明时。大人以继明照于四方。后以施命诰四方。君子以除戎器，戒不虞。君子以制数度，议德行。君子以思患而豫防之。君子以申命行事。

首先，这些指令性约束具有令人不容置疑的权威性。其次，其约束对象上至天子、诸侯，下至公卿大夫士，具体包括天子之国及其下属所有诸侯方国每一个政权层级的主政者与辅政者。因此，这些指令性约束具有明确的制度属性，属于极为重要的三代礼制。本书前面提到，孔子言行、著述的自律原则是守旧而非创新，是“克己复礼”（《论语·颜渊》），是“祖述尧舜，宪章文武”（《礼记·中庸》），是“述而不作，信而好古”（《论语·述而》）。他还在《礼记·中庸》中明确提到：“非天子，不议礼，不制度，不考文。……虽有其德，苟无其位，亦不敢作礼乐焉。”因此，孔子不太可能写出这些完全违背其自律原则的指令性约束内容（礼制）。

《左传》《国语》中典型文体短文属于单纯的教材。周易《大象》六十四条（第二部分）内容则具有双重属性：一是教材（“洁静精微，《易》教也”）；二是指令性约束，其约束对象包括天子之国及其下属所有诸侯方国每一个政权层级的主政者与辅政者。在《大象》与《礼记·月令》同类内容之间进行比较研究，是一个有待深入展开的重要课题。

本书上一章和本章讨论的重要收获之一，是对“君子”与“君子之学”两个概念早期含义的初步了解。由此可以找到一个非常重要的认识角度，从这个角度可以更加完整、深入和准确地了解夏商西周以官学作为主要载体的道义原则、政治理念，也可以更好地了解春秋战国时期官学逐渐私学化过程中诸子百家学术思想与前者的继承关系。

---

[1] 刘大钧：《周易概论》，济南：齐鲁书社，1986年版。刘保贞：《〈象传〉性质新探》，《周易研究》1996年第2期。廖名春：《周易经传与易学史新论》，济南：齐鲁书社，2001年版。

[2][3][4] 刘保贞：《〈象传〉性质新探》，《周易研究》1996年第2期。

第七章

神权观念与典型文体

第一节　《尚书·洪范》中的神权观念（上）

《尚书正义》孔安国传对“洪范”二字的注解如下：“洪，大；范，法也；言天地之大法。”《尚书·洪范》的成文背景：武王克商，将取代商天子主持王政。他于此时“访于箕子”，是为请教王政实施的“大法”。箕子是殷商王族后裔，在商代末期因劝谏纣王的无道之举而被囚禁。武王克商后“释箕子囚”（《尚书·武成》《逸周书·克殷》）。《尚书·洪范》是一篇典型的问答体短文，全文由两个部分组成。第一部分交代问答的背景：“惟十有三祀，王（周武王）访于箕子”；第二部分是周武王与箕子之间的一问一答。下面是周武王的问语：“王乃言曰：‘呜呼！箕子。惟天阴骘下民，相协厥居，我不知其彝伦攸叙。’”

箕子的答语可以分为三个部分。第一部分讲述《洪范》的由来（**直接来自夏初大禹的创制**）：“鲧则殛死，禹乃嗣兴，**天乃锡禹《洪范》九畴，彝伦攸叙**。”不难理解，这里所说“天乃锡禹《洪范》九畴”，实际情况是人的创制与推行。以天也就是神的名义推行礼法制度，即《周易·彖传》所谓“**神道设教**”。第二部分讲述《洪范》“九畴”的纲目：“初一曰五行，次二曰敬用五事，次三曰农用八政，次四曰协用五纪，次五曰建用皇极，次六曰乂用三德，次七曰明用稽疑，次八曰念用庶征，次九曰向用五福，威用六极。”第三部分讲述《洪范》九畴的具体内容。**在《洪范》九畴中，箕子系统讲述了夏商以来礼乐制度及其道德和宗教观念的基本内容和实施原则。**

《洪范》第二畴的“敬用五事”和第六畴的“乂用三德”都在强调为政者的德能。前者（敬用五事）侧重讲述为政者的政治能力：“一曰貌，二曰言，三曰视，四曰听，五曰思。貌曰恭，言曰从，视曰明，听曰聪，思曰睿。恭作肃，从作乂，明作哲，聪作谋，睿作圣。”后者（乂用三德）侧重讲述为政者的道德品质：“一曰正直，二曰刚克，三曰柔克。平康正直，强弗友刚克，燮友柔克；沈潜刚克，高明柔克。惟辟作福，惟辟作威，惟辟玉食，臣无有作福作威玉食；臣之有作福、作威、玉食，其害于而家、凶于而国。人用侧颇僻，民用僭忒。”

《尚书·吕刑》五刑有“大辟之罚”。孔安国传：“大辟……死刑也。”《尚书》“辟”字含义之一是刑罚。上文“惟辟”三句的语义是对作福、作威、玉食者的刑罚。《尚书·皋陶谟》的下述内容可以与上文《洪范》“三德”相参照：“宽而栗，柔而立，愿而恭，乱而敬，扰而毅，直而温，简而廉，刚而塞，强而义；彰厥有常，吉哉。日宣三德，夙夜浚明有家；日严祗敬六德，亮采有邦。”**三代官学教育的主要目标，是培养为政者的执政能力，是造就为政者的道德品质。**

下面是第五畴（皇极）的具体内容：“皇建其有极，敛时五福，用敷锡厥庶民。惟时厥庶民于汝极，锡汝保极。凡厥庶民，无有淫朋；人无有比德，惟皇作极。凡厥庶民，有猷有为有守，汝则念之。不协于极，不罹于咎；皇则受之。而康而色，曰：‘予攸好德。’汝则锡之福。时人斯其惟皇之极。无虐茕独；而畏高明。人之有能有为，使羞其行，而邦其昌。凡厥正人，既富方谷；汝弗能使有好于而家，时人斯其辜。于其无好德，汝虽锡之福，其作汝用咎。无偏无陂，遵王之义；无有作好，遵王之道；无有作恶，遵王之路。无偏无党，王道荡荡；无党无偏，王道平平；无反无侧，王道正直。会其有极，归其有极。曰皇极之敷言，是彝是训，于帝其训。凡厥庶民，极之敷言，是训是行，以近天子之光。曰天子作民父母，以为天下王。”

下面简要讨论上文（皇极）内容。“建用皇极”与《尚书·仲虺之诰》所讲“建中”的含义相近：“王懋昭大德，建中于民，以义制事，以礼制心，垂裕后昆。”天子拥有天命的宗教和政治“位置”在天地之中，在神人之间。下面三条引文都在讲述同一个观念。《周礼》：“惟王建国，辨方正位，体国经野，设官分职，以为民极。”《逸周书·武顺》：“危言不干德曰正，正及神人曰极，世世能极曰帝。”《国语·周语上》：“夫王人者，将导利而布之上下者也，使神人百物无不得其极，犹日怵惕，惧怨之来也。”

天子的宗教和政治“位置”使他因此而成为“格于上下”（《尚书·尧典》）、“事神保民”（《国语》周语上）的双重角色。对于“民”，他是神意的代表者和神权制度的推行者。对于“神”，他又是代表“民”的祈命者和祈福者。对于“民”，他是“神主”[1]；对于“神”，他是“民主”[2]。天子的职能是“永底烝民之生”（《尚书·咸有一德》），是“予（天子）迓续乃（民）命于天”（《尚书·盘庚》）。

《尚书·吕刑》：“一人有庆，兆民赖之，其宁惟永。”从方国诸侯到庶民百姓，只有顺从天子的各种政令和要求，天子才能够“有庆”；反过来说，兆民是否得福（神佑），完全取决于天子“一人”是否“有庆”。《尚书·君陈》的下述内容也在讲述这种关系：“尔克敬典在德，时乃罔不变，允升于大猷。惟予一人，膺受多福。其尔之休，终有辞于永世。”**在这种情况下，从方国诸侯到庶民百姓都因此与作为“天命”承受者的“天子”建立了一种非常被动的宗教性依赖关系。这样一套宗教观念为三代王权提供了强有力的宗教依据：天子的政令是神意的转达，天子的征伐是神罚，是“恭行天之罚”（《尚书·甘誓》）。这是夏商西周神权观念（神佑与神罚）的核心内容。**《周易·彖传》所谓“**神道设教**”。

“建用皇极”先讲天子祈福于神和赐福于民的“皇建其有极，敛时五福，用敷锡厥庶民”的“保极”职能，即“惟时厥庶民于汝极，锡汝保极”。然后讲在这个方面对庶民的要求：“凡厥庶民，无有淫朋；人无有比德，惟皇作极”；同时要求天子：“凡厥庶民，有猷有为有守，汝则念之”。当庶民“不协于极”又“不罹于咎”时，天子仍须宽容对待：“皇则受之。而康而色，曰‘予攸好德。’汝则锡之福。”

天子如此行事的效果是：“时人斯其惟皇之极。无虐茕独，而畏高明。人之有能有为，使羞其行，而邦其昌。”接下来强调了天子如果过于宽容，便会使这种“正人”手段失去效果：“凡厥正人，既富方谷；汝弗能使有好于而家，时人斯其辜。于其无好德，汝虽锡之福，其作汝用咎。”下文是对天子之下各级为政者乃至民众提出的要求：“无偏无陂，遵王之义；无有作好，遵王之道；无有作恶，遵王之路。无偏无党，王道荡荡；无党无偏，王道平平；无反无侧，王道正直。会其有极，归其有极。”

上引《洪范》“曰皇极之敷言，是彝是训，于帝其训”一语是对天子提出的要求：要在“皇极”的位置上用帝的训辞去训导民众。下面是对民众提出的要求：“凡厥庶民，极之敷言，是训是行，以近天子之光。”最后讲天子和民众的关系：“曰天子作民父母，以为天下王。”

---

[1] 见《尚书·咸有一德》伊尹对商王太甲的训语：“呜呼！天难谌，命靡常。常厥德，保厥位，厥德匪常，九有以亡。夏王弗克庸德，慢神虐民，皇天弗保，监于万方，启迪有命。眷求一德，俾作神主。惟尹躬暨汤，咸有一德，克享天心，受天明命。以有九有之师，爰革夏正，非天私我有商，惟天佑于一德，非商求于下民，惟民归于一德，德惟一，动罔不吉；德二三，动罔不凶。惟吉凶不僭在人，惟天降灾祥在德。”

[2] 见《尚书·多方》（周公语）：“惟帝降格于夏，有夏诞厥逸，不肯戚言于民；乃大淫昏，不克终日劝于帝之迪：乃尔攸闻。厥图帝之命，不克开于民之丽；乃大降罚，崇乱有夏，因甲于内乱。不克灵承于旅，罔丕惟进之恭，洪舒于民。亦惟有夏之民，叨懫日钦，劓割夏邑。天惟时求民主，乃大降显休命于成汤，刑殄有夏。惟天不畀纯，乃惟以尔多方之义民，不克永于多享。惟夏之恭多士，大不克明保享于民，乃胥惟虐于民；至于百为，大不克开。乃惟成汤，克以尔多方，简代夏作民主。”

第二节 《尚书·洪范》中的神权观念（下）

下面是《洪范》第七畴“明用稽疑”的具体内容：“择建立卜筮人，乃命卜筮，曰雨，曰霁，曰蒙，曰驿，曰克，曰贞，曰悔。凡七，卜五，占用二，衍忒。立时人作卜筮，三人占，则从二人之言。汝则有大疑，谋及乃心，谋及卿士，谋及庶人，谋及卜筮。汝则从、龟从、筮从、卿士从、庶民从，是之谓大同；身其康强，子孙其逢：吉。汝则从、龟从、筮从、卿士逆、庶民逆：吉。卿士从、龟从、筮从、汝则逆、庶民逆：吉。庶民从、龟从、筮从、汝则逆、卿士逆：吉。汝则从、龟从、筮逆、卿士逆、庶民逆：作内，吉；作外，凶。龟筮共违于人：用静，吉；用作，凶。”

上文“明用稽疑”前一部分讲占卜，后一部分讲决疑。当“汝则有大疑”又必须作出决策时，需要一个谋划、商议和类似投票表决的过程。在对一项经过谋划的方案进行“表决”时，表决的票数共有五张。其中人有三票：王一票、卿士一票、庶人一票；神有两票：龟一票、筮一票。上文讲了六种“表决”结果以及依据六种结果的决策制度。在属于人的三票之间无轻重之分。只要有人的一票加神的两票赞成，便可以通过决议（吉）。王的一票加上神的一票可以决定王自己的“内”事，卿士和庶民的两票加上神的一票可以否决“外”事的方案（凶）。神的两票明显重于人的三票，这两票可以支持人的一票通过决议（吉），也可以反对人的三票否定被表决的任何方案（凶）。神的两票也有一个选择环节：“三人占，则从二人之言。”

下面是《洪范》第八畴“念用庶征”的具体内容：“庶征：曰雨，曰阳，曰燠，曰寒，曰风。曰时五者来备，各以其叙，庶草蕃庑。一极备，凶；一极无，凶。曰休征：曰肃，时雨若；曰乂，时阳若；曰哲，时燠若；曰谋，时寒若；曰圣，时风若。曰咎征：曰狂，恒雨若；曰僭，恒阳若；曰豫，恒燠若；曰急，恒寒若；曰蒙，恒风若。曰王省惟岁，卿士惟月，师尹惟日。岁月日时无易，百谷用成，乂用明，俊民用章，家用平康。日月岁时既易，百谷用不成，乂用昏不明，俊民用微，家用不宁。庶民惟星，星有好风，星有好雨。日月之行，则有冬有夏；月之从星，则以风雨。”

上文“念用庶征”主要讲四个内容，即庶征、休征、咎征和四时王政。庶征讲雨、阳、燠、寒、风这五种气候与四时的关系。若是五种气候在四时之间“各以其叙”，便是“庶草蕃庑”的“休征”；否则便是“凶”，便是“咎征”。导致“休征”和“咎征”的直接原因，完全取决于各层级为政者对一整套岁时政令、德能准则的遵从情况。

上文“曰王省惟岁，卿士惟月，师尹惟日”是在讲述天子四时布政的制度。这里的“卿士”“师尹”都是天子属官。天子的布政周期是夏正四时也就是“岁”，“卿士”协助天子以王命布政的周期（同时也是其权力的等级和权限的范围）是“月”，“师尹”的周期是“日”。

在三代礼乐制度中，天子布政、诸侯服听的祭事、政事、农事等“岁事”是三代王政中的“常事”。相关制度较完整保留在《礼记·月令》中。《月令》依据夏正四时十二月的不同时序，规定天子诸侯等各级为政者应当如何以及不应当如何，是对他们的指令性约束。例如在仲春之月的必行之事包括：“安萌芽，养幼少，存诸孤。择元日，命民社。命有司省囹圄，去桎梏，毋肆掠，止狱讼。……以大牢祠于高禖。天子亲往，后妃帅九嫔御”等等。不可行之事包括：“毋作大事，以妨农之事。……毋竭川泽，毋漉陂池，毋焚山林”等等。此外，各级为政者还必须令人敲着木铎向所有百姓发出威慑性的号令（“奋木铎以令兆民曰”）：“雷将发声，有不戒其容止者，生子不备，必有凶灾。”

在《礼记·月令》十二个月的结束部分，各有一段针对违背《月令》者的威慑性内容。例如在仲春之月的威慑性内容：“仲春行秋令，则其国大水，寒气总至，寇戎来征。行冬令，则阳气不胜，麦乃不熟，民多相掠。行夏令，则国乃大旱，暖气早来，虫螟为害。”这十二段内容都是在强调四时之令（时令、月令）的不可错乱，否则必有灾祸发生。这部分内容是我们认识《洪范》庶征相关内容的重要依据。

《洪范》“岁月日时无易”是在强调夏正四时十二月“岁事”制度的不可改变，只有这样才能实现王政和诸侯国政的良性运转：“百谷用成，乂用明，俊民用章，家用平康。”如果“日月岁时既易”（时令、月令的具体实施发生错乱），便会导致政事全面紊乱的恶性结果：“百谷用不成，乂用昏不明，俊民用微，家用不宁。”由于夏正四时十二月是天子四时布政和庶民四时服听的重要节律，这里所讲“无易”和“既易”所导致的两种结果并不夸张。

此种夏正四时十二月天子布政制度的创立与推行，可以直接追溯到尧舜时期的“敬授人时”。《尚书·尧典》：“帝尧……乃命羲、和：钦若昊天，历象日月星辰，敬授人时。……期三百有六旬有六日，以闰月定四时成岁。”《尚书·尧典》提到此种制度的推行效果：“允厘百工，庶绩咸熙。”《尚书·舜典》提到帝舜对周王室祖先（弃）的职官任命：“弃！黎民阻饥。汝后稷，播时百谷。”由《礼记·月令》可知，“播时百谷”的农事政令是此种制度的主要内容之一。

表7.1 《洪范》五事与休咎

五事			遵从	休征	不遵从	咎征
一曰貌	貌曰恭	恭作肃	曰肃	时雨若	曰狂	恒雨若
二曰言	言曰从	从作乂	曰乂	时阳若	曰僭	恒阳若
三曰视	视曰明	明作哲	曰哲	时燠若	曰豫	恒燠若
四曰听	听曰聪	聪作谋	曰谋	时寒若	曰急	恒寒若
五曰思	思曰睿	睿作圣	曰圣	时风若	曰蒙	恒风若

《洪范》“庶征”中的“休征”是“上天降休”（《逸周书·克殷》），“咎征”是“天降之咎”（《尚书·大禹谟》）。“天”是帝和神的代称，因而天降休咎实际上便是神对人的庇护和惩罚。《尚书·汤诰》：“凡我造邦，无从匪彝，无即慆淫。各守尔典，以承天休。”由此可以明显看出，“上天降休”是有条件的：只有“各守尔典”，才能“以承天休”。

下面是《洪范》第九畴的内容——“五福：一曰寿，二曰富，三曰康宁，四曰攸好德，五曰考终命。六极：一曰凶短折，二曰疾，三曰忧，四曰贫，五曰恶，六曰弱。”

上文“向（飨）用五福”是天（神）对人的庇护，“威用六极”是天（神）对人的惩罚。这种神权观念就是《尚书·汤诰》所说的“天道福善祸淫”。这种观念是神权制度中天子用以“正人”的一种重要手段，也就是《尚书·大禹谟》所说的“戒之用休，董之用威”。《尚书·周官》“作德心逸日休，作伪心劳日拙”中的“日休”“日拙”讲的也是人的行为与神降休咎间的因果关系。《逸周书·武穆》：“敬惟三事，永有休哉。三事：一倡德，二和乱，三终齐。”上文“永有休哉”的前提条件是“敬惟三事”，是倡德、和乱、终齐。

第三节 《逸周书·命训》中的神权观念

《逸周书》的前三篇是《度训》《命训》《常训》。据《周书序》讲，这三篇均作于周文王时。三篇的主旨都是讲天子借助神权度民、正人的手段和道理。三篇内容多有重复之处，但侧重有所不同。《度训》侧重讲“凡民生而有好有恶”的道理和“明王是以极等以断好恶”的治理；《命训》侧重讲“正之以祸福”的具体手段；《常训》也讲“好恶”和“正人”，但侧重强调了礼乐文化观念中“政维今，法维古”的尚古、尚常的原则。在本书的认识角度上，《命训》篇更加重要。原因是《命训》与《洪范》“九畴”中的“皇极”有直接关系，二者讲述同一个内容，“皇极”比较简要，《命训》更加具体。

《度训》开篇的内容是：“天生民而制其度，度小大以正，权轻重以极，明本末以立中，立中以补损，补损以知足，爵以明等极，极以正民，正中外以成命，正上下以顺政。自迩弥兴自远，远迩备极终也。”这里的“中”是天命观中天子的“位置”，故“极以正民，正中外以成命，正上下以顺政”是天子以天（也就是神）的名义行使王权的重要职能，下引《命训》“立明王以顺之”即指此。具体说，“极以正民”便是《洪范》“皇极”中的“正人”。

《命训》开篇的内容是：“天生民而成大命，命司德，正之以祸福，立明王以顺之，曰：大命有常，小命日成，成则敬，有常则广，广以敬命，则度至于极。”上文中“正”和“度”的含义相近，指“明王”以神的名义对民众的规范和引导。“极以正民”的结果是“度至于极”。“极以正民”的手段是“命司德，正之以祸福”。

在“天地神民”之间的“要质”关系被确立以后，神对民的庇护和惩罚便成为天子以神的名义行使王权的重要依据。**天命是一个复杂概念，大致包含如下基本**

内容：(1) 一整套以天和神的名义推行的王政法则和道德伦理原则；(2) “天地神民”之间的“要质”关系以及这种关系中神佑与神罚的观念；(3) 天子在“天地神民”之间中介者的“位置”；(4) 天子在这个位置上“事神保民”以及“取法于天”[1]和“取材于地”[2]的职能。

下面是《命训》中“命司德，正之以祸福”的具体内容：“夫司德司义而赐之福禄，福禄在人，能无惩乎？若惩而悔过，则度至于极。夫或司不义而降之祸，在人，能无惩乎？若惩而悔过，则度至于极。夫民生而丑不明，无以明之，能无丑乎？若有丑而竞行不丑，则度至于极。夫民生而乐生，无以谷之，能无劝乎？若劝之以忠，则度至于极。夫民生而恶死，无以畏之，能无恐乎？若恐而承教，则度至于极。”

这里的“赐之福禄”即《洪范》“皇极”所述天子“保极”职能中的“锡之福”。“赐之福禄”和“降之祸”有两层含义，一是天赐，也就是《尚书·汤诰》所说的“天道福善祸淫”和《左传》（成5）所说的“神福仁而祸淫”；二是人赐，也就是上文“立明王以顺之”的天子职能。“福禄在人”指人的行为决定自己的能否得福，只有“德”“善”“义”“仁”的行为才能得到“天道”的“福善”，也就是“司德司义而赐之福禄”。“夫或司不义而降之祸”一语后面的“在人”指人的行为决定自己的是否有祸，也就是“司不义而降之祸”。《尚书·咸有一德》“惟吉凶不僭在人，惟天降灾祥在德”以及《左传》“善败由己”（僖20）、“吉凶由人”（僖16）、“恶之来也，己则取之”（宣13）等，都在讲述同一个道理。

《逸周书·命训》：“六极既通，六闲具塞，通道通天以正人，正人莫如有极，道天莫如无极。道天有极则不威，不威则不昭，正人无极则不信，不信则不行。明王昭天信人以度功，地以利之，使信人畏天，则度至于极。”这种“正人”手段针对民“性”中的“好恶”，即上面《命训》引文中的“乐生”和“恶死”。这种手段的意图是“劝之以忠”，目的是要违背天命者“惩而悔过”和“恐而承教”。天子的职能是“昭天信人以度功”。“昭天”用“威”，“不威则不昭”；用“威”要有“信”，“不信则不行”。《尚书·胤征》中的“威克厥爱允济，爱克厥威允罔功”一语讲的是同一个道理。这样做的目的是使民众“信人畏天”，这样“度小大以正”的结果是“度至于极”。

《逸周书·命训》：“夫天道三，人道三，天有命有祸有福，人有丑有绋絻有斧钺，以人之丑当天之命，以绋絻当天之福，以斧钺当天之祸。六方三述，其极一也，不知则不行。”这里讲了两种神对民的庇护和惩罚，第一种是直接的，第二种是间接的。《常训》下述内容可与上文相参照：“六极：命、丑、福、赏、祸、罚。”在“六极”中，“命”与“丑”相对应：“以人之丑当天之命”；“福”与“赏”相对应：“以绋絻当天之福”；“祸”与“罚”相对应：“以斧钺当天之祸”。“天之福”是直接的神佑，“绋絻”是间接的神佑，是天子的代天行赏；“天之祸”是直接的神罚，“斧钺”是间接的神罚，是天子的代天行罚，同时也是天子“昭天”用“威”的手段。祸福赏罚的基本依据来自天，也就是神，所以这种“正人”手段也被说成是“通道通天以正人”。所谓“通天”，就是通五帝、通百神。

《逸周书·命训》：“极命则民堕，民堕则旷命，旷命以诫其上，则殆于乱；极福则民禄，民禄则干善，干善则不行；极祸则民鬼，民鬼则淫祭，淫祭则罢家；极丑则民叛，民叛则伤人，伤人则不义；极赏则民贾其上，贾其上则民无让，无让则不顺；极罚则民多诈，多诈则不忠，不忠则无报。凡此六者，政之殆也。”上文讲“六极”之间的平衡关系，即《常训》所谓“六极不嬴”，也就是过犹不及的道理。

《逸周书·命训》：“明王是故昭命以命之，曰：大命世，小命身。福莫大于行义，祸莫大于淫祭，丑莫大于伤人，赏莫大于信义，让莫大于贾上，罚莫大于贪诈。古之明王，奉此六者，以牧万民，民用而不失。”上文“大命世”和“小命身”是不同严厉程度的两种惩罚。“行义”“信义”“淫祭”“伤人”“贾上”“贪诈”是六种主要的祸福赏罚对象。这里强调了“六极”是天子“牧万民”的重要和有效的手段。《尚书·吕刑》中的下述内容与此有直接关系：“永畏惟罚；非天不中，惟人在命。天罚不极，庶民罔有令政在于天下。”前面提到，在《礼记·月令》十二个月的结束部分，各有一段针对违背《月令》者的威慑性内容。这些内容都属于迫使诸侯及其属官乃至庶民“永畏惟罚”的威慑性“正人”手段。

《命训》后面的内容（略）可以分为三个段落。第一段讲“抚之以惠”等十二种“牧万民”的方法，第二段和第三段是对这些方法的补充说明。

《度训》《命训》《常训》的共有内容之一是民“性”中的好恶以及“明王是以极等以断好恶”的“正人”。《度训》：“凡民生而有好有恶，小得其所好则喜，大得其所好则乐，小遭其所恶则忧，大遭其所恶则哀。凡民之所好恶，生物是好，死物是恶。民至有好而不让，不从其所好，必犯法无以事上；民至有恶而不让，不去其所恶，必犯法无以事上。”《常训》：“好恶有四征，喜乐忧哀。”《命训》：“夫民生而乐生，无以谷之，能无劝乎？若劝之以忠，则度至于极。夫民生而恶死，无以畏之，能无恐乎？若恐而承教，则度至于极。”《逸周书》第四篇《文酌》中也有相关内容：“民生而有欲有恶，有乐有哀，有德有则。”《洪范》中的相关内容是：“无有作好，遵王之道；无有作恶，遵王之路。”

以礼治欲的内容是先秦文献中非常多见的一个重要主题。比如，《左传》（昭25）将人的好恶称为“六志”，《礼记·礼运》中将人的好恶称为“人情”。1993年出土于湖北荆门的郭店楚简有《性自命出》一篇[3]，专门谈“好恶，性也”的相关问题，可与《逸周书》相参照，如：“喜怒哀悲之气，性也。及其见于外，则物取之也。性自命出，命自天降。”这段话中的观念与《逸周书》中《度训》《命训》《常训》等篇的一些内容有一定的渊源关系。郭店楚简的《语丛》（二）也有一些相关内容[4]。

《尚书·仲虺之诰》：“惟天生民有欲，无主乃乱。”《左传》（襄14）：“天生民而立之君，使司牧之，勿使失性。”《国语·晋语一》：“吾闻君之好好而恶恶，乐乐而安安，是以能有常。”同类内容还见于《管子·侈靡》《管子·形势》《管子·明法》

《吕氏春秋·正名》《吕氏春秋·论威》等。这种观念产生很早，在战国诸子著述中的相关议论也比较多见。

---

[1][2] 见《礼记·郊特牲》：社祭土而主阴气也。君南乡于北墉下，答阴之义也。日用甲，用日之始也。天子大社必受霜露风雨，以达天地之气也。是故丧国之社屋之，不受天阳也。薄社北牖，使阴明也。社所以神地之道也。地载万物，天垂象。取财于地，取法于天，是以尊天而亲地也，故教民美报焉。家主中溜而国主社，示本也。唯为社事，单（毕）出里。唯为社田，国人毕作。唯社，丘乘共粢盛，所以报本反始也。季春出火，为焚也。然后简其车赋，而历其卒伍，而君亲誓社，以习军旅。左之右之，坐之起之，以观其习变也；而流示之禽，而盐诸利，以观其不犯命也。求服其志，不贪其得，故以战则克，以祭则受福。

[3] [4] 荆门市博物馆编：《郭店楚墓竹简》，北京：文物出版社，1998年版。

第四节　教材类短文祸福因果

《左传》（成13）："刘子曰：吾闻之，民受天地之中以生，所谓命也。是以有动作礼义威仪之则，以定命也。能者养之以福，不能者败以取祸。是故君子勤礼，小人尽力。勤礼莫如致敬，尽力莫如敦笃。敬在养神，笃在守业。国之大事，在祀与戎，祀有执膰，戎有受脤，神之大节也。今成子惰，弃其命矣，其不反乎？"这是一篇训语体短文的言论部分，"其不反乎"是训语判断。这段话较完整地讲述了礼乐观念中人与神的关系以及神佑与神罚的观念。上文中"国之大事，在祀与戎"一语，在以往被学者引用的频率极高，但很少有人注意刘子这一席话中完整表述的神权观念。本章前面已对这种观念的作用和由来作了较充分的说明，这种观念为深入了解训语体和赞语体等教材类短文的礼乐观念和宗教背景提供了重要认识线索。

简单说，贯穿三代（夏商西周）的礼乐制度是一种典型的"神权制度"，这种制度的实施条件之一，是统治者对神与人之间"要质"关系的确立，以及在此基础上对神权观念的强化和借助。首先，以一整套宗教观念来确立和强化神对天地万物乃至每一个人生死祸福的主宰权和主宰力。其次，以神佑和神罚的观念来推行和维系一整套伦理原则和典章制度。第三，在宗教观念中确立和强化王者在天地之间、人神之间唯一中介者的地位。在这个意义上，王者是"元后"，是"天子"，是"予一人"。

上引刘康公训语中的"民受天地之中以生，所谓命也"，指的便是神对人的生死祸福（命）的主宰权。而主宰也就是"定命"的方式，则要看人们对"动作礼义威仪之则"的遵从情况。"能者"，也就是遵从者，便可以因此而得福；"不能者"则将因此而"取祸"。上文"天地之中"正是"天子"的位置。由于人们的生死祸福完全

取决于居于天上的“帝”和诸神对人们“能”与“不能”的行为所作出的反应，于是“格于上下”的“天子”便因此而成为一个“事神保民”的双重角色。

商、周的两次“革命”，也都是以天、帝和神的名义进行的。在这个过程中，虽然承受“天命”的王族通过两次“革命”发生改换，但“天命”本身连带“天命”所维系的一整套伦理原则和典章制度却并没有因此而受到严重破坏。由于这个原因，**三代礼制具有一脉相承的延续关系。作为“国之神位”的社稷、宗庙，一直是三代王朝政权结构的基本框架；诸侯会于王所的周期性祭神纳贡的职责制度，一直是三代王朝政权运转的基本形态；天子对诸侯的册命权和对天地百神的主祭权，一直是三代王权的基本依据。因此，这样一套神佑与神罚的神权观念在三代王朝（夏商西周）一直是居于主导地位的宗教观念。在春秋时期的教材类短文中，此种观念仍多有保留。**

《尚书·咸有一德》：“非天私我有商，**惟天佑于一德**，非商求于下民，惟民归于一德，**德惟一，动罔不吉；德二三，动罔不凶。惟吉凶不僭在人，惟天降灾祥在德。**”在《尚书》的典、谟、训、诰、誓、命等不同体式的篇章中，以上述类型神权观念为主题的阐述可谓连篇累牍。例如《尚书·汤诰》：“**天道福善祸淫。**”《尚书·高宗肜日》：“**惟天监下民，典厥义。降年有永有不永，非天夭民，民中绝命。**”《尚书·吕刑》：“**永畏惟罚，非天不中，惟人在命。天罚不极，庶民罔有令政在于天下。**”《逸周书·命训》：“**天生民而成大命，命司德，正之以祸福。立明王以顺之，曰大命有常，小命日成。**”《国语·周语·单子知陈必亡》引“先王之令”：“**天道赏善而罚淫。**故凡我造国，无从非彝，无即慆淫，各守尔典，以承天休。”《国语·晋语》：“**天道无亲，唯德是授。**”

上文中的天意就是神意，因而“天道赏善而罚淫”的含义与“神福仁而祸淫”（《左传》成5）完全相同。在这种特定宗教观念中，神对人的行为所作出的反应（“福仁而祸淫”）稳定不变，所以人的祸福是休咎自取，这也就是《左传》所讲“吉凶由人”（僖16）和“善败由己”（僖20）的道理。

所谓**“取法于天”**，就是**取法于神。**《左传》（昭7）中**“下所以事上，上所以共神也”**是对这种制度的准确表述。**在礼乐制度及其一整套特定的宗教观念确立之后，神佑神罚的神权观念便成为这种制度稳定存在和三代政权稳定运转的基本保障。三代统治者中的精英们对此非常清楚。基于这种对神权制度中“迷信”功能的理性认识，神佑神罚的礼乐观念一直是三代统治者主流意识形态中被反复强调的基本内容，“通道通天以正人”（《逸周书·命训》）一直是三代统治者维系政权运转的基本手段。正是由于上述原因，同类主旨的礼乐观念在《尚书》《逸周书》中被不厌其烦地反复强调。在《国语》和《左传》中，与此相关的内容也占了很大的篇幅。**

下面是《左传》中一些与此相关的简短言论：“多行不义，必自毙，……不义，不昵，厚将崩”（隐1）；“去顺效逆，所以速祸也”（隐3）；“女有家，男有室，无相渎也，谓之有礼。易此必败”（桓18）；“君使民慢，乱将作矣”（庄8）；“妖由人兴也。人无衅焉，妖不自作。人弃常，则妖兴，故有妖”（庄14）；“臣无二心，天之制也”（庄14）；“哀乐失时，殃咎必至。……奸王之位，祸孰大焉？临祸忘忧，忧必及之”（庄20）；“无德而禄，殃也。殃将至矣”（闵2）；“弃德不祥”（僖3）；“失亲，患必至”（僖5）；“行道有福”（僖13）；“盍姑内省德乎？无阙而后动”（僖19）；“违天必有大咎”（僖23）；“弃德崇奸，祸之大者也”（僖24）；“服之不衷，身之灾也”（僖24）；“违天不祥”（僖33）；“其敢干大礼以自取戾”（文4）；“辞顺而弗从，不祥”（文14）；“失礼违命，宜其为禽也”（宣2）；“贪色为淫，淫为大罚”（成2）；“君命无贰，失信不立。礼无加货，事无二成”（成8）；“仁以接事，信以守之，忠以成之，敏以行之。事虽大，必济”（成9）；“忠为令德，非其人犹不可，况不令乎”（成10）；“能与忠良，吉孰大焉”（成17）；“共而从君，神之所福也”（成18）；“废常不祥”（襄19）；“犯顺不祥”（襄25）；“有礼无败”（襄26）；“无威则骄，骄则乱生，乱生必灭，所以亡也”（襄27）；“善之代不善，天命也”（襄29）；“伯有汰侈，故不免”（襄30）；“礼，国之干也。杀有礼，祸莫大焉”（襄30）；“违义，祸也”（昭3）；“国家之败，失之道也，则祸乱兴”（昭5）；“君子之言，信而有征，故怨远于其身；小人之言，僭而无征，故怨咎及之”（昭8）；“盛德必百世祀”（昭8）；“贾怠无卒，弃旧不祥”（昭15）；“敝邑失政，天降之灾”（昭18）；“无礼必亡”（昭25）；“毋速天罚”（昭26）；“九德不愆，作事无悔，故袭天禄，子孙赖之”（昭28）；“夫不令之臣，天下之所恶也”（定10）；“违天而长寇雠，后虽悔之，不可食已”（哀1）。

下面是《国语》中一些与此相关的简短言论：“且无故而料民，天之所恶也，害于政而妨于后嗣”（周语上）；“国之将兴，其君齐明、衷正、精洁、惠和，其德足以昭其馨香，其惠足以同其民人。神飨而民听，民神无怨，故明神降之，观其政德而均布福焉。国之将亡，其君贪冒、辟邪、淫佚、荒怠、粗秽、暴虐；其政腥臊，馨香不登；其刑矫诬，百姓携贰。明神不蠲而民有远志，民神怨痛，无所依怀，故神亦往焉，观其苛慝而降之祸”（周语上）；“道而得神，是谓逢福；淫而得神，是谓贪祸。……虢必亡矣，不禋于神而求福焉，神必祸之；不亲于民而求用焉，人必违之。精意以享，禋也；慈保庶民，亲也。今虢公动匮百姓以逞其违，离民怒神而求利焉，不亦难乎”（周语上）；“以乱得聚者，非谋不卒时，非人不免难，非礼不终年，非义不尽齿，非德不及世，非天不离数。今不据其安，不可谓能谋；行之以齿牙，不可谓得人，废国而向己，不可谓礼；不度而迁求，不可谓义，以宠贾怨，不可谓德；少族而多敌，不可谓天。德义不行，礼义不则，弃人失谋，天亦不赞”（晋语一）；“夫国非忠不立，非信不固”（晋语二）；“天祚有德”（晋语四）、“失常不立”（晋语四）；“亲有天，用前训，礼兄弟，资穷困，天所福也”（晋语四）；“夫敬，德之恪也。恪于德以临事，其何不济”（晋语五）；“今宋人弑其君，是反天地而逆民则也，天必诛焉。晋为盟主，而不修天罚，将惧及焉”（晋语五）；“厉公之所以死者，唯无德而功烈多，服者众也”（晋语六）；“吾闻之，‘天道无亲，唯德是授。’……夫德，福之基也，无德而福隆，犹无基而厚墉也，其坏也无日矣”（晋语六）；“楚其亡乎！不然，令尹其不免乎。吾见令尹，令尹问蓄聚积实，如饿豺狼焉，殆必亡者也”（楚语下）。

下面是《左传》中一些较简短的赞语内容（20条）。

(1) 君子曰：“颍考叔，纯孝也，爱其母，施及庄公。《诗》曰：‘孝子不匮，永锡

尔类'，其是之谓乎！"（隐1）

(2) 君子曰："宋宣公可谓知人矣。立穆公，其子飨之，命以义夫！《商颂》曰：'殷受命咸宜，百禄是荷'，其是之谓乎！"（隐3）

(3) 宋其兴乎！禹、汤罪己，其兴也悖焉；桀、纣罪人，其亡也忽焉。且列国有凶，称孤，礼也。言惧而名礼，其庶乎！……是宜为君，有恤民之心。（庄11）

(4) 秦师又至，将必辟之。惧而增德，不可当也。《诗》曰："毋念尔祖，聿修厥德。"孟明念之矣。念德不怠，其可敌乎？（文2）

(5) 栾伯善哉！实其言，必长晋国。（宣12）

(6) 《周书》所谓"庸庸祗祗"者，谓此物也夫。士伯庸中行伯，君信之，亦庸士伯，此之谓明德矣。文王所以造周，不是过也。故《诗》曰："陈锡哉周"，能施也。率是道也，其何不济？（宣15）

(7) 卫君其必归乎！有大叔仪以守，有母弟鱄以出。或抚其内，或营其外，能无归乎！（襄14）

(8) 子产其将知政矣。让不失礼。（襄26）

(9) 郑七穆，罕氏其后亡者也，子展俭而壹。（襄26）

(10) 韩氏其昌阜于晋乎！辞不失旧。（襄26）

(11) 薳氏之有后于楚国也，宜哉！承君命，不忘敏。子荡将知政矣。敏以事君，必能养民，政其焉往？（襄27）

(12) 郑之罕，宋之乐，其后亡者也，二者其皆得国乎！民之归也。施而不德，乐氏加焉，其以宋升降乎！（襄29）

(13) 卫多君子，未有患也。（襄29）

(14) 晋未可偷也。有赵孟以为大夫，有伯瑕以为佐，有史赵、师旷而咨度焉，有叔向、女齐以师保其君。其朝多君子，其庸可偷乎？勉事之而后可。（襄30）

(15) 郑有礼，其数世之福也，其无大国之讨乎！《诗》云："谁能执热，逝不以濯？"礼之于政，如热之有濯也。濯以救热，何患之有？（襄31）

(16) 秦公子必归。臣闻君子能知其过，必有令图。令图，天所赞也。（昭1）

(17) 仲尼闻魏子之举也，以为义，曰："近不失亲，远不失举，可谓义矣。"又闻其命贾辛也，以为忠："《诗》曰：'永言配命，自求多福，'忠也。魏子之举也义，其命也忠，其长有后于晋国乎！"（昭28）

(18) 君子曰："管氏之世祀也宜哉！让不忘其上。《诗》曰：'恺悌君子，神所劳矣。'"（僖12）

(19) 不有君子，其能国乎？国无陋矣。（文12）

(20) 君子曰："善戒。《诗》曰：'慎尔侯度，用戒不虞'，郑子张其有焉。"（襄22）

在《左传》讥语体和赞语体短文中，除"君子曰"外，有九十多位历史人物采用过这种高度程序化的议论方式，其中包括许多春秋时期的著名人物，如鲍叔牙、宫之奇、刘康公、季文子、昭子、范文子、孟献子、叔向、晏婴、子产、季札、师旷、申无宇、孔子、臧武仲、伍员、子贡、子西等等。

《国语》和《左传》中讥语判断和赞语判断的首要依据是神的好恶以及神佑与神罚的观念。在夏商周三代王朝的此种特定宗教观念（礼乐观念）中，天、帝与祖考神的主要职能是维系礼乐制度及其道德原则。对于当时（夏商西周和春秋时期）的为政者（天子、诸侯、公卿士大夫）来说，神罚观念具有很高效力的约束功能：违神则有祸，大违大罚、小违小罚。此即《逸周书·命训》所说"大命世，小命身"。为政者博取神佑和逃避神罚的唯一途径，是谨小慎微地遵从礼乐制度及其道德原则。此即《左传》所谓"吉凶由人"（僖16），"善败由己"（僖20）的道理。

讥语体和赞语体短文主要用于官学教本，讥语对象主要是为政者（从士大夫到诸侯乃至天子），被讥者的行为主要是失德、失礼、失敬、失政等等。**讥语判断是对违背神意者将要遭到神罚厄运的判断。**例如《左传》中的"五父必不免"（隐7）、

"虢必亡矣"（庄32）、"二君（齐侯、卫侯）者必不免"（襄21）、"赵孟将死矣"（襄31）等等。详见本章附录：《左传》中一些较简短的讥语内容（140条）。又如《国语》中的"王室其将卑乎"（周语上）、"陈侯不有大咎，国必亡"（周语中）、"晋将有乱，其君与三郤其当之乎"（周语下）、"（赵文子）非死逮之，必有大咎"（晋语八）等等。赞语体短文的情况则刚好相反：**赞语对象主要是为政者的遵从礼法、有德有能。赞语判断，是对遵从天道（神道）者将要得到神佑好运的判断**。例如，上引《左传》中一些较简短的赞语内容（20条）均与此有关。

从上述情况看，讥语文体和赞语文体在一定程度上具有类似占卜的性质。

第五节　甲骨卜辞与教材类短文（上）

在殷墟甲骨刻辞中，“一条完整的卜辞是由四个部分组成，即叙辞、命辞、占辞、验辞[1]。”叙辞记叙占卜的时间，地点和贞人，命辞（贞辞）记叙占卜所要问的内容，占辞记叙商王看过兆纹后所作出的判断，验辞是对占辞应验情况的补记。真正完整的卜辞并不多见，大多是由四个部分中的一到三个部分组成。[2]

前面谈到，《国语》《左传》中的讥语体A类短文一般是由两到三个部分组成：一是讥语的原因（讥语对象），二是讥语判断（对当事人败德劣政的灾祸预言）及其说明，三是讥语判断应验情况（验辞）。**不难看出，在讥语体A类短文的文体与甲骨卜辞的“辞格”之间，存在明显的共同之处。前者（讥语体A类短文）第一部分也就是“讥语的原因”可以对应于后者（甲骨卜辞）的命辞和兆纹部分。前者的讥语部分对应于后者的占辞部分，因而讥语判断也可以被称为“讥语占辞”。二者的最后一个部分都可以被称为“验辞”。**

前面还谈到，比较典型的赞语体A类短文也是由三个部分构成：一是赞语的原因（赞语对象），二是赞语判断（对当事人善德善政作出将有善报的预言）及其说明，三是赞语判断的应验情况（验辞）。**讥语对象是神意所憎恶的人和事，赞语对象则刚好相反。讥语判断和赞语判断的情况也是相反的，前者（讥语判断）是对神罚的判断，后者（赞语判断）是对神佑的判断。**《国语》中的赞语判断如：“其君（晋侯）必霸”（周语上）、“（晋周）将得晋国”（周语下）、“今周其兴乎”（周语下）等。又如《左传》中的赞语判断：“臧孙达其有后于鲁乎”（桓2）、“宋其兴乎”（庄11）、“韩氏其昌阜于晋乎”（襄26）等。

讥语和赞语的验辞也刚好相反，前者是祸（神罚的结果），后者是福（神佑的

结果）。赞语判断可以被说成是“顺道鬼神所欲之事”，讥语判断则可以被说成是“顺道鬼神所恶之事”，合起来说便是“顺道具欲恶”。由此便可以更加准确地理解前引《国语·楚语·王孙圉论楚宝》中的最后一段话：“（左史倚相）又能上下说（悦）于鬼神，顺道其欲恶，使神无有怨痛于楚国。”

在前面讨论过的《洪范》“九畴”中，第二“敬用五事”和第六“乂用三德”都是对为政者提出的一些行事做人的准则。第五“建用皇极”主要讲述神权与王权的关系以及天子在政权和宗教方面的职能。第八“念用庶征”是神降休咎的几种气候情况，如果为政者能够“敬用五事”，便可以得到五种风调雨顺的“休征”，否则便会得到五种风雨不时、寒暑失调的“咎征”。第九“向（飨）用五福”是指五种神佑的福事（寿、福、康宁、攸好德、考终命），“威用六极”是指六种神罚的祸事（凶短折、疾、忧、贫、恶、弱）。在《左传》和《国语》中，讥语判断和赞语判断中的祸福大体不出“五福”“六极”的范围。

由上述讨论可知，讥语体和赞语体具有同源关系，或者说其功用相同：二者都是神意的体现，其休（神的庇护）咎（神的惩罚）则是神意好恶的相反结果。因此，也可以将二者合称为**讥赞体短文。这种短文的产生应与甲骨卜辞有直接关系。从《洪范》中所提供的认识线索来看，讥赞体短文的产生应不晚于商代。在讥赞体短文与甲骨卜辞之间，应有一个较长的并存时期。在《国语》《左传》预测休咎的教材类短文中，还包括一些与卜筮相关的短文**。下面列举两个例证。

◎**例证**1《左传》（僖15）《秦伯卜伐晋》[讥语体A-验在后文]【讥语原因】晋侯之入也，秦穆姬属贾君焉，且曰：“尽纳群公子。”晋侯烝于贾君，又不纳群公子，是以穆姬怨之。晋侯许赂中大夫，既而皆背之。赂秦伯以河外列城五，东尽虢略，南及华山，内及解梁城，既而不与。晋饥，秦输之粟；秦饥，晋闭之籴，故秦伯伐晋。【讥语判断及其说明】卜徒父筮之：“吉，涉河，侯车败。”诘之。对曰：“**乃大吉也。三败，必获晋君**。其卦遇蛊，曰：‘千乘三去，三去之余，获其雄狐。’夫狐蛊，必其君也。蛊之贞，风也；其悔，山也。岁云秋矣，我落其实，而取其材，所以克也。实落材亡，不败，何待？”【验辞】在后文：（僖15）战于韩原。……秦获晋侯以归。

上文“吉，涉河，侯车败”是卜辞中的占辞，后文“乃大吉也。……不败，何待”是对占辞的说明。**由于刻写条件方面的原因，甲骨卜辞大多非常简短，一般只记占辞而没有对占辞的说明。教材类短文不存在这方面的问题，可以容纳对占辞的说明。**这种情况表明，在商代的占卜过程中，也应有一个类似此种说明的占卜程序。由于刻写条件方面的原因，这个程序没有被记录下来。

◎**例证**2《左传》（哀9）《晋赵鞅卜救郑》：晋赵鞅卜救郑，遇水适火，占诸史赵、史墨、史龟。史龟曰：“是谓沈阳，可以兴兵，利以伐姜，不利子商。伐齐则可，敌宋不吉。”史墨曰：“盈，水名也；子，水位也。名位敌，不可干也。炎帝为火师，姜姓其后也。水胜火，伐姜则可。”史赵曰：“是谓如川之满，不可游也。郑方有罪，不可救也。救郑则不吉，不知其它。”阳虎以《周易》筮之，遇《泰》之《需》曰：“宋方吉，不可与也。微子启，帝乙之元子也。宋、郑，甥舅也。祉，禄也。若帝乙之元子归妹而有吉禄，我安得吉焉？”乃止。

上文史赵、史墨、史龟和阳虎的言论中都包含了对占辞的说明。郑国军队被宋师围困，赵鞅是当时晋国正卿，通过卜筮“稽疑”是否出兵救郑。三人卜、一人筮，四人都认为“敌宋不吉”，即《尚书·洪范》“稽疑”篇所谓“龟筮共违于人”。在这种情况下，“用静，吉；用作，凶”，所以拟议中的救郑之事“乃止”。

假如出现分歧，便须遵循《尚书·洪范》“稽疑”篇的规则：“立时人作卜筮，三人占，则从二人之言。”史墨、史龟都认为可以“伐姜”，于是次年“晋赵鞅帅师侵齐”。这是“从二人之言”的结果。**对于准确认知甲骨卜辞的内容及其政治制度和意识形态背景，上述文献征引和简要讨论似乎可以提供一个有别于以往的重要认识角度。**

本书第一章第一节提到，在《国语》《左传》预测休咎的教材类短文中，包括一些以天象、川竭、山崩、地震、梦等为依据进行预测的短文。下面列举一些此类短文（10例）。

◎**例证**1《左传》（僖14）《晋卜偃以沙鹿崩料国几亡》[讥语体A-验在后文]【讥

语原因】秋，八月辛卯，沙鹿崩。【讥语判断及其说明】晋卜偃曰：**“期年将有大咎，几亡国。”**【验辞】在后文：(僖15) 战于韩原。……秦获晋侯以归。

◎例证2《左传》(文14)《周内史料三国之君死于乱》[讥语体A-验在后文]【讥语原因】有星孛入于北斗。【讥语判断】周内史叔服曰：**“不出七年，宋、齐、晋之君皆将死乱。”**【验辞】在后文：(文16) 宋人弑其君杵臼。(文18) 齐侯……薨。(宣2) 晋赵盾弑其君夷皋。

◎例证3《左传》(襄30)《裨灶料伯有将亡》[讥语体A-验]【讥语原因】于子蟜之卒也，将葬，公孙挥与裨灶晨会事焉。过伯有氏，其门上生莠。子羽曰：“其莠犹在乎？”于是岁在降娄，降娄中而旦。【讥语判断及其说明】裨灶指之曰：**“犹可以终岁，岁不及此次也已。”**【验辞】及其亡也，岁在娵訾之口，其明年乃及降娄。

◎例证4《左传》(昭9)《郑裨灶料陈将复封》[讥语体A-验在后文]【讥语原因】夏，四月，陈灾。【讥语判断及其说明】郑裨灶曰：**“五年陈将复封，封五十二年而遂亡。”**子产问其故。对曰：“陈，水属也；火，水妃也。而楚所相也。今火出而火陈，逐楚而建陈也。妃以五成，故曰五年。**岁五及鹑火，而后陈卒亡，楚克有之，天之道也，故曰五十二年。”**【验辞】在后文：(昭8) 冬十一月壬午，灭陈。(昭13) 平王即位，既封陈、蔡，而皆复之，礼也。(哀17) 楚公孙朝帅师灭陈。

◎例证5《左传》(昭10)《裨灶以星象讥晋侯将死》[讥语体A-验在后文]【讥语原因】十年，春，王正月，有星出于婺女。【讥语判断及其说明】郑裨灶言于子产曰：**“七月戊子，晋君将死。**今兹岁在颛顼之虚，姜氏、任氏实守其地，居其维首，而有妖星焉，告邑姜也。邑姜，晋之妣也。天以七纪，戊子逢公以登，星斯于是乎出，吾是以讥之。”【验辞】在后文：(昭10) 秋，七月，……戊子，晋平公卒。

◎例证6《左传》(昭11)《苌弘答景王问诸侯吉凶》[讥语体A-验在后文]【讥语原因】景王问于苌弘曰：“今兹诸侯何实吉？何实凶？”【讥语判断及其说明】对曰：**“蔡凶。**此蔡侯般弑其君之岁也，岁在豕韦，弗过此矣。楚将有之，然壅也。**岁及大梁，蔡复，楚凶，天之道也。”**【验辞】在后文：(昭11) 楚子……召蔡灵侯。……楚子伏甲而飨蔡侯于申，醉而执之。……杀之。刑其士七十人。……冬，十一月，楚子灭蔡，用隐太子于冈山。（昭13）平王即位，既封陈、蔡，而皆复之，礼也。

◎例证7《左传》（昭15）《梓慎料鲁禘有咎》[讥语体A-验]【讥语原因】十五年，春，将禘于武公，戒百官。【讥语判断及其说明】梓慎曰："禘**之日其有咎乎**！吾见赤黑之祲，非祭祥也，丧氛也。**其在莅事乎！**"【验辞】二月癸酉，禘。叔弓莅事，龠入而卒。去乐，卒事，礼也。

◎例证8《左传》（昭18）《梓慎料四国有火》[讥语体A-验]【讥语原因】夏，五月，火始昏见。丙子，风。【讥语判断及其说明】梓慎曰："是谓融风，火之始也；**七日，其火作乎！**"戊寅，风甚。壬午，大甚。宋、卫、陈、郑皆火。梓慎登大庭氏之库以望之，曰："宋、卫、陈、郑也。"【验辞】数日皆来告火。

◎例证9《左传》（昭23）《苌弘以南宫极震勉刘文公》[讥语体A-验在后文]【讥语原因】八月丁酉，南宫极震。【讥语判断及其说明】苌弘谓刘文公曰："君其勉之！先君之力可济也。周之亡也，其三川震。**今西王之大臣亦震，天弃之矣**。东王必大克。"【验辞】在后文：（昭26）十月，天王入于成周。尹氏、召伯、毛伯以王子朝奔楚。

◎例证10《左传》（昭7）《晋侯问士文伯谁当日食》[讥语体A-验在后文]【讥语原因】夏，四月甲辰朔，日有食之。晋侯问于士文伯曰："谁将当日食？"【讥语判断及其说明】对曰："**鲁、卫恶之。卫大，鲁小。**"公曰："何故？"对曰："去卫地如鲁地，于是有灾，鲁实受之。**其大咎其卫君乎！鲁将上卿。**"公曰："《诗》所谓'彼日而食，于何不臧'者，何也？"对曰："不善政之谓也。国无政，不用善，则自取谪于日月之灾，故政不可不慎也。务三而已：一曰择人，二曰因民，三曰从时。"【验辞】在后文：秋，八月，卫襄公卒……十一月，季武子卒。晋侯谓伯瑕曰："吾所问日食，从矣。可常乎？"对曰："不可。六物不同，民心不壹，事序不类，官职不则，同始异终，胡可常也？……其异终也如是。"

---

[1][2] 马如森：《殷墟甲骨文引论》，长春：东北师范大学出版社，1993年版，第176-179页。

第六节　甲骨卜辞与教材类短文（下）

天地四时是客观世界，“先人神祇”的分布结构是“主观世界”；前者是自在的，后者是人为的；前者是后者的分布载体，“天地神人”结构是二者重合的结果。这样一个主客观相结合的天地时文化结构，是三代宗教意识形态（礼乐观念）中居于绝对主导地位的“世界观”，所谓“天人合一”。在这个神权政治的礼乐观念中，“主观世界”支配客观世界，客观世界的一切正常和非正常现象都在体现着“主观世界”中神的意志，都是帝和百神“超自然能力”的体现。“自然法则”的背后是“超自然法则”，后者支配前者。

在当时的神权观念中，是神创立了人类社会道德和行为的法则，神是人的立法者、号令者、监护者；天子布政是转达神的号令，是“取法于天”。人（包括从天子到庶民的所有人）的祸福完全取决于神对人的庇护和惩罚，神对人的庇护和惩罚又反过来取决于人对神的法则的遵从情况。

由于人的祸福取决于神的意志，人们通过德能修养和自我行为约束来“改良”自己的命运，通过各种方法了解神的意愿。一个为政者要做一件事情，如果此事在“常法”约束的范围之内，那么遵从者便会有“常赏”，否则便有“常罚”。依“常法”而行，便可以得福。如果此事不在“常法”约束的范围之内，便须通过卜筮“稽疑”。

由于过于强大的神罚压力，人们非常担心自己会在无意间做错了什么事情（因此激怒神而受到惩罚），所以通过多种渠道收集祸福休咎的引发原因和祸福将至的蛛丝马迹，通过多种方法“祈福祥，求永贞”（《周礼·大祝》）。

上引《左传》10条教材类短文都属于对祸福休咎的预测，预测依据都是“天事”方面的自然朕兆。其中，一条是“沙鹿崩”，一条是“南宫极震”，其余都是各种天象、气候方面的朕兆。所有这些异常朕兆和自然灾害，大体不出《洪范》“九畴”第八“庶征”的范围。本书前面已经对此作过比较具体的讨论：导致“休征”还是“咎征”，直接取决于为政者对“五事”这样一套德能准则的遵从情况。

在上面第10个案例（《晋侯问士文伯谁当日食》）中，士文伯的言论表明：引发各种地质、天象、气候方面异常朕兆和灾害的根本原因，都是人的行为，是否有灾取决于为政者是否“善政”。具体说，是为政者的过失（“国无政，不用善”）导致其“自取谪于日月之灾”。士文伯的言论准确体现了《洪范》之中“天事”与“人事”之间的感应关系。此类宗教观念的客观社会效果，是对当时政治权力掌控者的警示与儆戒：“故政不可不慎也。”

◎例证11《左传》（昭20）《梓慎、昭子料宋将有乱》[讯语体A-验在后文]【讯语原因】二十年，春，王二月己丑，日南至。【讯语判断及其说明】梓慎望氛，曰：**“今兹宋有乱，国几亡，三年而后弭。蔡有大丧。”**叔孙昭子曰：**“然则戴、桓也。汰侈，无礼已甚，乱所在也。”**【验辞】（宋果有三年之乱）在后文：（昭20）宋元公无信多私，而恶华、向。……华亥伪有疾，以诱群公子。……杀公子寅、公子御戎、公子朱、公子固、公孙援、公孙丁，拘向胜、向行于其廪。公如华氏请焉，弗许，遂劫之。癸卯，取大子栾与母弟辰、公子地以为质。公亦取华亥之子无戚、向宁之子罗、华定之子启，与华氏盟，以为质。……冬，十月，公杀华、向之质而攻之。戊辰，华、向奔陈，华登奔吴。

这篇短文与本书前面讨论过的《国语》《左传》相关案例情况相同，也是通过“天事”和“人事”两个方面的朕兆来预测即将发生的吉凶之事。其中，“人事”方面的因素更加重要：“无礼已甚，乱所在也”。这方面的神罚规律是“无礼必亡”（昭25），是“多行无礼，弗能在矣”（文15）。

◎例证12《左传》（襄18）《晋大夫议楚师》[讯语体A-验在前文]【倒置】【讯语原因】楚师伐郑，次于鱼陵。右师城上棘，遂涉颍，次于旃然。蔿子冯、公子格率锐师侵费滑、胥靡、献于、雍梁，右回梅山，侵郑东北，至于虫牢而反。子庚门于纯门，信于城下而还。涉于鱼齿之下，甚雨及之，楚师多冻，役徒几尽。【讥语判断及其说明】晋人闻有楚师。师旷曰："不害。吾骤歌北风，又歌南风，南风不竞，多死声。**楚必无功**。"董叔曰："天道多在西北。南师不时，必无功。"叔向曰："在其君之德也。"【验辞】在前文：楚师多冻，役徒几尽。

这篇短文利用三种朕兆预测吉凶，除"天事"和"人事"外，还有师旷的"南风不竞，多死声。楚必无功"。在三种消息中，仍以"人事"的因素更加重要，即叔向所说"在其君之德也"。

◎**例证**13《左传》（襄28）《游吉讥楚子不修政德》[讥语体A-验在后文]【讥语原因】蔡侯之如晋也，郑伯使游吉如楚。及汉，楚人还之，……子大叔归，复命。【讥语判断及其说明】告子展曰："**楚子将死矣**。不修其政德，而贪昧于诸侯，以逞其愿，欲久，得乎？《周易》有之：在《复》之《颐》，曰'迷复，凶'，其楚子之谓乎！欲复其愿，而弃其本，复归无所，是谓迷复，能无凶乎？君其往也，送葬而归，以快楚心。楚不几十年，未能恤诸侯也，吾乃休吾民矣。"裨灶曰："**今兹周王及楚子皆将死**。岁弃其次，而旅于明年之次，以害鸟帑，周、楚恶之。"【验辞】在后文：（襄28）癸巳，天王崩。（襄28）楚康王卒。

按：《左传》讥语体A类短文一般都有"验辞"，《左传》"验辞"一般有三种情况，一是在短文之内，如前引《梓慎料四国有火》和《梓慎料鲁禘有咎》；二是在《左传》后文中交代，在本节枚举《左传》讥语体A类短文的14个案例中，共有10个案例属于这种情况；第三种是讥语判断的应验情况（验辞）发生于《左传》记事范围之外的战国时期（这个问题本书后面具体讨论）。

上面这篇短文主要根据"人事"方面的朕兆预测吉凶，但在对讥语判断的说明中使用《周易》作为预测"工具"。下引《伯廖讥郑公子曼满欲为卿》也是这种情况。可知《周易》的用途并不局限于占筮。上文"岁弃其次，而旅于明年之次"指历法失调，亦属"人事"。此文引发祸福的直接原因仍然是人的行为："无德而贪"。

◎例证14《左传》(宣6)《伯廖讥郑公子曼满欲为卿》[讥语体A-验]【讥语原因】郑公子曼满与王子伯廖语，欲为卿。【讥语判断及其说明】伯廖告人曰：“无德而贪，其在《周易》，《丰》之《离》，弗过之矣。”【验辞】间一岁，郑人杀之。

三代乃至春秋时期的休咎预测途径可以分为四种：一、卜筮；二、梦及占梦；三、天象、气候、山崩、地震等自然朕兆；四、以是否有德能和是否遵从礼法为标准的“人事”方面的休咎预测依据。《周礼·春官》有大卜、卜师、龟人、菙氏、占人、筮人、占梦、视祲等职官，主要讲卜筮和占梦。《周礼·春官·保章氏》主要讲第三种休咎预测：“掌天星，以志星辰日月之变动，以观天下之迁，辨其吉凶。以星土辨九州之地，所封封域皆有分星，以观妖祥。以十有二岁之相，观天下之妖祥。以五云之物辨吉凶、水旱降、丰荒之祲象。以十有二风，察天地之和、命乖别之妖祥。凡此五物者，以诏救政，访序事。”

在《国语》《左传》的教材类短文中，以这四种休咎预测途径(卜筮、占梦、自然朕兆、是否有德能和是否遵从礼法)判别吉凶的短文各有一些。**其中百分之九十以上是第四种，也就是以“人事”判断吉凶的短文**。下面，简单比较一下讥语体、赞语体和劝谏体短文与甲骨卜辞之间的异同关系。

表7.2 甲骨卜辞和教材类短文的结构比较

甲骨卜辞	叙辞	命辞	占辞	验辞
讥语体短文	讥语原因		讥语判断及其说明	验辞
赞语体短文	赞语原因		赞语判断及其说明	验辞
劝谏体短文	劝谏原因	劝谏言论	是否听从	验辞

甲骨卜辞的卜筮过程由问、答、释三个环节构成，在三个环节之间包含一套复杂的技术性操作过程。在殷墟卜辞中，问答双方的提问者是作为人的商王，回答者是作为神的帝和商王的祖先。经过钻凿烧灼后在甲骨上所出现的兆纹以及用某种方式随机组合后的蓍草的签数，被认为是神回答的“语言”。然后，这种“象数语言”被释为占辞，这个释的过程由贞人辅助，最后由商王来确定。《周礼·占人》的

下述内容与此有关：“凡卜筮，君占体，大夫占色，史占墨，卜人占坼。”

商代卜筮的用途很多，如祭祀、卜年、卜雨、战争、田猎、出入等等。其中，最主要的用途之一是在一些重要决策过程中的决疑。在《洪范》“九畴”第七的“‘稽疑’篇”中，主要讲的便是这种情况。前面提到，这个“稽疑”过程中神的两票（龟一票、筮一票）具有重要作用。由于占辞最后由商王来确定，这是商王可以让神的两票支持自己的一个机会。由于当时极大的神罚压力，商王在这个过程中直接“作弊”的可能性不大。但他可以通过“改卜”等方式，在一定程度上干预卜筮的结果。

《周礼·占人》的下述内容表明，西周时仍保留了补记验辞的制度：“凡卜筮，既事，则系币以比其命。岁终，则计其占之中否。”在补记验辞之后，一般还要将卜辞存档一段时间，然后“龟策敝则埋之”（《礼记·曲礼》）。从卜问、刻辞到最终处理掉，一篇卜辞的“读者”从贞人师徒到商王及其近臣不会超过几十人。**与此相反，一篇讥赞体短文的“读者面”要远大于前者。在讥赞体短文的成文过程中，也有一个类似占卜的过程，包括提出判断和补记验辞的过程，只是这个过程要比正规的卜筮决疑过程简单得多。**

第一，这个过程没有卜问环节。

第二，其判断吉凶的“素材”不是象数方面的卜兆，而是为政者的行为。

第三，其判断吉凶的规则不是卜筮所特有的象数之学，而是一套远为简单的因果报应“公式”。这个“公式”的“原理”就是神的好恶：“赏善而罚淫”。

第四，从这个意义上说，卜辞中占辞的性质是对吉凶的预测，而讥赞体的判断则近乎对神意赏罚的判决。

第五，卜辞中验辞的功能是为了积累这门“预测学”的成败经验（计其占之中否）；而讥赞体短文中的验辞则具有极为重要的“证明功能”，它证明了神意赏罚的“规律性”。

第六，一篇卜辞的主要作用是卜筮的当时，事后便失去了作用；而一篇讥赞体短文的作用则主要发生于成文之后用为官学教材的过程中。

第七，此类教本预期实现的教育效果与春秋时楚国用以傅太子的一些教本的情况完全一致，是为了“耸善而抑恶焉，以戒劝其心”，是“昭明德而废幽昏焉，以休惧其动”，是“使知废兴者而戒惧焉”。

从上述情况看，劝谏体短文的验辞应是在训赞体A类短文验辞的基础上出现的。**劝谏体验辞的撰写规律是：听从劝谏会有好的结果，不听从会有坏的结果。虽然劝谏体验辞“起源于”训赞体验辞，但其因果报应的“规律”中已经具有更多的非宗教性成分。**由此还可以得出这样一个判断，也就是在比较完整和规范化的训赞体和劝谏体教材中均应包含有验辞的成分，至少在较早期的教材中应是这种情况。

在《国语》中的《周语》部分，共有33篇短文。其中，训语体和赞语体14篇，劝谏体16篇，这30篇短文均有比较规范的验辞部分。在《国语》的八个国别史部分中，《周语》部分典型文体的特征最为分明，验辞的含量也最高。**这就表明，在《周语》部分典型文体的撰写方式中保留了更多的西周礼制性官学教材的撰写规范。**

前面提到，训语体A类短文的存在期上限很可能不晚于甲骨卜辞。在《左传》183篇训语体A类教材类短文中，验辞（包括验在后文）占比接近百分之百（见本书附录二：《左传》典型文体短文索引）。**这是一个非常重要的认识线索。**

我们可以据此提出一个历史判断：在三代礼乐制度破坏到一定程度之前，训语体A类短文的早期使用方式分为两个环节。第一个环节是在训语判断是否应验发生之前，此时训语体短文的教材功能具有对官学受教育者的神罚威慑效力。第二个环节是在训语判断是否应验发生之后。如果训语判断未能得到应验，就会（删掉训语判断）以训语体B类的教材类短文形式加以使用。如果训语判断得到验证，就会（加入验辞）以训语体A类的教材类短文形式加以使用。不言而喻，对于官学受教育者乃至已经从政的天子诸侯士大夫来说，训语体A类短文的教材功能具有更加强大的神罚威慑效力：“使知废兴者而戒惧焉”。

第七节　《太子晋谏壅谷水》中的祸福因果

本节是对上一节结论的进一步举证、讨论与证明。《国语·周语下·太子晋谏壅谷水》是一篇典型的劝谏体短文，周灵王因“谷、洛斗，将毁王宫”而“欲壅之”，太子晋在阻止此事的谏语中主要讲了两个道理，一是“古之长民者”“不堕山，不崇薮，不防川，不窦泽”的道理；二是“弃此道”者必受神罚的情况，并在此基础上全面论述了礼乐制度中神佑神罚的神权观念，这部分内容构成其谏语的主体。

这篇短文的主旨是周灵王是否应当壅谷水。但在太子晋的谏语内容中，神佑、神罚的祸福因果成为更加重要的说明对象。表面看，这种借题发挥多少有些喧宾夺主。但在本书至此的认识基础上看问题，这种借题发挥恰恰体现了教材类短文在较早期官学教育中的教化功能。

太子晋谏语中先讲共工“弃此道”采用“壅防百川”的做法，因此受到神的惩罚：“皇天弗福，庶民弗助，祸乱并兴，共工用灭”，然后讲伯鲧“称遂共工之过”的受罚：“尧用殛之于羽山”。鲧子伯禹因“念前之非度”，采用“疏川导滞”类的做法而受到了神佑：“皇天嘉之，祚以天下，赐姓曰‘姒’，氏曰‘有夏’，谓其能以嘉祉殷富生物也。”共工从孙四岳佐禹行事，也因此得到神的“赏善”：“祚四岳国，命以侯伯，赐姓曰‘姜’，氏曰‘有吕’，谓其能为禹股肱心膂，以养物丰民人也。”由于“此一王四伯”的“唯能厘举嘉义”，所以他们在死后很久仍然“有胤在下，守祀不替其典”：“有夏虽衰，杞、鄫犹在；申、吕虽衰，齐、许犹在。”

太子晋接着对这种“天道赏善而罚淫”的因果规律进行总结：“唯有嘉功，以命姓受祀，迄于天下，及其失之也，必有慆淫之心间之。故亡其氏姓，踣毙不振；绝后无主，湮替隶圉。”都是“黄、炎之后”，但不同的行为决定了不同的命运：“唯不帅天地之度，不顺四时之序，不度民神之义，不仪生物之则，以殄灭无胤，至于今不祀。及其得之也，必有忠信之心间之。度于天地而顺于时动，和于民神而仪于物则，故高朗令终，显融昭明，命姓受氏，而附之以令名。若启先王之遗训，省其典图刑法，而观其废兴者，皆可知也。其兴者，必有夏、吕之功焉；其废者，必有共、鲧之败焉。”

接下来回到劝阻的本题：“今吾执政无乃实有所避，而滑夫二川之神，使至于争明，以妨王宫，王而饰之，无乃不可乎。”然后用“民之宪言”和《诗》的内容来说明劝阻的道理：“人有言曰：‘无过乱人之门。’又曰‘佐饔者尝焉，佐斗者伤焉。’又曰：‘祸不好，不能为祸。’《诗》曰：‘四牡骙骙，旟旐有翩，乱生不夷，靡国不泯。’又曰：‘民之贪乱，宁为荼毒。’夫见乱而不惕，所残必多，其饰弥章。民有怨乱，犹不可遏，而况神乎？王将防斗川以饰宫，是饰乱而佐斗也，其无乃章祸且遇伤乎？”

太子晋谏语后文从周王室衰落的角度进行劝阻：“自我先王厉、宣、幽、平而贪天祸，至于今未弭。我又章之，惧长及子孙，王室其愈卑乎？其若之何？”这里强调了周王室衰落的原因是“我先王厉、宣、幽、平而贪天祸”，是不善的行为导致了“天祸”。然后从这个角度讲述了周王室的兴衰：“自后稷以来宁乱，及文、武、成、康而仅克安民。自后稷之始基靖民，十五王而文始平之，十八王而康克安之，其难也如是。厉始革典，十四王矣，基德十五而始平，基祸十五其不济乎！”

在上述言论中，“王室其愈卑乎”“基祸十五其不济乎”已经是类似于占卜的讥语判断。这种情况使太子晋“朝夕儆惧”，他于是思索改变这种局面的办法：“其何德之修，而少光王室，以逆天休？”在这句话中，有无“天休”决定王室兴衰，“何德之修”则决定“天休”的有无。下面的问语是太子晋从王室兴衰角度痛心疾首的劝阻：“王又章辅祸乱，将何以堪之？”

接下来的谏语又回到“天道赏善而罚淫”规律的主题：“王无亦鉴于黎、苗之王（亡），下及夏、商之季，上不象天，而下不仪地，中不和民，而方不顺时，不共神祇，而蔑弃五则。是以人夷其宗庙，而火焚其彝器，子孙为隶，下夷于民……”在此，“黎、苗之王（亡）”的直接原因是“蔑弃五则”和“而亦未观夫前哲令德之则”。这里“前哲令德之则”的“五则”是：上“象天”，下“仪地”，中“和民”，“方顺时”和“共神祇”。这“五则”较完整地概括了礼乐文化和制度的基本内容。“则此五者”便可以得到相反的结果：“受天之丰福，飨民之勋力，子孙丰厚，令闻不忘，是皆大子之所知也。”

下面是太子晋对这种“吉凶由人”“善败由己”规律的总结：“天所崇之子孙，或在畎亩，由欲乱民也。畎亩之人，或在社稷，由欲靖民也。无有异焉！《诗》云：‘殷鉴不远，在夏后之世。’将焉用饰宫？其以徼乱也。”在“天道（也就是神道）赏善而罚淫”的规律中，“欲乱民”是“罚淫”的对象，“欲靖民”则是“赏善”的对象。“无有异焉”是强调这种“天道”概无例外的因果规律性。

下面是太子晋谏语的总结部分：“度之天神，则非祥也。比之地物，则非义也。类之民则，则非仁也。方之时动，则非顺也。咨之前训，则非正也。观之《诗》《书》，与民之宪言，则皆亡王之为也。上下议之，无所比度，王其图之！夫事大不从象，小不从文。上非天刑，下非地德，中非民则，方非时动而作之者，必不节矣。作又不节，害之道也。”

这篇短文的第三部分【是否听从】是周灵王没有听从太子晋的劝谏：“王卒壅之。”第四个部分【验辞】是：“及景王多宠人，乱于是乎始生。景王崩，王室大乱。及定王，王室遂卑。”这个结果反过来又应验了太子晋谏语言论中的讥语判断：“王室其愈卑乎”“基祸十五其不济乎”。这篇短文讲了不少车轱辘话，反反复复都在讲述同一个道理，即“天道赏善而罚淫”的规律性。

上文“民有怨乱，犹不可遏，而况神乎”，是一种具有强调功能的固定句式。在《国语》《左传》的教材类短文中，有许多为加强说服力而强调的内容，所以这种“……犹……况”句式的出现频率很高，《国语》有二十余次，《左传》有七十余次。

在“民有怨乱，犹不可遏，而况神乎”这句话中，“民”和“神”是两个决定祸福的重要因素，但“神”被置于更加重要的位置。这是一个典型现象。前面谈到，商周两次革命都是以帝命和天命的名义进行。例如，“有夏多罪，天命殛之”（《尚书·汤誓》）；“商罪贯盈，天命诛之”（《尚书·泰誓上》）。

但是，在两次革命的理由中，同时还提到民众的意志。《尚书·汤诰》：“天道福善祸淫，降灾于夏，以彰厥罪；肆台小子，将天命明威，不敢赦，敢用玄牡，敢昭告于上天神后，请罪有夏。……上天孚佑下民，罪人黜伏，天命弗僭，贲若草木，兆民允殖。”这种意向在《尚书·太甲下》中变得更加明确：“惟天无亲，克敬惟亲，民罔常怀，怀于有仁；鬼神无常享，享于克诚；天位艰哉！德惟治，否德乱；与治同道，罔不兴！与乱同事，罔不亡！终始慎厥与，惟明明后；先王惟时懋敬厥德，克配上帝。”

在周革商命的理由中，民众的意志也很重要：“以尔有众，底天之罚。天矜于民，民之所欲，天必从之”（《尚书·泰誓上》）。《尚书·蔡仲之命》的下述内容与上引《尚书·太甲下》的观念一脉相承：**“皇天无亲，惟德是辅，民心无常，惟惠之怀**；为善不同，同归于治，为恶不同，同归于乱。”**在神（天）与民这两个“本位”之间，神本位往往被置于相对更加重要的位置**。

在《国语》和《左传》中，也有许多两个“本位”被同时提到的例子。下面是《左传》中的一些例证：(1)**“小惠未遍，民弗从也。……小信未孚，神弗福也”（庄10）**；(2)**“背施，无亲；幸灾，不仁；贪爱，不祥；怒邻，不义。四德皆失，何以守国？……背施幸灾，民所弃也”（僖14）**；(3)**“重怒难任，背天不祥”（僖15）**；(4)**“非神败令尹，令尹其不勤民，实自败也”（僖28）**；(5)**“有臣不顺，神之所恶也，而况人乎”（哀14）**。

下面是《国语》中的一些例证：(1)“章怨外利，不义；弃亲即狄，不祥；以怨报德，不仁。**夫义所以生利也，祥所以事神也，仁所以保民也。不义则利不阜，不祥则福不降，不仁则民不至**。古之明王不失此三德者，故能光有天下，而和宁百姓，令闻不忘”（周语中）；(2)“晋之克也，天有恶于楚也，故儆之以晋。而郤至佻天之功以为己力，不亦难乎？**佻天不祥，乘人不义，不祥则天弃之，不义则民叛之**”（周语中）。(3)“虢必亡矣，**不禋于神而求福焉，神必祸之；不亲于民而求用焉，人必违之**。精意以享，禋也；慈保庶民，亲也。今虢公动匮百姓以逞其违，离民怒神而求利焉，不亦难乎！”（周语上）

第八节　《尚书·伊训》等篇的神佑神罚观念

《尚书·伊训》是伊尹训诫商嗣王太甲的“训辞”。伊尹的职官是“冢宰”，他“训于王”的时间是太甲即位第一年（元祀），地点是商王宗庙，场合是隆重的祭祖典礼（“伊尹祠于先王”），是在宗庙奉侍太甲拜见商汤（“奉嗣王祗见厥祖”），在场的人包括诸侯国的国君（“侯甸群后咸在”）和商王国的卿士（“百官总己以听冢宰”）。伊尹训诫的依据是：“明言烈祖之成德，以训于王”。伊尹的训诫对象除太甲外，还包括侯甸群后和卿士百官。训辞内容包括如下八个部分。

(1) 夏王朝失政之前的德治，及其因此而得到神的庇护——“呜呼！古有夏先后，方懋厥德，罔有天灾。山川鬼神，亦莫不宁，暨鸟兽鱼鳖咸若。”

(2) 夏王朝的失德、失政是“皇天降灾”和商革夏命的直接原因——“于其子孙弗率，皇天降灾，假手于我有命。造攻自鸣条，朕哉自亳。”

(3) 商革夏命成功的原因是“代虐以宽”——“惟我商王，布昭圣武，代虐以宽，兆民允怀。”

(4) 伊尹对嗣王太甲提出的德能要求——“今王嗣厥德，罔不在初。立爱惟亲，立敬惟长，始于家邦，终于四海。”

(5) 追述先王成汤的德能，也就是“烈祖之成德”——“呜呼！先王肇修人纪，从谏弗咈，先民时若；居上克明，为下克忠；与人不求备，检身若不及，以至于有万邦，兹惟艰哉！”

(6) 先王成汤选贤立政的情况——“敷求哲人，俾辅于尔后嗣。制官刑，儆于有位。”

(7) 复述成汤“制官刑”时“儆于有位”的训诫之语——“曰：敢有恒舞于宫、酣歌于室，时谓巫风；敢有殉于货色、恒于游畋，时谓淫风；敢有侮圣言、逆忠直、远耆德、比顽童，时谓乱风。惟兹三风十愆，卿士有一于身，家必丧；邦君有一于身，国必亡。臣下不匡，其刑墨。**具训于蒙士。**”

(8) 用“天命有德”和“天讨有罪”的神佑、神罚观念来训诫嗣王太甲——“呜呼！嗣王祗厥身，念哉！圣谟洋洋，嘉言孔彰。**惟上帝不常，作善降之百祥，作不善降之百殃。尔惟德罔小，万邦惟庆；尔惟不德罔大，坠厥宗。**”

《尚书·伊训》是所谓“晚书”，但《孟子·万章上》和《墨子·明鬼》等战国时期的文献都提到了此篇内容。此篇中“天命有德”以及神佑神罚的神权观念，在《尚书》许多篇章中都有彼此呼应的内容。这种观念以及反复强调这种观念的口气和语句，在《尚书》等文献中自成一个体系，有其固有的特征。这些特征体现了《尚书》等文献在“神权政治”方面的时代背景。所谓“德盛不狎侮”（《尚书·旅獒》），战国以降君臣之间或有训诫之语，但绝无此种“圣谟洋洋，嘉言孔彰”的盛德气象。后人作伪“编造”不出这样的内容。

《大禹谟》和《五子之歌》也是所谓“晚书”，其中也有与《伊训》“三风十愆”相近的训诫内容：“戒哉，儆戒无虞，罔失法度；罔游于逸，罔淫于乐”（《大禹谟》）。“训有之，内作色荒，外作禽荒。甘酒嗜音，峻宇雕墙。有一于此，未或不亡”（《五子之歌》）。由于太康（夏启的儿子，夏王朝第三代国君）“灭厥德”“盘游无度”，其弟五人“述大禹之戒以作歌”，“五子之歌”凡五段，上文“内作色荒……”是“其二”。

下面是《五子之歌》的具体内容：“其一曰：皇祖有训，民可近，不可下。民惟邦本，本固邦宁。予视天下，愚夫愚妇，一能胜予。一人三失，怨岂在明，不见是图。予临兆民，懔乎若朽索之驭六马。为人上者，奈何不敬！其二曰：训有之，内作色荒，外作禽荒。甘酒嗜音，峻宇雕墙。**有一于此，未或不亡。**其三曰：惟彼陶唐，有此冀方。今失厥道，乱其纪纲，乃底灭亡。其四曰：明明我祖，万邦之君，有典有则，贻厥子孙。关石和钧，王府则有，**荒坠厥绪，覆宗绝祀。**其五曰：呜呼！曷归！予怀之悲。万姓仇予，予将畴依。郁陶乎予心，颜厚有忸怩。弗慎厥德，虽悔可追。”

上文“皇祖有训”即“大禹之戒”，故“训”与“戒”的含义相近。**《尚书》中此类训诫连篇累牍，其主要内容之一，是“神权政治”中神佑、神罚的“原理”**。本书前面已经对此作过一些讨论。比如，《伊训》这个方面的典型内容是：“惟上帝不常，作善降之百祥，作不善降之百殃。尔惟德罔小，万邦惟庆；尔惟不德罔大，坠厥宗。”

在《尚书》此类内容中，时常提到由于为政者的失德、失政而遭到神罚，并因此亡国乃至“坠厥宗”的历史教训。比如《尚书·胤征》提到，由于羲和的“颠覆厥德，沈乱于酒，畔官离次”，胤侯率师代行天罚——**“天吏逸德，烈于猛火”。又比如，在《尚书·伊训》和《尚书·太甲》（上、中、下）等篇内容中，都有伊尹讲述夏王朝由于失德、失政遭到神罚而亡国的教训，并以此作为“嗣王戒哉”的训诫。**

《尚书》的“周书”部分反复强调夏、商亡国的教训。比如，在《尚书·召诰》中，召公向周成王讲述了“我不可不监于有夏，亦不可不监于有殷”的教训——在夏、商王朝失德、失政之前，得到神的庇护（“惟有历年”）；由于“惟不敬厥德”，夏、商王朝“乃早坠厥命”。召公强调了“天命有德”和“天讨有罪”的“规律”——“天其命哲，命吉凶，命历年”，其目的是要周成王“稽谋自天”和“疾敬德”。

《尚书·无逸》是周公对周成王的“训辞”。周公自殷王中宗历数商天子乃至周文王的德能情况和寿命短长，其规律是“无逸”“敬德”则长寿，否则短寿。比如，殷王中宗由于“严恭寅畏，天命自度，治民祗惧，不敢荒宁”，所以“享国七十有五年”。又比如，自祖甲之后，“立王生则逸”，所以“自时厥后，亦罔或克寿：或十年，或七、八年，或五、六年，或四、三年”。周公这样说的目的，是要周成王“皇自敬德”，也就是《尚书·顾命》所谓“敬忌天威”。

《尚书·吕刑》记周穆王采纳吕侯的劝告“度作刑以诘四方”。穆王训诫的对象，是“四方司政典狱”和后文“官伯族姓”。他提到，由于“苗民弗用灵，制以刑，惟作五虐之刑曰法，杀戮无辜”，导致“上帝不蠲，降咎于苗”，其结果是有苗氏的“乃绝厥世”。其祸福存亡的规律是“非终惟终，在人”。本书前面已经对这种观念

（“惟吉凶不僭在人，惟天降灾祥在德”）作过比较细致的讨论。穆王提到，有苗氏因失德“乃绝厥世”一事，记于古训之中（“若古有训”）。

因此，三代王朝反复强调的训诫内容之一，是《周礼·师氏》“掌国中失之事，以教国子弟”中的国之“失”事，也就是为政者由于失德、失政而亡国乃至“坠厥宗”的历史教训。前引《尚书·五子之歌》的下述内容便是典型的国之“失”事：“惟彼陶唐，有此冀方。今失厥道，乱其纪纲，乃厎灭亡”。此类训诫的功能是《逸周书·程典》（周文王语）所谓“诫在往事”。此外，《周易·小过》所说的“往厉必戒”也可能与此有关。

《尚书·太甲下》从另一个角度提到了这种祸福存亡的规律——“德惟治，否德乱；与治同道，罔不兴！与乱同事，罔不亡！终始慎厥与，惟明明后”。前引《尚书·伊训》提到，为政者若有“三风十愆”，其结果是“卿士有一于身，家必丧；邦君有一于身，国必亡。臣下不匡，其刑墨”。

所谓“三风十愆”都属于国之“失”事，其结果也就是“家必丧”“国必亡”和“其刑墨”。这是“与乱同事，罔不亡”规律的应验。后文“**具训于蒙士**”，是指将此类国之“失”事用来训诫“蒙士”。由“臣下不匡，其刑墨”可以了解到，臣下匡君的劝谏曾经是一种非常重要的议政制度。这是“劝谏体”短文用为教材的制度背景。

《尚书正义》：“蒙，谓蒙稚卑小之称，故蒙士例谓下士也。”《孔疏》：“具训于蒙士者，谓汤制官刑非直教训邦君卿大夫等使之受谏，亦备具教训下士使受谏也。”《周易·蒙》：“匪我求童蒙，童蒙求我，志应也。”“蒙”有“蒙稚”之义，《周易》所谓“童蒙”。但是，似乎并不能因此将“蒙士”引申为“卑小之称”，“例谓下士”的判断依据并不十分充分。

“蒙士”是“童蒙”之士，有可能是指尚未“成人”的士学受教育者。当然，也有可能是指“远耆德、比顽童”的“童蒙”之士。《礼记·仲尼燕居》：“三子者，既得闻此言也于夫子，昭然若发蒙矣。”由此可以推测，“具训于蒙士”的目的是为“发蒙”。从这个意义上说，**“蒙士”的含义更有可能是指处于学习阶段的官学受教育**

者，也就是《周礼》《礼记》等文献中所说的“学士”。

在上一节已经讨论过的《国语·周语下·太子晋谏壅谷水》中提到：“若启先王之遗训，省其典图刑法，而观其废兴者，皆可知也。”在“先王之遗训”中，包括“废兴”之事：“废”事是国之“失”事，诸如“共、鲧之败”和“黎、苗之王（亡）”都属于“与乱同事，罔不亡”（《尚书·太甲下》）以及“为恶不同，同归于乱”（《尚书·周书·蔡仲之命》）的历史教训；“兴”事是国之“中”事，比如“此一王四伯”（伯禹、共工从孙四岳）“唯能厘举嘉义”，所以他们在死后很久仍然“有胤在下，守祀不替其典”。

此类训诫的意图是要受训诫者“监戒善败，护守勿失”（《逸周书·寤儆》）。“善败”者，“废兴”也。《国语·楚语下》（子西语）：“人求多闻善败，以监戒也。”《国语·晋语九》（史黯语）：“夫事君者，谏过而赏善，荐可而替否，献能而进贤，择材而荐之，朝夕诵善败而纳之。”

《逸周书》第六十一篇题为《史记》，专讲国之“失”事。《逸周书》序言（《周书序》）认为这是周穆王之事：“穆王思保位惟难，恐贻世羞，欲自警悟，作《史记》。”参照《逸周书》其他篇章和此篇中“王”的语气，更像是周成王。周穆王是西周中前期第五代天子（前977—前922）。《逸周书·史记》开篇处说：“维正月王在成周，昧爽召三公、左史、戎夫，曰：‘今夕朕寤，遂事惊予。’乃取遂事（按：此处“遂事”指往事）之要戒，俾戎夫主之，朔望以闻。”上文之后便是周天子用为“要戒”并且“朔望以闻”的二十八条国之“失”事。**所谓“朔望以闻”，即周穆王在此后每个月的朔望两日都要倾听专主此事的戎夫诵读《逸周书·史记》的二十八条国之“失”事。这些内容可以为本书研究《国语》《左传》教材类短文提供极为重要的参照依据。**

下面是《逸周书·史记》二十八条国之“失”事的具体内容。

(1) 信不行，义不立，则哲士凌君政，禁而生乱，皮氏以亡。

(2) 谄谀日近，方正日远，则邪人专国政，禁而生乱，华氏以亡。

(3) 好货财珍怪，则邪人进，邪人进，则贤良日蔽而远，赏罚无位，随财而行，夏后氏以亡。

(4) 严兵而不仁者，其臣慑，其臣慑则不敢忠，不敢忠则民不亲其吏，刑始于亲，远者寒心，殷商以亡。

(5) 乐专于君者，权专于臣，权专于臣则刑专于民，君娱于乐，臣争于权，民尽于刑，有虞氏以亡。

(6) 奉孤以专命者，谋主比畏其威，而疑其前事。挟德而责是，日疏位均而争，平林以亡。

(7) 大臣有锢职哗诛者危。昔者质沙三卿，朝而无礼，君怒而久拘之，哗而弗加，三卿谋变，质沙以亡。

(8) 外内相间，下挠其民，民无所附，三苗以亡。

(9) 弱小在强大之间，存亡将由之，则无天命矣。不知命者死。有夏之方兴也，扈失弱而不恭，身死国亡。

(10) 嬖子两重者亡。昔者义渠氏有两子，异母，皆重。君疾，大臣分党而争，义渠以亡。

(11) 功大不赏者危。昔平州之臣，功大而不赏，谄臣日贵，功臣日怒而生变，平州之君以走出。

(12) 召远不亲者危。昔有林氏召离戎之君而朝之，至而不礼，留而弗亲，离戎逃而去之，林氏诛之，天下叛林氏。

(13) 昔者曲集之君，伐智而专事，强力而不信其臣，忠良皆伏，愉州氏伐之，君孤而无使，曲集以亡。

(14) 昔者有巢氏有乱臣而贵，任之以国，假之以权，擅国而主断，君已而夺之，臣怒而生变，有巢以亡。

(15) 斧小不胜柯者亡。昔有郐君啬俭，减爵损禄，群臣卑让，上下不临，后郐小弱，禁罚不行，重氏伐之，郐君以亡。

(16) 久空重位者危。昔有共工自贤，自以无臣，久空大官，下官交乱，民无所附，唐氏伐之，共工以亡。

(17) 犯难争权，疑者死。昔有林氏、上衡氏争权，林氏再战而胜，上衡氏伪义，弗克，俱身死国亡。

(18) 知能均而不亲，并重事君者危。昔有南氏有二臣贵宠，力钧势敌，竞进争权，下争朋党。君弗能禁，南氏以分。

(19) 昔有果氏好以新易故，故者疾怨，新故不和，内争朋党，阴事外权，有果氏以亡。

(20) 爵重禄轻，比□不成者亡。昔有毕程氏，损禄增爵，群臣貌匮，比而戾民，毕程氏以亡。

(21) 好变故易常者亡。昔阳氏之君，自伐而好变，事无故业，官无定位，民运于下，阳氏以亡。

(22) 业形而愎者危。昔谷平之君，愎类无亲，破国弗克，业形用国，外内相援，谷平以亡。

(23) 武不止者亡。昔阪泉氏用兵无已，诛战不休，并兼无亲，文无所立，智士寒心，徙居至于独鹿，诸侯叛之，阪泉以亡。

(24) 狠而无亲者亡。昔者县宗之君，狠而无听，执事不从，宗职者疑，发大事，群臣解体，国无立功，县宗以亡。

(25) 昔者玄都贤鬼道，废人事天，谋臣不用，龟策是从，神巫用国，哲士在外，玄都以亡。

(26) 文武不行者亡。昔者西夏性仁非兵，城郭不修，武士无位，惠而好赏。财屈而无以赏，唐氏伐之，城郭不守，武士不用，西夏以亡。

(27) 美女破国。昔者绩阳强力四征，重丘遗之美女，绩阳之君悦之，荧惑不治，大臣争权，远近不相听，国分为二。

(28) 宫室破国，昔者有洛氏，宫室无常，池囿广大，工功日进，以后更前，民不得休，农失其时，饥馑无食，成商伐之，有洛以亡。

上述训诫既适用于天子，也适用于“邦君”“卿士”乃至于“蒙士”。为政者为避免亡国丧家，便须“慎厥终，惟其始”（《尚书·仲虺之诰》）。有关“终始慎厥与”一类慎始慎终的训诫，在《尚书》中非常多见。下面是一些具体例证。

《尚书·大禹谟》：钦哉！慎乃有位，敬修其可愿，四海困穷，天禄永终。

《尚书·汤诰》：尚克时忱，乃亦有终。

《尚书·太甲上》：克终允德。

《尚书·太甲中》：皇天眷佑有商，俾嗣王克终厥德，实万世无疆之休。

《尚书·太甲中》：图惟厥终。

《尚书·太甲下》：无轻民事惟难，无安厥位惟危，慎终于始。

《尚书·咸有一德》：今嗣王新服厥命，惟新厥德，终始惟一，时乃日新。

《尚书·说命上》：钦予时命，其惟有终。

《尚书·金縢》：惟永终是图。

《尚书·大诰》：予曷其不于前宁人图功攸终。

《尚书·洛诰》：汝惟冲子，惟终。

《尚书·君奭》：呜呼！君！惟乃知民德，亦罔不能厥初，惟其终。

《尚书·多方》：有夏……乃大淫昏，不克终。

《尚书·毕命》：惟周公克慎厥始，惟君陈克和厥中，惟公克成厥终。

《尚书·蔡仲之命》是周成王册命蔡仲的命辞。命辞多有训诫成分（“尔其戒哉”），其中提到只有“慎厥初，惟厥终”，才能“终以不困”；如果“不惟厥终”，便会“终以困穷”。也就是说，慎始慎终是为了“终以不困”，同时也是为了避免“终以困穷”。“困穷”和“不困”即上面提到的“中失”“废兴”“善败”之事，“困穷”是“失”“废”“败”之事，“不困”是“中”“兴”“善”之事。

《尚书·说命下》记傅说对殷高宗武丁的训诫中提到“念终始典于学”，所学内容之一便是“古训”：“学于古训，乃有获。事不师古，以克永世，匪说攸闻。”《尚书·毕命》也提到类似内容：“骄淫矜侉，将由恶终。……资富能训；惟以永年，惟德惟义，时乃大训。不由古训，于何其训。”《尚书·周官》：“学古入官，议事以制，政乃不迷。”本书前面谈到，“学于古训”是“君子之学”的教育内容，“古训”内容包括《周礼》“中失之事”。由这一节的讨论可以进一步了解到，这种礼制并非始于西周，为政者“废兴”“善败”的经验教训一直是三代“古训”的重要内容。此类“古训”的训诫效果之一，是要受训诫者“克谨天戒”（《尚书·胤征》），“敬忌天威”（《尚书·顾命》），慎始慎终。

在《国语》和《左传》中，体现同类观念的内容可谓连篇累牍。下文【本章附录】是对《左传》中一些较简短训语内容（140条）的辑录。这些训语内容都是教材类短文中针对国之“失”事的否定性评判。细读《国语》《左传》典型文体教材类短文中的训语、赞语、谏语、答语，其内容大多是讲述祸福之机、存亡之道，其教育效果则是要受教育者“敬忌天威”、“惟德惟义”、慎始慎终。由以上讨论可以进一步确认《国语》《左传》近八百篇典型文体教材类短文的功能与性质：这些短文直接继承了夏商西周“念终始典于学”和“学古入官”的官学教育传统，是因袭三代“古训”的重要载体。《尚书·伊训》将国之“失”事（三风十愆）“具训于蒙士”的内容表明，此类官学教材在商代初期已经存在。

【本章附录】《左传》中一些较简短的训语内容（140条）

(1) 夫州吁弑其君，而虐用其民，**于是乎不务令德，而欲以乱成，必不免矣。**（隐4）

(2) 是不为夫妇，诬其祖矣。非礼也，何以能育？（隐8）

(3) 五父必不免，不赖盟矣。（隐7）

(4) 君子是以知息之将亡也——**不度德，不量力，不亲亲，不征辞，不察有罪。犯五不韪，而以伐人，其丧师也，不亦宜乎？**（隐11）

(5) 今晋，甸侯也，而建国，本既弱矣，其能久乎？（桓2）

(6) 郑伯效尤，其亦将有咎。（庄21）

(7) 虢其亡乎！吾闻之：国将兴，听于民；将亡，听于神。**神，聪明正直而壹者也，依人而行。**虢多凉德，其何土之能得？（庄32）

(8) **无德而禄，殃也。**殃将至矣！（闵2）

(9) 虢必亡矣。亡下阳不惧，而又有功，是天夺之鉴，而益其疾也。必易晋而不抚其民矣。不可以五稔。（僖2）

(10) 晋侯其无后乎！王赐之命，而惰于受瑞，先自弃也已，其何继之有？**礼，国之干也；敬，礼之舆也。不敬，则礼不行；礼不行，则上下昏，何以长世？**（僖11）

(11) 古者六畜不相为用，小事不用大牲，而况敢用人乎？祭祀以为人也。民，神之主也。用人，其谁飨之？齐桓公存三亡国以属诸侯，义士犹曰薄德，今一会而虐二国之君，又用诸淫昏之鬼，将以求霸，不亦难乎？得死为幸。（僖19）

(12) 曹太子其有忧乎！非叹所也。（桓9）

(13) 小国争盟，祸也。宋其亡乎！幸而后败。（僖21）

(14) 祸其在此乎！君欲已甚，其何以堪之？（僖21）

(15) 不及百年，此其戎乎！其礼先亡矣。（僖22）

(16) 楚王其不没乎！为礼卒于无别。无别不可谓礼。将何以没？（僖22）

(17) 周书有之："乃大明服。"已则不明，而杀人以逞，不亦难乎？**民不见德，而唯戮是闻，其何后之有？**（僖23）

(18) **秦师轻而无礼，必败。**轻则寡谋，无礼则脱。入险而脱，又不能谋，能无败乎？（僖33）

(19) 商书曰："沈渐刚克，高明柔克。"夫子壹之，其不没乎！天为刚德，犹不干时，况在人乎？且华而不实，怨之所聚也。犯而聚怨，不可以定身。余惧不获其利而离其难，是以去之。（文5）

(20) **是必灭若敖氏之宗。傲其先君，神弗福也。**（文9）

(21) 齐侯其不免乎？已则无礼，而讨于有礼者，曰："女何故行礼？"**礼以顺天，天之道也**。己则反天，而又以讨人，难以免矣。《诗》曰："胡不相畏？不畏于天。"君子之不虐幼贱，畏于天也。在周颂曰："畏天之威，于时保之。"**不畏于天，将何能保？以乱取国，奉礼以守，犹惧不终；多行无礼，弗能在矣**。（文15）

(22) 臣闻齐人将食鲁之麦。以臣观之，将不能。齐君之语偷。臧文仲有言曰："民主偷，必死。"（文17）

(23) 彼宗竞于楚，殆将毙矣。姑益其疾。（宣2）

(24) 无德而贪，其在《周易》丰之离，弗过之矣。（宣6）

(25) 子家其亡乎！怀于鲁矣。怀必贪，贪必谋人。谋人，人亦谋己。一国谋之，何以不亡？（宣14）

(26) 不及十年，原叔必有大咎。天夺之魄矣。（宣15）

(27) 晋侯必不免。——《诗》曰："敬之敬之！天惟显思，命不易哉！"夫晋侯之命在诸侯矣，可不敬乎！（成4）

(28) **神福仁而祸淫**。淫而无罚，福也。祭，其得亡乎？（成5）

(29) 郑伯其死乎！自弃也已。视流而行速，不安其位，宜不能久。（成6）

(30) 郤氏其亡乎！礼，身之干也；敬，身之基也。郤子无基。且先君之嗣卿也，受命以求师，将社稷是卫，而惰，弃君命也，不亡何为？（成13）

(31) 是夫也，将不唯卫国之败，其必始于未亡人。乌呼！天祸卫国也夫！吾不获鱄也使主社稷。（成14）

(32) 子反必不免。**信以守礼，礼以庇身，信、礼之亡，欲免，得乎**？（成15）

(33) 无庸，使重其罪，民将叛之。无民，孰战？（成15）

(34) 子好直言，必及于难！（成15）

(35) 郤氏其不免乎！善人，天地之纪也，而骤绝之，不亡何待？（成15）

(36) 其行速，过险而不整。速则失志，不整，丧列。志失列丧，将何以战？楚

惧不可用也。（成16）

(37) 温季其亡乎！位于七人之下，而求掩其上。怨之所聚，乱之本也。多怨而阶乱，何以在位？夏书曰：“怨岂在明？不见是图。”将慎其细也。今而明之，其可乎？（成16）

(38) 君骄侈而克敌，是天益其疾也，难将作矣。爱我者唯祝我，使我速死，无及于难——范氏之福也。（成17）

(39) 陈不服于楚，必亡。大国行礼焉，而不服，在大犹有咎，而况小乎？（襄4）

(40) 子为正卿，而小君之丧不成，不终君也。君长，谁受其咎？（襄4）

(41) 孙子必亡。为臣而君，过而不悛，亡之本也。《诗》曰：“退食自公，委蛇委蛇”，谓从者也。衡而委蛇，必折。（襄7）

(42) 我则取恶，能无咎乎？必死于此，弗得出矣！（襄9）

(43) 高子相太子以会诸侯，将社稷是卫，而皆不敬，弃社稷也，其将不免乎！（襄10）

(44) 郑其有灾乎！师竞已甚。周犹不堪竞，况郑乎！有灾，其执政之三士乎！（襄10）

(45) 卫侯其不得入矣。其言粪土也。亡而不变，何以复国？（襄14）

(46) 君固无勇，而又闻是，弗能久矣。（襄18）

(47) 是谓蹶其本，必不有其宗。（襄19）

(48) **庆氏无道，求专陈国，暴蔑其君，而去其亲，五年不灭，是无天也。**（襄20）

(49) 二君者必不免。**会朝，礼之经也；礼，政之舆也；政，身之守也。**怠礼，失政；失政，不立，是以乱也。（襄21）

(50) 君人执信，臣人执共（恭）。**忠、信、笃、敬，上下同之，天之道也。君自弃也，弗能久矣。**（襄22）

(51) 祸将作矣。齐将伐晋，不可以不惧。(襄22)

(52) 君恃勇力，以伐盟主。若不济，国之福也。**不德而有功，忧必及君。**(襄23)

(53) 崔子将死乎！谓君甚而又过之，不得其死。过君以义，犹自抑也，况以恶乎？(襄23)

(54) 是将死矣。不然，将亡。贵而知惧，惧而思降，乃得其阶。下人而已，又何问焉？且夫既登而求降阶者，知人也，不在程郑。其有亡衅乎！不然，其有惑疾，将死而忧也。(襄24)

(55) 宁子可谓不恤其后矣。将可乎哉？殆必不可。**君子久行，思其终也，思其复也。**书曰："慎始而敬终，终以不困。"《诗》曰："夙夜匪解，以事一人。"今宁子视君不如弈棋，其何以免乎？弈者举棋不定，不胜其耦；而况置君而弗定乎？必不免矣。九世之卿族，一举而灭之，可哀也哉！(襄25)

(56) 公室惧卑。臣不心竞而力争，不务德而争善，私欲已侈，能无卑乎？(襄26)

(57) 君淹恤在外十二年矣，而无忧色，亦无宽言，犹夫人也。若不已，死无日矣。(襄26)

(58) **专禄以周旋，戮也。**(襄26)

(59) 君子是以知平公之失政也。(襄26)

(60) 服美不称，必以恶终。(襄27)

(61) 令尹将死矣，不及三年。求逞志而弃信，志将逞乎？志以发言，言以出信，信以立志。参以定之。信亡，何以及三？(襄27)

(62) 若合诸侯之卿，以为不信，必不捷矣。(襄27)

(63) 土虚而民秏，不饥何为？(襄28)

(64) 蔡侯其不免乎！日其过此也，君使子展迋劳于东门之外，而傲。吾曰犹将更之。今还受享而惰，乃其心也。君小国，事大国，而惰傲以为己心，将

得死乎？若不免，必由其子。其为君也，淫而不父。侨闻之：**如是者，恒有子祸**。（襄28）

(65) **楚子将死矣。不修其政德，而贪昧于诸侯，以逞其愿，欲久，得乎？**（襄28）

(66) 车甚泽，人必瘁，宜其亡也。（襄28）

(67) 子服惠伯谓叔孙曰："天殆富淫人，庆封又富矣。"穆子曰："**善人富谓之赏，淫人富谓之殃**。天其殃之也，其将聚而歼旃。"（襄28）

(68) 伯有无戾于郑，郑必有大咎。敬，民之主也，而弃之，何以承守？郑人不讨，必受其辜。济泽之阿，行潦之苹藻，置诸宗室，季兰尸之，敬也。敬可弃乎？（襄28）

(69) 若之何哉！晋国不恤周宗之阙，而夏肄是屏，其弃诸姬，亦可知也已。诸姬是弃，其谁归之？吉也闻之：弃同即异，是谓离德。《诗》曰："协比其邻，婚姻孔云。"晋不邻矣，其谁云之？（襄29）

(70) （襄29）二子皆将不免。子容专，司徒侈，皆亡家之主也。……专则速及，侈将以其力毙，专则人实毙之，将及矣。（襄29）

(71) 国无主，其能久乎！（襄29）

(72) 异哉！吾闻之也：**辩而不德，必加于戮**。夫子获罪于君以在此，惧犹不足，而又何乐？夫子之在此也，犹燕之巢于幕上。君又在殡，而可以乐乎？（襄29）

(73) **善之代不善，天命也**。其焉辟子产？举不逾等，则位班也。择善而举，则世隆也。天又除之，夺伯有魄，子西即世，将焉辟之？天祸郑久矣，其必使子产息之，乃犹可以戾。不然，将亡矣。（襄29）

(74) 伯有侈而愎，子皙好在人上，莫能相下也。虽其和也，犹相积恶也，恶至无日矣。（襄30）

(75) 君子是以知郑难之不已也。（襄30）

(76) 陈，亡国也，不可与也。聚禾粟，缮城郭，恃此二者，而不抚其民。其君弱植，公子侈，太子卑，大夫敖，政多门，以介于大国，能无亡乎？不过十年矣。(襄30)

(77) 王子必不免。善人，国之主也。王子相楚国，将善是封殖，而虐之，是祸国也。且司马，令尹之偏，而王之四体也。绝民之主，去身之偏，艾王之体，以祸其国，无不祥大焉，何以得免。(襄30)

(78) 孟孙将死矣。吾语诸赵孟之偷也，而又甚焉。(襄31)

(79)《大誓》云：**“民之所欲，天必从之。”**君欲楚也夫，故作其宫。若不复适楚，必死是宫也。(襄31)

(80) 滕君将死矣。怠于其位，而哀已甚，兆于死所矣，能无从乎？(襄31)

(81) 令尹似君矣，将有他志。虽获其志，不能终也。《诗》云：“靡不有初，鲜克有终。”终之实难，令尹其将不免。(襄31)

(82) 齐、卫、陈大夫其不免乎！国子代人忧，子招乐忧，齐子虽忧弗害，夫弗及而忧，与可忧而乐，与忧而弗害，皆取忧之道也，忧必及之。《大誓》曰：“民之所欲，天必从之。”三大夫兆忧，忧能无至乎？言以知物，其是之谓矣。(昭1)

(83) **强以克弱而安之，强不义也。不义而强，其毙必速。**《诗》曰：“赫赫宗周，褒姒灭之”，强不义也。令尹为王，必求诸侯。晋少懦矣，诸侯将往。若获诸侯，其虐滋甚，民弗堪也，将何以终？**夫以强取，不义而克，必以为道。**道以淫虐，弗可久已矣。(昭1)

(84) 谚所谓老将知而耄及之者，其赵孟之谓乎！为晋正卿，以主诸侯，而侪于隶人，朝不谋夕，弃神、人矣。**神怒、民叛，何以能久？**赵孟不复年矣。**神怒，不歆其祀；民叛，不即其事。祀、事不从，又何以年？**(昭1)

(85) 赵孟将死矣。主民，玩岁而愒日，其与几何？(昭1)

(86) 其与几何！**无礼而好陵人，怙富而卑其上，弗能久矣。**(昭1)

(87) 非保家之主也，不臣。(昭2)

(88) 晋将失诸侯，诸侯求烦不获。(昭3)

(89) 楚祸之首将在此矣。召诸侯而来，伐国而克，城竟莫校，王心不违，民其居乎？民之不处，其谁堪之？不堪王命，乃祸乱也。(昭4)

(90) 国氏其先亡乎！君子作法于凉，其敝犹贪。作法于贪，敝将若之何？**姬在列者，蔡及曹、滕其先亡乎！逼而无礼**。郑先卫亡，逼而无法。政不率法，而制于心。民各有心，何上之有？(昭4)

(91) 汏侈已甚，身之灾也，焉能及人？若奉吾币帛，慎吾威仪；守之以信，行之以礼；**敬始而思终，终无不复**。从而不失仪，敬而不失威；道之以训辞，奉之以旧法，考之以先王，度之以二国，虽汏侈，若我何？(昭5)

(92) 终子之世，郑其败乎？肸闻之："国将亡，必多制"，其此之谓乎！(昭6)

(93) 火见，郑其火乎！火未出，而作火以铸刑器，藏争辟焉。火如象之，不火何为？(昭6)

(94) 女夫也必亡。女丧而宗室，于人何有？人亦于女何有？《诗》曰："宗子维城，毋俾城坏，毋独斯畏。"女其畏哉！(昭6)

(95) 不入。燕有君矣，民不贰。**吾君贿，左右谄谀，作大事不以信，未尝可也**。(昭6)

(96) 周公其不飨鲁祭乎！周公飨义，鲁无义。《诗》曰："**德音孔昭，视民不佻。"佻之谓甚矣，而壹用之，将谁福哉**？(昭10)

(97) 蔡凶。此蔡侯般弑其君之岁也，岁在豕韦，弗过此矣。楚将有之，然壅也。岁及大梁，蔡复，楚凶，天之道也。(昭11)

(98) 楚王奉孙吴以讨于陈，曰："将定而国。"陈人听命，而遂县之。今又诱蔡而杀其君，以围其国，虽幸而克，必受其咎，弗能久矣。桀克有缗，以丧其国；纣克东夷，而陨其身。楚小位下，而亟暴于二王，能无咎乎？**天之假助不善，非祚之也，厚其凶恶而降之罚也**。且譬之如天其有五材而将

用之，力尽而敝之，是以无拯，不可没振。(昭11)

(99) 行不远，不能救蔡也。蔡小而不顺，楚大而不德，**天将弃蔡以壅楚，盈而罚之，蔡必亡矣**。且丧君而能守者鲜矣。三年，王其有咎乎！美恶周必复，王恶周矣。(昭11)

(100) 单子其将死乎！朝有著定，会有表；衣有襘，带有结。会朝之言必闻于表著之位，所以昭事序也；视不过结襘之中，所以道容貌也。言以命之，容貌以明之，失则有阙。今单子为王官伯，而命事于会，视不登带，言不过步，貌不道容，而言不昭矣。**不道，不共（恭）；不昭，不从。无守气矣。**(昭11)

(101) 鲁公室其卑乎！君有大丧，国不废搜；有三年之丧，而无一日之戚。国不恤丧，不忌君也；君无戚容，不顾亲也。国不忌君，君不顾亲，能无卑乎？殆其失国。

(102) 不祥。五牲不相为用，况用诸侯乎！王必悔之。(昭11)

(103)（宋华定）必亡。宴语之不怀，宠光之不宣，令德之不知，同福之不受，将何以在！(昭12)

(104) **弃礼违命，楚其危哉！**(昭13)

(105) 籍父其无后乎！数典而忘其祖。(昭15)

(106) 王其不终乎！吾闻之：所乐必卒焉。今王乐忧，若卒以忧，不可谓终。王一岁而有三年之丧二焉，于是乎以丧宾宴，又求彝器，乐忧甚矣，且非礼也。彝器之来，嘉功之由，非由丧也。三年之丧，虽贵遂服，礼也。王虽弗遂，宴乐以早，亦非礼也。**礼，王之大经也。一动而失二礼，无大经矣。**言以考典，典以志经。忘经而多言，举典，将焉用之？(昭15)

(107) 晋之公室其将遂卑矣。君幼弱，六卿强而奢傲，将因是以习，习实为常，能无卑乎！(昭16)

(108) 夫子将有异志，不君君矣。(昭17)

(109) 毛得必亡。是昆吾稔之日也，侈故之以。而毛得以济侈于王都，不亡，何待？（昭18）

(110) 周其乱乎！夫必多有是说，而后及其大人。大人患失而惑，又曰："可以无学，无学不害。"不害而不学，则苟而可，于是乎下陵上替，能无乱乎？夫学，殖也。不学将落，原氏其亡乎！（昭18）

(111) 楚不在诸侯矣，其仅自完也，以持其世而已。（昭19）

(112) 楚人必败。昔吴灭州来，子旗请伐之。王曰："吾未抚吾民。"今亦如之，而城州来以挑吴，能无败乎？（昭19）

(113) 王其以心疾死乎！夫乐，天子之职也。夫音，乐之舆也；而钟，音之器也。天子省风以作乐，器以钟之，舆以行之。小者不窕，大者不槬，则和于物。物和则嘉成。故和声入于耳而藏于心，心亿则乐。窕则不咸，槬则不容，心是以感，感实生疾。今钟槬矣，王心弗堪，其能久乎！（昭21）

(114) 蔡其亡乎！若不亡，是君也必不终。《诗》曰："不解于位，民之攸塈。"今蔡侯始即位，而适卑，身将从之。（昭21）

(115) 子叔将死，非所哭也。（昭21）

(116) **子朝必不克。其所与者，天所废也。**（昭22）

(117) 子常必亡郢。苟不能卫，城无益也。古者，天子守在四夷；天子卑，守在诸侯。诸侯守在四邻；诸侯卑，守在四竟。慎其四竟，结其四援，民狎其野，三务成功。民无内忧，而又无外惧，国焉用城？今吴是惧，而城于郢，守已小矣。卑之不获，能无亡乎？昔梁伯沟其公宫而民溃，民弃其上，不亡，何待？夫正其疆埸，修其土田，险其走集，亲其民人，明其伍候，信其邻国，慎其官守，守其交礼，不僭不贪，不懦不耆，完其守备，以待不虞，又何畏矣？《诗》曰："无念尔祖，聿修厥德。"无亦监乎若敖、蚡冒至于武、文，土不过同，慎其四竟，犹不城郢。今土数圻，而郢是城，不亦难乎？（昭23）

(118) 此行也，楚必亡邑。不抚民而劳之，吴不动而速之，吴踵楚，而疆埸无备，邑能无亡乎？（昭24）

(119) 右师其亡乎！君子贵其身，而后能及人，是以有礼。今夫子卑其大夫而贱其宗，是贱其身也，能有礼乎？**无礼，必亡**！（昭25）

(120) 今兹君与叔孙其皆死乎！吾闻之："哀乐而乐哀，皆丧心也。"心之精爽，是谓魂魄。魂魄去之，何以能久？（昭25）

(121) 宋右师必亡。奉君命以使，而欲背盟以干盟主，无不祥大焉。（昭25）

(122) 楚王将死矣。使民不安其土，民必忧，忧将及王，弗能久矣。（昭25）

(123) 天命不慆久矣，使君亡者，必此众也。天既祸之，而自福也，不亦难乎！**犹有鬼神，此必败也**。呜呼！为无望也夫！其死于此乎！（昭27）

(124) 处则劝人为祸，行则数日而反，是夫也，其过三岁乎？（昭29）

(125) 晋其亡乎！失其度矣。夫晋国将守唐叔之所受法度，以经纬其民，卿大夫以序守之，民是以能尊其贵，贵是以能守其业。贵贱不愆，所谓度也。文公是以作执秩之官，为被庐之法，以为盟主。今弃是度也，而为刑鼎，民在鼎矣，何以尊贵？贵何业之守？贵贱无序，何以为国？且夫宣子之刑，夷之搜也，晋国之乱制也，若之何以为法？（昭29）

(126) 范氏、中行氏其亡乎！中行寅为下卿，而干上令，擅作刑器，以为国法，是法奸也。又加范氏焉，易之，亡也。其及赵氏，赵孟与焉。然不得已，**若德，可以免**。（昭29）

(127) 魏子必有大咎。**干位以令大事，非其任也**。《诗》曰：**"敬天之怒，不敢戏豫；敬天之渝，不敢驰驱"**，况敢干位以作大事乎？（昭32）

(128) 将建天子，而易位以令，非义也。**大事奸义，必有大咎**。晋不失诸侯，魏子其不免乎！（定1）

(129) 周苌弘、齐高张皆将不免。**苌叔违天，高子违人。天之所坏，不可支也；众之所为，不可奸也**。（定1）

(130) 虎不图祸，而必死。（定7）

(131) 赵氏其世有乱乎！（定9）

(132) 子必祸矣！子富而君贪，其及子乎！（定13）

(133) 戍也骄，其亡乎！富而不骄者鲜，吾唯子之见。**骄而不亡者，未之有也**。戍必与焉。（定13）

(134) 以礼观之，二君者，皆有死亡焉。**夫礼，死生存亡之体也**，将左右、周旋，进退、俯仰，于是乎取之；朝、祀、丧、戎，于是乎观之。今正月相朝，而皆不度，心已亡矣。嘉事不体，何以能久？高、仰，骄也；卑、俯，替也。骄近乱，替近疾，君为主，其先亡乎！（定15）

(135) 吾先大夫子常易之，所以败我也。今闻夫差，次有台榭陂池焉，宿有妃嫱嫔御焉；一日之行，所欲必成，玩好必从；珍异是聚，观乐是务；视民如雠，而用之日新。夫先自败也已，安能败我？（哀1）

(136) **吴将亡矣，弃天而背本**。（哀7）

(137) 以吴为无能为也。（哀7）

(138) 肉食者无墨。今吴王有墨，国胜乎？大子死乎？且夷德轻，不忍久，请少待之。（哀16）

(139) 君其不没于鲁乎！夫子之言曰："礼失则昏，名失则愆。"失志为昏，失所为愆。生不能用，死而诔之，非礼也；称一人，非名也。君两失之。（哀13）

(140) 多陵人者皆不在，知伯其能久乎！（哀27）

第八章

《春秋》经传性质探寻

第一节 《春秋》产生的制度背景（上）

(一)“祭者,教之本也”

三代史中祭祀仪式的主要功能之一是“取法于天”“礼以纪政”，也就是以神的名义治政、治民。本书前面已对这个问题作过较充分的讨论。下面简要讨论祭祀仪式在三代史中的另一个主要功能：以神的名义推行伦理道德，即《礼记·祭统》所说“祭者，教之本也”。

《礼记·祭统》：“夫祭之为物大矣，其兴物备矣。顺以备者也，其教之本与？是故，**君子之教也，外则教之以尊其君长，内则教之以孝于其亲。是故，明君在上，则诸臣服从；崇事宗庙社稷，则子孙顺孝。尽其道，端其义，而教生焉。……是故君子之教也，必由其本，顺之至也，祭其是与？故曰：祭者，教之本也已**。夫祭有十伦焉：见事鬼神之道焉，见君臣之义焉，见父子之伦焉，见贵贱之等焉，见亲疏之杀焉，见爵赏之施焉，见夫妇之别焉，见政事之均焉，见长幼之序焉，见上下之际焉。此之谓十伦。”

上文“尊其君长”“孝于其亲”“夫妇之别”“长幼之序”等，都是三代礼教中“德”的重要内容。**在三代礼乐观念中，“子孙顺孝”的含义有两个：其一，在生者之间；其二，在生者与死者之间。后者更加重要。“崇事宗庙社稷，则子孙顺孝”指生者对死者的“顺孝”。“顺孝”的对象是被“崇事”于“宗庙社稷”的祖先以及祖先的“令德”**。

《尚书·君陈》：“王若曰：君陈，惟尔**令德孝恭**。”这里的“令德”是祖德，“孝恭”和“顺孝”同义。《尚书·太甲中》：“王懋乃德，视乃厥祖，无时豫怠，奉先思孝，接下思恭，视远惟明，听德惟聪。”这里的“奉先思孝”指对祖先“令德”

的“顺孝”。

下面是《国语·鲁语上·展禽论祀爰居》中展禽的言论：“夫祀，国之大节也；而节，政之所成也。故慎制祀以为国典。……夫圣王之制祀也，法施于民则祀之，以死勤事则祀之，以劳定国则祀之，能御大灾则祀之，能捍大患则祀之。非是族也，不在祀典。……加之以社稷山川之神，皆有功烈于民者也。及前哲令德之人，所以为明质也；及天之三辰，民所以瞻仰也；及地之五行，所以生殖也；禁九州名山川泽，所以出财用也。非是不在祀典。”

上文“有功烈于民者”和“前哲令德之人”的共有特征都是有德能者，具体包括“法施于民”者、“以死勤事”者、“以劳定国”者、“能御大灾”者、“能捍大肆患”者等等，只有这种人才有资格被列入“祀典”。“圣王”以这种方式“慎制祀以为国典”的意图，是以这种人作为后世效法的榜样，所谓“令德孝恭”，所谓“祭者，教之本也”。《尚书·禹贡》：**“锡土姓，祗台德先，不距朕行。”据此可知，“天子建德”制度在夏初已经存在。**

《国语·周语下》提到：“（伶州鸠语）六曰无射，**所以宣布哲人之令德，示民轨仪也。**”《左传》（隐3）提到：“（宋穆公语）**光昭先君之令德。”由于是后人必须效法的祖德，故称“令德”。**《左传》（隐8）：“（众仲语）**天子建德，因生以赐姓，胙之土而命之氏。”天子“建诸侯”的基本原则是“建德。”**《国语·周语下》也提到了这种制度：“唯有嘉功，以命姓受祀，迄于天下”。《仪礼·士冠礼》（此语也见于《礼记·郊特牲》）：**“继世以立诸侯，象贤也。”这里的“象贤”，是象“先圣”之贤，是为以此约束“先圣之后”的德能操守。**《周易·彖传》所谓“**神道设教**”。

（二）利用祭祀仪式“崇德”“绌恶”

《礼记·王制》提到一种利用祭祀仪式教民以德的制度，即“上贤以崇德，简不肖以绌恶”。具体内容是：“壹命齿于乡里，再命齿于族，三命不齿（《礼记·王制》）。”《周礼·党正》也讲到了这种制度：“各掌其党之政令教治。……国索鬼神而祭祀，则以礼属民而饮酒于序，以正齿位：一命齿于乡里，再命齿于父族，三命而不齿。”

所谓“以礼会民”和“以礼属民”指祭祀仪式中的“以正齿位”。“正齿位”的含义有两个：(1) 指祭祀仪式参加者们在仪式中长幼尊卑的排序；(2) 指利用祭祀仪式“崇德”“绌恶”的制度。仪式中长幼尊卑的排序有两个等级，一是齿位，二是爵位。齿位是普通社会成员的祭神排序，其依据是昭穆辈分和年龄的长幼；爵位指“有爵者”在仪式中另有一个班位，这个班位中的排序依据是爵位的等级。在爵位相同的情况下，“同爵则尚齿”（《礼记·祭义》）。《周礼注疏·党正》：“不齿者席于尊东，所谓遵者。”这是指酒尊东面另有一组席位，是为尊者所居。这一组席位不在昭穆之列，所谓“不齿”。

《周礼·党正》上文“一命”“再命”“三命”，指天子对士的册命。天子的“册命”是三代礼制中确立士大夫乃至诸侯身份地位的基本依据。《礼记·祭义》：“昔者，有虞氏贵德而尚齿，夏后氏贵爵而尚齿，殷人贵富而尚齿，周人贵亲而尚齿。”虞夏殷周无不“尚齿”。这是因为“尚齿”是忠顺孝悌的伦理依据。

《礼记·王制》：“命乡，论秀士，升之司徒，曰选士。司徒论选士之秀者而升之学，曰俊士。升于司徒者，不征于乡；升于学者，不征于司徒，曰造士。”在这样一个“选士”和“造士”过程中，伴随着“一命”“再命”“三命”的册命过程。

对士进行“论”“选”的标准是德能方面的优劣。下述内容都是讲“上贤以崇德”的制度——《尚书·说命中》：“爵罔及恶德，惟其贤”；《周礼·司士》：“以德诏爵”；《周礼·大司徒》：“以贤制爵”；《礼记·祭统》：“爵有德而禄有功”；《礼记·乐记》：“爵举贤”。

《礼记·王制》下述内容是“简不肖以绌恶”的制度：“命乡，简不帅教者以告。耆老皆朝于庠，元日，习射上功，习乡上齿，大司徒帅国之俊士与执事焉。不变，命国之右乡，简不帅教者移之左；命国之左乡，简不帅教者移之右，如初礼。不变，移之郊，如初礼。不变，移之遂，如初礼。不变，屏之远方，终身不齿。”上文“命乡，简不帅教者以告”，是对“不帅教者”的一种警告和处分。这种制度的意图在于迫使“不帅教者”改过。如果不改也就是“不变”，便会受到更加严厉的处罚：先是从原来所在的乡被“移”到另外的乡，然后“移之郊”进而“移之遂”，最后“屏之远方，终身不齿”。

“齿位”是普通社会成员的祭神排序，参加祭祀仪式是一个社会成员的基本权利。存在两个意义上的“不齿”：一是从普通社会成员的祭神排序中升迁到“有爵者”的班位中去，这是奖励，所谓“上贤以崇德”；二是从普通社会成员的祭神排序中“开除”出去，这是惩罚，所谓“简不肖以绌恶”。

后一种“不齿”是完全剥夺了一个人参加祭祀仪式的资格。《尚书·蔡仲之命》：“降霍叔于庶人，三年不齿。”周公“降辟三叔”是西周早期的事情。这种制度的出现应早于周代。

《逸周书·大匡》：“勇如害上，则不登于明堂，明堂所以明道。”《左传》（文2）也提到了这种制度：“周志有之：勇则害上，不登于明堂。”明堂是天子率卿士、诸侯祭祀天神的天子级祭神场所，明堂祭礼也有类似乡里祭祀“齿位”的祭神班序，即《逸周书·明堂》所讲“宗周明堂之位”。

《礼记·祭义》：“祀乎明堂，所以教诸侯之孝也。”《礼记·乐记》：“祀乎明堂而民知孝。”明堂祭祀是最高祭礼，乡里祭祀是基层社会组织的祭礼。前者对后者具有表率作用，二者都有“上贤以崇德，简不肖以绌恶”的功能；后者的“齿位”相当于前者的“明堂位”，前者的“不登于明堂”相当于后者的“不齿”。

（三）“令德”“令闻”与祸福因果

前面已经初步讨论了“令德”的含义，下面在这个基础上对“令德”和“令闻”的含义以及与之相关的制度作进一步的讨论。《诗·大雅·文王》：“文王在上，于昭于天，周虽旧邦，其命维新。……文王陟降，在帝左右。亹亹文王，令闻不已。陈锡哉周，侯文王孙子。文王孙子，本支百世。”这是周天子祭祀文王的诗句。诗中的“关键词”是“令闻”。

文王是死者，是祖先，是神，文王“陟降”于两个位置之间，“陟”则“在上”、在天、“在帝左右”，“降”则在地、在奉祀文王的宗庙神位。“令闻”的含义是双向的，一是神对人的“令”和“闻”，二是人对神“令德”的“孝恭”。比如说，《尚书·酒诰》“尚克用文王教”，《尚书·君奭》“惟文王德丕承”，《尚书·蔡仲之命》“率乃祖文王之彝训”，《尚书·顾命》“嗣守文武（指周文王和周武王）大训，无敢昏逾”，这些语句都是讲后人对文王（武王）“令德”的“孝恭”。

神对人的“令”和“闻”指人神之间的“沟通”。“令”是神对人的指令，“闻”是神“接收”来自人的“信息”。周文王与后世周天子的“令闻”关系可以分为两种情况，第一种是“直接的”，第二种是“中介的”。比如说，占卜决疑的步骤之一是人对神提出问题，卜筮的结果被认为是神对人提出问题的回答。神“接收”人对其提出的问题是“闻”，神对人提出问题的回答是“令”。这是“直接”的“令闻”关系。

文王是周王室承受天命的第一个受命者，他死后的职能之一是“陟降”于“帝”与“文王孙子”之间，转达“文王孙子”与“帝”之间的“令闻”关系。这种情况下文王是介于“文子文孙”与“上帝”之间的传语者。这是“中介”的“令闻”关系。“天命”是“上帝命”，“帝”是“天命”的最高主持者，因此文王的“陟降”是在为“文子文孙”延续天命。

《诗·商颂·长发》：“有娀方将，帝立子生商。……帝命不违，至于汤齐。汤降不迟，圣敬日跻。昭假迟迟，上帝是祗。帝命式于九围。”此处“汤降不迟”与“文王既勤止”的含义相近，成汤是商王室承受天命的第一个受命者，所以成汤的“昭假”延续了商王室的“帝命式于九围”。

《诗·周颂·我将》：“我将我享，维羊维牛，维天其右之。仪式刑文王之典，日靖四方。伊嘏文王，既右飨之。我其夙夜，畏天之威，于时保之。”这也是一首后世周天子祭祀周文王的祭祀乐歌的歌辞。“仪式刑文王之典”“畏天之威”是遵从祖制亦即“令德孝恭”的一种表白，表白的意图是为得到“维天其右之”和“于时保之”的神的庇护。

《诗·周颂·维天之命》:“维天之命,于穆不已。于乎不显,文王之德之纯。假以溢我,我其收之。骏惠我文王,曾孙笃之。”这里“曾孙笃之”也是“我”对“文王之德”的“令德孝恭”的表白。《尚书·君奭》:“惟文王德丕承,无疆之恤。”此处“无疆之恤”是神的庇护,庇护的条件是“惟文王德丕承”。《尚书·君奭》“纯佑秉德”一语是对这种神佑神罚因果关系的准确概括。

《国语·鲁语上·匠师庆谏丹楹刻桷》是一篇典型的劝谏体短文[劝谏体-不从]:【劝谏原因】庄公丹桓宫之楹,而刻其桷。【劝谏言论】匠师庆言于公曰:“臣闻圣王公之先封者,遗后之人法,使无陷于恶。其为后世昭前之令闻也,使长监于世,故能摄固不解以久。今先君俭而君侈,令德替矣。”公曰:“吾属欲美之。”对曰:“无益于君,而替前之令德,臣故曰庶可已矣。”【是否听从】公弗听。

匠师庆的劝谏较完整地表述了本节讨论的主要制度和观念:**(1)“天子建德”的制度;(2)“圣王公之先封者,遗后之人法”是“先君”的“令德”;(3)这种制度的创立目的,是要后人效法“先封者”的“令德”,并因此“使无陷于恶”;(4)后人效法“先封者”的“令德”,是为“昭前之令闻也,使长监于世”,也就是上引《诗·大雅·文王》所说“令闻”的“不已”;(5)只有“先封者”的“长监于世”,才能够保证族姓命运的“摄固不解以久”**。

族姓“先封者”是宗庙中的祖考神,族姓的命运取决于祖考神是否庇护。祖考神是否庇护,反过来又要取决于“后世”是否遵从其“令德”,以及遵从的程度。如果祖考神满意后人的行为表现,便会时时“陟降”于上下之间,维持人神之间“令闻不已”的关系,通过占卜在“守龟”上听闻和回答后人提出的问题,在宗庙中享受后人的奉祀,在享祭时听闻后人的祝告并设法满足后人提出的祈福要求。否则,祖考神便会断绝与后人的“令闻”关系,对后人的要求和命运不闻不问,甚至不但不庇护反而降罚。这种情况一旦发生,国家、族姓和个人便会直接面临各种厄运乃至灭亡。所以,**“令闻不已”和“令闻不忘”是族运昌盛的重要保证。**

第二节 《春秋》产生的制度背景（下）

(一)“至治馨香，感于神明”

在已知的较早期古代文明(古埃及文明、古苏美尔文明、古希腊文明、古罗马文明等等)中，祭祀者取悦祖考神的主要途径包括兴建宏伟的神庙、举办隆重的祭神典礼、准备丰盛的献祭物。《国语·楚语下·观射父论祀牲》中讲述了一个重要观念：神对祭祀的要求是“**求备物，不求丰大**”，除了献祭物的“以告遍至”外，祭祀者“无不受休”的前提条件是“**明德以昭之**”，也就是对祖考神“令德”的“孝恭”。所谓“**无有苛慝于神**”是指在仪式中“**虔其宗祝，道其顺辞”的“不违心**”。在《尚书》《诗经》《国语》《左传》等较早期文献中，与此相关的言论非常多见。下面举例说明。

《左传》(桓6)《季梁劝随侯修政》是一篇典型的劝谏体短文[劝谏体-从-验]。【劝谏原因】少师归，请追楚师。随侯将许之。【劝谏言论】季梁止之，曰：“天方授楚，楚之羸，其诱我也。君何急焉？臣闻小之能敌大也，小道大淫。**所谓道，忠于民而信于神也。上思利民，忠也；祝史正辞，信也。**今民馁而君逞欲，祝史矫举以祭。臣不知其可也。”公曰：“吾牲牷肥腯，粢盛丰备，何则不信？”对曰：“夫民，神之主也，是以圣王先成民而后致力于神。故奉牲以告曰‘博硕肥腯’，谓民力之普存也，谓其畜之硕大蕃滋也，谓其不疾瘯蠡也，谓其备腯咸有也；奉盛以告曰：‘洁粢丰盛’，谓其三时不害而民和年丰也；奉酒醴以告曰‘嘉栗旨酒’，谓其上下皆有嘉德而无违心也。**所谓馨香，无谗慝也。**故务其三时，修其五教，亲其九族，以致其禋祀，于是乎**民和而神降之福**，故动则有成。今民各有心，而鬼神乏主；君虽独丰，其何福之有？君姑修政，而亲兄弟之国，庶免于难。”【是否听从】随侯惧而修政。【验辞】

楚不敢伐。

这篇短文也是讲神权观念中祸福因果的宗教“原理”：**“所谓道，忠于民而信于神也。”这种神权观念和礼乐制度的创制意图，是理性利用“迷信”，使人敬天畏神的目的是确立王权和推行王政。**《晏子春秋》：**“古者先君之干福也，政必合乎民，行必顺乎神。”在三代礼制正常运转的时期，敬天畏神的“迷信”是天子“布政”的依据，同时也是天子之下各级为政者和民众“服听”天子的动机。当天子失德、失政时，神佑神罚的神权观念也被用来制约天子。这种宗教观念和制度构建的理性意图清晰可见。**

但是，这种类型的“迷信”毕竟是一把双刃剑，控制得当，它就是一种十分有效的社会约束工具；一旦失控，这把双刃剑便会反斫，其祸患无穷。因此有必要将其控制在一个有益无害的稳定状态，在理性与“迷信”之间维持一种平衡关系。这种平衡关系非常脆弱，一旦“迷信”失去了理性的控制，便会出现各种破坏礼乐制度正常运转的恶性结果，所谓“巫风”，所谓“淫祭”以及“淫祀”，也就是只顾媚神求福而不顾治政治民。《尚书·高宗肜日》：“呜呼！王司敬民；罔非天胤，典祀无丰于昵。”《逸周书·命训》：“极祸则民鬼，民鬼则淫祭，淫祭则罢家……福莫大于行义，祸莫大于淫祭。”《礼记·曲礼下》：“淫祀无福。”上面几条引文表明，三代统治者一直在强调和维持着理性与“迷信”之间的平衡关系。

维持这种平衡关系的重要方法之一，是强调为政者的德能和民本位的观念。作为一篇春秋时期的官学教材，《季梁劝随侯修政》的主旨正是说明这个问题。季梁在谏语中强调，仅凭“牲牷肥腯，粢盛丰备”的礼神、祭神并不能够保证神的降福。这是观射父所说“求备物，不求丰大”的观念。神是否降福，除了取决于献祭物是否丰盛（“牲牷肥腯，粢盛丰备”）之外，还取决于为政者的德能和政绩：“故务其三时，修其五教，亲其九族，以致其禋祀，于是乎民和而神降之福，故动则有成。”

“祝史正辞，信也”与观射父所说“虔其宗祝，道其顺辞”的“不违心”出自同一种观念。在《周礼》职官中有女祝、女史、大祝、小祝、丧祝、甸祝、诅祝、司巫、男巫、女巫、大史、小史、冯相氏、保章氏、内史、外史、御史等与祝史相关的职条，这些职条中有很大一部分内容是“神职”。祝史是事神者，在发生学上与祭司、巫师有关。**祝和史在礼乐制度中的主要职能之一，是在祭祀仪式中代表人向神讲话（祝辞）以及代表神向人讲话（嘏辞）。《礼记·礼运》所谓“祝嘏辞说”。**

祝史代表人向祖考神的讲话，是为取悦于享祭神和祈福。取悦于祖考神的目的是祈福。此类祝辞的内容主要有两个，一是献祭物的丰洁和祭礼仪规的完备，如“为酒为醴，烝畀祖妣，以洽百礼，降福孔皆”（《诗·丰年》）；二是祭祀者在德能政事方面的表白，《诗经》雅、颂部分有一些与此相关的内容。例如，《文王》：“无念尔祖，聿修厥德。永言配命，自求多福。”

《季梁劝随侯修政》中所讲的“博硕肥腯”“洁粢丰盛”“嘉栗旨酒”等语，都是在祭祀仪式中固定使用的告神的祝辞。例如，《周礼·地官·充人》所谓“硕牲则赞”。季梁在对这些祝辞的解释中强调了祭祀者的德能政绩，如“民力之普存”“三时不害而民和年丰”“上下皆有嘉德而无违心也”“无谗慝也”等都是德能政绩方面的内容。《管子·形势》的下述内容也在讲述同一个观念：“牺牷圭璧，不足以飨鬼神。主功有素，宝币奚为？”

《尚书·君陈》：“**至治馨香，感于神明，黍稷非馨，明德惟馨。**”这段话是对《季梁劝随侯修政》全文含义的准确概括。也可以反过来说，《季梁劝随侯修政》中季梁的言论是对这段话中礼乐观念的准确解释和说明：“**故务其三时，修其五教，亲其九族，以致其禋祀，于是乎民和而神降之福，故动则有成。**”《尚书·酒诰》也提到相同的观念：“**弗惟德馨香祀，登闻于天，诞惟民怨。庶群自酒，腥闻在上；故天降丧于殷，罔爱于殷：惟逸。天非虐，惟民自速辜。**”《尚书·吕刑》：“**上帝监民，罔有馨香德，刑发闻惟腥。**”

《左传》（僖5）《宫之奇谏假道》是一篇典型的教材类短文[劝谏体-不从-讥验在后文]。宫之奇在谏语中提到：“鬼神非人实亲，惟德是依。故周书曰：‘皇天无亲，惟德是辅。’又曰：‘**黍稷非馨，明德惟馨。**’又曰：‘**民不易物，惟德繄物。**’如是，则非德，民不和、神不享矣。神所冯依，将在德矣。”

《国语·周语上·内史过论神》一文介于问答体和训语体之间。内史过讲述了神佑和神罚的“规律”，其言论中也采用了以“腥臊”“馨香”来表述德能政绩善否的比喻：“其政腥臊，馨香不登”。文献是历史的载体。对同一种观念大同小异的表述方式在文献中反复出现，而这些文献本身又是被长时段大范围使用的官学教材，这就表明了这种观念属于当时主流意识形态中被反复强调的重要内容。

祭祀者的德能政绩并没有味道。“馨香”原本是指祭祀仪式中献神酒食的美味。在礼乐观念中，天也就是神（祖考神）庇护其子孙的先决条件主要有两个，即为政者（同时也是祭祀者）德能政绩的优劣及其献祭物是否完备。三代（夏商西周乃至春秋时期）文献反复使用献祭物的“馨香”比喻为政者的“至治”和“明德”。此类比喻是为强调：在祖考神庇护其子孙的两个先决条件中，为政者的德能政绩更加重要。依据本书此前的举证和讨论，这里有足够条件提出一个中国古代史研究的重要概念：夏商西周乃至春秋时期的主流意识形态——“三代礼乐观念”。

（二）“祝嘏辞说”与“皇极”祸福

《季梁劝随侯修政》中有关祝史的言论非常重要。季梁从两个角度说明这个问题：在为政者有善德善政的情况下，祝史在德能政绩方面向神的表白和祈福是“正辞”，是“信也”。在相反的情况下，祝史的同样言辞便成了“矫举以祭”；“臣不知其可也”，意思是祝史的“矫举以祭”不可以得到“神降之福”。

《左传》（襄27）“子木问于赵孟曰：‘范武子之德何如？’对曰：‘夫子之家事治，言于晋国无隐情，**其祝史陈信于鬼神无愧辞**。’子木归以语王。王曰：‘尚矣哉！能歆神、人，宜其光辅五君以为盟主也。’”上文“祝史陈信于鬼神无愧辞”与《季梁劝随侯修政》中的“**祝史正辞**”、《观射父论祀牲》中的“**虔其宗祝，道其顺辞**”的“不违心”都在表述同一种观念，《国语·楚语·王孙圉论楚宝》也讲到左史倚相能上下说（悦）于鬼神，顺道其欲恶，使神无有怨痛于楚国。

这种观念可以从三个方面进行分析：第一，为政者只能以善德善政得到神的庇护；第二，祝史沟通人神的言辞要“陈信”，不可以“矫举”；第三，祝史言辞是人神沟通的重要途径，三代礼制中曾有一些与此相关的重要制度。这些制度在春秋时期已经衰落，但在“祝史正辞”“祝史陈信”等相关议论中仍有一些踪迹可寻。

《左传》（昭20）《晏子谏诛祝史》是一篇典型的劝谏体短文，《晏子春秋》也有一篇讲述同一件事情的短文，篇名《景公病久不愈欲诛祝史以谢晏子谏》。二者互有详略。短文大意是：齐景公久病不愈，梁丘据与裔款认为景公“事鬼神丰”，他的生病“是祝史之罪”，建议他诛罚祝史，此事经晏子的劝谏而作罢。与《季梁劝随侯修政》的情况相同，晏子也是从两个角度说明这个问题。

正面——“若有德之君，外内不废，上下无怨，动无违事，**其祝、史荐信，无愧心矣**。是以鬼神用飨，国受其福，祝、史与焉。其所以蕃祉老寿者，为信君使也，**其言忠信于鬼神**。”

反面——“其适遇淫君，外内颇邪，上下怨疾，动作辟违，从欲厌私，高台深池，撞钟舞女。斩刈民力，输掠其聚，以成其违，不恤后人。暴虐淫从，肆行非度，无所还忌，不思谤讟，不惮鬼神。神怒民痛，无悛于心。**其祝、史荐信，是言罪也**；其盖失数美，是矫诬也。进退无辞，则虚以求媚。**是以鬼神不飨其国以祸之，祝、史与焉**。所以夭昏孤疾者，为暴君使也，其言僭嫚于鬼神。”

不难看出，上文（《左传》襄27“祝史陈信于鬼神无愧辞”，昭20“祝、史荐信，无愧心矣”）是成语“无愧于心”的原始出处。上述《左传》（昭20）言论与《季梁劝随侯修政》的相应内容意向相同，但论述更加具体、细致。晏子还进而说到祝史是否“荐信”甚至会影响他们自己的命运，或“蕃祉老寿”，或“夭昏孤疾”。晏子在后面的谏语中谈到，为政者的失政会引起“民人苦病，夫妇皆诅”；如果“祝有益也”，那么“诅亦有损”；齐国境内“其为人也多矣”，祝史“虽其善祝，岂能胜亿兆人之诅”。刘向所编《新序》也有与此相关的内容：“且君苟以为祝有益于国乎？则诅亦将为损，世亡矣，一人祝之，一国诅之，一祝不胜万诅，国亡不亦宜乎？”

《大戴礼记·盛德》中也有与此相关的内容（略），并且也是从正反两个方面进行论述。**在春秋时期乃至战国中期以前，上述议论反复出现，这是一个非常引人关注的重要现象。导致这一现象的原因，是三代礼制中曾有一些与祝史言辞相关的重要制度。**

由晏子谏语内容（即祝史“为信君使也”“为暴君使也”）可知，在当时人们的观念中，祝史是人神沟通的“使者”。祝史言辞则是人神沟通的重要途径。其内容包括人对神的言辞和神对人的言辞，也就是祝辞和嘏辞。所谓“祝史正辞”和“祝史陈信于鬼神无愧辞”，是在强调一种正在失去约束力的传统制度的原有情况。

这种传统制度规定：祝史在祭祀仪式的祝告言辞中要有一个必须提到的内容，也就是向神“汇报”主祭这个仪式的为政者（国君、卿大夫等）的德能政绩。这种传统制度还规定：祝史向神“汇报”为政者德能政绩的祝告言辞必须“荐信”，要“直言情”，要“其言忠信于鬼神”，要“陈言不愧”，也就是有罪则“言罪”，有善则善之；否则，便是“矫诬”，便是“其言僭嫚于鬼神”。在《晏子春秋·景公问欲令祝史求福晏子对以当辞罪而无求》中，也提到了这种“司过荐罪”的制度。

《礼运》是《礼记》中总论礼乐制度的重要篇章。孔子在此提到，“修其祝嘏”“作其祝号”都是祭祀仪式中的重要内容；祭祀仪式的社会功能是“以正君臣，以笃父子，以睦兄弟，以齐上下，夫妇有所”；“祝嘏辞说”的具体内容是“祝以孝告，嘏以慈告”。这里“孝”的含义指生者（子孙）对死者（祖考神）“令德”的“孝恭”。这里“慈”的含义指祖考神对其子孙的慈爱与庇护。“祝以孝告”指祝史在祭祀仪式祝告言辞中的“道其顺辞”以及“陈信于鬼神无愧辞”，“嘏以慈告”指祖考神通过祝史对拥有“纯孝”“纯德”的子孙的“纯嘏”，也就是“纯佑秉德”。《诗经》中的“孝子不匮，永锡尔类”就是一句典型的嘏辞。

《礼记·礼运》：“祝嘏莫敢易其常古，是谓大假。祝嘏辞说，藏于宗祝巫史，非礼也，是谓幽国。……故先王秉蓍龟，列祭祀，瘗缯，宣祝嘏辞说，设制度，故国有礼，官有御，事有职，礼有序。”孔子上文所说“祝嘏莫敢易其常古”之不可改变者，指“祝以孝告，嘏以慈告”一语中所说的“孝”和“慈”的“互动关系”。“祝嘏辞说，藏于宗祝巫史”，这是孔子在世时的情况，是礼坏乐崩的结果。

这里有两个认识线索：第一，“祝嘏辞说”是礼乐制度中的重要内容；“秉蓍龟，列祭祀，瘞缯，宣祝嘏辞说，设制度”等等都是先王的创制，这些理性创制所要实现的效果是：“国有礼，官有御，事有职，礼有序”。第二，“宣祝嘏辞说”是“先王”亦即天子的权力和职能。因此，说“祝嘏辞说，藏于宗祝巫史”“非礼也”，具体指“祝嘏辞说”在早期制度中不可以被“藏于”诸侯方国的“宗祝巫史”。

《周礼·大祝》“颁祭号于邦国都鄙”，这是西周时期由天子“宣祝嘏辞说”的相关制度。在本书至此的认识基础上，再回过头去考察本书前面已经讨论过的《尚书·洪范》《逸周书·常训》《逸周书·命训》等篇的内容，似乎有条件对其中一些重要制度获得更加具体和准确的认识。“洪范九畴”第五“建用皇极”的天子赐福，实际上就是由天子“宣祝嘏辞说”的相关制度。

“皇极”赐福是三代“神权政治”中一种特定的奖励制度，“司不义而降之祸”则是三代“神权政治”中一种特定的惩罚制度；这两种制度的实施依据，都是天子所居“皇极”的位置及其“保极”的职权、人神之间的“要质”关系、神佑神罚的因果规律以及祖考神的“令德”规范。

天子“降之祸”，是对“不义”者的一种威吓性惩罚，如果这种惩罚达到了使“不义”者“惩而悔过”的效果，则这个具体的“正人”过程就此结束；如果“不义”者未能因此“惩而悔过”，天子便要动用“斧钺”进行实际的惩罚。天子的刑罚，包括以征伐刑国，以斧钺刑人。

天子“赐之福”的依据是“福禄在人”。这里存在一个具体的过程：先有一个“令闻嘉誉”的告神程序，然后再以神的名义赐福于人。同理，天子“司不义而降之祸”也要先有一个《晏子春秋》所说的“司过荐罪”的程序，然后再以神的名义降祸于人。

第三节 《春秋》的文本、“书法”特征

本书前面以较大篇幅讨论三代礼制中“祝史荐信”和天子“皇极”赐福、降祸的具体制度。这些讨论可以为了解《春秋》的性质提供一个非常重要的认识基础。

《春秋》文本特征非常鲜明。

第一，**简短**：用一万六千余字叙述春秋时期二百余年间的史事，共记事一千八百八十条左右（且仅记事而不记言）；其条目篇幅最短者一条仅用一个字，最长者为四十七字；每条平均不足十个字。记事最少者一年两条（桓9），最多者一年二十条（宣10），平均每年不足八条。《左传》“五十凡例”中五分之三的内容（二十九条）属于不涉褒贬的记叙性体例，其功用是保证《春秋》经文的行文简短与表义准确（具体例证见后文）。

第二，**所记内容范围有限、类目清楚**：据元代陈则通《春秋提纲》的分类，主要类目有“侵伐”“朝聘”“会盟”三个大类，此外“杂事”一类中包含祭祀、婚丧、城筑、搜狩、田赋、记异等小类。据笔者初步计数，《春秋》记侵伐、灭国之事四百五十条左右，记死亡、丧葬之事（包括鲁国的国君即位）四百条左右，记鲁国以外诸侯国的政局动荡之事（如弑君、杀大夫等）二百条左右，记诸侯方国间的遇、会、盟、会盟、同盟等事二百条左右，记鲁国君臣（除会盟、侵伐外）的出访、出使一百四十条左右，“记异”如日食、陨星、地震、水灾、火灾、旱灾、虫灾、丰年、饥荒等事一百三十条左右，记他国君臣到鲁国来朝、来聘、来奔等事一百二十条左右，空记时月六十条左右，记方国间婚嫁事六十条左右，记祭事如郊祭、烝祭等五十条左右，记城、筑等“土功”之事四十条左右，记“取”地、迁国之事各十条左右，记搜、狩之事十条左右，另

有记“初税亩”“作三军”“舍中军”“用田赋”“子同生”等数条。

第三，**记事讲究“书法”体例**：“书法”的情况有两种。其一，是不涉褒贬的记叙性体例。下面是《左传》“五十凡例”中的两个例子：“凡诸侯之女，归宁曰来，出曰来归，夫人归宁曰如某，出曰归于某”（庄27）；“凡邑：有宗庙先君之主曰都，无曰邑。邑曰筑，都曰城”（庄28）。其二，是以不同的用字体例体现记事者对史事是非的善恶褒贬（也存在各种“讳”）。

本书前面提到，**《春秋》的性质有两个：首先，它是记录历史的史书；其次，它又是一本以特定方式明确判定史事是非的书。在春秋时期的官学教育中，《春秋》作为教材的教育功能也有两个：一是受教育者用它来学习历史，二是受教育者用它来学习如何分辨为政者德能政绩方面的善恶是非。**

所谓“是”，是对有德能者以及合于礼法之事的肯定；所谓“非”，是对无德能者以及“非礼”之事的否定。这种判定史事是非的特定方式即所谓“《春秋》书法”“义法”“笔法”，也就是以“书”“不书”“先书”“故书”“言”“不言”“称”“不称”“书曰”等“微言大义”来体现“君子言”中的褒贬意向；肯定者如：“进之”“贤之”“褒之”“喜之”“善之”“贵之”“大之”“与之”“亲之”“闵之”等等；否定者如：“罪之”“非之”“甚之”“危之”“微之”“疾之”“病之”“绝之”“过之”“卑之”“疏之”“贱之”“不与”“不耻”“刺”“讥”“贬”“难”“嫌”等等，也就是所谓“一字褒贬”。

由于《春秋》经文的“笔法”和褒贬意向存在一套比较复杂、晦涩的技术性表述规则，所以要通过对《公羊传》和《穀梁传》的解说，才能实现教与学之间比较顺利的沟通。在《左传》第二部分内容中，也有许多与《公羊传》和《穀梁传》性质相同的解经内容。下面分别枚举《春秋》三传中这个方面的几个案例。

（一）《公羊传》（6例）

(1) 隐公十年（经）夏，翚帅师会齐人、郑人伐宋。（传）此公子翚也，何以不称公子？贬。曷为贬？隐之罪人也，故终隐之篇贬也。

(2) 桓公十有四年（经）乙亥，尝。（传）常事不书，此何以书？讥。何讥尔？讥尝也。曰：犹尝乎！御廪灾，不如勿尝而已矣！

(3) 庄公二十有二年（经）冬，公如齐纳币。（传）纳币不书，此何以书？讥。何讥尔？亲纳币，非礼也。

(4) 庄公二十有三年（经）夏，公如齐观社。（传）何以书？讥。何讥尔？诸侯越竟观社，非礼也。

(5) 庄公二十有九年（经）春，新延厩。（传）新延厩者何？修旧也。修旧不书，此何以书？讥。何讥尔？凶年不修。

(6) 庄公三十有一年（经）春，筑台于郎。（传）何以书？讥。何讥尔？临民之所漱浣也。

（二）《穀梁传》（6例）

(1) 隐公七年（经）夏，城中丘。（传）城，为保民为之也。民众城小，则益城。益城无极。凡城之志，皆讥也。

(2) 庄公二丨有八年（经）冬，筑微。（传）山林薮泽之利，所以与民共也。虞之，非正也。

(3) 闵公元年（经）春，王正月。（传）继弑君不言即位，正也。亲之非父也，尊之非君也，继之如君父也者，受国焉尔。

(4) 文公十有三年（经）大室屋坏。（传）大室屋坏者，有坏道也，讥不修也。大室犹世室也。周公曰“大庙”，伯禽曰“大室”，群公曰“宫”。礼，宗庙之事。君亲割，夫人亲舂，敬之至也。为社稷之主，而先君之庙坏，极称之，志不敬也。

(5) 宣公四年（经）公伐莒取向。（传）伐犹可，取向甚矣，莒人辞不受治也。伐莒，义兵也；取向，非也，乘义而为利也。

(6) 宣公八年（经）仲遂卒于垂。（传）为若反命而后卒也。此公子也，其曰仲，何也？疏之也。何为疏之也？是不卒者也。不疏，则无用见其不卒也，则其卒之，何也？以讥乎宣也。其讥乎宣，何也？闻大夫之丧，则去乐卒事。

（三）《左传》（6例）

(1) 隐公元年（经）夏，五月，郑伯克段于鄢。（传）书曰："郑伯克段于鄢。"段不弟，故不言弟；如二君，故曰克；称郑伯，讥失教也；谓之郑志。不言出奔，难之也。

(2) 隐公五年（经）春，公矢鱼于棠。（传）书曰"公矢鱼于棠"，非礼也，且言远地也。

(3) 隐公九年（经）夏，城郎。（传）书不时也。

(4) 桓公三年（经）公子翚如齐逆女。（传）修先君之好，故曰"公子"。

(5) 庄公元年（经）夫人孙于齐。（传）不称姜氏，绝不为亲，礼也。

(6) 庄公二年（经）夫人姜氏会齐侯于禚。（传）书奸也。

《左传》（昭2）记韩宣子到鲁国"来聘"，他"观书于大史氏"，见到《易·象》与《鲁春秋》，感叹说："周礼尽在鲁矣，吾乃今知周公之德与周之所以王也。"此时孔子还是少年。《鲁春秋》是鲁国的"正史"，由鲁国的"大史氏"负责保管并逐年记事。

按：以上枚举只是一项深入研究的起点。将《春秋》三传的每一条《春秋》经文和每一条解经传文逐年并列在同一个表格中，以此为基础在三者的经文和解经传文之间加以分析比较，可以得出一些有别于以往且更加可靠的重要研究结论。

第四节　令人畏惧的"书法不隐"

《国语·鲁语上·曹刿谏如齐观社》是劝谏体，曹刿在谏语中提到："臣不闻诸侯相会祀也，祀又不法。**君举必书，书而不法，后嗣何观？**"《左传》（庄23）也记录了大致相同的内容。这里有三个认识线索：第一，曹刿所说"君举必书"是指鲁国"正史"也就是《鲁春秋》的逐年记事，职掌此事的当然是鲁国的"大史氏"。第二，"书而不法"一语表明，《鲁春秋》的记事方式可以明确体现出鲁庄公"如齐观社"的"不法"。《公羊传》有关此事的传文是："何以书？讥。何讥尔？诸侯越竟观社，非礼也。"《穀梁传》的传文是："常事曰视，非常曰观。观，无事之辞也，……无事不出竟。"第三，"后嗣何观"是指后人对《鲁春秋》的阅读。

《左传》（宣2）："乙丑，赵穿攻灵公于桃园。宣子未出山而复。大史书曰'赵盾弑其君'，以示于朝。宣子曰：'不然。'对曰：'子为正卿，亡不越竟，反不讨贼，非子而谁？'宣子曰：'乌呼！"我之怀矣，自诒伊戚"，其我之谓矣。'"孔子曰："董狐，古之良史也，书法不隐。赵宣子，古之良大夫也，为法受恶。惜也，越竟乃免。"**上文表明，善恶褒贬的"书法"体例并不是仅存于鲁国的"正史"记录制度，晋国的大史也曾遵循这种特定的记史制度。**

《左传》（僖7）《管仲谏桓公勿许郑太子》也是劝谏体，管仲的谏语中也提到相同的制度："且夫合诸侯以崇德也。**会而列奸，何以示后嗣？夫诸侯之会，其德、刑、礼、义，无国不记。记奸之位，君盟替矣。作而不记，非盛德也。**"这种类型的记史制度不仅行之于鲁国、齐国、晋国，而且"**无国不记**"。**这当然不是各诸侯国不约而同各自创立的制度，而是西周时期由天子统一推行于所辖方国的制度的遗留。**

这种记史制度对为政者的行为具有约束功能：为政者的行为将被记录下来，

记录的“书法”将明确体现为政者行为中的善恶是非。善恶是非的评判和记录者是独立于为政者的史官，史官的评判和记录要依据一套既有的“书法”。这样的“正史”在记录刚完成的时候，具有“朝报”的性质，史官依制度要将其“示于朝”。善德善政会得到赞誉，失德失政会遭受批评和贬斥；这种赞誉和贬斥的记录将被长久保留“以示后嗣”，并且作为一种正式的教材为“后嗣”讲授。善德善政会在为政者死后继续得到赞誉，为“后嗣”所效法；失德失政会在为政者死后继续遭受批评和贬斥，使“后嗣”引以为戒。

《左传》（文15）：“三月，宋华耦来盟，其官皆从之。书曰‘宋司马华孙’，贵之也。公与之宴。辞曰：‘君之先臣督，得罪于宋殇公，名在诸侯之策。臣承其祀，其敢辱君？请承命于亚旅。’鲁人以为敏。”华耦推辞鲁文公“与之宴”，是由于其先祖华督曾经“得罪于宋殇公”，此事“名在诸侯之策”。这里所说的“诸侯之策”是指“无国不记”的列国“正史”，也就是墨子（《墨子·明鬼下》）在战国时仍然可以读到的“周之《春秋》”“燕之《春秋》”“宋之《春秋》”“齐之《春秋》”等“百国《春秋》”，其中包括了《左传》（昭2）提到的《鲁春秋》。

华督“得罪于宋殇公”之事被记录在《春秋》桓公二年：“宋督弑其君与夷及其大夫孔父。”这是华耦所说此事“名在诸侯之策”的直接证据，同时也是对管仲所说“无国不记”的证实。华耦是华督的后嗣和承祀者，“督弑其君”距华耦到鲁国“来盟”的文公十五年已将近百年，但华耦仍然认为自己是一个在“名分”上不光彩的人，他推辞鲁文公“与之宴”的理由是这样会使文公受辱。鲁人对华耦的推辞感到满意（“以为敏”）。也就是说，并非华耦单方面认为自己在“名分”上不光彩，而是主客双方都这样认为。这表明，由于这种记史制度的作用，为政者的失德、失政会令其“后嗣”在多代以后仍然蒙羞。鲁人“以为敏”的重要表示之一，是在《春秋》经文中记录此事时采用了“贵之也”的“书法”。

《左传》（襄25）记齐国的崔杼、庆封杀齐庄公，立齐景公；于是“大史书曰：‘崔杼弑其君。’崔子杀之。其弟嗣书，而死者二人。其弟又书，乃舍之。南史氏闻大史尽死，执简以往。闻既书矣，乃还。”齐国史官的“书法不隐”，不是个人行为，而是在遵循一套既有的“书法”制度。崔杼连杀三人，但最终未能阻止史官的“秉笔直书”。这是礼坏乐崩的结果，也是礼乐制度尚未完全消亡的结果。《春秋》记此事作“齐崔杼弑其君光”。

《左传》（襄20）：“卫宁惠子疾，召悼子曰：‘吾得罪于君，悔而无及也。名藏在诸侯之策，曰：“孙林父、宁殖出其君。”君入，则掩之。若能掩之，则吾子也。若不能，犹有鬼神，吾有馁而已，不来食矣。’悼子许诺，惠子遂卒。”卫献公暴虐昏庸，宁惠子（宁殖）后悔“出其君”，并不是由于他觉得对不起卫献公，而是由于他自己“出君”的恶名“藏在诸侯之策”。他临终托付悼子（宁喜）助卫献公归国的目的只有一个：那就是通过“君入”来“掩”其“出君”的恶名。他“出君”的恶名“藏在诸侯之策”，必是一件令他非常恐惧的事情，以至于得不到“许诺”便咽不下最后一口气。

宁喜最终实现了其父宁殖的嘱托。《春秋》（襄14）记此事作“卫侯出奔齐”，而不是“孙林父、宁殖出其君”。导致这种情况的原因，应如宁惠子所说：“君入，则掩之。”也就是由于后人补救了他的过失，掩盖了他在“诸侯之策”上“出君”的恶名，“无国不记”的史官们因此将“孙林父、宁殖出其君”改写作“卫侯出奔齐”。宁喜弑君纳君虽掩盖了宁殖“出君”的恶名，但他自己“弑君”的恶名却留在了“诸侯之策”：“卫宁喜弑其君剽”（《春秋》襄26）。

宁喜弑君纳君的主要动机，不是卫献公对他的许诺：“苟反，政由宁氏，祭则寡人”（《左传》襄26）；而是由于他对宁殖的许诺：“吾受命于先人，不可以贰”（同上）。他因此死于非命，于是“九世之卿族，一举而灭之”（同上）。《春秋》的改写也有可能是“修《春秋》”的结果，目的是“责其君”，杜注孔疏等旧注多主此说。

《国语·楚语上·左史倚相儆申公子亹》讲述春秋初年卫武公九十五岁犹求谏于国的事情：“在舆有旅贲之规，位宁有官师之典，倚几有诵训之谏，居寝有亵御之箴，临事有瞽史之导，宴居有师工之诵。史不失书，蒙不失诵，以训御之，于是乎作《懿戒》以自儆也。”这里的“史不失书”与前面引文中孔子所说的“书法不隐”含义相当。

《左传》（襄14）师旷回答晋侯的言论中也提到了这种制度：“是故天子有公，诸侯有卿，卿置侧室，大夫有贰宗，士有朋友，庶人、工、商、皂、隶、牧、圉皆有亲昵，以相辅佐也。善则赏之，过则匡之，患则救之，失则革之。自王以下，各有父兄子弟以补察其政。史为书，瞽为诗，工诵箴谏，大夫规诲，士传言，庶人谤，商旅于市，百工献艺。”具体说，“史为书”是对为政者“过则匡之”的一种制度化的制约手段。

由上面的举证和讨论可以了解到，曹刿谏语中提到“后嗣何观”，管仲谏语中提到“何以示后嗣”，他们这样说是由于存在着“史为书”的“过则匡之”的制度。这种用“书法”来“道名分”的制度，曾在很大范围内长期实施并且非常有效。为政者的恶名假如记录在案，也就是“名藏在诸侯之策”，在当时是一件令人非常畏惧的事情。正是由于这个原因，曹刿和管仲用这个理由来增加劝谏的说服力。由于同一个原因，赵盾悲叹于朝，崔杼再杀史官，华耦蒙羞于百年之后，宁殖临终托付，宁喜铤而走险。

第五节 《春秋》简约文体与祝史言辞

沈玉成先生指出："《春秋》的记事简约，每年分若干条，每条少则几个字，多则二十余字，类似于后世的'大事记'或者报纸的标题。……《春秋》不仅文字简约，而且仅记事而不记言，更不发表任何评论。这个问题是不能用当时书写工具不方便来解释的，因为在《春秋》之后不久，就出现了《左传》《国语》这样洋洋洒洒的史册。"[1]《春秋》为什么如此简约？这是一个非常重要的问题。

沈先生提出一个看法："另一个推想也许是有道理的：当时各国，特别是周公之后、孔孟之乡的鲁国，国家的史籍不会只是一种，《周礼·春官宗伯》关于太史以下的几段记载多少可以说明这一点。是不是可以认为，《春秋》只是鲁国史籍中的一种，其他如诏告、谏说、行人辞令还有其他别的什么，都另有典册记载。否则，礼义之邦在二百多年中仅仅只有不足两万字的历史记载，一年不足一百字，这也是有悖常情的事。"[2]

沈玉成先生的推想很谨慎，他并没有直接回答这个问题，只是从侧面指出，鲁国当时或许还有与《春秋》并存的其他一些史籍，可以补充因《春秋》的简约而省略的部分。然而问题仍然存在，《春秋》何以如此简约？此中必有未发之覆。笔者对这个问题曾经作过反复思考，《春秋》这种特征分明的文体必有一个特定的形成原因和形成过程。在本书写作的过程中，随着对"神道设教"文化背景和相关制度的了解，笔者逐渐找到一些以往学人未能注意到的重要认识线索。

孔子说"书法不隐"与"祝史荐信"的制度有直接关系。为方便起见，现将本书前面的有关讨论引录如下：**这种传统制度规定，祝史在祭祀仪式的祝告言辞中要**

有一个必须提到的内容，也就是向“神”汇报主祭这个仪式的为政者的德能政绩。这种传统制度还规定，在祝史向神“汇报”德能政绩的祝告言辞中必须“荐信”，要“直言情”，要“其言忠信于鬼神”，要“陈言不愧”，也就是有罪则“言罪”，有善则善之；否则，便是“矫诬”，便是“其言僭嫚于鬼神”。在《晏子春秋·景公问欲令祝史求福晏子对以当辞罪而无求》中，也提到了这种“司过荐罪”的制度。

《左传》（昭17）：“祝用币，史用辞。”史官在仪式中向神“汇报”为政者的德能政绩自然不能长篇大论。从这个角度看问题，《春秋》的主要特征之一是“君举必书”，这恰恰是对为政者德能政绩的记录；《春秋》文体的简约，又可以反过来呼应“史用辞”这种特定场合的“篇幅限制”。《左传》（桓2）：“冬，公至自唐，告于庙也。凡公行，告于宗庙；反行，饮至、舍爵、策勋焉，礼也。”《左传》上文是“君举必书”以及祝史告神制度在春秋早期的存在案例。

《国语》《左传》中的教材类短文同样也在是非褒贬方面善恶分明，但不存在篇幅的限制，故可以通过谏语、训语、赞语、答语等言论从容解说，周详论述，甚至有条件讲一些不厌其烦的车轱辘话。《春秋》的情况则与之相反，由于存在极严格的篇幅限制，《春秋》的文体只记事而不记言，其“书法”只能在极狭小的空间中去寻求是非表述的准确，这就导致了咫尺乾坤、一字褒贬。

在《春秋》与《国语》《左传》中的教材类短文之间，还有一个非常重要的不同之处：前者（《春秋》经文）只讲是非不讲祸福，后者（《国语》《左传》训赞体短文）既讲是非又讲祸福。这个现象也可以从“祝史荐信”的制度中找到原因：在仪式中向神“汇报”为政者的德能政绩是祝史的职能之一，他们只负责在告神言辞中的“荐信”，是则是之，非则非之。而降祸降福则是“祝史荐信”的结果，是神在接收到告神言辞之后所采取的行动。这种行动也就是神佑和神罚的“规律”，正是本书前面已经反复讨论过的“天道福善祸淫”。

完整地说，这种“记录”的用途是多方面的：一是作为“史用辞”用来告神，二

是在记录刚完成的时候“以示于朝”，三是作为德能政绩“中失之事”的教材被长期使用。在西周时期，这种制度又是周天子王政的重要组成部分。由于天子居于人神之间唯一中介者的位置，所以方国诸侯一方面在各自的祭典中使用这种记录来告神，另一方面要将这种记录汇总到王所。这些记录是天子了解方国诸侯德能政绩的重要消息来源，同时也是天子“皇极”赐福的重要依据。

在《周礼》中，祝和史都是“春官宗伯”的“礼官之属”，而且这两种职官被集中列在一处。这是一个值得注意的现象。《周礼》“小史”所掌“邦国之志”、“内史”所掌“四方之事书”和“外史”所掌“四方之志”应与“无国不记”的“诸侯之策”有直接关系。《国语·周语上》：“诸侯春秋受职于王以临其民”，这句话可以作为“诸侯之策”也被称为“春秋”的说明。《周礼·内史》：“凡四方之事书，内史读之。”内史读“四方之事书”，当然是读给天子听。西周鼎盛时期所辖方国很多，这种情况也是这种“记录”的篇幅受到严格限制的直接原因之一。

这种“礼”的创制意图非常明显：是利用神权实施政权的管理，是“神道设教”。也就是说，将这种“记录”用来告神的实际目的是借助神权；将这些“记录”汇总到王所并由天子上告天神、赐福降祸，这是天子借助神权控制方国诸侯的重要手段。

由于这种“记录”的“第一用途”是告神，所以它是为政者行为是非与神降祸福之间的沟通环节。在这个“环节”上的这种“记录”，因此而成为一个宗教性的神圣评判场合。这个场合的是非褒贬具有法庭判决的性质，它直接决定神对被评判者的祸福赏罚。这就进一步说明这种“记录”为什么令人如此畏惧。

在这种“记录”与《国语》《左传》中的讥语体和赞语体短文之间，存在着彼此呼应的内在联系。前者（《春秋》经文）只讲是非不讲祸福，是因为前者的是非褒贬将引发神降祸福；后者（《国语》《左传》讥赞体短文）既讲是非又讲祸福，这样的内容可以支持和证明前者引发神降祸福的规律和效果。二者派生自同一种观念和制度，平行存在，彼此呼应，相互支持。相对来说，前者是更高等级的文献。

制定这种宗教制度所要实现的客观效果，是迫使诸侯国为政者用自己的“盛德”垂法后嗣，让祖先的“令德”一代代传递下去；也就是《逸周书·本典》中所说的“世可则效曰至，至德照天，百姓□惊（若敬）”和《诗·我将》中所说的“**畏天之威，于时保之**”。

---

[1] 沈玉成、刘宁：《春秋左传学史稿》，南京：江苏古籍出版社，1992年版，第20-21页。

[2] 同上，第21-22页。

第六节 “则父之礼”与《春秋》“书法”

《逸周书·成开》中有一段关于这种制度最直接也是最重要的史料：“五典：一，**言父典祭，祭祀昭天**，百姓若敬。二，**显父登德，德降为则，则信民宁**。三，**正父登过，过慎于武（戒），设备无盈**。四，**机（讥）父登失，修政戒官，官无不敬**。五，□□□□，制哀节用，政治民怀。五典有常，政乃重开，内则顺意，外则顺敬，内外不爽，是曰明王。”

《逸周书·本典》下述内容可与上文相参照：“明能见物，高能致物，物备咸至曰帝。帝乡在地曰本，本生万物曰世，世可则效曰至，至德照天，百姓□惊（若敬）。备有好丑，民无不戒，**显父登德，德降则信，信则民宁，为畏为极，民无淫慝**。生民知常利之道，则国强，序明好丑必先固其务。均分以利之，则民安，利用以资之，则民乐，明德以师之，则民让。生之乐之，**则母之礼也**，政之教之，遂以成之，**则父之礼也**。父母之礼，以加于民，其慈□□，古之圣王，乐体其政。”

上面两段史料都是周公与成王对话中的言论[1]。**《成开》“五典”是周公讲述至少在周初文王时已经开始实行的制度**：**“在昔文考，躬修五典”**。《本典》“父母之礼”是周公向成王讲述文王说过的话：“臣闻之文考”。**“父母之礼”中的“父母”是指男女祖先。“则父之礼”是治民教民的礼制，即“政之教之，遂以成之”**；**“则母之礼”是爱民养民的礼制，即“生之乐之”**。《尚书·大禹谟》“德惟善政，政在养民”与《本典》“父母之礼”的观念相一致，《大禹谟》“正德、利用、厚生，惟和”也是与此相关的内容。

《本典》“则父之礼”的“操作原理”是：“备有好丑，民无不戒；显父登德，德降则信，信则民宁；为畏为极，民无淫慝。”这里所说的“备有好丑”，实际上就是

《逸周书·度训》所讲“明王明丑以长子孙”的制度。**这种制度所要达到的教民效果是“民无不戒”。**

《逸周书·命训》的下述内容也是对这种制度的说明：“夫民生而丑不明，无以明之，能无丑乎？若有丑而竞行不丑，则度至于极。”《本典》“备有好丑，民无不戒”可以与《度训》“乏困无丑，教乃不至”一语相参照：有“丑”，则“民无不戒”；无“丑”，则“教乃不至”。

“丑”是《常训》“六极”（命、丑、福、赏、祸、罚）之一，《命训》具体讲了“六极”（天道三，人道三）之间的关系。本书前面已经对《尚书·洪范》和《逸周书》前三篇（《度训》《命训》《常训》）的内容作过不少具体讨论，这是因为**这些讨论可以为理解《本典》“则父之礼”提供不可缺少的认识基础**。这些篇章都在讲述“**通道通天以正人**（《命训》）”的制度，只是侧重的方面有所不同。

“显父登德”一语中“登”字的含义非常重要。《尔雅·释器》：“瓦豆谓之登”，《尔雅·释诂》：“登，升也”。“登”字的本义与“豆”有关。“豆”是三代祭神仪式中用以将献祭食品奉献给神的祭器。《诗·生民》：“载燔载烈。以兴嗣岁。卬盛于豆，**于豆于登**。其香始升，上帝居歆。”这是“登”字接近于本义的用法。

《礼记·月令》：“是月也（孟夏之月），**农乃登麦**，天子乃以彘尝麦，先荐寝庙。”这里的“农乃登麦”指务农者向天子奉献祭神的谷物，然后再由天子将其“荐”于神庙（“先荐寝庙”）。《国语·鲁语上》“**取名鱼，登川禽，而尝之寝庙**”一语中的“登”字也是在这个意义上使用的。《周礼·小司徒》：“乡老及乡大夫、群吏献贤能之书于王，王再拜受之，**登于天府**，内史贰之。”这里“登”字的含义与“献”字相近。天子将“贤能之书”和民数、谷数“**登于天府**”，就是“献”于天府，“荐”于天府。

因此，“显父登德”一语中“登德”的含义指祭祀者在祭神仪式中告神言辞的“荐”德，也就是对享祭祖先“令德孝恭”的“汇报”和表白。“显父”与“登德”之间互为因果：为了“显父”，必须“登德”；只有“登德”，“父”才能“显”，才能“令闻不已”。

再来谈“德降则信”的含义：如果后世子孙效法了祖先的“令德”，祖先“令德”也就因此而“降”到子孙的身上。子孙的“登德”，如果是“荐信”，是有德可“登”，那么这种“登德”本身便是“德降”的结果。当祖先“令德”真正“降”到子孙的身上，在子孙与祖先之间便实现了一种“世可则效”的“信”的关系。“信则民宁”一语的含义，指如果为政者实现了这种“信”的关系，便可以达到“民宁”的效果。

“为畏为极，民无淫慝”一语可与《命训》中的下述内容相参照：“夫民生而恶死，无以畏之，能无恐乎？若恐而承教，则度至于极。”二者是在讲述同一种“极以正民”的“正人”手段，并且都在讲述这种社会控制手段中利用神罚使人畏惧的“原理”。**具体说，人的天性之一是好生而恶死，而这种制度的实施依据正是针对这一人性弱点的威胁和恐吓：劣行必遭神罚，神的惩罚可以杀人致死。神无所不在，无所不能，任何人都无法逃避神的惩罚。**

《成开》“五典”是《本典》“父母之礼”中“则父之礼”的具体内容。“五典”中第五部分少了四字，这是令人遗憾的事情。下面简要讨论《成开》“五典”前四个部分。

第一部分是：“言父典祭，祭祀昭天，百姓若敬”。**这里的“言”指祭神仪式中祝史告神的言辞，“言父典祭”就是指“祝史荐信”，是祭祀仪式中的核心内容。“祭祀昭天”指这种制度的性质是：“通道通天以正人”，也就是《礼记·祭统》所说的“祭者，教之本也”。“百姓若敬”是这种“正人”制度所要实现的效果。**

第二部分是：“显父登德，德降为则，则信民宁”。这段话和《本典》“则父之礼”的内容基本一致。这里“则”字的含义更明显是指法则。**如果为政者是一个具有神的“令德”和“威仪”的人，他便可以成为民众的表率和教导者，便可以更好地实现使民众“恐而承教”的效果。**因此，这段话中包含了《本典》“明德以师之，则民让”的意思。《诗·泮水》中也有与此相关的诗句：“**穆穆鲁侯，敬明其德。敬慎**

威仪，维民之则。”

第三和第四部分的内容最重要：“三正父登过，过慎于武（戒），设备无盈；四讥父登失，修政戒官，官无不敬”。这里的“登过”“登失”，都属于“祝史荐信”言辞中的“言罪”“荐罪”。《春秋》中的“罪之”“非之”“甚之”“危之”“微之”“疾之”“病之”“绝之”“过之”“卑之”“疏之”“贱之”“不与”“不耻”“刺”“讥”“贬”“难”“嫌”等“书法”都是由此而来。

“正父”和“讥父”所说的“正”和“讥”的对象是“父”，是在祭祀仪式中享祭的祖考神。在当时的宗教观念中，祖考神是一种非常实际的存在者。宗庙是当时最宏伟的建筑，每个岁年多次定期举行的祭神典礼是当时最为重要的“国之大事”，子孙祭祀祖考神的主要目的是“以享以祀，以介景福”（见《诗·旱麓》等篇）。

在人神之间的“要质”关系确立之后，人和神都被规定了各自的职能。《国语·楚语下·观射父论绝地天通》中的下述内容讲述的就是这种关系：“民是以能有忠信，神是以能有明德，民神异业，敬而不渎，故神降之嘉生，民以物享，祸灾不至，求用不匮。”神的职能是以“令德”为标准监护其后人，并对后人的行为随时作出“赏善罚淫”的管制。因此，“正父”和“讥父”是从神应有的职能上对神的责备和非难。《逸周书·武顺》所说“正及神人曰极”与此有关。

从制度创立者的角度上说，这种制度的“形式”是告神，其实际（理性）目的却是“正人”。所以，“正父登过”的目的是要为政者“过慎于武（戒），设备无盈”；“讥父登失”的目的是要为政者“修政戒官，官无不敬”。这是典型的“神权观念”，是理性借助神权来实施政权的管理。遵行了这种神权制度（五典有常）的总体效果是：“政乃重开，内则顺意，外则顺敬，内外不爽，是曰明王。”

“五典”第五部分缺了四个字，从后文看，这个部分所讲制度应与禁止淫祀和厚葬有关，其效果是“制哀节用，政治民怀”。完整说，“言父典祭”是指祭祀仪式中“祝史荐信”的制度，祝史言辞中包括了对为政者德能政绩的肯定和否定两种内容，“登德”是肯定，“登过”和“登失”是否定。

《史记·太史公自序》："《春秋》之中，弑君三十六，亡国五十二，诸侯奔走不得保其社稷者不可胜数。"下面枚举一些与此相关的《春秋》"书法"例证。**《春秋》记"弑"君三十余次，这些记录都是"登过"，或者说是"荐罪"**。记"杀"大夫事甚众，如《穀梁传》（僖10）：（经）"晋杀其大夫里克。"（传）"称国以杀，罪累上也。"又如《穀梁传》（宣9）：（经）"陈杀其大夫泄冶。"（传）"称国以杀其大夫，杀无罪也。"《公羊传》（僖7）："称国以杀者，君杀大夫之辞也。"国君"杀无罪"是其不应有的罪过，所谓"罪累上也"。**此类书法也是"登过"**。《左传》（昭1）：（经）"秦伯之弟鍼出奔晋。"（传）"书曰'秦伯之弟鍼出奔晋'，罪秦伯也。"**此处"罪秦伯也"，也是在明确表示"《春秋》书法"中"登过"的意图。**

还有一些"不书"的"书法"与此相关。例如：鱼石等"宋大夫五人"（鱼石、向为人、鳞朱、向带、鱼府）叛宋奔楚（《左传》成15），楚、郑伐宋，攻占彭城，封鱼石等"宋大夫五人"居彭城（成18）。于是，晋人合诸侯之师"为宋讨鱼石"。《春秋》记此事作"仲孙蔑会晋栾黡、宋华元、卫宁殖、曹人、莒人、邾人、滕人、薛人，围宋彭城"。下面是《左传》（襄1）的解经内容："元年，春，己亥，围宋彭城。非宋地，追书也。于是为宋讨鱼石，故称宋，且不登叛人也，谓之宋志。"

《春秋》记此事为什么不直接交代"为宋讨鱼石"？这种情况在《春秋》中属于"不书"的"书法"，在《左传》解经内容中具体说明了"不书"鱼石等人的原因："不登叛人也"。这个"登"字与前面讨论的**"登德""登过"和"登失"中"登"字的含义相当，指祭祀仪式中祝史荐告于神的言辞**；《春秋》经文是祝史荐告于享祭神的神圣书写场合，"不书"于《春秋》的意图是"不登叛人"。

《春秋》"不书"的"书法"意图有多种情况，其主要意图之一是以"不登"的方式来实现对"不书"对象的一种贬斥与惩戒。《左传》（文9）：（经）"公子遂会晋人、宋人、卫人、许人，救郑。"（传）"公子遂会晋赵盾、宋华耦、卫孔达、许大夫救郑，不及楚师。卿不书，缓也，以惩不恪。"此处"卿不书"的原因是"缓"，因此而"不及楚师"，贻误战机；"不书"的目的是"**以惩不恪**"。

《左传》（隐11）："冬，十月，郑伯以虢师伐宋。壬戌，大败宋师，以报其入郑也。宋不告命，故不书。凡诸侯有命，告则书，不然则否。师出臧否，亦如之。虽及灭国，灭不告败，胜不告克，不书于策。"在诸侯国之间彼此通报国事，是春秋时期残留的西周礼制。"不告"则是"非礼也"，在方国交往中属"不敬"之事。所谓**"不书于策"**，指不书于"诸侯之策"，这里具体是指《鲁春秋》。

《左传》（文14）："春，顷王崩。周公阅与王孙苏争政，故不赴。凡崩、薨，不赴，则不书。祸、福，不告，亦不书。惩不敬也。"这里交代"不书"的意图是"惩不敬也"。《左传》（僖23）："凡诸侯同盟，死则赴以名，礼也。赴以名，则亦书之，不然则否，辟不敏也。"这里**"辟不敏也"**与**"惩不敬也"**的含义相当。**"不敏""不敬"都是对为政者的非难，非难的标准是礼乐观念中为政者应当具备的君子德能。**

《左传》（僖29）："夏，公会王子虎、晋狐偃、宋公孙固、齐国归父、陈辕涛涂、秦小子憖，盟于翟泉，寻践土之盟，且谋伐郑也。卿不书，罪之也。在礼，卿不会公侯，会伯子男可也。"此处"卿不书"的意图是"罪之也"。

《成开》提到"在昔文考，躬修五典"，《本典》提到"古之圣王"在很早就将这种制度"以加于民"，《尚书·大禹谟》提到了这种制度的基本方法：**"戒之用休，董之用威"**，**《洪范》"皇极"赐福的"正人"也与这种制度有直接关系。这种制度由来已久，在尧舜时期已具雏形。**

---

[1] 见《逸周书·周书序》："武王既没，成王元年，周公忌商之孽，训敌命，作《成开》。……周公为太师，告成王以五则，作《本典》。"

第七节 “书法”变通：史官的无奈

“言父典祭”制度的重要实施条件之一，是祝史职官与其方国的国君、卿大夫等执政者之间在权力方面相对“分立”。在西周时期，“礼乐征伐自天子出”。祝史职官是在一定程度上不受方国执政者控制的“神职人员”，他们的行事原则来自天子，他们是天子“修祝嘏辞说”制度中的重要环节，是天子“神道设教”制辖诸侯的职能机构（需要上报天子）。在平王东迁后，祝史职官的秉笔直书遇到安全问题。

在前面讨论过的《左传》（宣2）赵盾“为法受恶”一事中，晋国大史将“赵盾弑其君”的“记录”公布出来“以示于朝”。**这表明，在当时这种“记录”依制度要于朝堂之上公布出来。**在《左传》（襄25）齐国崔杼再杀史官一事中，虽未明确提到“以示于朝”，但如果不是一种“公开”的“记录”，如果史官为求自保秘而不宣，崔杼也就无从得知此事，更不会发生“其弟嗣书”的正面冲突。

这场冲突因崔杼的罢手而结束。崔杼虽连杀史官，最终还是听任史官用性命写下了“崔杼弑其君”。齐国太史用三条命写下这五个字。**崔杼劫杀国君，强盟国人，可谓专横一时，最终听任恶名记录在案，说明他对传统制度并非全无畏惧之心。但毕竟这已是传统制度的强弩之末。**

通过这件事情可以了解到，假如祝史职官失去制度的保护，那么“祝史荐信”“书法不隐”的制度便难以为继。春秋时期，天子失政，“祝嘏辞说，藏于宗祝巫史”虽然“非礼也”，但这种情况已成事实。赵盾“为法受恶”一事发生于春秋中期（宣2），崔杼再杀史官一事接近春秋末期（襄25），二者相距六十年。准确地说，**这两处“书法不隐”已经不是传统制度，而是早期制度在消亡中所残留下来的“传统”。**

这两件事情体现了"制度变迁"的发生过程，在这个过程中祝史的职能、处境发生了一个潜移默化的转换：在"传统"曾经是制度的时期，"史为书"的"书法不隐"是"言父典祭"制度中的基本原则，祝史在这方面的职能和权力是王政的组成部分，他们同时又是祖考神了解子孙德能政绩的耳目，类似于神圣法庭的裁判，他们的"记录"令国君卿大夫等畏惧；当制度逐渐转换为"传统"，"祝史荐信"逐渐成为不受制度保护的"危险职业"，记录者的安全开始受到威胁，令人畏惧的"记录"反过来开始令记录者自身感到畏惧。

当有关"祝史荐信"的主题在春秋时期教材类短文的言论部分反复出现，正是这种逐渐消亡的制度的"回光返照"。**祝史之职世袭相传，齐国太史氏四兄弟用三条命写下五个字毕竟得不偿失，为了不因秉笔直书而断了血脉，人们被迫开始改变对策。**于是，孔子所说"良史"渐少，"书法"渐"隐"。《礼记·郊特牲》所谓"失其义，陈其数，祝史之事也"，正是这种改变之后的结果。

《春秋》"内讳"极多，"内讳"的出现与祝史从业者改变对策有直接关系。这里举几个典型例证说明问题。《公羊传》桓公元年：(经)"春，王正月，公即位。"(传)"继弑君不言即位，此其言即位何？**如其意也。**"《公羊传》宣公元年：(经)："春，王正月，公即位。"(传)"继弑君不言即位，此其言即位何？**其意也。**"所谓"继弑君不言即位"是《春秋》"书法"的一个原则，"不言即位"指不书于《春秋》经文，同时也就意味着祝史在这一岁年的祭神大典中不将国君即位这件大事告知祖先（"不言"）。这对于"继弑君"而即位的国君来说，是一种令人畏惧的谴责方式。

桓、宣元年的"公即位"是对《春秋》"书法"原则的破坏，**破坏原因是当时负责"记录"的史官受到某种胁迫："如其意也""其意也"**。或由弑君废立的卿大夫胁迫，如同崔杼胁迫齐国史官；或由国君(桓、宣二公)直接出面。总之，这两次胁迫都成功实现了胁迫者的意图，都迫使负责"记录"的史官不得不改变了自己本应遵循的传统"书法"原则。**"如其意也"是史官的无奈。**

下面是两个由鲁国的国君直接干预《春秋》"书法"的例证。《公羊传》僖公二十八年：（经）“公子买戍卫，不卒戍，刺之。”（传）“不卒戍者何？不卒戍者，**内辞也**，不可使往也。不可使往，则其言戍卫何？**遂公意也**。刺之者何？杀之也。杀之则曷为谓之刺之？内讳杀大夫，谓之刺之也。”《公羊传》文公八年：（经）“公孙敖如京师，不至复；丙戌，奔莒。”（传）“不至复者何？不至复者，**内辞也**，不可使往也。不可使往，则其言如京师何？**遂公意也**。何以不言出？遂在外也。”**这两处“遂公意也”亦属史官的无奈。**

《春秋》“书法”内外有别，“内辞”多是讳辞（内讳），讳辞都是史官未能秉笔直书的结果。晋国太史董狐所书“赵盾弑其君”，齐国太史兄弟所书“崔杼弑其君”，都是孔子所赞誉的“良史”所为，都是“书法不隐”。与之相比较，鲁国《春秋》“书法”的讳辞，很明显是对早期“书法”原则的变通。这些都体现了前面提到的“制度变迁”的发生过程。据此我们可以区分出两种“书法类型”，一是西周王政统辖之下的“早期书法”（包括春秋时期对西周书法传统的保留），二是春秋时期对早期书法各种变通的“新书法”。

古文献研究不存在考古学上的地层区分，也无法对一段文字进行碳十四检测那样的甄别。当不同时期及不同文化观念、社会形态、政治制度背景也就是多种因果过程中形成的多种内容被“混合”在同一部或若干部古代文献中的时候，认识对象也就因此变得非常复杂。在认识对象本身所具有的复杂程度上，考虑到全部可能存在的因果过程，将不同的认识线索区分出来，理出头绪，再将其尽可能准确地“还原”为曾经发生过的历史过程，这是一件极端繁难的工作。

对《春秋》经传的认识便属于这种类型的工作。比如，在鲁国《春秋》“书法”中既体现了西周时的早期制度，也包含了春秋时期的书法变通情况。很难说鲁国是否发生过诛杀史官的事件，假如发生过也会由于讳言而不见经传。至少，鲁国的史官曾经受到来自国君乃至卿大夫的多次胁迫。于是，为谋求职业上的安全，春秋以降历代鲁国史官开始在以“直书”“不隐”为基本原则的传统“早期书法”中加入一些“曲笔”、变通的“新书法”。尤其是当鲁国正卿季氏与鲁昭公之间发生势不两立的正面冲突，鲁昭公客死于外，季氏专权于内，其间又有季氏家臣阳虎之乱时，史官的“记录”写什么，怎么写，生死攸关。于是“定、哀多微辞”（《公羊传》定1）。“微辞”可以保命。**长期、多次的“书法”变通，最终造成了《春秋》“书法”的“双重性格”。**

《公羊传》（隐10）：“《春秋》录内而略外，**于外大恶书，小恶不书；于内大恶讳，小恶书。**”上文所谓“外”，指别国之事；“内”指鲁国内部的事。**这是十分典型的“双重性格”：“于外大恶书”，不会危及鲁国史官的人身安全，自然可以“书法不隐”、直书其恶。“于内大恶讳”，可以避开秉笔直书的危险；“小恶书”，不会招惹大麻烦。**《荀子·劝学》所谓“春秋之微也”，也是在概述《春秋》“书法”中的“双重性格”。

《左传》成公十四年：（经）“九月，侨如以夫人妇姜氏至自齐。”（传）“舍族，尊夫人也。故君子曰：‘《春秋》之称，微而显，志而晦，婉而成章，尽而不污，惩恶而劝善，非圣人，谁能修之？’”类似的议论也见于《左传》（昭31）的“君子曰”：“故曰：《春秋》之称微而显，婉而辨。上之人能使昭明，善人劝焉，淫人惧焉，是以君子贵之。”

上引第一段“君子曰”在被杜预《春秋左传集解序》称引以后，成为经师们论述《春秋》“书法”的五条重要标准（微而显，志而晦，婉而成章，尽而不污，惩恶而劝善）。从前面的经文和传文内容看，这条“君子曰”加在这里多少有些唐突。它或是战国中期以后被传经者加进来的内容——想加的内容已经想好，要加进来的意图也很明确，只是在选择加进这段内容的具体位置时有些马虎。这只是推测。

这条“君子曰”也体现了《春秋》“书法”中的“双重性格”，与上引《公羊传》内外“书法”相互呼应。“于内大恶讳，小恶书”则“微”“晦”“婉”，“于外大恶书”则“显”而“志”。“尽而不污”是溢美之词，《春秋》“内辞”多有不“尽”、不“显”、不“志”的曲笔。“惩恶而劝善”是《春秋》这种“记录”的传统功能。“非圣人，谁能修之”一语中的圣人，有可能是战国时期《春秋》传授者在暗指孔子。

前面提到，孔子有可能“修”过《春秋》。问题是具体怎样“修”。第一，孔子了解《春秋》“书法”的西周传统。第二，他赞扬和欣赏“书法不隐”的“古之良史”。第三，孔子所“修”对象是一部“内辞”之中“大恶”多曲笔、讳言的《鲁春秋》，这些曲笔、讳言在孔子“修”过之后并未改变。第四，这部《鲁春秋》在“书法”方面的西周传统主要保留在“于外大恶书”的“外辞”记录中；而这种记录传统之所以能够被保留下来，主要是由于史官传承这一传统不存在“安全问题”。第五，孔子“修”《春秋》同样面临与历代鲁国史官相似的局面：当时鲁国由三桓（季孙氏、孟孙氏、叔孙氏）专权，具体由季孙（季康子）主持国政。为使“修”过的《春秋》能在鲁国境内被用为教材，他必须要得到当政者的某种认可。为此他必然有所顾忌，有所周旋，至少不能在这种十分敏感的“记录”中直接贬损仍然专权的季氏家族。

我们还可以从孔子的思想、信念与自律原则方面印证上述判断。《左传》（昭12）仲尼曰：“古也有志：‘克己复礼，仁也。’”《论语·颜渊》子曰：“克己复礼为仁。一日克己复礼，天下归仁焉。为仁由己，而由人乎哉？”克己复礼是孔子思想中的重要信念和行为操守。**《春秋》中真正令“乱臣贼子惧”的内容（早期书法），主要保留在“于外大恶书”的“外辞”记录中。这些内容并非孔子所加，而是原来就有。由于孔子赞扬和欣赏“书法不隐”的“古之良史”，所以他不会将本是直书的言辞改作曲笔（新书法）。故这些曲笔内容也非孔子所加，而是原来就有。因此，孔子“修”《春秋》于“书法”方面的增减不会很多。在此，可以更加明显地看出，孟子所说“孔子成《春秋》而乱臣贼子惧”是一种相当夸张的说法，**甚至被刘知几斥为“乌有之谈”（《史通·惑经》）。

《公羊传》闵公元年：“《春秋》为尊者讳，为亲者讳，为贤者讳。”直接说，就是**为有权势者讳，这是鲁国史官在鲁国有权势者威胁、逼迫之下的书法变通（新书法）。**《左传》（襄27）：**“祝史陈信于鬼神无愧辞。”**在这个意义上，《鲁春秋》中大量存在的讳言曲笔“新书法”都属于祝史不能“陈信于鬼神”的“愧辞”。

第八节 《左传》独有的“不书”之事

前面提到，沈玉成先生认为，鲁国当时还有与《春秋》并存的其他史籍，可以补充因《春秋》的简约而省略的部分。《左传》中一些“不书”的内容或可支持沈先生这一见解。所谓“不书”的情况有多种，一是当书而不书，如死不书葬，元年不书即位；二是不当书而书之，如《公羊传》（桓4）：（经）“公狩于郎。”（传）“……常事不书，此何以书？讥。何讥尔？远也。”这两种情况三传皆有。

还有一种《左传》所独有的情况，即整个事件的当书而不书。共16条，具体如下。

(1) 隐1：夏，四月，费伯帅师城郎。不书，非公命也。

(2) 隐1：八月，纪人伐夷。夷不告，故不书。

(3) 隐1：有蜚。不为灾，亦不书。

(4) 隐1：冬，十月庚申，改葬惠公。公弗临，故不书。

(5) 隐1：卫侯来会葬，不见公，亦不书。

(6) 隐1：公……及邾人、郑人盟于翼。不书，非公命也。

(7) 隐1：新作南门，不书，亦非公命也。

(8) 隐11：冬，十月，郑伯以虢师伐宋。壬戌，大败宋师，以报其入郑也。宋不告命，故不书。凡诸侯有命，告则书，不然则否。师出臧否，亦如之。虽及灭国，灭不告败，胜不告克，不书于策。

(9) 僖9：齐侯以诸侯之师伐晋，及高梁而还，讨晋乱也。令不及鲁，故不书。

(10) 僖24：春，王正月，秦伯纳之。不书，不告入也。

(11) 僖24：戊申，使杀怀公于高梁。不书，亦不告也。

(12) 文14：春，顷王崩。周公阅与王孙苏争政，故不赴。凡崩、薨，不赴，则不书。祸、福，不告，亦不书。惩不敬也。

(13) 成10：冬，葬晋景公。公送葬，诸侯莫在。鲁人辱之，故不书，讳之也。

(14) 襄10：王叔奔晋。不书，不告也。

(15) 昭16：春，王正月，公在晋，晋人止公。不书，讳之也。

(16) 哀1：三月，越及吴平。吴入越。不书，吴不告庆、越不告败也。

由上文可以明显看出，《左传》中这些“不书”内容的体例与《春秋》经文相同，都是文辞非常简约的“大事记”，或者说是“标题式”写法。与《左传》中一千余篇相对独立的记事短文相比较，这十几条内容的写法完全不同，可以被明确区分出来。

前面提到，《左传》中共有三种内容，一是经文，二是对经文的解说，三是记事短文（1200篇）。上面引文内容都属于第二种，也就是“对经文的解说”。这十几条引文都是由两个部分构成。比如，第一条的第一部分：“夏，四月，费伯帅师城郎”，第二部分：“不书，非公命也”。又比如，第六条的第一部分：“公……及郳人、郑人盟于翼”，第二部分：“不书，非公命也”。第一部分是“当书而不书”的经文内容，第二部分是解说“当书而不书”的原因。

三传“当书而不书”的解经内容，是对经文“空白”处的解说。“空白”又可以分为“半空白”和“全空白”两种情况。下面举例说明。根据《公羊传》（隐3），依《春秋》“书法”的规则，“诸侯记卒记葬”，所谓“死不书葬”是指只记诸侯之死而不记其丧葬礼，这是不完整也就是“半空白”的情况。造成这种情况，是由于另外一些书法原则在起作用，比如《公羊传》（隐11）“《春秋》君弑，贼不讨，不书葬，以为无臣子也”。前面讨论过的元年不书即位也属于这种情况。

整个事件的当书而不书，这是“全空白”的情况。“半空白”的内容可以因其有而解其无，“全空白”的内容于经文无迹可寻；在前一种情况下有条件增补解经内容，后一种情况下则绝无可能。因此，这是一个不可忽视的现象，可以为我们提供一些非常重要的认识线索，其中包括在《春秋》经文之外存在更加完整历史记录的一些蛛丝马迹。

这里还有一个十分重要的现象。《左传》十六条“全空白”解经内容的分布极不平衡：在《春秋》记事二百四十余年间，第一年也就是隐公元年的“全空白”内容有七条，另外二百四十一年只有九条。这是一个非常悬殊的比例。这种情况的出现绝非偶然，其原因耐人寻味。

按照《穀梁传》所引“孔子曰”的判断，“立乎定、哀，以指隐、桓，隐、桓之日远矣”，所以只能“听远音者，闻其疾而不闻其舒；望远者，察其貌而不察其形”（按：这里“貌”“形”二字的位置可能被颠倒了）。越是时序远端的经文，越多搞不清楚需要存疑的内容。这是很容易理解的判断。但《左传》中“全空白”解经内容的分布情况却与这种判断的“逻辑”相反：在最远端处反而最细最全。

在《左传》成书以后，战国秦汉间人无法加进这种内容。于经文无迹可寻，解经者无从置喙。是否有可能是纯凭编造而加入的内容呢？这是一件很麻烦的事情，找不到非如此不可的动机。以往的疑古者往往像捉贼一样去寻找和缉拿“作伪”者，但却往往忽略了“犯罪”的动机和难度。从动机和难度上看，这里不存在后人作伪的可能性。下面简要讨论《左传》中“全空白”解经内容的性质和由来。

这些内容应来自鲁国正史，也就是《鲁春秋》。《鲁春秋》应包含两个部分：一是正文也就是经文部分，二是与经文平行补记其余的“附录部分”。“附录部分”的记录对象，是依凡例“当书而不书”的内容。所谓“当书”，是指一些依事件的重要程度本应记入经文的内容。但由于经文是一种与告神和教材相关的神圣书写场合，依凡例由于某些具体原因一些重要事件被“剥夺”了“书于策”的“资格”，比如七次因“不告”而“不书”是为了“惩不敬也”。由于另一些原因，如“非公命”“公弗临”“讳之”等等，一些重要事件依凡例也要“不书于策”。假如不将这些“当书而不书”的重要事件记录下来，那么这种本已非常简约的“大事记”连记事条目的完整性也无法实现。

怎么办？记在“附录部分”。

那么，《左传》编写者为什么没有完整收录《春秋》的“附录部分”？这里只能提出一个推测：由于《春秋》经文也就是正文部分被鲁国传统官学用为教材，所以大部分针对经文的“书法”说明在一代代不间断的讲学过程中被传递下来。而由于《春秋》“附录部分”没有被用作教材，所以不存在逐条解说“不书”原因的具体说明。至多，在世袭史官父子相传的学艺过程中，会在传授“不书”的“凡例”时作些举例说明。这种情况有可能是导致《左传》“全空白”解经内容分布极不平衡的直接原因。

由此，笔者推测，《左传》编写者原本打算将“附录部分”写入书中，但逐条搞清“不书”的原因已经成为一件非常困难的事情。即使《左传》作者得到史官的协助，抑或他本人就是鲁国专职的史官，这仍然是一件难度过高、不可能被完成的事情。他勉为其难将第一年的“附录部分”写入书中，甚至第一年这七条“不书”的原因他也并没有十分的把握。于是就此作罢，放弃了原来的打算。在随后的二百余年《左传》内容中，他只是随手记下九条比较有把握对之进行说明的附录内容。

还有一种可能，《左传》编写者由于篇幅或其他方面的原因未能收录“附录部分”。他只是在《左传》第一年完整抄录了其中七条，以此表明《春秋》“附录部分”的存在。此种情况的可能性更大一些。为方便比较，现将隐公元年的《春秋》经文和《左传》同年经文“不书”部分的内容并列于下。

《春秋》隐公元年的全部七条经文内容：(1) 元年春，王正月。(2) 三月，公及邾娄仪父盟于眛。(3) 夏，五月，郑伯克段于鄢。(4) 秋，七月，天王使宰咺来归惠公仲子之赗。(5) 九月，及宋人盟于宿。(6) 冬，十有二月，祭伯来。(7) 公子益师卒。

《左传》同年经文“不书”的七条内容：(1) 夏，四月，费伯帅师城郎。不书，非公命也。(2) 八月，纪人伐夷。夷不告，故不书。(3) 有蜚。不为灾，亦不书。(4) 冬，十月庚申，改葬惠公。公弗临，故不书。(5) 卫侯来会葬。不见公，亦不书。(6) 公……及邾人、郑人盟于翼。不书，非公命也。(7) 新作南门。不书，亦非公命也。

二者各七条。七条经文中有一条是“空置时月”。《春秋》经文中这样的内容约六十余条。所以，二者的实际比例是六比七。据此推测，《鲁春秋》“附录部分”的条目数量应与经文部分的条目相差不多。《鲁春秋》两个部分合在一起是一部完整的史事纪要。“附录部分”的存在迹象呼应了前面提到的沈玉成先生的推测。由此还可以得出另外一个重要结论，也就是在《左传》的成书过程中必有鲁国专职史官的直接参与。

春秋时期的主要史事可以分为两类，第一类是“常事”，第二类是“常事”之外的事。所谓“常事”，在西周时期指天子布政、诸侯服听的祭事、政事、农事等“岁事”（较完整保留在《礼记·月令》中），在春秋时期指此类西周制度的残存。《公羊传》三次（桓4、桓8、桓14）提到“常事不书”，是说《春秋》经传原则上不记“常事”。**在春秋时期大部分时间里，以四时为节律的“常事”仍然是诸侯国政权运转和国计民生的基本形态。历史学家如果不知道这一段历史中“常事”的存在，也就只能在一道极其狭小的“门缝”中看到历史的“遮幅画面”。**

第九章

试析《春秋》经传的由来

第一节　孟子所说孔子“作《春秋》”

孟子之前没有人直接提出过孔子“作《春秋》”。孟子是“亚圣”，他的下述言论是人们确认孔子与《春秋》间关系的基本依据。《孟子·滕文公下》：“世衰道微，邪说暴行有作。……孔子惧，作《春秋》。《春秋》，天子之事也。是故孔子曰：‘知我者，其惟《春秋》乎！罪我者，其惟《春秋》乎！’圣王不作，诸侯放恣，处士横议。杨朱、墨翟之言盈天下。……昔者禹抑洪水而天下平，周公兼夷狄、驱猛兽而百姓宁，孔子成《春秋》而乱臣贼子惧。”《孟子·离娄上》：“王者之迹熄而《诗》亡，《诗》亡然后《春秋》作。晋之《乘》、楚之《梼杌》、鲁之《春秋》，一也。其事则齐桓、晋文，其文则史。孔子曰：**其义则丘窃取之矣**。”

司马迁在《史记》中多处述及此事，孔子“作《春秋》”逐渐成为“定论”。司马迁曾经就学于董仲舒，他关于孔子“作《春秋》”的见解直接来自董氏（《史记·太史公自序》）。孟子说孔子“作《春秋》”，孔子却说自己“述而不作，信而好古”（《论语·述而》）。这是一个早就有人提到的矛盾。朱熹在《四书章句集注》（《孟子》序说）中引程子语：“孟子有些英气。才有英气，便有圭角，英气甚害事。”这是说孟子的文风颇具神采。在“诸侯放恣，处士横议”的时代，“杨朱、墨翟之言盈天下”；孟子是孔门后学，在其言论中明确体现了当时学派之间相当激烈的“生存竞争”。孟子言论以仁义为指归，但于抗辩争执之中难免“放言”，难免铺张扬厉。这是唐代以降直到近现代一些学者怀疑孟子所说孔子“作《春秋》”是否属实的一个理由。

为方便阅读，现将本书前面已经引证过的《礼记·经解》相关内容再引于此：“孔子曰：‘入其国，其教可知也。其为人也，温柔敦厚，《诗》教也；疏通知远，

《书》教也；广博易良，《乐》教也；洁静精微，《易》教也；恭俭庄敬，《礼》教也；属辞比事，《春秋》教也。故《诗》之失，愚；《书》之失，诬；《乐》之失，奢；《易》之失，贼；《礼》之失，烦；《春秋》之失，乱。其为人也，温柔敦厚而不愚，则深于《诗》者也；疏通知远而不诬，则深于《书》者也；广博易良而不奢，则深于《乐》者也；洁静精微而不贼，则深于《易》者也；恭俭庄敬而不烦，则深于《礼》者也；属辞比事而不乱，则深于《春秋》者也。'"

依据上引孔子关于《诗》《书》《礼》《乐》《易》《春秋》教育效果的言论，可以了解到：第一，在孔子之前，《诗》《书》《礼》《乐》《易》《春秋》早已被每一个诸侯方国用为官学教材。在当时，每一个诸侯方国都有自己的《春秋》，墨子所谓"百国《春秋》"。鲁国使用的是《左传》和《礼记》都提到的《鲁春秋》，也就是孟子所说的"鲁之《春秋》"（《孟子·离娄下》）。第二，"属辞比事而不乱"是列国《春秋》作为官学教材所要实现的教育效果之一。

孔子曾任鲁国的大司寇，摄行相事三月，晚年归国被尊为"国老"。孔子毕生所为，以从政、治学和教学三事为主。他晚年归国后主要从事治学和教学，而"鲁之《春秋》"又是既往鲁国官学中的重要教材，所以孔子与《春秋》必有极深的关系。在既往研究者的许多见解中，杨伯峻先生的两个判断似乎更加合理：一是"孔子未曾修或作《春秋》"[1]，二是孔子"曾经用鲁《春秋》作过教本，传授弟子"[2]。

刘知几在《史通·惑经》中举例说明《春秋》文本"多是古史全文"："则知夫子之所修者，但因其成事，就加雕饰，仍旧而已，有何力哉？加以史策有阙文，时月有失次，皆存而不正，无所用心，斯又不可得而殚说矣。"刘知几并不完全排除孔子"修"过《春秋》，但改动幅度很小，基本保留《春秋》文本原貌。这是刘知几与杨伯峻等人超越传统经学的客观判断。

依据周礼，"国老"的主要职能之一是主持学政。《礼记·礼运》所谓"三老在学"。孔子68岁归国，73岁故去。如果说在此之前孔子的教学属于"私学"，那么他最后三年多的"国老"身份使孔门学术在鲁国的影响具有了官学性质。随着战国时期各国官学的进一步衰落，鲁国不断向外输出“私学”的教学者，他们上则游说国君，下则开学授徒。这在当时是一种受人尊敬、收入不菲的谋生手段。

这些鲁国输出的教学者，或为七十子后学，或与孔门无关，只是鲁国传统官学的受教育者（孔子本人之所以能够得到最起码的教育，也是得益于当时鲁国仍然残存的传统官学教育体制）。但两三代人以后，这种区分逐渐消弭。大家毕竟都来自鲁国，孔门学术又曾在鲁国获得一定程度的官学性质，于是有更多的“邹鲁之士”自认孔门之后，孔子的影响也逐渐遍及天下。《春秋》是这些鲁国输出的教学者所携带的教材之一，所以《春秋》作为教材的使用范围也随之扩大。

当“邹鲁之士”遇到“杨朱、墨翟之言盈天下”的职业挑战，当列国诸侯更喜欢听别家的“话语”，当他们的一些徒生被别家夺走，他们便会对此作出“回应”。“回应”的方式之一便是通过神化孔子来“抬高”本学派的地位。孟子生逢其时，他言论中这方面的内容非常突出，也是势使之然在所难免。例如，孟子提到三位孔门弟子（宰我、子贡、有若）对孔子有些夸张的赞誉（《孟子·公孙丑上》）：“宰我曰：……以予观于夫子，贤于尧舜远矣。子贡曰：……自生民以来，未有夫子也。有若曰：……出于其类，拔乎其萃。自生民以来，未有盛于孔子也。”

孔子在《论语·泰伯》中提到他对尧舜禹的崇敬与仰慕：“子曰：‘巍巍乎！舜、禹之有天下也，而不与焉。……大哉尧之为君也！巍巍乎！唯天为大，唯尧则之。荡荡乎！民无能名焉。巍巍乎其有成功也！焕乎其有文章！’”细读《论语》可以了解到，孔子门徒绝不可能说出“贤于尧舜远矣”这类过于夸张的话来。

《大戴礼记·诰志》：“丘闻周太史曰：‘政不率天，下不由人，则凡事易坏而难成。’”孔子曾经“西观周室”应不成问题，但时间要远早于“西狩获麟”，且并非专门为了修订《春秋》。这里的关键问题是，孔子修《春秋》“修”到什么程度，也就是在“不修”的《鲁春秋》和孔子“修”过的《春秋》之间发生了多大程度的改动以及什么样的改动？

孔子在《礼记·坊记》中两次提到《鲁春秋》：(1) 子云：“升自客阶，受吊于宾位，教民追孝也。未没丧不称君，示民不争也。故《鲁春秋》记晋丧曰：‘杀其君之子奚齐及其君卓。’以此坊民，子犹有弑其父者。”(2) 子云：“取妻不取同姓，以厚别也。故买妾不知其姓，则卜之。以此坊民，《鲁春秋》犹去夫人之姓曰吴，其死曰‘孟子卒’。”上述内容表明，在孔子之前的《鲁春秋》中已经存在善恶褒贬的“书法”。

为方便阅读，现将本书前面已经引证过的《左传》(宣2) 相关内容再引于此：“乙丑，赵穿攻灵公于桃园。宣子未出山而复。大史书曰‘赵盾弑其君’，以示于朝。宣子曰：‘不然。’对曰：‘子为正卿，亡不越竟，反不讨贼，非子而谁？’宣子曰：‘乌呼！我之怀矣，自诒伊戚，其我之谓矣。’”孔子曰：“董狐，古之良史也，书法不隐。赵宣子，古之良大夫也，为法受恶。惜也，越竟乃免。”上文表明，善恶褒贬的“书法”体例并不是仅存于鲁国的“正史”记录制度（《鲁春秋》），晋国的大史也曾遵循这种特定的记史制度（《晋春秋》）。

由本书前面的讨论可以了解到，是非分明、善恶褒贬是夏商西周乃至春秋官学教材中的基本特征。在《春秋》“一字褒贬”的特定记史制度中，充满了如果不加说明连看都看不懂的“隐语”，这些“隐语”中的“微言大义”和使用规则颇似当时祭祀仪式中的繁文缛节。孔子没有条件也没有必要无中生有地造出这样一套复杂晦涩的“话语技术”，假如没有礼乐文化和制度的历史背景，即使孔子凭空造出这样一部“奇书”，也无法使之广泛流传。

本书前面提到，礼乐文化的“前儒家思想”构成了孔子“儒家思想”的基本依据，或者说“儒家思想”在“产生”之初更主要地体现为“前儒家思想”的“余波”。因此，孔子行为和思想的主要性质不是创新，而是守旧。孔子的“修《春秋》”也应当属于这种情况，或有“笔削”，但改动不会很大。《公羊传》(庄7) 提到“君子”将“不修《春秋》”的“雨星不及地尺而复”改作“星陨如雨”，这样的改动只是使文义更加准确的修辞。

因此，孟子说“孔子曰：知我者，其惟《春秋》乎！罪我者，其惟《春秋》乎”，如同他说“宰我曰：以予观于夫子，贤于尧舜远矣”，这些都是孟子的“放言”，是其言论中不够“醇乎醇”的地方。刘知几在《史通·惑经》谈到了《春秋》的“未谕”者十二，“虚美”者五，对孟子的“放言”多有质疑责备。例如，他根据《春秋》经文多“推避以求全，依违以免祸”的讳言曲笔，认为不足以当孟子所谓“知我”“罪我”的“虚美”。这是一种在有意无意之间的夸张，是在神化孔子，神化《春秋》；刘知几《史通·惑经》所谓：“**儒教传授，既欲神其事，故谈过其实。**”这种神化和夸张在当时或有其现实意义，但却与历史事实中的孔子和宰我没有关系。“孔子成《春秋》而乱臣贼子惧”（《孟子·滕文公下》）也属于多少有些不着边际的夸张，被刘知几斥为“乌有之谈”（《史通·惑经》）。孟子、董仲舒等后儒此类夸张的效果过于放大了孔子行为和思想中创新的成分，缩小了其守旧的成分。神化孔子和神化《春秋》始于孟子。程子语：“英气甚害事。”

---

[1][2] 杨伯峻：《春秋左传注·前言》，北京：中华书局，1981年版，1990年版。

第二节　《鲁春秋》早期情况

（一）《春秋》溯源

《礼记·祭统》讲祭器铭文的功效是："显扬先祖，所以崇孝也。身比焉，顺也。明示后世，教也。夫铭者，一称而上下皆得焉耳矣。"西周时期使用《春秋》经文"言父典祭"制度的早期功效是一称而四得（四种功效）：一是向上的"言父"告神，具体包括"显父登德""正父登过"和"讥父登失"；二是当今的"以示于朝"；三是向下的"以示后嗣"；四是在天子失政之前诸侯方国要将这种记录逐年上报天子。春秋时期诸侯方国间彼此通报、互记国事，也是早期王政的残留。

在第一种情况下，此类言辞的性质是一种特定内容的告神祝辞；在第二种情况下，其性质是一种特定形式的赞誉或警告，赞誉的目的是"德降为则，则信民宁"，警告的目的是"过慎于武（戒），设备无盈"和"修政戒官，官无不敬"；在第三种情况下，其性质是一种特定类型的功过记录"档案"和教材，作为功过记录的功效是《庄子·天下》所说"《春秋》以道名分"，作为教材的功效是申叔时所说"教之《春秋》，而为之耸善而抑恶焉，以戒劝其心"（《国语·楚语上》），亦即是后人所说"垂范"和"垂戒"。

墨子在战国时仍可读到"周之《春秋》""燕之《春秋》""宋之《春秋》"和"齐之《春秋》"（《墨子·明鬼》）。《史通·六家》及《隋书·李德林传》引《墨子》佚文："吾见百国《春秋》。"《左传》（昭2）也提到在孔子之前早已存在的《鲁春秋》。《国语·晋语七》所说"羊舌肸习于《春秋》"，表明晋国也有自己的《春秋》，也就是《晋春秋》。诸侯方国《春秋》类文献的功效之一是用为教材（"为之耸善而抑恶焉，以戒劝其心”），以年月系事的规范化形式使这种书在成为教材之初便具有了“大事记”的史书品格。这是墨子所说“百国《春秋》”（包括《鲁春秋》）的早期情况。上文申叔时所说“教之《春秋》”则具体是指当时楚国的官学教材，也就是《楚春秋》。

《周春秋》《鲁春秋》《宋春秋》《齐春秋》《晋春秋》《楚春秋》等“百国《春秋》”大约出现于周文王“躬修五典”之后，也就是西周初期。早期的《春秋》书法（如西晋杜预归纳“五十凡”中的一些较普遍适用的书法凡例）相对简单，直书其事，善则善之，恶则恶之，褒贬分明。亦即孔子所说“古之良史”的“书法不隐”（《左传》宣2）。作为史书，便须要求记事的完整，而《鲁春秋》作为一种特定神圣书写场合，又不能实现逐条记录大事的史书功能。于是出现了本书前面已经讨论过的与经文平行存在、补记其余的《鲁春秋》“附录部分”。

孔子在《礼记·经解》中提到：“入其国，其教可知也。……属辞比事，《春秋》教也。”早期的《鲁春秋》平行存在两个“版本”，一是鲁太史逐年记事的“**史官《春秋》经传**”，二是用为鲁国官学教材的“**官学教材《春秋》经传**”。前者解经传文采用平铺直叙，后者采用问答体式。在一个较长时段的制度化记录过程中（从西周初年到孔子归鲁，五个多世纪），这种记录的四种功效以及史书品格一共五种因素之间彼此制约、相互作用；在天子失政之后，这种记录无须上报天子，但又出现了一些新的因素，比如诸侯方国互告国事的制度逐渐废弛，又如“书法不隐”会给记录者（史官）带来危险。这些情况导致《春秋》类文献内容进一步改变，最终形成今传本《春秋》及其三传的相同与不同。

也就是说，在传世《春秋》的体式、内容中，应包含上述所有因素在一个复杂过程后所留下来的多重印记。例如“早期书法”与“新书法”的共存。《鲁春秋》“书法”的各种讳言、曲笔在鲁隐公、桓公、庄公之间已经出现，这是鲁国史官“推避以求全，依违以免祸”的书法变通结果。鲁国史官的书法变通（加入新书法）具有双重功效，一是可以让鲁国世袭史官在礼坏乐崩之中自保其身，二是可以使这种特定的记史制度在鲁国延续更长时间。这有可能是“百国《春秋》”中唯《鲁春秋》独存于后世的主要原因之一。

（二）马、班所谓“不可以书见”

下面是《史记》《汉书》中有关《春秋》成书的主要内容。

《史记·十二诸侯年表序》：“是以孔子明王道，干七十余君莫能用，故西观周室，论史记旧闻，兴于鲁而次《春秋》，上记隐，下至哀之获麟，约其辞文，去其烦重，以制义法，王道备，人事浃。七十子之徒口受其传指，为有所刺讥褒讳挹损之文辞，不可以书见也。鲁君子左丘明，惧弟子人人异端，各安其意，失其真，故因孔子史记具论其语，成《左氏春秋》。”

《汉书·艺文志》：“周室既微，载籍残缺，仲尼思存前圣之业，……以鲁周公之国，礼文备物，史官有法，故与左丘明观其史记，据行事，仍人道，因兴以立功，就败以成罚，假日月以定历数，借朝聘以正礼乐。有所褒讳贬损，不可书见，口授弟子，弟子退而异言。丘明恐弟子各安其意，以失其真，故论本事而作传，明夫子不以空言说经也。《春秋》所贬损大人当世君臣，有威权势力，其事实皆形于传，是以隐其书而不宣，所以免时难也。及末世口说流行，故有《公羊》《穀梁》《邹》《夹》之《传》。四家之中，《公羊》《穀梁》立于学官，邹氏无师，夹氏未有书。”

上文班固所言多承司马迁《史记》的说法。司马迁曾经就学于董仲舒，他关于孔子“作《春秋》”的见解直接来自董氏（见《史记·太史公自序》太史公曰：“余闻董生曰”）。如果说某当世君臣“有威权势力”到足以影响到传文的“不可书见”，那么该当世君臣只能是“政出家门”的季氏。细察可知，《春秋》经传在这个方面已经留有足够的余地。

在鲁昭公与季氏的冲突之中，三传都有明确袒护季氏的内容。《公羊传》（昭25）君臣易位，称“昭公将弑季氏”，且曰“季氏得民众久矣”。《穀梁传》（昭29）说“昭公出奔，民如释重负”。《左传》（昭32）赵简子问史墨：“季氏出其君，而民服焉，诸侯与之；君死于外而莫之或罪，何也？”史墨回答：“……天生季氏，以贰鲁侯，为日久矣。民之服焉，不亦宜乎！鲁君世从其失，季氏世修其勤，民忘君矣。虽死于外，其谁矜之？社稷无常奉，君臣无常位，自古以然。……政在季氏，于此君也四公矣。民不知君，何以得国？”

《春秋》经传于君臣名分最为讲究，三传此处不约而同违背“义法”常例，厚季氏而薄昭公，《公羊传》甚至倒置君臣关系（昭公“弑”季氏）。造成这种情况的原因只有一个，那就是编修和传授《春秋》经传者在当时有所顾忌，有所周旋。因此，司马迁所说“不可以书见”，以及班固又作进一步发挥的“是以隐其书而不宣，所以免时难也”，这些内容都属不实、不确的传闻或推测。

在排除了上引《史记》《汉书》内容中不实、不确的成分之后，还剩下两个重要认识线索。其一，孔子与《春秋》三传的成书过程有直接关系。其二，《左传》的主要编写者是左丘明。《汉书·艺文志》：“《左氏传》三十卷。左丘明，鲁太史。……《国语》二十一篇。左丘明著。”

在时过境迁之后，没有了来自季氏方面的政治压力，传授经传的后世经师不太可能加进这种颠倒“义法”的内容（具体指在鲁国君臣之间，明确袒护季氏的内容）。相反，后世经师没有将这种内容删除掉倒是一件值得注意的事情。这表明，《春秋》经传传授者在没有特殊动机的情况下，不会轻易改动已有的经传内容。

第三节　《春秋》三传与《国语》

本书前面提到，孟子、董仲舒提出的孔子“作《春秋》”，具体是指孔子据史记对《春秋》的原创。在董仲舒的说法中，《春秋》中的各种“书法”大多来自孔子，并通过《公羊传》对各种褒贬书法加以说明。在这个意义上的孔子“作《春秋》”十分牵强、无法成立。但本书不排除孔子曾对《鲁春秋》个别文字作过极少量改动。

《春秋》与三传并行。《春秋》经文中的“微言大义”类似密码，必须通过与之匹配的传文解码才能够被读懂。同理，如果没有《春秋》经文，解经传文则是无的放矢，也无法被完整读懂。因此，《春秋》经文与解经传文无法单独传世，或者说没有单独传世的条件。从这个意义上说，二者同等重要。《汉书·艺文志》提到，依附于《公》《穀》二传的《春秋》是“《经》十一卷”，依附于《左传》的《春秋》是“《春秋古经》十二篇”。依附于三传的《春秋》经文大同小异。据《春秋集传纂例》，唐代学者（啖助、赵匡、陆淳）比较三传《春秋》经文的异同“凡二百三十七处”。

《春秋》三传都是“经传体”，其纲要都是编年体的《鲁春秋》。《公羊传》和《穀梁传》都是由《春秋》经文和解经传文两个部分构成。相对来说，《公》《穀》二传在体式、内容、篇幅等方面比较接近，都是只解经文而不及其他，传文统一采用问答体式。这是便于教学的课本体式。其中问的部分可以直接拿来用作考题，答的部分则提供标准答案。《左传》的第一部分内容也是《春秋》经文，第二部分内容（解经传文）不采用问答体式，而是平铺直叙。

《左传》解经传文直接来自鲁国专职史官的《春秋》记事，包括专业化的书法说明（如五十凡例等），还包括比《公》《穀》二传更加细致和完整的历史记事。除

《春秋》经文（第一部分内容）和解经传文（第二部分内容）之外，《左传》比《公》《穀》二传多出第三部分内容。《左传》第三部分内容是一千多篇相对独立的记言记事短文。这部分内容来自春秋时期诸侯国官学教育中使用的教材类短文。作为“《春秋》外传”的《国语》，其全部内容均来自教材类短文。

从编写工程的规模和难度上看，三传《春秋》经文改动幅度很小，大多是“笔则笔”，较少“削则削”。《公》《穀》二传同源异流，同源部分改动很小。倒是异流部分变化较多，随着成书后用为教材的长时段广泛传播，由同而殊。《左传》编写中真正庞大的工程是一千多篇教材类短文的搜集、甄别、选择、整理，还要搞清其间的人物身份、事件因果、发生时间，将其融会贯通地编入《春秋》的编年体框架之内；在编入时又要有所改写、缩编、润色，使其脉络清楚、头绪不乱。

由于这项工作相当复杂，所以《左传》中也有少量自相矛盾的疏忽。前人对此多有研究。《国语》的成书是“粗加工”，但也有一个对大量教材类短文的搜集、甄别、选择、整理和编排、改写的过程。《公》《穀》传文都是近三万字，《国语》九万余字，《左传》近二十万字。若是将《公》《穀》二传比作普通的房屋，《国语》便是有些规模的庙堂，《左传》则是雕梁画栋、气象万千的皇皇巨厦，内容宏富，述史周详，体例完备。

汉代以来今古文之争多有在《左传》与《公》《穀》二传之间厚此薄彼、执其一端者；今文家在大多数时间里居于“主流”，故《左传》经常处于受到排斥的位置。早期的今古文之争关系到经师俸禄、书生意气，很容易动感情、动肝火，很容易失去学术所应有的平和、客观、敏锐、通达、审慎。这样的争执相沿而成为传统，近代“疑古之风”承其余波。这样的传统很容易使人偏离理性，使认识者异化为争执者，使争执者忘记了自己作为认识者的本分，使一些颇具才华的争执者实际上却是十分蹩脚的认识者。

如果退出传统争论的偏狭语境，退到一个认识者应有的客观态度上考察问题，注意到各种证据的轻重虚实，细察各种推测的准确程度，不难看出，《左传》

的记史质量和史料价值远高于《公》《穀》二传。在《史通·申左》中，刘知几已经对这个问题进行过翔实公允的论证（“《左氏》之义有三长，而二《传》之义有五短”）。刘知几的重要结论：“若无左氏立《传》，其事无由获知。然设使世人习《春秋》而唯取两《传》也，则当其时二百四十年行事茫然阙如，俾后来学者，兀成聋瞽者矣。”因此，刘知几在《史通》中多次提到，在记史和行文质量方面，《公》《穀》二传“比诸《左氏》，不可同年（而语）”。可以毫不夸张地说，在《春秋》三传记史质量和史料价值方面，《左传》与《公》《穀》有黄钟与瓦釜之差。《史通·鉴识》：“《春秋左氏》，三传之雄霸也。”

除了类似《公》《穀》的解经内容之外，《左传》多出的第三部分是1210篇相对独立的记言记事短文，其中共有谏、讥、赞、问四种体式的短文580余篇（见本书附录二：《左传》典型文体短文索引）。《国语》在汉代被称为《春秋外传》，记事下限与《左传》同，以国别为框架，收入记言记事短文242篇，其中共有四种体式（谏、讥、赞、问）的短文190余篇（见本书附录一：《国语》典型文体短文索引）。因此，认识《春秋》不可以离开《春秋》三传以及作为“外传”的《国语》。于是问题也就更加复杂。

《国语》排序，先“周语”，次“鲁语”。齐桓、晋文虽是春秋霸主，但“齐语”“晋语”被排在“鲁语”之后。这表明《国语》编写者不出鲁国。《国语》记事下限与《左传》同，这就呼应了汉人关于左丘明编写《国语》《左传》的说法。《左传》五分之四的内容和《国语》的全部内容都来自春秋时期的教材类短文。《国语》《左传》取材于同一篇短文的地方大约有八十处。只是由于《左传》侧重历史，《国语》侧重言论，所以在写进书中时出现了大同小异的情况。因此，《国语》《左传》应是同一个史料搜集、占有和使用过程中两个不同的撰写结果。而且假如没有专职史官的参与，假如更晚些搜集这些短文，由于诸侯国官学的进一步衰亡，也就没有条件搜集到数量如此之大、质量如此之高的教材类短文。**《春秋》三传和《国语》都具有鲜明的以鲁国为本位的特征，更像是官修文献而非私家著述。**

《春秋》三传在成书之时已经书于竹帛，否则三传中厚季氏薄昭公的内容不会被保留下来。三传都有后世经师加进的内容。《公》《穀》二传此类内容较多，《左传》则很少。于是问题也就进一步复杂化。三传之中哪些内容是“原初版本”中的内容？哪些是被后世经师加进或改写的内容？是否可以区分？用什么方法和标准区分？于是又出现许多极难分辨、扑朔迷离的问题。这是两汉以来学人之间分歧最多的“地带”，荆棘丛生，寸步难行。**自然有一个不因后人争执而发生任何改变的历史过程，只是还原这个过程已经非常困难。**

第四节　试析《春秋》经传由来（上）

孔子68岁时，鲁哀公和季康子以重礼招他归国。他自卫返鲁的当年便被尊为鲁国的“国老”。周礼“国老”的职能之一是主持学政（《礼记》“三老在学”），而鲁国又是当时保留周礼最多的诸侯方国。从68岁归国（前484年，哀公十一年冬）到73岁故去（前479年，哀公十六年夏四月），孔子在其生命的最后四年多时间里主要从事治学和教学，包括对《诗》《书》《礼》《易》等三代礼制中经典文献的编订整理。他的“国老”身份使得此事具有了名正言顺的合法性，并为其治学提供了一些以往无法得到的重要文献条件（包括鲁国官学机构以及鲁太史的协助），同时也使孔门学术在鲁国的影响具有了一定程度的官学性质。

鲁国初封时已有“祝、宗、卜、史”的职官设置（《左传》定4），《鲁春秋》记事起点应在鲁国初封后不久。前面提到，可以将（孔子之前早已存在的）鲁国专职史官世代记录与传承的《鲁春秋》经传具体称作“**史官《春秋》经传**”。史官手中的《鲁春秋》与官学教育中用为教材的《鲁春秋》，由于用途不同，已经发生一些由同而异的改变。具体说，二者间的《春秋》经文基本一致，主要的改变发生在解经传文。

本书前面提到，《左传》解经传文采用平铺直叙的书写形式。这是鲁国太史职官世代传承各种“书法”专业知识的行文风格，是《左传》对“**史官《春秋》解经传文**”书写形式的直接因袭。《公羊传》和《穀梁传》的解经传文主要采用问答体式，这是将《春秋》用为官学教本的体式改变。《左传》与《公》《穀》二传解经传文的基本内容，都是对《春秋》经文中等级名分、是非褒贬和事件因果的说明。所不同者，作为来自史官专业文献的书写风格，《左传》更加注重记录历史事实及其前因后果的客观准确。作为官学教材，《公》《穀》二传则更加注重历史事件的是非评判。

由于这个原因，《左传》的记史质量（史料价值）要远高于《公》《穀》二传。刘知几在《史通·申左》中枚举许多例证，正面比较《左传》与《公》《穀》二传的记史质量："盖《左氏》之义有三长，而二《传》之义有五短。"

刘知几在《史通·申左》中的比较和分析足以表明，《左传》与《公》《穀》二传在记史质量方面的优劣十分明显。左丘明是鲁国专职史官，他因此具备查阅史料、澄清史实不可缺少的专业条件。这是《左传》记史质量远好于《公》《穀》二传的重要原因之一。司马迁和班固在三传之中更加看重《左传》。

《论语·子路》子路问孔子："卫君待子而为政，子将奚先？"孔子的回答是："必也正名乎！"孔子在这里强调了"正名"的重要性。他在下面的言论中进一步说明了"正名"的意义："名不正，则言不顺；言不顺，则事不成；事不成，则礼乐不兴；礼乐不兴，则刑罚不中；刑罚不中，则民无所措手足。故君子名之必可言也，言之必可行也。君子于其言，无所苟而已矣！"由此可以了解到孔子"名正言顺"的自律原则："君子于其言，无所苟而已矣！"

本书前面提到的种种迹象都在指向同一个结论：孔子以国老身份主持修订《春秋》实际上是一组工作，包括了《国语》《左传》的成书。这是一个多人参与的过程，而不是个人行为。孔子主持其事，鲁国太史左丘明具体主持《国语》《左传》的编写。孔子是主持鲁国学政的国老，左丘明是鲁国的专职史官。左丘明比孔子年轻一些，他的治史能力与司马迁在伯仲之间，其德能操守得到孔子的高度认同："巧言、令色、足恭，左丘明耻之，丘亦耻之。匿怨而友其人，左丘明耻之，丘亦耻之。"（《论语·公冶长》）

左丘明在孔子的主导下启动《左传》的编撰，这是一项"名正言顺"且工作量极大的编史工作。作为鲁国的专职史官，由于有多人协助，左丘明有条件搜集到很大数量的教材类短文（包括史官旧藏，应不少于一千四五百篇）。左丘明的《左传》编撰工作，同时具有守旧与创新的双重属性。在守旧的方面，《左传》的前两个部分（《春秋》经文和800余条解经传文）较完整地保留了"**旧史学《春秋》经传**"的基本内容。

在创新的方面，左丘明将不少于一千四五百篇教材类短文加以甄别、取舍，然后将选定的短文加以高质量缩写，并逐篇编入“**史官《春秋》经传**”的编年体框架之中。**在这个编写环节，他既要通过多种方法实现“短文时位”与“《春秋》时位”的高质量对应，还要最大限度保留教材类短文素材的原有体式（劝谏体、讥语体、赞语体、问答体等）**。这是《左传》第三个部分内容（1210篇相对独立的记言记事短文）的成文过程。**完成此事难度甚高，需要编写者能够整体把握春秋时期列国历史足够细致的基本脉络。左丘明是一位极具天赋的专职史官，他因此有条件收集到如此大数量的记言记事短文，有条件高质量完成《左传》第三部分的编写环节。**韦昭《国语解叙》：“可谓命世之才，博物善作者也。”**在成书之后，《左传》三个部分之间相互契合、体例完备、脉络清晰、述史周详，是我国先秦时期首屈一指的史学经典。**

与此同时，左丘明将已经搜集到的极大数量的教材类短文加以进一步精选，然后以国别史为体例，汇编为《国语》（在汉代被称为《春秋外传》）。《国语》的记史下限与《左传》大致相当。这种记史下限的相互对应进一步表明，《国语》和《左传》成书于同一个史书编写过程。在这个编写过程中，左丘明搜集并使用了同一批教材类短文素材。

在史书编写环节，左丘明也有其协助者。由于有主持者和协助者，所以在主持者（也就是孔子和左丘明）去世后，这项工作有条件继续进行一段时间，只是不会很长。这应该就是《左传》中的“续经”和“续传”（近万字）止于鲁哀公二十七年（前468年，孔子逝世后十余年）的原因，也应该是卫悼公、宋景公、陈成子、楚惠王、赵襄子等人的谥名可以在晚些时候被加进书中的原因。同类情况还包括《左传》结尾处补记鲁悼公四年（前455年）晋三家灭智伯一事。

有必要强调指出，只有鲁国专职史官才具备补写和编入《左传》近万字“续经”和“续传”的条件和资格。以往一些研究者认为《左传》成书较晚的主要证据，是其中占卜“预言”在战国时期多有应验的情况。如前面提到的三家分晋、田氏代齐，如果算上有关周王室运数“预言”的“卜世三十，卜年七百”（宣3），则秦人灭周已在战国末期。从逻辑上说，这里存在两种可能的情况，一是在成书时写进的内容，二是在成书后加进的内容。实际情况应是后者。下面具体说明。

在春秋时期教材类短文的编写传统中，已经有了训语、赞语和卜筮的“预言”，包括在事后补记“验辞”甚至改写“占辞”的传统。占卜是史官的专职之一，先秦文献记史官参与占卜之事很多，《左传》最多。除了没有应验的占辞之外，《左传》占卜可以分为三种情况：一是占于春秋之前而应验于春秋或战国时期，二是占验同在春秋时期，三是占于春秋时期验于战国。其中，验于战国者被认为是《左传》成书较晚的证据。

在“预言”和“应验”同在春秋时期的事例中，应存在孔子所说“不幸言而中”（《左传》定15）者，也应存在由于未能应验而改写“预言”者。此类改写的意图是为保持《左传》中“预言”的灵验。改写者包括两种人，即官学教材的编修者以及参与占卜和记录其事的史官。这两种人都具备改写预言的明确动机，前者是为了强化教材的教育效果（令人恐惧的神佑与神罚），后者是为了神化其职其事来稳固其作为史官的地位。

第五节　试析《春秋》经传由来（下）

三传《春秋》经文记事起点相同（隐公元年），表明三传是同一个教材编修过程的结果。《公羊传》和《穀梁传》中的《春秋》记史时间截止于鲁哀公十四年（前481年）“西狩获麟”，这是孔子以“国老”身份将《鲁春秋》用为教材的具体时间。更准确地说，这是对鲁国此前使用的**“官学教材《春秋》经传”**的一次“更新”。孔子时鲁太史掌管的《鲁春秋》在记史年代方面应当是相对完整的（始于西周初期），但用为教材并配以说明（解经传文）的**“官学教材《春秋》经传”**不一定完整。

教材要受到教学时间的限制。《春秋》只是鲁国官学教育中的一科，不可能占满全部教学时间。这就限制了用为教材并配以说明的经传篇幅。**解决这个问题最直接的办法，便是每过一段时间作一次“掐头续尾”的处理，也就是在加入新内容的同时删去前端相应长度的旧内容。与此同时，还要将“史官《春秋》传文”的平铺直叙改作便于教学的问答体式。孔子最后一次更新“官学教材《春秋》经传”的时间长度是十二公，二百四十二年。**

随着周礼在鲁国的进一步废弛，鲁国官学机构再也没有对**“官学教材《春秋》经传”**进行过更新。于是鲁国**“官学教材《春秋》经传”**的述史起讫时间也就定格在此。在此之前，《春秋》早已是孔子授徒使用的教材之一。孔子很清楚**“官学教材《春秋》经传”**中各种讳言曲笔的形成原因与措辞方法。这种《春秋》“书法”的“双重性格”，与孔子“克己复礼”的思想信念和自律原则格格不入。

孔子自谓其思想与言行“一以贯之”（《论语·卫灵公》）。他十分赞许晋国太史董狐的“书法不隐”是“古之良史”。因此，他没有兴趣增加或减少《春秋》“书法”

中“其言僭嫚于鬼神”的讳言曲笔。为说明问题，再举一个可以明确体现孔子信念与操守的具体例证。《左传》（哀14）记：齐国发生弑君之事（陈成子弑齐简公），孔子为此斋戒三日，面见鲁哀公并再三请求讨伐齐国。鲁哀公拒绝孔子的理由是：“鲁为齐弱久矣。”在遭到鲁哀公的拒绝之后，孔子出来对旁人解释他必须如此行事的原因（“退而告人曰”）：“吾以从大夫之后也，故不敢不言。”[1]

孔子此时（前481年）已是七十一岁高龄，一年多后（前479年）故去。此事足以充分体现孔子暮年为人行事的自律原则：身在其位，不敢不言。老则老矣，衰则衰矣，为坚守自己“克己复礼”的道义原则，孔子不惜发动一场针对邻国、胜负难料（“鲁为齐弱久矣”）的较大规模战争。试想，如此这般一位老先生，是否有可能对《春秋》“书法”中大量存在“双重性格”的讳言曲笔、祝史“愧辞”产生很大兴趣？

许多学者都曾指出，从客观条件上说，孔子晚年没有时间也没有精力对“**官学教材《春秋》经传**”作出较大幅度的改动。从主观条件上说，孔子对《春秋》“书法”中“愧辞”连篇的“微辞技术”没有兴趣，甚至会有些反感。根据前文的论述，孔子的著述原则是守旧而非创新，他还明确提到：“非天子，不议礼，不制度，不考文。……虽有其德，苟无其位，亦不敢作礼乐焉。”（《礼记·中庸》）因此，孔子不太可能（如孟子所说）行此“天子之事”，更不可能（如董仲舒所说）自许为“新王”“素王”，凭空创作一部名不正、言不顺的《春秋》经传。由孔子主持最后一次“更新”的鲁国“**官学教材《春秋》经传**”应该就是《公》《穀》二传的最初版本。这个版本取代了鲁国官学中原有的（更新前）版本。除了将新补入解经传文改作问答体式之外，对二百四十二年《春秋》经文的改动至多也就是个别文字而已，这在前文有具体案例说明，如将“雨星不及地尺而复”改作“星陨如雨”。

在《左传》事语体短文“语”部分的评论中，除“君子曰”外，加名评论者大约有70余人，190余次。5次以上者只有6人：晏子（6次）、穆叔（6次）、子大叔（6次）、叔孙昭子（12次）、叔向（15次）、孔子（22次）。其中，鲁人居多，孔子最多。一般加名评论者的评论对象，大多是评论者在世时的人和事，而孔子评论人物、事件的时间跨度则将近150年。由此表明，孔子与《左传》的写作者乃至写作过程之间有着极密切的关系。

在孔子“语”类评论中，有一些很像是直接写进《左传》行文中的内容。例如，《左传》（文2）《臧文仲纵逆祀》是一篇典型的事语体短文，这篇短文内容在编入《左传》时明显经过了压缩和改编。短文评论对象是不辩昭穆“逆祀”僖公之事。这篇短文的评论部分比较复杂，先是一段经过缩写的“君子曰”，就事论事评论“逆祀”的失礼；后面是孔子的借题发挥，对臧文仲一生的过失作出全面评论：“臧文仲其不仁者三，不知（智）者三。下展禽，废六关，妾织蒲，三不仁也。作虚器，纵逆祀，祀爰居，三不知（智）也。”这篇短文的“君子曰”评论应是在编入《左传》前已经存在，而孔子的评论只有在《左传》这样大时空整体关照的史书中才显得恰如其分、顺理成章。孔子对叔向的评论（昭14）也属于这种情况。

在《左传》事语体短文中，孔子的加名评论最多，评论人物、事件的时间跨度最长，并且一些评论很像是直接写进《左传》行文中的内容。又如，《春秋》（僖28）：“天王狩于河阳。”《左传》解经传文：“是会也，晋侯召王，以诸侯见，且使王狩。仲尼曰：‘以臣召君，不可以训。’故书曰‘天王狩于河阳。’言非其地也，且明德也。”

这些迹象同样表明孔子以“国老”身份主持修订《春秋》实际上是一组工作，包括《国语》《左传》的成书。孔子以国老身份主持修订《春秋》的协助者包括孔门后学，也包括了孔门之外的鲁国史官左丘明等人。这一次修订《春秋》的基础是鲁国传统学术。孔子对《春秋》的修订是对鲁国传统学术中官学教材的修订，是从文献到文献的修订；其意图是继承和复兴鲁国的学术，是发扬和光大周礼的传统。这是孔子毕生一以贯之的夙愿和理想。

《汉书·艺文志》：“《春秋》……及末世□说流行，故有《公羊》《穀梁》《邹》《夹》之传。”在《汉书·艺文志》的《春秋》类文献列表中，《公羊传》《穀梁传》与《邹氏传》《夹氏传》并列一处，且四者在篇卷划分方面相同，都是“十一卷”。故此四者应来自同一个源头，也就是孔子最后一次“更新”的“**官学教材《春秋》经传**”。三百余年的私学辗转传授，导致不同门户（公羊、穀梁、邹氏、夹氏）及其经传内容由同而异。公羊、穀梁、邹氏、夹氏并非文献的“著作权人”，而是同一部文献在三百余年私学辗转传授中不同门户的晚期冠名者。

《左传》（第三部分）编入1210篇教材类短文，这在中国史学体例传统中是一个重要创新。由于篇幅庞大，《左传》作为教材的传播范围要远小于孔子最后一次更新的“**官学教材《春秋》经传**”（《公》《穀》《邹》《夹》）。我们今天仍然可以看到保存质量如此完好的《春秋左氏传》，实属侥幸。

---

[1] 见《左传》哀公十四年：（经）齐人弑其君壬于舒州。（传）孔丘三日齐，而请伐齐三。公曰：“鲁为齐弱久矣，子之伐之，将若之何？”对曰：“陈恒弑其君，民之不与者半。以鲁之众加齐之半，可克也。”公曰：“子告季孙。”孔子辞，退而告人曰：“吾以从大夫之后也，故不敢不言。”

第十章

文体源流分析（上）

第一节 《尚书》《逸周书》中的典型文体

（一）《尚书》

关于今古文《尚书》真伪问题，可以参阅笔者所著《审核古文〈尚书〉案》[1]。《书》是三代官学教育长期使用的经典文献，自夏而商而周，历经整理、增益。《史记·孔子世家》：“孔子之时，周室微而礼乐废，《诗》《书》缺。追迹三代之礼，序《书传》，上纪唐虞之际，下至秦缪，编次其事。……故《书传》《礼记》自孔氏。”孔子曾对《书》作过编次、整理，但对西周官学本《书》篇章调整不会很大，收入春秋时期《文侯之命》和《秦誓》。

《尚书》体式主要有典、谟、训、诰、誓、命等“六体”，多是天子文告和君臣言论的记录。《尚书》主要内容有二，一是记录历史，二是讲述和强调一整套在三代礼乐制度中居于统治地位的宗教（神权）观念和政治观念，包括“事神保民”的天命观、为政者所应遵循的德能规范等。三代记言记事的文献远多于《尚书》的篇幅，将哪些文献编入其中主要取决于它作为官学教材的用途。

在《尚书》记录历史和讲述“神权政治”两个主要内容之间，后者分量远大于前者。后者可以被进一步概括为一种明确的意向：为政者应该怎样做以及不应该如何做。对于为政者以及将要为政的宦学受教育者来说，这样的内容具有训导、规范和约束功能。《尚书》在这个方面的重要特征之一，是训诫类内容占全书篇幅十之六七；如果算上具有训导、规范和约束功能的内容，则占全书篇幅十之八九。这个现象明确体现出三代《尚书》修编者们的意图，以及《尚书》作为官学教材的性质。

《尚书》有一篇典型的问答体短文，即前面已经讨论过的《洪范》；还有一篇介于劝谏体和训语体之间，即商代末期的《西伯戡黎》。

《西伯戡黎》[劝谏体-不从-讥-验在后文]【劝谏原因】西伯既戡黎，祖伊恐，奔告于王。【劝谏言论】（祖伊）曰：“天子！天既讫我殷命；格人元龟，罔敢知吉。非先王不相我后人，惟王淫戏用自绝。故天弃我；不有康食，不虞天性，不迪率典。今我民罔弗欲丧，曰：‘天曷不降威？大命不挚。’今王其如台？”【是否听从】王曰：“呜呼！我生不有命在天？”【讥语判断及其说明】祖伊反曰：“呜呼！乃罪多参在上，乃能责命于天？**殷之即丧，指乃功；不无戮于尔邦。**”【验辞】在后文（《泰誓》《牧誓》）：武王灭商。

此类短文[谏→不从→讥→验（或验在后文）]在《尚书》中只一篇，但在《国语》《左传》中却比较多见。例如，《国语》中有《夏父弗忌改常》《献公卜伐骊戎》《宫之奇谓其子》《申胥自杀》等，《左传》则有《宫之奇谏假道》（僖5）、《梁由靡劝里克乘胜追狄》（僖8）、《晋侯拒谏不救秦饥》（僖14）、《韩简谏晋侯不可敌秦师》（僖15）、《令尹子西不听谏而败》（僖28）、《蹇叔谏秦师不可远袭》（僖32）、《伍员谏吴王勿与越议和》（哀1）、《伍子胥谏吴王勿遗越患》（哀11）等。为便于比较，下引五个例证。

例证1《左传》（僖14）《晋侯拒谏不救秦饥》[劝谏体-不从-讥-验在后文]【劝谏原因】冬，秦饥，使乞籴于晋，晋人弗与。【劝谏言论】庆郑曰：“背施，无亲；幸灾，不仁；贪爱，不祥；怒邻，不义。四德皆失，何以守国？”虢射曰：“皮之不存，毛将安傅？”庆郑曰：“弃信背邻，患孰恤之？无信，患作；失援，必毙。是则然矣。”虢射曰：“无损于怨，而厚于寇，不如勿与。”庆郑曰：“背施幸灾，民所弃也。近犹雠之，况怨敌乎？”【是否听从】弗听。【讥语判断及其说明】退曰：“君其悔是哉！”【验辞】在后文：（僖15）九月，晋侯逆秦师，……壬戌，战于韩原，……秦获晋侯以归。

例证2《左传》（僖28）《令尹子西不听谏而败》[劝谏体-不从-讥-验]【劝谏原因】初，楚子玉自为琼弁、玉缨，未之服也。先战，梦河神谓己曰：“畀余！余赐女孟诸之麋。”弗致也。【劝谏言论】大心与子西使荣黄谏，弗听。荣季曰：“死而利国，犹或为之，况琼玉乎？是粪土也。而可以济师，将何爱焉？”【是否听从】弗听。【讥语判断及其说明】出，告二子曰：“非神败令尹，令尹其不勤民，实自败也。”【验辞】既败……

例证3《左传》（哀1）《伍员谏吴王勿与越议和》[劝谏体-不从-讥-验]【劝谏原因】吴王夫差败越于夫椒，报槜李也。遂入越。越子以甲楯五千保于会稽，使大夫种因吴大宰嚭以行成。吴子将许之。【劝谏言论】伍员曰：“不可。……”【是否听从】弗听。【讥语判断及其说明】退而告人曰：“越十年生聚，而十年教训，二十年之外，吴其为沼乎！”【验辞】三月，越及吴平。吴入越。不书，吴不告庆、越不告败也。（哀22）冬十一月丁卯，越灭吴。

例证4《国语·夏父弗忌改常》[劝谏体-不从-讥-验]【劝谏原因】夏父弗忌为宗，蒸将跻僖公。【劝谏言论】宗有司曰：“非昭穆也。”曰：“我为宗伯，明者为昭，其次为穆，何常之有！”有司曰：“夫宗庙之有昭穆也，以次世之长幼，而等胄之亲疏也。……无乃不可乎？”【是否听从】弗听，遂跻之。【讥语判断及其说明】展禽曰：“夏父弗忌必有殃。夫宗有司之言顺矣，僖又未有明焉。犯顺不祥，以逆训民亦不祥，易神之班亦不祥，不明而跻之亦不祥，犯鬼道二，犯人道二，能无殃乎？”曰：“未可知也。若血气强固，将寿宠得没，虽寿而没，不为无殃。”【验辞】既其葬也，焚，烟彻于上。

例证5《国语·宫之奇谓其子》[劝谏体-不从-讥-验]【劝谏原因】伐虢之役，师出于虞。【劝谏言论】宫之奇谏，【是否听从】而不听。【讥语判断及其说明】出，谓其子曰：“虞将亡矣！唯忠信者能留外寇而不害。除暗以应外谓之忠，定身以行事谓之信。今君施其所恶于人，暗不除矣；以贿灭亲，身不定矣。夫国非忠不立，非信不固。既不忠信，而留外寇，寇知其衅而归图焉。已自拔其本矣，何以能久？吾不去，惧及焉。”以其孥适西山。【验辞】三月，虞乃亡。

这些短文与《西伯戡黎》如出一辙，很像使用同一张“文体表格”填写出来的。旧释“祖伊反曰”是祖伊对商纣王的当面反驳，似有不妥。“反曰”有可能类似上引

《晋侯拒谏不救秦饥》的“退曰”、《伍员谏吴王勿与越议和》的“退而告人曰”，指祖伊回来后说的话（反读作返）。《西伯戡黎》记商末事，写于商末或周初，是典型文体教材类短文中较早的一篇。

（二）《逸周书》

《汉书·艺文志》：“周书七十一篇”，班固自注“周史记”。颜师古注：“刘向云周时诰誓号令也。盖孔子所论百篇之余也。今之存者四十五篇矣。”《逸周书》大部分篇章是西周文献，记周初文、武、周公事迹言论者占全书篇幅五分之四。其中羼杂有一些后人窜补内容，但并不很多。《国语》《左传》《史记》《汉书》等书都引用过《逸周书》内容。今本《逸周书》连《周书序》共有七十一篇，《九开》《文开》《箕子》等十篇有目无书，实存六十篇。今本《逸周书》比唐代颜师古为《汉书》作注时的“四十五篇”多出十余篇。就其内容与行文判断，至少该书后面两卷（卷九、卷十）中的八篇（《芮良夫》《大子晋》《王佩》《殷祝》《周祝》《武纪》《铨法》《器服》）很可能是后人拟作。

西汉刘向认为此书是“周时诰誓号令也，盖孔子所论百篇之余也”。这是猜测，后人多有驳难。由于刘向认为《逸周书》是孔子删《书》之余，故该书长期不为人们所重视。近代以来人们开始注重该书的史料价值，但还未能达到其应有的程度。由本书讨论可以了解到，《度训》《命训》《常训》以及《本典》中的“父母之礼”和《成开》中的“五典”都是了解三代神权观念和制度的重要史料。如果没有《成开》“五典”的佐证，便无法确认《春秋》经文与祝史言辞之间的渊源关系。

从内容看，《逸周书》与《尚书》情况相同，是典型的官学教材。在文体方面，其中有一部分属于《尚书》“六体”，还有一部分属于教材类短文的问答体。共有七篇比较典型的问答体短文。这些短文都采用君问臣答的形式，问答内容主要是神权观念、制度和为政者德能。下面表格“结构”栏中的“1”指【问答背景】，“2”指【问答言论】。

表10.1 《逸周书》问答体短文案例分析

篇名	结构		问者	答者	二者关系
	1	2			
《大开武》	○	○	周武王	周公	君问臣答
《小开武》	○	○	周武王	周公	君问臣答
《大聚》	○	○	周武王	周公	君问臣答
《大戒》	○	○	周成王	周公	君问臣答
《本典》	○	○	周成王	周公	君问臣答
《官人》		○	周成王	周公	君问臣答
《祭公》		○	周穆王	祭公	君问臣答

《逸周书·大开武》[问答体]【问答背景】维王一祀二月，王在酆，密命访于周公旦。【问答言论】(王)曰："呜呼！余夙夜维商，密不显，谁和？告岁之有秋，今余不获其落，若何？"周公曰："兹在德，敬在周，其维天命，王其敬命。远戚，无干和，无再失，维明德无佚，佚不可还，维文考恪勤，战战何敬？何好何恶？时不敬殆哉！"王拜曰："允哉！余闻国有四戚、五和、七失、九因、十淫，非不敬不知。今而言维格，余非废善以自塞，维明戒是祗。"周公拜曰："兹顺天，天降寤于程，程降因于商，商今生葛，葛右有周，维王其明用开和之言，言孰敢不格？……"王拜曰："格乃言。呜呼！夙夜战战，何畏非道？何恶非是？不敬殆哉！"

上文问答言论结束部分的"王拜曰"是对周公旦答语的认可和拜谢。《逸周书》中大部分问答体短文都有这个内容。例如，《小开武》："王拜曰：'允哉！余闻在昔训典中规，非时罔有恪言，日正余不足。'"《大聚》："武王再拜曰：'呜呼！允哉！天民侧侧，余知其极有宜。'"《大戒》："王拜曰：'允哉！允哉！敬行天道。'"《本典》："王拜曰：'允哉！幼愚敬守，以为本典。'"《祭公》："王拜手稽首党言。"

具体说，在问答体短文的"文体结构"中，此类话语的位置在问答言论的结束部分，其内容是提问者对回答者的拜谢，是对答语内容的认可、称赞和应允。为方便起见，可以将此类话语称为问答体短文中的"问者赞谢"。此类话语在另外一些先秦文献中也可以见到，本书后面还会提到。

[1] 张岩：《审核古文〈尚书〉案》，北京：中华书局，2006年版。

第二节 《晏子春秋》文体分析

柳宗元《辩晏子春秋》（《柳河东集》卷四）提到："司马迁读《晏子春秋》，高之，而莫知其所以为书。或曰：晏子为之，而人接焉；或曰：晏子之后为之。皆非也。吾疑其墨子之徒有齐人者为之。墨好俭，晏子以俭名于世，故墨子之徒尊著其事以增高为己术者。"柳氏上述见解对后世影响颇大。实则其论似是而非。比如柳宗元说"司马迁读《晏子春秋》高之，而莫知其所以为书"。下面是《史记·管晏列传》相关内容。

太史公曰："吾读管氏《牧民》《山高》《乘马》《轻重》《九府》，及《晏子春秋》，详哉其言之也。既见其著书，欲观其行事，故次其传。至其书，世多有之，是以不论，论其轶事。"上文司马迁"既见其著书，欲观其行事"一语中"其"是代词，指管子、晏子，"其著书"指管子、晏子所著之书，当然包括《晏子春秋》。故柳子厚所谓"司马迁读《晏子春秋》高之，而莫知其所以为书"，与史料相左，属信口雌黄。

《汉书·艺文志》："《晏子》八篇。名婴，谥平仲，相齐景公，孔子称善与人交。"孙星衍《孙渊如诗文集·晏子春秋序》认为今本《晏子春秋》"实是刘向校本，非伪书也"，其成书"在战国之世"——"婴死，其宾客哀之，从国史（即《墨子·明鬼》所说《齐之春秋》）刺取其行事成书"。他还认为《晏子春秋》内六篇实为儒家之书："柳宗元文人无学，谓墨氏之徒为之，《郡斋读书志》《文献通考》承其误，可谓无识。"

今本《晏子春秋》凡八卷，二百十五章，每章都是一个相对独立的记事单元。全书以晏子（春秋末期齐国大夫）为中心，记录他为政期间的思想言行。刘向在《晏子书录》中说，他所校《晏子》底本是"中书"（即宫中藏书）十一篇，同时还以太史书五篇、他个人藏书一篇、杜参之书十三篇作为参照本。“中外书”共有三十篇八百三十八章，“除重复”后“定着”八篇二百十五章。其中“外书无有二十六章”，“中书无有七十一章”。

刘向校雠方式是“中外皆有以相定”。他将全书内容分为三类，一是“皆合六经之义”的前六篇（卷），二是“又有重复文辞颇异”的第七篇（卷），三是“又有颇不合经术，似非晏子言，疑后世辩士所为者”的第八篇（卷）。第一类（六篇）是今本“内篇”，后两类（两篇）是今本“外篇”。今本“内篇”和“外篇”对应于刘向所说“中书”和“外书”。故“内篇”内容应主要来自刘向所校“中书”底本，“外篇”内容应主要来自作为“外书”的参照本。今本外篇两卷共四十五章，而“中书无有”者为七十一章。由此看，外篇中一部分内容很可能是刘向之后的整理者为整齐章数而补入内篇的。

今本《晏子春秋》外篇两卷中的前一卷是刘向所说“重复”且“文辞颇异”者；后一卷中有些专门讥刺孔子的章节，格调不高，与《墨子》中《非儒》等章相呼应。故外篇中应有一部分略晚些的作品（可能与墨子或其门人有关）。据此推测，刘向所校“中书”应是一个较早期传本，而“中书”所“无有”的七十一篇，则或是略晚些的作品，或是经辗转流传而“文辞颇异”的短文。刘向所编《说苑》中有晏子故事三十余则，十之八九在外篇和内篇的“杂篇”（第五、第六卷）部分。

刘向编《说苑》的底本是汉人汇编的《说苑杂事》（或《说苑》和《杂事》），其中包含很大一部分较早期教材类短文，但其中大量文章经辗转流传，存在“文辞颇异”的情况；还有许多从战国中晚期到汉代的作品。故《晏子春秋》内篇的“杂篇”部分（即今本第五和第六卷），应是补入晚期作品和“文辞颇异”者最多的地方。司马迁在《史记·管晏列传》记述两则晏子“轶事”，均在今本的杂篇部分。司马迁时《晏子春秋》“世多有之”，这两篇“轶事”不在太史公视野所及《晏子春秋》传本中。这从一个侧面印证了上述推测，即刘向所校“中书”应是一个较早期传本。

基于上述分析，这里主要讨论今本《晏子春秋》前六卷（也就是内篇）的文体情况。内篇六卷标题本身已包含三种文体的分类：一、二卷是“谏”，三、四卷是“问”，五、六卷是“杂”。其中的“谏”体与本书所讲的劝谏体相对应，“问”体与问答体相对应。“杂”体的情况后面具体讨论。第一卷和第二卷各二十五章，都是劝谏体短文。第一章是晏子对齐庄公的劝谏，其余二十九章是晏子对齐景公的劝谏。其中，除八章例外，共有三十八章交代了是否从谏，四章有“验辞”，也就是交代从谏后得到好的结果；有三章交代不从谏的情况，其中一章有验辞。还有一章的结构比较复杂（卷一·二十二章）：谏→不从谏→讥→验→从谏→验。

第三和第四卷各三十章，都是问答体短文。其中，答者均为晏子，问者为：齐庄公（2次）、齐景公（37次）、吴王（2次）、晋平公（2次）、叔向（11次）、曾子、梁丘据、柏常骞等。在晏子与庄公和景公的问答体短文中，晏子的答语中有很大一部分（28次）具有劝谏的性质，其中八章交代了从谏的情况，三章有从谏的验辞；有两章交代了不从谏的情况，均有验辞。

在《晏子春秋》中，有一些问答体短文的设问方式在很大程度上是为了让答者更好地展开论说。在这种情况下，问者与答者之间主动和被动的关系发生颠倒，提问者反而成了回答者展开论说的“工具”。如在卷三第二十二章，景公向晏子提出的两个问题是：“圣人之不得意何如？”“圣人之得意何如？”这种情况并非仅见于《晏子春秋》的孤立现象。

第五和第六卷各三十章，都被归入“杂”类短文。这一部分短文的情况比较复杂。首先，其中包含了一些问答和劝谏体的短文。其次，“杂”体中包含一些可作进一步区分的小项，这些小项主要是由内容来区分的。比如：1.“行人专对”类，主要是晏子出使时的外交辞令、揖让周旋，大致八章。2. 辞赏甘贫类，记晏子辞景公所赐车马、宅院、赏金、封邑等事的短文，大致十三章。3. 释梦类，记晏子等人为景公释梦的短文，二章。4. 赈灾济贫类。5. 赠言类等等。

在《左传》中，有很大一部分“行人专对”内容，包括在外交场合仪式性使用《诗经》的情况。这些内容是当时宦学中必学的知识。上述《晏子春秋》中另外几类短文也可以在《左传》和《国语》中找到一些与之相应的内容。因此，在《左传》和《国语》的史料来源中，应包括一部分“杂”体的教材类短文。

在《晏子春秋》中，已经没有了典型的讥语判断和赞语判断，但“君子曰”类的赞语还是保留了一些，如（下面的数字不包括外篇的情况）：“孔子（仲尼）闻之曰”的赞语（7次），“君子曰”的赞语（5次），还有“墨子闻之曰”的赞语（2次）。

上述情况进一步表明，刘向所校中书更加接近于《晏子春秋》成书之初的情况。或者也可以反过来说，《晏子春秋》的原书包含了前六卷也就是“内篇”中的大部分内容，且其原有的分类框架也是由“谏”“问”“杂”三个部分构成。原书的撰写目的，是用为官学教材。虽然原书在文体上已略有变形，但改变的程度较小，仍然保留了西周时期官学教本的一些基本特征。为说明问题，下面举两篇劝谏体和两篇问答体的短文例证。

◎例证1《景公欲废适子阳生而立荼晏子谏》[劝谏体-不从-验]【劝谏原因】淳于人纳女于景公，生孺子荼，景公爱之。诸臣谋欲废公子阳生而立荼，公以告晏子。【劝谏言论】晏子曰：“不可。夫以贱匹贵，国之害也；置大立少，乱之本也。……今君用谗人之谋，听乱夫之言也，废长立少；臣恐后人之有因君之过以资其邪，废少而立长以成其利者。君其图之！”【是否听从】公不听。【验辞】景公没，田氏杀君荼，立阳生；杀阳生，立简公；杀简公而取齐国。

◎例证2《景公欲祠灵山河伯以祷雨晏子谏》[劝谏体-从-验]【劝谏原因】齐大旱逾时，景公召群臣问曰：“天不雨久矣，民且有饥色。吾使人卜，云，祟在高山广水。寡人欲少赋敛以祠灵山，可乎？”群臣莫对。【劝谏言论】晏子进曰：“不可！祠此无益也。夫灵山固以石为身，以草木为发，天久不雨，发将焦，身将热，彼独不欲雨乎？祠之无益。”公曰：“不然，吾欲祠河伯，可乎？”晏子曰：“不可！河伯以水为国，以鱼鳖为民，天久不雨，泉将下，百川竭，国将亡，民将灭矣，彼独不欲雨乎？祠之何益！”景公曰：“今为之奈何？”晏子曰：“君诚避宫殿暴露，与灵山河伯共忧，其幸而雨乎！”【是否听从】于是景公出野居暴露，【验辞】三日，天果大雨，民尽得种时。景公曰："善哉！晏子之言，可无用乎！其维有德。"

◎例证3《景公问诸侯孰危晏子对以莒其先亡》[问答体]【问答言论】景公问晏子曰："当今之时，诸侯孰危？"晏子对曰："莒其先亡乎！"公曰："何故？"对曰："地侵于齐，货竭于晋，是以亡也。"

◎例证4《景公问富民安众晏子对以节欲中听》[问答体]【问答言论】景公问晏子曰："富民安众难乎？"晏子对曰："易。节欲则民富，中听则民安，行此两者而已矣。"

司马迁和刘向均认为，《晏子春秋》的作者是晏子本人。从本书的认识角度看，至少原书中大部分内容的撰写应与晏子本人有直接关系，很可能经过"稷下先生"的加工、整理。郑良树先生在《论〈晏子春秋〉的编写及成书过程（上）》《管子学刊》2000年，第1期）对有关问题作过比较细致的论述，读者可以参阅。

《晏子春秋》成书后，被用为齐国残存的官学教育体制中的教本，并以相同用途流传到更大范围。到了汉代，仍有相对完整的原书保留下来，是为刘向所校"中书"底本。还有一些经过辗转传抄已残缺不整并多有改动的传本（其中还包含一部分后人作品），是为刘向校书所使用的作为"外书"的参照本。

"内篇"和"外篇"的区分体例始于刘向校书，这种情况应与刘向校书时以"中书"为底本、以"外书"为参照本的校订和整理方式有关。《汉书》如淳注引刘歆《七略》云："外则有太常、太史、博士之藏，内则有延阁、广内、秘室之府。"

第三节 《春秋事语》文体分析

在马王堆三号汉墓出土帛书中，有一种记载春秋时事的佚书。据其字体及其避讳情况推测（不避“邦”字讳而避“荆”字讳），帛书的抄写年代应在秦末汉初[1]。全书十六章，“每章各记一事，彼此不相连贯，既不分国别，也不论年代先后”[2]。每篇（章）短文都由事件和言论两部分构成，言论部分的篇幅一般要多于事件部分。该书整理者据此将其定名为《春秋事语》。“十六章所记十六件事情，绝大部分见于《春秋》三传、《国语》和一些子书中。”[3]根据其对《春秋事语》中“语”体裁的论述（详见本书第三章第一节的引述），张政烺先生认为，《国语·楚语下》申叔时提到的《语》（本书前面已有引文）、《汉书·艺文志》提到的《新国语》《晋书·束皙传》记汲郡魏墓出土“《国语》三篇，言楚晋事”等均为“语”类作品。[4]

《春秋事语》原文共分十六篇（章）[5]。其中，劝谏体短文五篇（章）：《韩魏章》[劝谏体-不从-验]、《鲁文公卒章》[劝谏体-不从-验]，《晋献公欲袭虢章》[劝谏体-不从-验]，《卫献公出亡章》[劝谏体-不从-验]，《吴人会诸侯章》[劝谏体-从]；其余十一篇（章）均为讥语体A类短文：《杀里克章》[讥语体A]，《燕大夫章》[讥语体A-验]，《晋献公欲得随会章》[讥语体A-验]，《伯有章》[讥语体A-验]，《齐桓公与蔡夫人乘舟章》[讥语体A-验]，《鲁桓公少章》[讥语体A-验]，《长万章》[讥语体A]，《宋荆战泓水之上章》[讥语体A-验]，《吴伐越章》[讥语体A-验]，《鲁庄公有疾章》[讥语体A-验]，《鲁桓公与文姜会齐侯于乐章》[讥语体A-验]。

完整的劝谏体短文由四个部分构成（劝谏原因→劝谏言论→是否听从→验辞）。下面是《春秋事语》五篇劝谏体短文的具体情况：《韩魏章》《鲁文公章》《卫献公出亡章》四个部分俱全；《吴人会诸侯章》由前三个部分构成；《晋献公欲袭虢章》是两篇劝谏体短文的组合，二者共用同一个【验辞】。在第一篇劝谏体短文中，【劝谏原因】是“晋献公欲袭虢”，【劝谏言论】是荀叔建议赠送宝车美玉假道虞国，【是否听从】是晋侯“果以假道焉”。上述内容构成第二篇劝谏体短文的第一部分（劝谏原因），其【劝谏言论】是宫之奇谏虞君不可答应晋国的假道要求。【是否听从】是虞君不听劝谏，收下礼物并接受了晋国的假道要求。【验辞】是晋师袭虢后灭掉了虞国。第一篇劝谏体短文以晋国为本位，第二篇劝谏体短文以虞国为本位，同一个【验辞】对于前者是从谏的结果，对于后者是不从谏的结果。与此有直接关系的劝谏体短文并见于《国语》（晋语二）《宫之奇谓其子》[劝谏体-不从-讥-验]和《左传》（僖5）《宫之奇谏假道》[劝谏体-不从-讥-验在后文]。

讥语体A类短文由两到三个部分构成：(1) 讥语对象，(2) 讥语判断（对当事人败德劣政的灾祸预言）及其说明，(3) 讥语判断应验情况（验辞）。在《春秋事语》的十一篇讥语体A类短文中，《杀里克章》和《长万章》没有验辞部分，其余九篇（章）结构完整，均由三个部分构成（讥语原因→讥语判断及其说明→验辞）。《长万章》结尾处有衍文。《左传》（庄11～12）记此事有【验辞】：“宋万弑其君捷及其大夫仇牧”，故《长万章》有可能是抄写过程中因衍文而漏记验辞。

《吴人会诸侯章》[劝谏体-从]，讲卫侯赴吴盟而来迟，吴人将其扣押起来。子贡游说吴人，吴人因此而放归卫侯。《左传》（哀12）《子贡劝吴人释卫侯》[劝谏体-从]记录此事略详。作为教材，这一章的核心内容是子贡游说吴人的言论。这篇言论很精彩，令吴人心甘情愿放归卫侯。

在《春秋事语》讥语体短文中，“闵子辛闻之曰”凡三见，最早一次在公元前712年，最晚一次在公元前543年，其间历时169年。张政烺先生认为，至少前两篇是闵子辛在作史论。[4]这是一个比较重要的认识线索，它表明在战国时期已经开始有人采用旧体式撰写教材类短文的“仿制品”。在战国中晚期的诸子著述中，此类情况非常多见。如在《吕氏春秋·上德》篇中，“孔子闻之曰”议论对象已上溯到禹攻三苗之事。

前面谈到，《晏子春秋》原书已有“谏”“问”“杂”三体的分类框架，而《春秋事语》十六章的撮抄，则不存在任何排序方面的编辑体例。这与《韩非子·说林》的情况比较接近。《韩非子·说林》上下篇共辑录七十一篇短文，除六篇寓言和两篇单纯的语录体短文外，其余都是事语体短文。这些短文记事部分所记范围，上至帝尧、许由，下至战国晚期；其记史质量鱼龙混杂，包含许多杜撰和演义的成分；其年代先后错乱，彼此不相连属。这表明，《说林》也属于未经任何体例编排的短文撮抄。

在《淮南子》中，《说山训》和《说林训》都是与此相近的体式。本书后面对此作具体讨论。《春秋事语》应是战国时期某一位教书先生对当时流传的教材类短文不完整的收集。他将此类短文作为教学课本的使用，既可一文一讲，亦可以多文一讲。这是一种可以随意对短文进行组合的教学方式，这种教学方式对先秦乃至两汉诸子的论说方式有着深远影响（后面具体讨论）。这些短文的写作年代，大部分应在所记事件的当时，也存在少量的“仿制品”。与《晏子春秋》相比较，《春秋事语》十六篇教材类短文更加完整地保留了西周礼制性教本的写作规范。因此，这十六篇短文对于后人了解典型文体教材类短文在春秋战国五个多世纪的存在情况，具有重要认识价值。

---

[1][5] 马王堆汉墓帛书整理小组：《马王堆汉墓出土帛书〈春秋事语〉释文》，《文物》1977年第1期。

[2][3][4] 张政烺：《〈春秋事语〉解题》，《文物》1977年第1期。

第四节 《管子》《六韬》文体分析

（一）《管子》

刘向《管子叙录》："所校雠中《管子》书三百八十九篇，太中大夫卜圭书二十七篇，臣富参书四十一篇，射声校尉立书十一篇，太史书九十六篇，凡中、外书五百六十四，以校除重复四百八十四篇，定著八十六篇，杀青而书可缮写也。"今本《管子》八十六篇，即刘向所"校雠""定著"者。十篇有目无文，实存七十六篇。

今本《管子》篇章分为八组。

一、《经言》组（九篇）：《牧民》《形势》《权修》《立政》《乘马》《七法》《版法》《幼官》《幼官图》。

二、《外言》组（八篇）：《五辅》《宙合》《枢言》《八观》《法禁》《重令》《法法》《兵法》。

三、《内言》组（九篇）：《大匡》、《中匡》、《小匡》、《王言》（阙）、《霸形》、《霸言》、《问》、《谋失》（阙）、《戒》。

四、《短语》组（十八篇）：《地图》、《参患》、《制分》、《君臣上》、《君臣下》、《小称》、《四称》、《正言》（阙）、《侈靡》、《心术上》、《心术下》、《白心》、《水地》、《四时》、《五行》、《势》、《正》、《九变》。

五、《区言》组（五篇）：《任法》《明法》《正世》《治国》《内业》。

六、《杂篇》组（十三篇）：《封禅》、《小问》、《七臣七主》、《禁藏》、《入国》、《九守》、《桓公问》、《度地》、《地员》、《弟子职》、《言昭》（阙）、《修身》（阙）、《问霸》（阙）。

七、《管子解》组（五篇）：《牧民解》（阙）、《形势解》、《立政九败解》、《版法解》、《明法解》。

八、《轻重》组（十九篇）：《巨乘马》、《乘马数》、《问乘马》（阙）、《事语》、《海王》、《国蓄》、《山国轨》、《山权数》、《山至数》、《地数》、《揆度》、《国准》、《轻重甲》、《轻重乙》、《轻重丙》（阙）、《轻重丁》、《轻重戊》、《轻重己》、《轻重庚》（阙）。

胡家聪先生认为："《管子》系田齐变法的时代产物，其书出于稷下之学的管子学派。"[1]张岱年先生的见解与此相近："《管子》一书是齐国推崇管仲的学者依托管仲而写的著作的汇集，可称为'管子学派'的著作。这些推崇管仲的学者可能亦是稷下学士，但只是稷下学者的一部分。"[2]

《管子》成书于稷下学宫，书中包含"旧学""新学"两种成分；"旧学"成分来自此前齐国"传统学术"，"新学"成分包括"百家之学"一些见解以及田齐变法中出现的一些新制度。"旧学"成分有两种存在方式。一是早期篇章较完整保留，如与《国语·齐语》大同小异的《小匡》；二是"新旧混杂"，包括旧制度与新制度的混杂，还包括（作为"百家之学"传人的）一些稷下先生在讲论旧制度时采用各自的"家法"。《管子》中后一种情况的篇章比重很大，由此导致分析上的困难。一些篇章具有明显的"新学"印记，但并不说明它们完全是"新学"的产物。

齐国稷下学宫大约初创于（田氏代齐之后的）桓公午时（约前374—前357），兴盛于威王、宣王时期（约前356—前301）。稷下先生包括两种成分，一是此前齐国传统学术传承者，二是百家之学的诸子或其传人。《管子》大部分篇章的主要内容是比较具体、细致地讲论国家政体、制度和管理方法，故此书的性质是田氏齐国用来培养官吏的官学教材。稷下诸子大多各有自己的著述，而《管子》则是由他们共同为新兴的田氏齐国撰写的官学教材。由于这个原因，《管子》在内容上与一般战国诸子的私家著述有一些明显的不同。

由《左传》和《国语·齐语》相关内容可以了解到，在春秋时期，齐桓公和管仲曾在西周制度基础上对齐国制度多有创制，齐国因此成为当时最强大的诸侯国，成为“春秋五霸（齐桓公、晋文公、秦穆公、宋襄公、楚庄王）”中第一个“诸夏”盟主（“尊天子以令诸侯”）。这个时期的创制无疑是此后齐国官学教材的重要内容之一。田氏取代姜氏之后，齐威王、宣王时期的变法与管仲、齐桓公的举措相近，既有旧制度的因袭，也有适应新局面的创制。

作为田氏齐国重新编订的官学教材，《管子》大部分篇章也是既有对“旧学”的保留，又有取代前者的“新学”成分。“旧学”成分中不仅保留了齐桓公和管仲的创制，还保留了一些更加早期的神权观念和制度，如《四时》《五行》等篇保留天子四时布政的西周制度和与此相应的神佑、神罚观念，《幼官》《幼官图》等篇保留更加原始的五行十月历法。关于这个问题，读者可以参阅刘尧汉、陈久金、卢央三位先生所著《彝族天文学史》[3]，还可以参阅杨向奎先生为《管子新探》一书所写序文[4]。

胡家聪先生在《管子新探》中专章（第三编，第二十四章）讨论了《管子》一书的文体情况，他将《管子》诸篇章的文体分为七类：散文的论说文，韵文的论说文，桓公、管仲问答体，经文解经体，语录体，《管子解》之解说体，应用文章[5]。从本书的文体分析角度上说，“散文的论说文”和“韵文的论说文”可以归为论说文一类，“经文解经体”和“《管子解》之解说体”可以归为“经传体”一类。

《管子》中“论说文”约有三十余篇，大多是主题清楚、整体性较好的论述文章。这种体式在《逸周书》中已经出现，如本书前面讨论过的《度训》《命训》《常训》《文酌》等篇。胡家聪先生注意到，《管子》“论说文”特点之一是：“用‘三器’、‘六攻’之类方法，撮述复杂理论。”（同上书）如《重令》关于“三器”“六攻”的名言：“凡先王治国之器三，攻而毁之者六。明王能胜其攻，故不益于三者，而自有国正天下，乱王不能胜其攻，故亦不损于三者，而自有天下而亡。三器者何也？曰：号令也、斧钺也、禄赏也。六攻者何也？曰：亲也、贵也、货也、色也、巧佞也、玩好也。”又如《五辅》中的“德有六兴，义有七体，礼有八经，法有五务，权有三度……”也采用了相同的“撮述”方式。这种内容在《周礼》和《逸周书》中非常多见，《庄子·天下》所谓“其数一二三四是也”。

《枢言》《白心》两篇内容比较零散，都是围绕篇名主题对一些“语录体”短文的收集和撮抄。《大匡》《中匡》《小匡》《戒》《小称》《侈靡》《封禅》《小问》《桓公问》《巨乘马》《乘马数》《山国轨》《山权数》《山至数》《地数》《揆度》《国准》《轻重甲》《轻重乙》《轻重丁》《轻重戊》《轻重己》等二十余篇记齐桓公和管仲事，大多介于问答体和劝谏体之间。

《宙合》《心术上》《入国》三篇都是前有经文后有解说的“经传体”。《管子解》五篇（《牧民解》（阙）、《形势解》、《立政九败解》、《版法解》、《明法解》）是对《经言》一些篇章的解说，如《牧民》是经，《牧民解》（阙）是解说“经”的“传”；又如，《形势》与《形势解》之间、《版法》与《版法解》之间也是这种“经”与“传”的关系。

先秦史事多以教材类短文为载体，由于是课本中保留下来的历史，所以在文体与历史之间发生了一种有趣的关联。其一，凡记录国运兴盛的历史（国之“中”事），必多用赞语体、问答体和有从谏情节的劝谏体。其二，凡记录国运衰落乃至灭亡的历史（国之“失”事），必多用训语体和有拒谏情节的劝谏体。

再有，历史人物的智愚、良莠和命运也与文体相关联：其一，明君必多问，必从谏如流；贤臣必多劝谏和应对，劝谏、应对中必多嘉言善语；他们的德能多在赞语体中受到赞扬，引为楷模；他们的好运多有赞语判断作出预言。其二，反之，没有德能的为政者必寡问，必多拒谏；他们失德失政多在训语体短文中受到否定，引以为戒；他们的厄运多有训语判断作出预言。

这种情况在《国语》《左传》最为明显，《尚书》《逸周书》也有体现。《管子》也有类似的情况，记录齐桓公称霸的课文（包括与《国语·齐语》重合部分），大多介于问答体和劝谏体之间，齐桓公的问语便是求谏，管仲的答语便是劝谏，齐桓公几乎凡事（政事）必问，凡谏必从，在一连串问答、谏从的文体结构中成就霸业。

齐桓公未得善终之事，也被记录在介于问答体和劝谏体之间的短文《管子·小称》中（按：这篇短文除了见于《管子》外，还见于《韩非子》《吕氏春秋》《史记》《说苑》等书），桓公困饿而死是这篇短文“文体结构”中未能从谏的验辞，短文结尾有一段语类评论：“桓公之所以身死十一日，虫出户而不收者，以不终用贤也。”全文如下。

【劝谏原因】管仲有病，桓公往问之曰：“仲父之病病矣，若不可讳而不起此病也，仲父亦将何以诏寡人？”管仲对曰：“微君之命臣也。故臣且谒之。虽然，君犹不能行也。”公曰：“仲父命寡人东，寡人东；令寡人西，寡人西。仲父之命于寡人，寡人敢不从乎？”

【劝谏言论】管仲摄衣冠起对曰：“臣愿君之远易牙、竖刁、堂巫、公子开方；夫易牙以调和事公，公曰：惟烝婴儿之未尝，于是烝其首子而献之公，人情非不爱其子也，于子之不爱，将何有于公？公喜宫而妒，竖刁自刑而为公治内；人情非不爱其身也，于身之不爱，将何有于公？公子开方事公十五年，不归视其亲，齐卫之间，不容数日之行；臣闻之，务为不久，盖虚不长。其生不长者，其死必不终。”

【是否听从】桓公曰：“善。”管仲死，已葬，公憎四子者，废之官。逐堂巫，而苛病；起兵逐易牙，而味不至；逐竖刁，而宫中乱；逐公子开方，而朝不治。桓公曰：“嗟！圣人固有悖乎？”乃复四子者。

【验辞】处期年，四子作难。围公一室不得出。有一妇人，遂从窦入，得至公所，公曰：“吾饥而欲食，渴而欲饮，不可得，其故何也？”妇人对曰：“易牙、竖刁、堂巫、公子开方四人分齐国，涂十日不通矣，公子开方以书社七百下卫矣。食将不得矣。”公曰：“嗟兹乎，圣人之言长乎哉！死者无知则已，若有知，吾何面目以见仲父于地下。”乃援素幭以裹首而绝。死十一日，虫出于户，乃知桓公之死也。葬以杨门之扇。

【语类评论】桓公之所以身死十一日，虫出户（或作“尸”）而不收者，以不终用贤也。

这里存在两个“本位”，一是官学课本的教育功能及其文体的本位，二是历史记录的本位。单纯从历史记录的本位上说，需要真实、准确乃至“价值中立”；但是，官学课本的教育功能则需要善恶分明，需要将不同的历史事件纳入“形式主义”的典型文体之中。

在两个本位彼此平衡的情况下，《管子·小称》既是一篇规范的官学教材，也是一段真实准确的历史记录。反之，便会出现方枘圆凿，为填写文体“表格”而损害记史准确性的情况。上面这篇短文似乎多少存在这方面的问题。于是，**考察不同时期不同背景教材类短文两个本位间的关系，分辨其历史记录的真实程度，便成为一个“具有中国特色”的史学问题。**

（二）《六韬》

长期以来，许多人怀疑《六韬》是秦汉以后的“伪书”。20世纪70年代，在山东临沂银雀山汉武帝初年的墓葬中出土了《晏子》《尉缭子》和《六韬》的残简。《六韬》残简不避刘邦名讳，故其抄写年代在西汉以前。于是，“学界才渐趋于认为它是一部保存了太公思想和部分殷末周初史实的战国作品”[6]。

《六韬》分别为“文韬”“武韬”“龙韬”“虎韬”“豹韬”“犬韬”，全书凡六十章，都是十分规整的问答体短文。有十五章是文王问太公答，其余四十五章是武王问太公答。虽然书中明显有战国时写进的内容，但其文体却统一规整。除《国语》《左传》外，在文体方面如此统一和讲究的先秦文献，只有此书和《晏子春秋》的前四卷。太公受封于齐国，因此《六韬》可能与《晏子春秋》和《管子》情况相近，也经过稷下学者的辑录和改编。其中，一部分内容来自此前齐国传统学术的既有文献，还有一部分出自稷下诸子手笔。稷下诸子为适应战国时期的新形势而对传统官学教材进行改写，是从教材到教材的改写。他们改写后的文本仍然被长期用为教材。

---

[1] 胡家聪：《管子新探》，北京：中国社会科学出版社，1995年版。

[2] 张岱年：《齐学的历史价值》，《文史知识》1989年第3期。

[3] 刘尧汉、陈久金、卢央：《彝族天文学史》，昆明：云南人民出版社，1984年版。

[4][5] 胡家聪：《管子新探》，北京：中国社会科学出版社，2003年版。

[6] 郑杰文：《战国策文新论》，济南：山东人民出版社，1998年版。

第五节 大小戴《礼记》《论语》《孝经》文体分析

(一)《礼记》

孔颖达《礼记正义·序》:“郑君(郑玄)……《六艺论》云:‘今礼行于世者,戴德、戴圣之学也。’又云:‘戴德传《记》八十五篇’,则《大戴礼》是也;‘戴圣传《礼》四十九篇’,则此《礼记》是也。”今本《大戴礼记》仅存三十九篇,《小戴礼记》也就是《礼记》四十九篇则基本完整保留下来。

关于大小戴《礼记》成书情况,以往学人有多种说法。比如,蔡介民先生在《礼记成书之时代》一文中将“《礼记》编纂时代”的有关研究归纳为六种说法:一、孔子门徒所共撰;二、六国时人所撰集;三、二戴据古礼所删成;四、二戴所传记;五、二戴据曲礼台记所删成;六、西汉诸儒所纂集。[1]

又如,钱玄先生《三礼通论》将以往学者关于大小戴《礼记》辑取《古文记》的方法归纳为三种说法:一、大戴删《古文记》成《大戴礼记》,小戴又删《大戴礼记》成《小戴礼记》;二、《古文记》一百三十一篇,由大小戴分辑成《大戴礼记》八十五篇,《小戴礼记》四十六篇;三、大小戴各自辑用《古文记》,成《大戴礼记》《小戴礼记》。[2]

《汉书·艺文志》:“《礼古经》五十六卷,《经》十七篇,《记》百三十一篇(自注:七十子后学者所记也)。”按:“《记》百三十一篇”即钱玄先生上文所说《古文记》。戴德、戴圣是叔侄关系,汉宣帝时大小戴《礼记》立于博士学官。郑玄《六艺论》只说二戴“传”大小戴《礼记》,故其绝大多数篇章都应是先秦文本。与公羊、穀梁、邹氏、夹氏的情况相近,戴德、戴圣并不是大小戴《礼记》的“著作权人”,而是汉代私学传授的晚期辑录者和冠名者。

《汉书·艺文志》："汉兴，鲁高堂生传《士礼》十七篇。讫孝宣世，后仓最明。戴德、戴圣、庆普皆其弟子，三家立于学官。《礼古经》者，出于鲁淹中及孔氏，学十七篇文相似，多三十九篇。"按：上文"《经》十七篇"和"《士礼》十七篇"均指今本《仪礼》。细读以往研究者的各种说法及其依据，似乎很难得出一个没有争议的准确结论。在这种情况下，提出一些相对模糊的判断似乎更加稳妥。

《礼古经》和《古文记》都是大小戴《礼记》的辑录对象，二者之间有一些大同小异或部分相同的篇章。比如：《大戴礼记·哀公问于孔子》与《礼记·哀公问》，《大戴礼记·曾子大孝》与《礼记·祭义》，《大戴礼记·诸侯衅庙》与《礼记·杂记》，《大戴礼记·朝事》与《礼记·聘义》，《大戴礼记·投壶》与《礼记·投壶》，《大戴礼记·本命》与《礼记·丧服四制》，《大戴礼记·礼察》与《礼记·经解》等等。之所以会发生此种急就章类型的辑录方式，其动机很可能与后仓弟子为增加一个博士学官名额有直接关系。

《汉书·景十三王传》："献王所得书皆古文先秦旧书，《周官》《尚书》《礼》《礼记》《孟子》《老子》之属，皆经传说记，七十子之徒所论。"如果河间献王所得《礼记》不是《汉书·艺文志》所说的"《记》百三十一篇"，也应是大小戴《礼记》的主要辑录对象。要之，大小戴《礼记》中保留了许多先秦文献，其中绝大部分内容来自孔子之前的鲁国官学教材，由孔子及其弟子搜集、整理并加以解说。《史记·孔子世家》所谓"故《书传》《礼记》自孔氏"。

刘向《别录》将《礼记》篇目分为十一类（《礼记正义》引郑玄《三礼目录》）。

一、制度类：《曲礼》（上、下）、《王制》、《礼器》、《少仪》、《深衣》。

二、通论类：《檀弓》（上、下）、《礼运》、《玉藻》、《大传》、《学记》、《经解》、《哀公问》、《仲尼燕居》、《孔子闲居》、《坊记》、《中庸》、《表记》、《缁衣》、《儒行》、《大学》。

三、明堂阴阳类：《月令》《明堂位》。

四、丧服类：《曾子问》、《丧服小记》、《杂记》(上、下)、《丧大记》、《问丧》、《服问》、《间传》、《三年问》、《丧服四制》。

五、世子法类：《文王世子》。

六、子法类：《内则》。

七、祭祀类：《郊特牲》《祭法》《祭义》《祭统》。

八、乐记：《乐记》。

九、凶礼：《奔丧》。

十、吉礼类：《投壶》。

十一、吉事类：《冠义》《昏义》《乡饮酒义》《射义》《燕义》《聘义》。

这个分类并不完满，后人又做过多种分类，如郑玄门人孙炎的《礼记类钞》，梁启超先生分为五类[1]，今人褚斌杰等分为“三个方面”[4]等。从文体分析角度上说，《礼记》中有一些专门解说《仪礼》的篇章，如《礼记·冠义》是对《仪礼·士冠礼》的解说，属于“经传体”中“传”的部分(《仪礼·士冠礼》为“经”，《礼记·冠义》为“传”)。同类情况还有：《昏义》解说《士昏礼》，《乡饮酒义》解说《乡饮酒礼》，《射义》解说《乡射礼》，《燕义》解说《乡射礼》和《大射仪》，《聘义》解说《聘礼》等。

《仪礼》十七篇，除《士相见礼》《大射仪》《少牢馈食礼》《有司彻》外，均有“记”附在正文之后。正文主要讲述具体仪式程序，“记”是对正文的补充说明。《丧服》除有“记”外，还有“传”。《丧服》“传”是对正文和“记”逐句、逐段解说，采用与《公》《穀》二传颇为相似的问答体式。前引《汉书·景十三王传》提到“经传说记”四种体式。如果按照这个分类，则《礼记》中专门解说《仪礼》的篇章非“记”、非“传”，当属“说”。作为教材，“传”“说”“记”都是对“经”的解说。《礼记》其余诸篇的性质，也是大体不出“经”“传”“说”“记”范围。其内容都是对礼制德能的讲论，包括三代礼制和晚些的“变礼”。

下面是《礼记》中问答体式的具体分布情况(以短文首句为篇名)。

《檀弓》：(1) 有子问于曾子曰问丧于夫子乎，(2) 陈庄子死，赴于鲁，(3) 成子高寝疾，(4) 子夏问诸夫子曰居君之母与妻之丧，(5) 穆公问于子思曰为旧君反服，(6) 悼公之丧，(7) 国昭子之母死，(8) 子张问曰《书》云高宗三年不言，(9) 战于郎，公叔禺人遇负杖入保者息，(10) 岁旱，穆公召县子而问然。

《曾子问》：(11) 曾子问曰君薨而世子生，(12) 曾子问曰并有丧，(13) 曾子问曰将冠子，(14) 曾子问曰祭如之何则不行旅酬之事，(15) 曾子问曰大功之丧，(16) 曾子问曰相识有丧服，(17) 曾子问曰废丧服，(18) 曾子问曰昏礼既纳币，(19) 曾子问曰除丧则不复昏礼乎，(20) 曾子问曰女未庙见而死，(21) 曾子问曰丧有二孤，(22) 曾子问曰古者师行，(23) 曾子问曰古者师行无迁主，(24) 子游问曰丧慈母如母，(25) 曾子问曰诸侯旅见天子，(26) 曾子问曰诸侯相见，(27) 曾子问曰天子尝禘郊社五祀之祭，(28) 曾子问曰大夫之祭，(29) 曾子问曰三年之丧，(30) 曾子问曰大夫士有私丧，(31) 曾子问曰父母之丧，(32) 曾子问曰君薨，(33) 曾子问曰君出疆以三年之戒，(34) 曾子问曰宗子为士，(35) 曾子问曰祭必有尸乎，(36) 曾子问曰葬引至于堩，(37) 曾子问曰为君使而卒于舍，(38) 曾子问曰下殇：土周葬于园，(39) 曾子问曰卿、大夫将为尸于公，(40) 子夏问曰三年之丧卒哭。

《礼运》：(41) 昔者仲尼与于蜡宾。

《乐记》：(42) 魏文侯问于子夏曰吾端冕而听古乐，(43) 宾牟贾侍坐于孔子，孔子与之言及乐。

《杂记》：(44) 曾子问曰卿大夫将为尸于公，(45) 子贡问丧，(46) 冒者何也？所以掩形也，(47) 曾申问于曾子曰哭父母有常声乎，(48) 哀公问子羔曰子之食奚当。

《祭义》：(49) 仲尼尝奉荐而进其亲也悫，(50) 宰我曰吾闻鬼神之名，(51) 公明仪问于曾子曰夫子可以为孝乎。

《哀公问》：(52) 哀公问于孔子曰大礼何如。

《仲尼燕居》：(53) 仲尼燕居。

《孔子闲居》：(54) 孔子闲居。

《中庸》：(55) 子路问强，(56) 哀公问政。

《问丧》：(57) 或问曰死三日而后敛者，(58) 或问曰冠者不肉袒，(59) 或问曰免者以何为也，(60) 或问曰杖者何也，(61) 或问曰杖者以何为也。

《三年问》：(62) 三年之丧何也。

《儒行》：(63) 鲁哀公问于孔子……夫子之服。

《聘义》：(64) 子贡问于孔子曰敢问君子贵玉。

上述问答体的分布又可具体分为三种情况：一、通篇是一个问答体短文者，如《礼运》《哀公问》《仲尼燕居》《孔子闲居》《三年问》《儒行》等；二、通篇由多个相对独立的问答体短文构成者，如《曾子问》；三、篇中包含有至少一个问答体短文者，如《檀弓》《乐记》《杂记》《祭义》。《问丧》的前半部分类似《仪礼》的"记"，后半部分的问答解说类似《仪礼·丧服》的"传"。

《坊记》《表记》《缁衣》三篇都是由多条"语录体"短文构成。《坊记》39条，《表记》53条，《缁衣》25条。每条语录的前面冠以"子曰"(69条)，"子云"(38条)，或"子言之"(10条)，都是孔子言论的记录。这些言论中多有引证《诗》《书》《易》等经典文献的情况，或用言论说明经文，或用经文印证言论。

前已述及，教材类短文言论部分引用《诗》《书》《易》等经文的情况非常多见。为方便起见，可以将这种现象称为"引经言论"。"引经言论"是教材类短文中一种重要体式，它可以单独出现，如《坊记》《表记》《缁衣》中的独立短文；也可以出现于一篇教材类短文的某一个组成部分，如事语体短文"语"的部分，劝谏体短文的谏语部分，问答体短文的答语部分等。

《檀弓》《礼器》《杂记》《祭义》等篇包含多种文体结构。比如，《檀弓》(上、下)共有153篇相对独立的教材类短文，这些短文以丧葬制度为主题被辑录在一起。这些短文具体包含五种体式：

一、问答体。

二、事语体，前面已经讨论过事语体的情况，这种体式由“事”和“语”两个部分构成，“事”是“语”的评论对象。下面举两个例子。例1：【事】大公封于营丘，比及五世，皆反葬于周。【语】君子曰：“乐乐其所自生，礼不忘其本。古之人有言曰：狐死正丘首。仁也。”例2：【事】弁人有其母死而孺子泣者。【语】孔子曰：“哀则哀矣，而难为继也。大礼，为可传也，为可继也。故哭踊有节。”

三、“事”，简单说，事语体短文去掉“语”的部分就剩下了“事”。

四、语录体。

五、一些相对独立且比较简短的礼制条文，可以称其为“礼制类短文”。此类短文又可以进一步分为两种情况，一是单纯的礼制条文，二是除礼制条文外还包含对其的解释、说明、评论等内容。下面是五种体式在《檀弓上》中的具体分布情况。

檀弓上：(1) 公仪仲子之丧[事]，(2) 事亲有隐而无犯[礼制类短文]，(3) 季武子成寝[事]，(4) 子上之母死而不丧[事]，(5) 孔子曰拜而后稽颡[语录]，(6) 孔子既得合葬于防[事]，(7) 孔子先反，门人后[事]，(8) 孔子哭子路于中庭[事]，(9) 曾子曰朋友之墓[语录]，(10) 子思曰丧三日而殡[语录]，(11) 孔子少孤，不知其墓[事]，(12) 邻有丧，舂不相[礼制类短文]，(13) 有虞氏瓦棺[礼制类短文]，(14) 夏后氏尚黑[礼制类短文]，(15) 穆公之母卒[事]，(16) 晋献公将杀其世子申生[事]，(17) 鲁人有朝祥而莫歌者[事]，(18) 鲁庄公及宋人战于乘丘[事]，(19) 曾子寝疾[事]，(20) 始死，充充如有穷[礼制类短文]，(21) 南宫绛之妻之姑之丧[事]，(22) 孟献子禫，县而不乐[事]，(23) 孔子既祥[事]，(24) 有子盖既祥[事]，(25) 死而不吊者三[礼制类短文]，(26) 子路有姊之丧[事]，(27) 大公封于营丘[事语体]，(28) 伯鱼之母死，期而犹哭[事]，(29) 舜葬于苍梧之野[事]，(30) 曾子之丧，浴于爨室[事]，(31) 子张病，召申祥而语之[事]，(32) 曾子曰始死之奠[语录]，(33) 曾子曰小功不为位也者[语录]，(34) 古者，冠缩缝[礼制类短文]，(35) 曾子谓子思曰[事]，(36) 伯高之丧[事]，(37) 伯高死于卫，赴于孔子[事]，(38) 曾子曰丧有疾[语录]，(39) 子夏丧其子而丧其明[事]，(40) 夫昼居于内，问其疾可也 (议论，君子德能) (41) 高子皋之执亲之丧也[事语体]，(42) 衰与其不当物也[礼制类短文]，(43) 孔子之卫，遇旧馆人之丧[事]，(44) 孔子在卫，有送葬者[事]，(45) 颜渊之丧[事]，(46) 孔子与门人立，拱而尚右[事]，(47) 孔子蚤作，负手曳杖[事]，(48) 孔子之丧，门人疑所服[事]，(49) 孔子之丧，公西赤为志焉[事]，(50) 子张之丧，公明仪为志焉[事]，(51) 子夏问于孔子曰居父母之仇[事]，(52) 孔子之丧，二三子皆绖而出[事]，(53) 子路曰吾闻诸夫子：丧礼[语录]，(54) 曾子吊于负夏[事]，(55) 子夏既除丧而见，予之琴[事]，(56) 子张既除丧而见，予之琴[事]，(57) 司寇惠子之丧[事]，(58) 将军文子之丧[事语体]，(59) 幼名，冠字，五十以伯仲[礼制类短文]，(60) 子柳之母死，子硕请具[事语体]，(61) 公叔文子升于瑕丘，蘧伯玉从[事]，(62) 弁人有其母死而孺子泣者[事语体]，(63) 叔孙武叔之母死[事语体]，(64) 从母之夫，舅之妻[礼制类短文]，(65) 丧事，欲其纵纵尔[事]，(66) 曾子与客立于门侧[事]，(67) 孔子曰之死而致死之[语录]，(68) 有子问于曾子曰问丧于夫子乎[问答体]，(69) 陈庄子死，赴于鲁[问答体]，(70) 仲宪言于曾子曰夏后氏用明器[事]，(71) 公叔木有同母异父之昆弟[事]，(72) 子思之母死于卫[事]，(73) 县子琐曰吾闻之古者不降[事]，(74) 子蒲卒，哭者呼灭[事]，(75) 杜桥之母之丧[事]，(76) 子游问丧具[语录]，(77) 宋襄公葬其夫人[事语体]，(78) 孟献子之丧[事语体]，(79) 成子高寝疾[问答体]，(80) 子夏问诸夫子曰居君之母与妻之丧[问答体]，(81) 宾客至，无所馆[事]，(82) 国子高曰葬也者，藏也[语录]，(83) 孔子之丧，有自燕来观者[事]，(84) 妇人不葛带，有荐新[礼制类短文]，(85) 天子之棺四重[礼制类短文]，(86) 鲁哀公诔孔丘曰[事]，(87) 国亡大县邑[礼制类短文]，(88) 孔子恶野哭者[礼制类短文]。

《曲礼》(上、下) 通篇由130余条"礼制类短文"构成。《礼记·礼器》："礼有大有小，有显有微。大者不可损，小者不可益，显者不可掩，微者不可大也。故经礼三百，曲礼三千，其致一也。未有入室而不由户者。……三代之礼一也，民共由之。"所谓"经礼"是礼制中的大端，"曲礼"是礼制中的细节。《曲礼》中的"礼制类短文"

多为“曲礼三千”之属。与《曲礼》文体成分类似的篇章还有《内则》《玉藻》《丧服小记》《少仪》《丧大记》《服问》《间传》《深衣》等。

《礼运》《礼器》《郊特牲》《明堂位》《大传》《祭法》《祭统》《经解》《哀公问》《仲尼燕居》《孔子闲居》《中庸》《儒行》《大学》等篇都是整体性较好的“论说文”。《投壶》讲仪式程序，与《仪礼》诸篇的情况相近。《月令》讲四时王政，为“经礼三百”之属。

《汉书·郊祀志》：“（文帝）使博士诸生刺六经中作《王制》。”以往一些学人据《汉书》上述内容认为，《王制》是汉儒对“六经”中三代礼制的辑录和综述。也有一些学者持不同看法，以为此《王制》非彼《王制》。如《礼记正义·王制》孔颖达疏引郑玄的见解：“《王制》是孔子之后大贤所记先王之事。”

（二）《大戴礼记》

下面是《大戴礼记》中问答体短文的具体分布情况。

◎ 主言第三十九 (1) 孔子闲居，曾子侍。

◎ 哀公问五义第四十 (2) 鲁哀公问于孔子曰吾欲论吾国之士。

◎ 哀公问于孔子第四十一 (3) 哀公问于孔子曰大礼何如。(4) ……哀公曰敢问人道谁为大。

◎ 礼察第四十六 (5) 问：为天下如何。

◎ 曾子大孝第五十二 (6) 公明仪问于曾子曰夫子可谓孝乎。

◎ 曾子事父母第五十三 (7) 单居离问于曾子曰事父母有道乎。(8) 单居离问曰事兄有道乎 (9) 单居离问曰使弟有道乎。

◎ 曾子制言上第五十四 (10) 弟子问于曾子曰夫士何如则可以为达。(11) 曾子门弟子或将之晋。

◎ 曾子天圆第五十八 (12) 单居离问于曾子曰天圆而地方者。

◎ 武王践阼第五十九 (13) 武王践阼三日。

◎ 卫将军文子第六十 (14) 卫将军文子问于子贡曰吾闻夫子之施教。(15) 晋平公问于祁徯曰羊舌大夫。

◎ 五帝德第六十二 (16) 宰我问于孔子曰昔者予闻诸荣伊。(17) 宰我请问帝颛顼。(18) 宰我曰请问帝喾。(19) 宰我曰请问帝尧。(20) 宰我曰请问帝舜。(21) 宰我曰请问禹。

◎ 劝学第六十四 (22) 子贡曰君子见大川必观。

◎ 子张问入官第六十五 (23) 子张问入官于孔子。

◎ 千乘第六十八 (24) 公曰千乘之国。

◎ 四代第六十九 (25) 公曰四代之政刑。

◎ 虞戴德第七十 (26) 公曰昔有虞戴德何以。

◎ 诰志第七十一 (27) 公曰诰志无荒，以会民义。

◎ 小辨第七十四 (28) 公曰寡人欲学小辨。

◎ 用兵第七十五 (29) 公曰用兵者，其由不祥乎。

◎ 少闲第七十六 (30) 公曰今日少闲。

《大戴礼记》的《文王官人》与《逸周书》的《官人》可以对比阅读。这两篇的内容大同小异，都是讲为政者在官学教育和任用官吏的过程中对人品德能的考察。《官人》结尾处脱阙一段很重要的内容，所幸尚被保留于《文王官人》中。二者的体式略有不同，《文王官人》是“王”对“太师”讲述制度，属“语录体”；《官人》则是“王”问“太师”，周公回答，属问答体。高明先生认为，“太师”指吕尚。[5]

《夏小正》是典型的“经传体”，“传”的部分多采用问答体式，类似《仪礼·丧服》的“传”文。《大戴礼记》中“语录体”成分较多的篇章有《曾子立事》、《曾子本孝》、《曾子立孝》、《曾子大孝》、《曾子制言》（上、中、下）等。

《保傅》篇讲“古代教王太子的礼仪”，此篇“与贾谊《新书》的《保傅》《傅职》《容经》《胎教》等篇大同小异。自篇首至‘此时务也’的一段，也见于《汉书·贾谊传》，仅文字稍有详略的不同。”[6]此篇当为贾谊所撰，篇中内容多引先秦制度、故事。其中包括一些事语体短文，如《昔者周成王幼》[事语体]、《周后妃任成王于身》[事语体]、《管仲者桓公之雠也》[事语体]、《卫灵公之时蘧伯玉贤而不用》[劝谏体-从-事语体]、《燕昭王得郭隗》[事语体]等。

此外，《保傅》中还有几篇“多事一语”的情况，这是在事语体基础上出现的一种体式，由多个“事”和一个“语”构成，“事”的部分一般采用略写。比如，《纣杀王子比干》是二事一语：“【事1】纣杀王子比干，而箕子被发阳狂，【事2】灵公杀泄冶，而邓元去陈以族从。【语】自是之后，殷并于周，陈亡于楚，以其杀比干与泄冶，而失箕子与邓元也。”再如《文王请除炮烙之刑》是三事一语：“【事1】文王请除炮烙之刑而殷民从，【事2】汤去张网者之三面而二垂至，【事3】越王不颓旧冢而吴人服，【语】以其前为慎于人也。”

又如，《故成王处襁抱之中朝诸侯》是“八事一语”：“【事1】故成王处襁抱之中朝诸侯，周公用事也。【事2】武灵王五十而弑沙丘，任李兑也。【事3】齐桓公得管仲，九合诸侯，一匡天下，再为义王；失管仲，任竖刁、狄牙，身死不葬，而为天下笑。一人之身，荣辱具施焉者，在所任也。【事4】故魏有公子无忌，而削地复得。【事5】赵得蔺相如，而秦不敢出。【事6】安陵任周瞻，而国人独立。【事7】楚有申包胥，而昭王反复。【事8】齐有田单，襄王得其国。【语】由是观之，无贤佐俊仕而能成功立名安危继绝者，未之有也。是以国不务大，而务得民心；佐不务多，而务得贤臣。”

从战国到西汉，“多事一语”的体式非常多见。

（三）《论语》

今本《论语》凡二十篇，四百八十余章。大部分章节是由简短的言论构成，其中包含两种主要成分，一是语录体短文，二是问答体短文。所谓“语录体”是直接采用“某某曰”的论说方式，这也是一种由来已久的教材类短文体式。在这种类型的论说方式中，可以经常看到引用《诗》《书》的现象。在《国语》和《左传》中，引用

《诗》《书》的言论方式已成惯例，诸子著述中也存在大量同类现象。

（四）《孝经》

今本《孝经》凡十八章，都是语录体短文，记孔子、曾子言论，多有引用《诗》《书》的情况。

---

[1] 蔡介民：《礼记成书之时代》，见陈其泰等编：《二十世纪中国礼学研究论集》，北京：学苑出版社，1998年版。

[2] 钱玄：《三礼通论》，南京：南京师范大学出版社，1996年版。

[3] 梁启超：《要籍解题及其读法》，长沙：岳麓书社，2010年版。

[4] 褚斌杰等：《儒家经典与中国文化》，武汉：湖北教育出版社，2000年版。

[5][6] 高明：《大戴礼记今注今译》，天津：天津古籍出版社，1988年版。

第六节　《墨》《孟》《荀》《列》《庄》文体分析

（一）《墨子》

今本《墨子》中大约有相对独立的记言记事短文120余篇。其中，问答体36篇，有所变形的劝谏体3篇（在《鲁问》中），事语体20余篇，事30余篇，语录20余条，“驳难”（后面具体讨论）12篇，还有几处“多事一语”。按事语体短文去掉“语”便只剩下“事”，上面“事30余篇”都是指这种情况。下面举两个具体例证。

例证1《周宣王杀其臣杜伯》[事语体]（《明鬼下》）【事】周宣王杀其臣杜伯而不辜，杜伯曰：“吾君杀我而不辜，若以死者为无知，则止矣；若死而有知，不出三年，必使吾君知之。”其三年，周宣王合诸侯而田于圃，田车数百乘，从数千人，满野。日中，杜伯乘白马素车，朱衣冠，执朱弓，挟朱矢，追周宣王，射之车上，中心折脊，殪车中，伏弢而死。当是之时，周人从者莫不见，远者莫不闻，著在周之《春秋》。为君者以教其臣，为父者以警其子，曰：“戒之！慎之！凡杀不辜者，其得不祥，鬼神之诛，若此之憯遬也！”【语】以若书之说观之，则鬼神之有，岂可疑哉！

例证2《鲁君之嬖人死》[事语体]【事】鲁君之嬖人死，鲁君为之诔，鲁人因说而用之。【语】子墨子闻之曰：“诔者，道死人之志也。今因说而用之，是犹以来首从服也。”

上面第一篇短文很难说是否真的“著在周之《春秋》”，如有，可能类似《左传》（庄8）公子彭生事，经过墨子的夸张而发生了“变形”。

“驳难”是一种战国时期出现的“文体”：第一部分交代驳斥的对象（人物、言论或事件），第二部分对之加以驳难。例如：《墨子·非攻》【驳难对象】饰攻战者言曰：“南则荆、吴之王，北则齐、晋之君，始封于天下之时，其土地之方，未至有数百里也；人徒之众，未至有数十万人也。以攻战之故，土地之博，至有数千里也；人徒之众，至有数百万人。故当攻战而不可为也。”【驳难言论】子墨子言曰：“虽四五国则得利焉，犹谓之非行道也。譬若医之药人之有病者然，今有医于此，和合其祝药之于天下之有病者而药之。万人食此，若医四五人得利焉，犹谓之非行药也。故孝子不以食其亲，忠臣不以食其君。古者封国于天下，尚者以耳之所闻，近者以目之所见，以攻战亡者，不可胜数。”

紧接上文有一篇事语体短文，也可以算是【驳难言论】的一个组成部分：【事】何以知其然也？东方有莒之国者，其为国甚小，闲于大国之闲，不敬事于大，大国亦弗之从而爱利，是以东者越人夹削其壤地，西者齐人兼而有之。【语】计莒之所以亡于齐、越之间者，以是攻战也。虽南者陈、蔡，其所以亡于吴、越之间者，亦以攻战。虽北者且一不著何，其所以亡于燕代、胡貊之间者，亦以攻战也。是故子墨子言曰：“古者王公大人，情欲得而恶失，欲安而恶危，故当攻战，而不可不非。”

《墨子》中的典型文体虽然并不都十分规范，但其数量较大。上面提到的问答体、劝谏体、事语体、事、语录等体式的内容，大约占今本《墨子》全部内容的一半。墨子大致生活于孔子之后、孟子之前，这段时期正是官学衰落、私学兴起的阶段。《墨子》中的一部分内容是墨子本人的手笔，还有一些由墨子后学撰写。一方面墨学是当时的新兴学术，另一方面它又产生于源自西周的传统学术的基础之上。《墨子》中大约一半篇幅的不太规范的典型文体，都属于在新兴学术中所保留的传统学术印记。

（二）《孟子》

在今本《孟子》中，大约有相对独立的问答体短文80余篇，事语体短文12篇，事18篇，语录140余条，驳难5篇，还有几篇“多事一语”。上述内容约占今本《孟子》篇幅的百分之九十以上。

（三）《荀子》

在今本《荀子》中，大约有相对独立的记言记事短文170余篇。其中，问答体30余篇，事语体（包括多事一语）10余篇，事20余篇，语录10余条，礼制类短文30余篇，驳难10余篇，议论40余条。上述内容约占今本《荀子》篇幅的百分之三十左右。《荀子》中《大略》内容比较细碎，内有九十余个相对独立的内容单元，包括问答体、事语体、事、语录、礼制类短文等多种成分；还有一些相对独立的“议论”。

这些“议论”都是在说明一些道理，都具有明显的教材性质。例如讲通变：“《易》曰：‘复自道，何其咎？’《春秋》贤穆公，以为能变也。”再如讲博问：“天下国有俊士，世有贤人。迷者不问路，溺者不问遂，亡人好独。《诗》曰：‘我言维服，勿用为笑。先民有言，询于刍荛。’言博问也。”又如讲为政之道：“有法者以法行，无法者以类举。以其本，知其末，以其左，知其右，凡百事异理而相守也。庆赏刑罚，通类而后应；政教习俗，相顺而后行。”

（四）《列子》

唐宋以来，学者中多有怀疑《列子》为“伪书”者。“五四”前后兴起疑古之风，梁启超、马叙伦、顾实、吕思勉、杨伯峻等许多学者都曾参与过《列子》的“辨伪”。“《列子》伪书说”几成定论。今人马达先生积二十年之力，穷本究源，覃思精研，成《〈列子〉真伪考辨》一书[1]，对“《列子》伪书说”作了较有分量的反驳。

今本《列子》中有100余篇相对独立的记言记事短文。其中，问答体14篇，劝谏体4篇，事语体20余篇，事70余篇，语录20余条。这些短文占《列子》全书篇幅的百分之八十以上。

（五）《庄子》

今本《庄子》中有200余篇相对独立的记言记事短文。其中，问答体100篇，劝谏体4篇，事语体47篇，事70余篇，语录6条，议论20余条。这些短文占《庄子》全书篇幅的百分之八十以上。《庄子》和《列子》中这些短文很明显是对早期教材类短文的“仿制”，也可以说是残存于这两本战国子书中的三代官学教育传统的痕迹。其中，有些类似“事”或“事语体”，有些类似“问答体”，大多是寓言故事，是似是而非的“变体”。这些短文已经编到了历史上的黄帝之事以及历史上所没有的神仙故事，其行文凭空走虚、神采飞扬，自创一个风格，属于早期教材类短文的又一种特定的变体。这种“变体”短文的记事方式已经离史实更远了。

---

[1] 马达：《〈列子〉真伪考辨》，北京：北京出版社，2000年版。

第十一章

文体源流分析（中）

第一节 《战国策》文体分析

刘向在《战国策叙录》提到他编撰《战国策》所依据的六种底本：《国策》《国事》《短长》《事语》《长书》《修书》。其中，《国策》《国事》两个书名的“国”字具体指区分国别的编写体例，“策”的含义是书策。《短长》《长书》《修书》三个书名中“短”“长”“修”的含义，或许与教材类短文的篇幅有关。

从今本《战国策》四百八十余篇短文的平均篇幅来看，短则百字上下，长则千字上下，像《苏秦说齐闵王》《赵武灵王平昼间居》这样超过两千字的情况很少见。《战国策》短文的平均篇幅是三百字左右。《战国策》底本之一《事语》的书名是指短文的体式和内容。从《战国策》近五百篇短文的体式和内容看，将其称为“事语”是比较准确的。

《战国策》全书的编写体例与《国语》相近，内分十二个国别。《战国策》大部分篇章行文简约、精悍，也有章法铺陈、激扬雄辩者，有许多谋略、文辞俱佳的好文章。刘向认为书中近五百篇短文的性质是“战国时游士辅所用之国为立策谋”（《战国策叙录》）。严格说，《战国策》属子书，其底本都是纵横家教授弟子的教材。刘向在编订《战国策》的过程中，曾在诸底本之间作过一番“以相补除重复”的功夫，这可能是导致一部分短文篇幅增加的一个原因。虽然如此，《战国策》与早期官学教材类短文的继承关系仍然比较明显。

这种继承关系主要体现在三个方面，一是短文的篇幅大致相当，二是短文中包含了大量接近于问答体和劝谏体的体式，三是短文用途同为教材。在春秋时期官学教材的短文中，维系礼乐制度、宣扬礼乐道统的内容居于主导地位，在这个基础上已经出现了一些作为宦学“专业技术”之一的谋略之术。

在《战国策》的短文中，以往的情况发生颠倒，纵横阴谋之术居于主导地位，礼乐道统反而在许多情况下成为被否定的对象。一方面后者背离了前者，另一方面这种背离是在继承基础上的背离。因此，《战国策》所辑录近五百篇短文可以被视为春秋时期教材类短文在战国时期的一种特定的"变体"。下面举例说明《战国策》中的短文体式。

《战国策》绝大部分篇章的核心是言论，也就是"说辞"（谏语）。

例证1《东周与西周战》（东周策）[劝谏体]由两个部分构成：【劝谏原因】"东周与西周战，韩救西周。"【劝谏言论】"为东周谓韩王曰：'西周者，故天子之国也，多名器重宝，案兵而勿出，可以德东周，西周之宝可尽矣。'"

例证2《周最谓石礼》（东周策）[劝谏体]只有一个部分：【劝谏言论】（说辞）"周最谓石礼曰：'子何不以秦攻齐？臣请令齐相子，子以齐事秦，必无处矣。子因令周最居魏以共之，是天下制于子也。子东重于齐，西贵于秦，秦、齐合，则子常重矣。'"

例证3《谓薛公》（东周策）[劝谏体]也是只记说辞：【劝谏言论】"谓薛公曰：'周最于齐王也而逐之，听祝弗，相吕礼者，欲取秦。秦、齐合，弗与礼重矣。有周齐，秦必轻君。君弗如急北兵趋赵以秦、魏，收周最以为后行，且反齐王之信，又禁天下之率。齐无秦，天下果，弗必走，齐王谁与为其国？'"

上文例证1交代背景，但没有交代"辞主"；例证2没有交代背景，但有"辞主"；例证3背景在说辞中有所交代，但也没有交代"辞主"。战国策文大多如此，间或有一些事件复杂、多方游说的记言短文。

例证4《靖郭君将城薛》（齐策）[劝谏体-从]由三个部分构成：【劝谏原因】靖郭君将城薛，客多以谏。靖郭君谓谒者："无为客通！"【劝谏言论】齐人有请者曰："臣请三言而已矣！益一言臣请烹。"靖郭君因见之。客趋而进曰："海大鱼。"因反走。君曰："客有于此。"客曰："鄙臣不敢以死为戏。"君曰："亡，更言之。"对曰："君不闻海大鱼乎？网不能止，钩不能牵，荡而失水，则蝼蚁得意焉。今夫齐，亦君之水也。君长有齐阴，奚以薛为？失齐，虽隆薛之城到于天，犹之无益也。”【是否听从】君曰：“善。”乃辍城薛。

例证5《孟尝君有舍人而弗悦》（齐策）[劝谏体-从]【劝谏原因】“孟尝君有舍人而弗悦，欲逐之”。【劝谏言论】鲁连谓孟尝君曰：“猿猴错木据水，则不若鱼鳖；历险乘危，则骐骥不如狐狸。曹沫之奋三尺之剑，一军不能当；使曹沫释其三尺之剑，而操铫耨，与农夫居陇亩之中，则不若农夫。故物舍其所长，之其所短，尧亦有所不及矣。今使人而不能，则谓之不肖；教人而不能，则谓之拙。拙则罢之，不肖则弃之，使人有弃逐，不相与处，而来害相报者，岂非世之立教首也哉！”【是否听从】孟尝君曰：“善。”乃弗逐。

例证6《赵且伐燕》（燕策）[劝谏体-从]【劝谏原因】赵且伐燕。【劝谏言论】苏代为燕王谓惠王曰：“今者臣来，过易水，蚌方出曝，而鹬啄其肉，蚌合而钳其喙。鹬曰：‘今日不雨，明日不雨，即有死蚌。’蚌亦谓鹬曰：‘今日不出，明日不出，即有死鹬’。两者不肯舍，渔者得而并禽之。今赵且伐燕，燕、赵久相支，以弊大众，臣恐强秦之为渔父也。故愿王之熟计之也。”【是否听从】惠王曰：“善。”乃止。

《战国策》中除了有一些典型的劝谏体外，还有一些事语体短文，也就是在短文的结尾处加一段“语”类评论。例如《靖郭君善齐貌辨》（齐策）[事语体]的语类评论是：“当是时，靖郭君可谓能自知人矣！能自知人，故人非之不为沮。此齐貌辨之所以外生、乐患、趣难者也。”再如《齐宣王见颜斶》（齐策）[事语体]的语类评论是：“斶知足矣，归反于朴，则终身不辱也。”又如《江乙说于安陵君》（楚策）[事语体]的语类评论是：“君子闻之曰：‘江乙可谓善谋，安陵君可谓知时矣。’”又如《燕昭王且与天下伐齐》（燕策）[事语体]的语类评论是：“当此之时也，燕、齐不两立，然而常独欲有复收之之志若此也。”**这些语类评论都属于本书前面已经讨论过的教本提示。**

第二节　《韩非子》文体分析

今本《韩非子》共有相对独立的记言记事短文600余篇（约占今本《韩非子》篇幅的百分之七十）。其中，问答体短文20余篇，事语体短文（包括多事一语，后文具体讨论）170余篇，事200余篇，劝谏体短文60余篇，语录体10余条，议论10余篇。这些短文中包含一部分特征比较分明的春秋时期教材类短文的典型文体，也有许多撰写于战国时期的各种“变体”。此外，还有“经言”30余条，“解经”50余条。

第一，这些“变体”的篇幅仍然与早期的教材类短文大致相当。第二，这些“变体”短文撰写目的仍然是用为教材。第三，这些“变体”短文在《韩非子》中的使用情况与典型文体短文也是完全一样的。因此，《韩非子》一书对教材类短文的使用情况具有双向的认识价值。一方面可以据此反观春秋官学乃至战国私学使用教材类短文的讲学方式，另一方面可以将同一个现象视为前者对后者的影响。

在《韩非子》一书中，对教材类短文及其变体的主要使用方式之一是所谓“经传体”。这种体例是将一篇论说性质的文章分为两个部分，第一部分将作者要说明的主要论题放在前面，第二部分使用教材类短文及其变体对第一部分的主要论题一一加以说明。第一部分是“经”，第二部分是“传”。

比如《十过》便是典型的“经传体”。在“经”的部分提纲式讲述诸侯国君的十种会导致祸患的过失：“十过：一曰行小忠，则大忠之贼也。二曰顾小利，则大利之残也。三曰行僻自用，无礼诸侯，则亡身之至也。四曰不务听治而好五音，则穷身之事也。五曰贪愎喜利，则灭国杀身之本也。六曰耽于女乐，不顾国政，则亡国之祸也。七曰离内远游而忽于谏士，则危身之道也。八曰过而不听于忠臣而独行其意，则灭高名为人笑之始也。九曰内不量力，外恃诸侯，则削国之患也。十曰国小无礼，不用谏臣，则绝世之势也。"

后文"传"的部分共有十个段落，每个段落分别以一篇教材类短文（或其变体）对"十过"（经）进行说明（传）。这十个段落的结构十分规整。如第一个段落的开始是"奚谓小忠？"然后引述了一篇事语体教材类短文加以解答。这篇短文讲述春秋时期楚国司马子反在作战时"渴而求饮"，子反家臣谷阳知其好饮酒而进之以酒，结果子反因醉酒贻误战机，因此被楚共王杀掉。这个段落的结束部分是："故曰：行小忠则大忠之贼也。"按：这篇短文在先秦及汉代文献中多有征引，如《国语·楚语上》、《左传》（成16）、《淮南子》（人间训）等。

下面是《十过》以教材类短文解答"奚谓小忠"的具体"传文"。《楚共王与晋厉公战于鄢陵》【事】昔者楚共王与晋厉公战于鄢陵，楚师败，而共王伤其目。酣战之时，司马子反渴而求饮，竖谷阳操觞酒而进之。子反曰："嘻，退！酒也。"谷阳曰："非酒也。"子反受而饮之。子反之为人也，嗜酒而甘之，弗能绝于口，而醉。战既罢，共王欲复战，令人召司马子反，司马子反辞以心疾。共王驾而自往，入其幄中，闻酒臭而还，曰："今日之战，不谷亲伤，所恃者司马也。而司马又醉如此，是亡楚国之社稷而不恤吾众也，不谷无复战矣。"于是还师而去，斩司马子反以为大戮。【语】故竖谷阳之进酒不以雠子反也，其心忠爱之而适足以杀之。故曰：行小忠则大忠之贼也。

下面是《十过》以教材类短文解答"奚谓顾小利"的具体"传文"。《晋献公欲假道于虞》[劝谏体-从-验→不从-验，事语体]【劝谏原因】昔者晋献公欲假道于虞以伐虢。【劝谏言论】荀息曰："君其以垂棘之璧与屈产之乘，赂虞公，求假道焉，必假我道。"君曰："垂棘之璧，吾先君之宝也；屈产之乘，寡人之骏马也。若受吾币不假之道，将奈何？"荀息曰："彼不假我道，必不敢受我币。若受我币而假我道，则是宝犹取之内府而藏之外府也，马犹取之内廐而著之外廐也。君勿忧。"【是否听从】

君曰："诺。"乃使荀息以垂棘之璧与屈产之乘赂虞公而求假道焉。【劝谏原因】虞公贪利其璧与马而欲许之。【劝谏言论】宫之奇谏曰："不可许。夫虞之有虢也，如车之有辅。辅依车，车亦依辅，虞、虢之势正是也。若假之道，则虢朝亡而虞夕从之矣。不可，愿勿许。"【是否听从】虞公弗听，遂假之道。【验辞】荀息伐虢克之，还反处三年，兴兵伐虞，又克之。荀息牵马操璧而报献公，献公说曰："璧则犹是也。虽然，马齿亦益长矣。"【语】故虞公之兵殆而地削者，何也？爱小利而不虑其害。故曰：顾小利，则大利之残也。

上面这篇短文的结构比较复杂，其中包括两个劝谏体，前者从谏，后者拒谏，二者共用同一个"验辞"，对于从谏者是好事，对于拒谏者是坏事。这篇短文同时又具有事语体的性质，两个劝谏体合在一起是"事"，结尾处是一段"语"类评论。前面已经讨论过《春秋事语》中的《晋献公欲袭虢章》，其文体结构与此篇比较接近。《国语·晋语二·宫之奇谓其子》[劝谏体-不从-讥-验]和《左传》（僖5）《宫之奇谏假道》[劝谏体-不从-讥-验在后文]均有与此大同小异的记载，但在文体结构上与此篇略有不同。

《十过》"传文"部分的十个段落，均采用与上举前两个段落相同的结构。《十过》所引十篇短文大部分是劝谏体，一般都有验辞。其中也有"仿制品"的成分，如第三"过"中射士谏楚灵王之事便很明显是后人的"拟作"。这是一篇仿制得很规范的劝谏体短文，参照《左传》可知此文在人物、时间和事件上均有明显错误。这是始于春秋时期、更大程度发生于战国时期的学术下移的结果。

在春秋时期，大部分教材类短文的撰写都比较严谨，在这个方面的主要特征是史论并重（见《左传》《国语》）。即一方面是教材类的短文，另一方面这些短文同时又是许多信史的载体。到了战国时期的诸子著述中，这种情况发生改观，许多仿制短文的记史部分蜕变为托古"演义"或是寓言故事。

《内储说》和《外储说》六篇也采用与《十过》相同的"经传体"结构。《内储说》开篇说："主之所用也七术，所察也六微。"《内储说》分上下两个部分，上篇讲

“人主”驾驭群臣的“七术”，下篇“六微”讲君权不可下移的道理。

接下来总述“七术”内容：“七术：一曰众端参观，二曰必罚明威，三曰信赏心能，四曰一听责下，五曰疑诏诡使，六曰挟知而问，七曰倒言反事。此七者，主之所用也。”以上内容相当于“目录”，后面是七条“经言”。“经一”讲“参观”，“经二”讲“必罚”，“经三”讲“赏誉”，“经四”讲“一听”，“经五”讲“诡使”，“经六”讲“挟智”，“经七”讲“倒言”。七篇“经言”的后面是七篇与之对应的“说”，如“说一”对应于“经一”。“说”是“经”的“传”，也就是解说，这是典型的“经传体”。下面是七篇“经言”中的第一篇。

经一，参观：观听不参则诚不闻，听有门户则臣壅塞。其说在《侏儒之梦见灶》，《哀公之称“莫众而迷”》。故《齐人见河伯》，与《惠子之言“亡其半”》也。其患在《竖牛之饿叔孙》，而《江乞之说荆俗》也。《嗣公欲治不知，故使有敌》，是以《明主推积铁之类》，而察《一市之患》。

上文真正的“经言”只有一句：“观听不参则诚不闻，听有门户则臣壅塞。”后面是“说一”传文的提纲，共举九篇短文对“经言”加以说明。在接下来“说一”的正文中，按“经言”中提纲的排序逐一列出九篇短文的具体内容。例如，第一篇短文是《侏儒之梦见灶》，第二篇短文是《哀公之称“莫众而迷”》。下面是这两篇短文的具体内容。

《侏儒之梦见灶》【劝谏原因】卫灵公之时，弥子瑕有宠，专于卫国。【劝谏言论】侏儒有见公者曰：“臣之梦践矣。”公曰：“何梦？”对曰：“梦见灶，为见公也。”公怒曰：“吾闻见人主者梦见日，奚为见寡人而梦见灶？”对曰：“夫日兼烛天下，一物不能当也；人君兼烛一国人，一人不能拥也。故将见人主者梦见日。夫灶，一人炀焉，则后人无从见矣。今或者一人有炀君者乎？则臣虽梦见灶，不亦可乎！”

《哀公之称“莫众而迷”》[问答体]鲁哀公问于孔子曰：“鄙谚曰：‘莫众而迷。’今寡人举事，与群臣虑之，而国愈乱，其故何也？”孔子对曰：“明主之问臣，一人知之，一人不知也；如是者，明主在上，群臣直议于下。今群臣无不一辞同轨乎季孙者，举鲁国尽化为一，君虽问境内之人，犹不免于乱也。”

《十过》是每一“过”使用一篇短文进行说明，而《内储说》和《外储说》的短文用量要远大于前者。如《内储说上》使用49篇短文说明“七术”，《内储说》和《外储说》一共使用240余篇短文（不包括51篇“一曰”和37条“经言”）。下面是《内储说上》中的另外六条“经言”（“经一”见上）。

经二，必罚：爱多者则法不立，威寡者则下侵上。是以刑罚不必则禁令不行。其说在《董子之行石邑》，与《子产之教游吉》也。故《仲尼说陨霜》，而《殷法刑弃灰》；《将行去乐池》，而《公孙鞅重轻罪》。是以《丽水之金不守》，而《积泽之火不救》。《成欢以太仁弱齐国》，《卜皮以慈惠亡魏王》。《管仲知之，故断死人》；《嗣公知之，故买胥靡》。

经三，赏誉：赏誉薄而谩者下不用也，赏誉厚而信者下轻死。其说在《文子称“若兽鹿”》故《越王焚宫室》，而《吴起倚车辕》，《李悝断讼以射》，《宋崇门以毁死》。《勾践知之，故式怒蛙》；《昭侯知之，故藏弊裤》。《厚赏之使人为贲、诸也，妇人之拾蚕，渔者之握鳣，是以效之》。

经四，一听：一听则愚智不分，责下则人臣不参。其说在《索郑》与《吹竽》。其患在《申子之以赵绍、韩沓为尝试》。故《公子汜议割河东》，而《应侯谋驰上党》。

经五，诡使：数见久待而不任，奸则鹿散。使人问他则不鬻私。是以《庞敬还公大夫》，而《戴欢诏视辒车》，《周主亡玉簪》，《商太宰论牛矢》。

经六，挟智：挟智而问，则不智者至；深智一物，众隐皆变。其说在《昭侯之握一爪》也。故必《南门而三乡得》。《周主索曲杖而群臣惧》，《卜皮事庶子》，《西门豹详遗辖》。

经七，倒言：倒言反事以尝所疑，则奸情得。故《阳山谩樛竖》，《淖齿为秦使》，《齐人欲为乱》，《子之以白马》，《子产离讼者》，《嗣公过关市》。

《内储说上》七条“经言”完整列出后面对应传文（“说”）中49篇短文的篇名，其中一些短文名很明显在韩非子之前已经存在。这些短文在战国时期的私学

教育中被普遍使用，主要的使用场合至少有两类，一是用来教学，二是用来撰写著述。由于战国子书大多也是教材，所以这两类场合有时不易区分。**利用教材类短文或其“变体”的讲学方式，或一事一讲，或多事一讲；《内储说》《外储说》诸篇的经传体都是“多事一讲”的教材。**

《韩非子》中还有一个值得注意的现象，也就是将同一篇短文的不同传本以“一曰”的方式并列在一起。在并列在一起的两个到四个同一篇短文的不同传本之间，往往已经出现诸多方面的内容差异。这表明，在韩非撰写其著述时，他手头拥有较大数量的教材类短文及其变体，其中一些短文有着两个到四个不太一样的传本，为以示慎重，他将不同的传本一并抄录在著述之中。《内储说》《外储说》一并抄录两个传本的情况共三十七次，三个传本四次，四个传本两次。这个现象对于我们了解战国晚期教材类短文的流变情况及其存在方式，具有极为重要的认识价值。

下面具体讨论一下上面引过的两篇短文。先谈第一篇《侏儒之梦见灶》的情况。“卫灵公之时”在春秋末鲁哀公时期，《左传》（哀27）记弥子等人“作乱”，但没有具体提到“侏儒之梦见灶”一事。因此，这篇短文有可能是后人依据“卫灵公之时”的历史背景编造出来的，并且是劝谏体的“仿制品”。当然，也不能完全排除这篇短文是由当时人撰写的可能。

再谈第二篇短文《哀公之称“莫众而迷”》的情况。前面提到，《春秋》三传记季氏专权鲁国一事都留有足够的余地。孔子不太可能说出这种非难季孙的话：“今群臣无不一辞同轨乎季孙者”。韩非子在后面以“一曰”的方式抄录这篇短文的另一个传本：一曰：晏婴子聘鲁，哀公问曰：“语曰‘莫三人而迷’。今寡人与一国虑之，鲁不免于乱，何也？”晏子曰：“古之所谓‘莫三人而迷’者，一人失之，二人得之，三人足以为从矣，故曰莫三人而迷。今鲁国之群臣以千百数，一言于季氏之私，人数非不众，所言者一人也，安得三哉？”

晏子非难季氏不存在“安全问题”，所以后一篇短文更加合乎情理。但是，晏子大约卒于鲁定公十年（前500年左右），此后六年鲁哀公即位，故晏子不太可能在活着的时候见到鲁哀公。《晏子春秋》（第四卷内篇问下）也有一篇同记一事的短文——《鲁昭公问鲁一国迷何也晏子对以化为一心》[问答体]。下面是这篇短文的具体内容：晏子聘于鲁，鲁昭公问焉："吾闻之，莫三人而迷，今吾以鲁一国迷虑之，不免于乱，何也？"晏子对曰："君之所尊举而富贵，入所以与图身，出所与图国，及左右逼迩，皆同于君之心者也。犒鲁国化而为一心，曾无与二，其何暇有三？夫逼迩于君之侧者，距本朝之势，国之所以治也；左右谗谀，相与塞善，行之所以衰也；士者持禄，游者养交，身之所以危也。诗曰：'芃芃棫朴，薪之槱之，济济辟王，左右趋之。'此言古者圣王明君之使以善也。故外知事之情，而内得心之诚，是以不迷也。"

将《晏子春秋》此篇与《韩非子》中两个传本相比较，鲁昭公时晏子在世，此篇中晏子的答语比较含蓄，且没有直接提到季氏。此篇在《晏子春秋》保存质量较高的内篇，故此篇内容有可能更加接近短文的"原本"。《韩非子》的两个传本应属同源异流，二者都将鲁昭公变成了鲁哀公，都加入了季氏专权鲁国的内容，"一曰"本保留了晏子这个主要人物，《哀公之称莫众而迷》本则用孔子替换了晏子，并将"莫三人而迷"改作"莫众而迷"。**由上面对《侏儒之梦见灶》和《哀公之称"莫众而迷"》两篇短文的简要讨论，可以对战国时期仿制早期短文的情况以及早期短文在战国时期的流变情况略见一斑。**

《喻老》用二十二篇短文来说明《老子》中的一些言论，这是一种以《老子》言论为"经"，以短文解说为"传"的"经传体"。只是其结构不如《十过》和《内储说》《外储说》那样规整。《解老》也是以《老子》言论为"经"，用四十余篇论说性的"传"文来讲解《老子》"经"文。

《说林》上下共辑录七十一篇短文，除六篇寓言和两篇单纯的语录体短文外，其余都是事语体短文。这些短文记事部分的所记范围，上至帝尧、许由，下至战国晚期；其记史质量参差不齐，包含许多杜撰和演义的成分；其年代先后错乱，彼此不相连属，这说明《说林》上下的情况与《春秋事语》相近，属于未经任何体例编排的短文撮抄。在《淮南子》中，《说山训》和《说林训》都是与此相近的体式。本章后面对此作具体讨论。

在四《难》中，韩非采用了一种与其他篇章相反的教材类短文使用方式，即先举一篇短文然后细加驳难。四《难》共举二十一篇短文，除两篇是“管子曰”的“语录体”外，其余都是“事语体”。这些短文主要由训、赞、谏、问等体式构成，包括一些相当规整的典型文体。例如，《难一》第四篇短文讲襄子在晋阳解围后行赏五人，后面是“孔子闻之曰”的赞语。又如《难二》第一篇短文讲齐景公欲迁晏子宅，晏子谏踊贵屦贱事而景公省刑。参阅《晏子春秋》可知，韩非在这里省略了后面的赞语部分。又如《难四》第一篇短文讲卫孙文子聘于鲁而失礼于鲁侯，叔孙穆子上前劝止，文子既无言以对又没有知过的表示，于是穆子“退而告人”（训语）：“孙子必亡……”

第三节 《吕氏春秋》文体分析

《史记·十二诸侯年表序》："吕不韦者，秦庄襄王相，亦上观尚古，删拾《春秋》，集六国时事，以为八览、六论、十二纪，为《吕氏春秋》。"在今本《吕氏春秋》中，共有相对独立的记言记事短文650余篇。其中，问答体短文10余篇，事语体（包括多事一语、寓言类事语体、比喻类事语体）410余篇，事40余篇，议论类短文160余篇，语录10余条。这些短文约占今本《吕氏春秋》篇幅的百分之九十。与《韩非子》的情况相同，这些短文中既包含了一部分特征比较分明的春秋时期教材类短文的典型文体，也包含了许多撰写于战国时期的各种"变体"。

从整体上说，《吕氏春秋》分为三个部分：十二纪，八览，六论。

十二纪

（一）第一篇孟春，第二篇本生，第三篇重己，第四篇贵公，第五篇去私；

（二）第一篇仲春，第二篇贵生，第三篇情欲，第四篇当染，第五篇功名；

（三）第一篇季春，第二篇尽数，第三篇先己，第四篇论人，第五篇圜道；

（四）第一篇孟夏，第二篇劝学，第三篇尊师，第四篇诬徒，第五篇用众；

（五）第一篇仲夏，第二篇大乐，第三篇侈乐，第四篇适音，第五篇古乐；

（六）第一篇季夏，第二篇音律，第三篇音初，第四篇制乐，第五篇明理；

（七）第一篇孟秋，第二篇荡兵，第三篇振乱，第四篇禁塞，第五篇怀宠；

（八）第一篇仲秋，第一篇论威，第三篇简选，第四篇决胜，第五篇爱士；

（九）第一篇季秋，第二篇顺民，第三篇知士，第四篇审己，第五篇精通；

（十）第一篇孟冬，第二篇节丧，第三篇安死，第四篇异宝，第五篇异用；

(十一) 第一篇仲冬，第二篇至忠，第三篇忠廉，第四篇当务，第五篇长见；

(十二) 第一篇季冬，第二篇士节，第三篇介立，第四篇诚廉，第五篇不侵，第六篇序意。

八览

(一) 第一篇有始，第二篇应同，第三篇去尤，第四篇听言，第五篇谨听，第六篇务本，第七篇谕大；

(二) 第一篇孝行，第二篇本味，第三篇首时，第四篇义赏，第五篇长攻，第六篇慎人，第七篇遇合，第八篇必己；

(三) 第一篇慎大，第二篇权勋，第三篇下贤，第四篇报更，第五篇顺说，第六篇不广，第七篇贵因，第八篇察今；

(四) 第一篇先识，第二篇观世，第三篇知接，第四篇悔过，第五篇乐成，第六篇察微，第七篇去宥，第八篇正名；

(五) 第一篇审分，第二篇君守，第三篇任数，第四篇勿躬，第五篇知度，第六篇慎势，第七篇不二，第八篇执一；

(六) 第一篇审应，第二篇重言，第三篇精谕，第四篇离谓，第五篇淫辞，第六篇不屈，第七篇应言，第八篇具备；

(七) 第一篇离俗，第二篇高义，第三篇上德，第四篇用民，第五篇适威，第六篇为欲，第七篇贵信，第八篇举难；

(八) 第一篇恃君，第二篇长利，第三篇知分，第四篇召类，第五篇达郁，第六篇行论，第七篇骄恣，第八篇观表。

六论

(一) 第一篇开春，第二篇察贤，第三篇期贤，第四篇审为，第五篇爱类，第六篇贵卒；

（二）第一篇慎行，第二篇无义，第三篇疑似，第四篇壹行，第五篇求人，第六篇察传；

（三）第一篇贵直，第二篇直谏，第三篇知化，第四篇过理，第五篇壅塞，第六篇原乱；

（四）第一篇不苟，第二篇赞能，第三篇自知，第四篇当赏，第五篇博志，第六篇贵当；

（五）第一篇似顺，第二篇别类，第三篇有度，第四篇分职，第五篇处方，第六篇慎小；

（六）第一篇士容，第二篇务大，第三篇上农，第四篇任地，第五篇辩土，第六篇审时。

在先秦及西汉中期以前的子书中，《吕氏春秋》在整体布局上最为规整：提纲清楚，条目井然；各卷和各篇的篇幅也比较整齐。因此，吕不韦至少在谋篇布局上曾经下过一番功夫。用今天的话说，吕不韦是《吕氏春秋》的"主编"，这部书的写作过程由吕不韦主持并提供"科研经费"，由其门客集体撰写；用今天的标准看，吕不韦这位"主编"还算是尽职尽责，至少不是"摆设"。

下面分别讨论《吕氏春秋》三个部分的具体情况。十二纪采用"经传体"；内分十二卷，每卷五篇（除"序意"篇）；将十二个月的月令分别置于每卷之首，作为每卷五篇中的首篇；月令是"经"，其余四篇是"传"。在"传"文与"经"文之间具有一定的呼应关系，如春三月"传"文篇目的主题有"本生""贵生""尽数"等，夏三月"传"文篇目的主题主要讲教学和音律，秋三月"传"文篇目的主题有"荡兵""振乱""禁塞""论威""简选""决胜"等，冬三月"传"文篇目的主题有"节丧""安死"等。

一般的"经传体"，往往在经传之间存在比较直接的关系，如《公》《穀》二传解《春秋》经文，《韩非子》"解老""喻老"解《老子》经文，《十过》和《内储说》、《外储说》的经文是后面传文的总括和提纲，《左传》解《春秋》经文以及系事于

《春秋》经文的编年体框架等等。与之相比较，十二纪经传之间是间接关系；经传间虽然存在一定的呼应关系，但在许多情况下比较勉强或干脆没有关系。

造成这种情况的原因，应与其特定的成书过程有关——“主编”确定了十二纪的整体框架，撰写者们尽最大努力实现“主编”的“权力意志”；由于实现起来难度过高，或者说“主编”的要求不可能被完满实现，十二纪经传之间形成了勉为其难、似是而非的“间接关系”。

在十二纪每卷四篇的传文主题之间，有一部分具有较好的整体性和内在关联。例如，第一卷孟春月令之后的四篇传文是：本生、重己、贵公、去私，第五卷仲夏月令之后的四篇传文是：大乐、侈乐、适音、古乐，第八卷仲秋月令之后的四篇传文是：论威、简选、决胜、爱士。

下面简要介绍十二纪除十二篇月令经文外四十八篇传文的情况。这些传文的标题，一般都可以比较准确地概括其主题；也可以反过来说，《吕氏春秋》的撰写者们是围绕篇名的主题来编写各篇的内容，是“命题作文”。写手非一，故文有良莠，体式也有所不同。

十二纪传文可以粗分为三种情况：一，通篇围绕篇名主题展开议论，间或引用诸子言论（语录），如《情欲》《圜道》《诬徒》《荡兵》《振乱》《禁塞》等篇属此类；二，引事助说，围绕篇名主题的议论比较简短，置于篇首或篇尾，其余大部分篇幅用来引述“事”或“事语体”短文，此类篇章有《贵公》《去私》《论人》《简选》《爱士》《顺民》《知士》《审己》《精通》《安死》《至忠》《忠廉》《当务》《长见》《士节》《介立》《诚廉》《不侵》等；三，介于前两种情况之间。第一种情况主要是“讲道理”；第二种情况“讲道理”少，“摆事实”多；第三种情况“摆事实”和“讲道理”并重。

下面举例说明第二种情况。第十一卷第五篇《长见》开篇是一段围绕篇名主题的“议论”：“智所以相过，以其长见与短见也。今之于古也，犹古之于后世也。今之于后世，亦犹今之于古也。故审知今则可知古，知古则可知后，古今前后一也。故圣人上知千岁，下知千岁也。”接下来共引用五篇短文来印证主题。

例证1《荆文王曰苋嘻数犯我以义》[事语体]【事】荆文王曰：“苋嘻数犯我以义，违我以礼，与处则不安，旷之则不穀得焉，不以吾身爵之，后世有圣人，将以非不穀。”于是爵之五大夫。“申侯伯善持养吾意，吾所欲则先我为之，与处则安，旷之而不穀丧焉，不以吾身远之，后世有圣人，将以非不穀。”于是送而行之。申侯伯如郑，阿郑君之心，先为其所欲，三年而知郑国之政也，五月而郑人杀之。【语】是后世之圣人，使文王为善于上世也。

例证2《晋平公铸为大钟》[事语体]【事】晋平公铸为大钟，使工听之，皆以为调矣。师旷曰：“不调，请更铸之。”平公曰：“工皆以为调矣。”师旷曰：“后世有知音者，将知钟之不调也，臣窃为君耻之。”至于师涓，而果知钟之不调也。【语】是师旷欲善调钟，以为后世之知音者也。

例证3《吕太公望封于齐》[训语体-验]【训语原因】吕太公望封于齐，周公旦封于鲁，二君者甚相善也。相谓曰：“何以治国？”太公望曰：“尊贤上功。”周公旦曰：“亲亲上恩。”【训语判断】太公望曰：“鲁自此削矣。”周公旦曰：“鲁虽削，有齐者亦必非吕氏也。”【验辞】其后齐日以大，至于霸，二十四世而田成子有齐国；鲁日以削，至于仅存，三十四世而亡。

例证4《吴起治西河之外》[训语体-验]【训语原因】吴起治西河之外，王错谮之于魏武侯，武侯使人召之。吴起至于岸门，止车而望西河，泣数行而下。其仆谓吴起曰：“窃观公之意，视释天下若释躧，今去西河而泣，何也？”【训语判断及其说明】吴起抿泣而应之曰：“子不识。君知我而使我毕能，西河可以王。今君听谗人之议，而不知我，西河之为秦取不久矣，魏从此削矣。”【验辞】吴起果去魏入楚。有间，西河毕入秦，秦日益大。【语】此吴起之所先见而泣也。

例证5《魏公叔痤疾》[劝谏体-不从-验]【劝谏原因】魏公叔痤疾。惠王往问之，曰：“公叔之疾，嗟！疾甚矣！将奈社稷何？”【劝谏言论】公叔对曰：“臣之御庶子鞅，愿王以国听之也。为不能听，勿使出境。”【是否听从】王不应，出而谓左右曰：

"岂不悲哉？以公叔之贤，而今谓寡人必以国听鞅，悖也夫！"【验辞】公叔死，公孙鞅西游秦，秦孝公听之，秦果用强，魏果用弱。【语】非公叔痤之悖也，魏王则悖也。夫悖者之患，固以不悖为悖。

从事语体的角度而言，上面五篇短文中例证3没有语类评论，属"事"；另外四篇都是事语体。第三和第四篇都是训语体，第五篇是劝谏体，都有验辞。《长见》的通篇结构也具有经传体性质，开篇一段议论是"经"，后面五篇相对独立的记言记事短文是"传"；"经"是对篇名主题的阐释，"传"是为阐释提供论据。类似的结构在《吕氏春秋》中比较多见，在《新序》《说苑》中也有不少与之雷同的现象（本章后面具体讨论）。上面的短文既有改编史实，也有纯属编造，多在似是而非、真真假假之间。

八览每卷八篇（《有始览》缺一篇），共六十三篇；六论每卷六篇，共三十六篇。八览和六论九十九篇的篇内结构与十二纪四十八篇传文的情况大同小异，也是主要由上面提到的三种情况构成。此外，还有一种只引若干篇短文的情况，这些短文的使用当然也是为了说明篇名主题。

下面是《有始览》第三篇"去尤"的内容。

(1)【议论】世之听者，多有所尤，多有所尤则听必悖矣。所以尤者多故，其要必因人所喜与因人所恶。东面望者不见西墙，南乡视者不睹北方，意有所在也。

(2)【事】人有亡鈇者，意其邻之子，视其行步窃鈇也，颜色窃鈇也，言语窃鈇也，动作态度无为而不窃鈇也。相其谷而得其鈇，他日复见其邻之子，动作态度无似窃鈇者。【语】其邻之子非变也，已则变矣。变也者无他，有所尤也。

(3)【事】邾之故法，为甲裳以帛。公息忌谓邾君曰："不若以组。凡甲之所以为固者，以满窍也。今窍满矣，而任力者半耳。且组则不然，窍满则尽任力矣。"邾君以为然，曰："将何所以得组也？"公息忌对曰："上用之则民为之矣。"邾君曰："善。"下令，令官为甲必以组。公息忌知说之行也，因令其家皆为组，人有伤之者曰："公息忌之所以欲用组者，其家多为组也。"邾君不说，于是复下令，令官为甲无以组。【语】此郗君之有所尤也。为甲以组而便，公息忌虽多为组何伤也？以组不便，公息忌虽无〔为〕组，亦何益也？为组与不为组，不足以累公息忌之说。用组之心，不可不察也。

(4)【事】鲁有恶者，其父出而见商咄，反而告其邻曰："商咄不若吾子矣。"且其子至恶也，商咄至美也。彼以至美不如至恶，尤乎爱也。故知美之恶，知恶之美，然后能知美恶矣。【语】庄子曰："以瓦投者翔，以钩投者战，以黄金投者殆。其祥一也，而有所殆者，必外有所重者也。外有所重者，泄盖内掘。"鲁人可谓外有重矣。

(5)【事】解在乎《齐人之欲得金》也，及《秦墨者之相妒》也。【语】皆有所乎尤也。老聃则得之矣。若植木而立乎独，必不合于俗，则何可扩矣。

"去尤"第一篇"议论"是"经"，是对篇名主题"去尤"的说明，后面五篇短文是"传"。第二、三、四篇都是事语体；其中有两篇在"事"的部分是寓言，可以被称为"**寓言类事语体**"，属于战国时期出现的"变体"。第五篇在"事"的部分只写了两篇短文的题目而未录其内容，这是因为在《吕氏春秋》别处（《先识览·去宥篇》）已经引用过这两篇短文。八览中以这种方式使用短文的案例有十余篇。导致这种情况的原因比较简单：撰写者们在分篇撰文的过程中出现重复引用一些短文的情况，在全书统一编订过程中发现这个问题，于是删掉重复引用的短文，在删掉短文的地方只保留短文篇名。如果《史记》提到吕不韦"一字千金"的悬赏确有其事，上述篇幅精简应发生在悬赏之前。

《八览》其余只保留篇名的案例具体如下。《应同览》："凡人之攻伐也，非为利则因为名也，名实不得，国虽强大者，曷为攻矣？解在乎《史墨来而辍不袭卫》，《赵简子可谓知动静矣》。"《听言览》："凡人亦必有所习其心，然后能听说。不习其心，习之于学问。不学而能听说者，古今无有也。解在乎《白圭之非惠子》也，《公孙龙之说燕昭王以偃兵及应空洛之遇》也，《孔穿之议公孙龙》，《翟翦之难惠子之法》。此四士者之议，皆多故矣，不可不独论。"《谨听览》："若夫有道之士，必礼必知，然后其智能可尽。解在乎《胜书之说周公》，可谓能听矣；《齐桓公之见小臣稷》《魏文侯之见田子方》也，皆可谓能礼士矣。”《谕大览》：“定贱小在于贵大，解在乎《薄疑说卫嗣君以王术》，《杜赫说周昭文君以安天下》，及《匡章之难惠子以王齐王》也。”上面提到的十余个短文篇名，都可以在《吕氏春秋》中找到相应的短文。上文“解”字的统一用法比较重要：在当时事语体教材类短文的使用方法中，“摆事实”（事）和“讲道理”（语）具有相互解释、说明的讲学功效（解）。

《吕氏春秋》中还有一种比较典型的“变体”，下面枚举五个例证。

例证1《三月婴儿》[比喻类事语体]【事】三月婴儿，轩冕在前，弗知欲也，斧钺在后，弗知恶也，慈母之爱谕焉，诚也。【语】故诚有诚乃合于情，精有精乃通于天。乃通于天，水木石之性，皆可动也，又况于有血气者乎？故凡说与治之务莫若诚。听言哀者，不若见其哭也；听言怒者，不若见其斗也。说与治不诚，其动人心不神。（《审应览·具备》）

例证2《石可破也》[比喻类事语体]【事】石可破也，而不可夺坚；丹可磨也，而不可夺赤。【语】坚与赤，性之有也。性也者，所受于天也，非择取而为之也。豪士之自好者，其不可漫以污也，亦犹此也。（《季冬纪·诚廉》）

例证3《今有千里之马于此》[比喻类事语体]【事】今有千里之马于此，非得良工，犹若弗取。【语】良工之与马也，相得则然后成。譬之若枹与鼓。夫士亦有千里。高节死义，此士之千里也。能使士待千里者，其惟贤者也。（《季秋纪·知士》）

例证4《今有声于此》[比喻类事语体]【事】今有声于此，耳听之必慊，已听之则使人聋，必弗听。有色于此，目视之必慊，已视之则使人盲，必弗视。有味于此，口食之必慊，已食之则使人喑，必弗食。【语】是故圣人之于声色滋味也，利于性则取之，害于性则舍之，此全性之道也。世之贵富者，其于声色滋味也多惑者，日夜求，幸而得之则遁焉。遁焉，性恶得不伤？（《孟春纪·本生》）

例证5《今有人于此为石铭》[比喻类事语体]【事】今有人于此，为石铭，置之垄上，曰：“此其中之物，具珠玉玩好财物宝器甚多，不可不扣。扣之必大富，世世乘车食肉。”人必相与笑之，以为大惑。【语】世之厚葬也有似于此。自古及今，未有不亡之国也，无不亡之国者，是无不扣之墓也。以耳目所闻见，齐、荆、燕尝亡矣。宋、中山已亡矣，赵、魏、韩皆亡矣，其皆故国矣。自此以上者，亡国不可胜数。是故大墓无不扣也。而世皆争为之，岂不悲哉？（《孟冬纪·安死》）

上面几篇短文可以被称为**“比喻类事语体”**，也属于战国时期出现的教材类短文的“变体”。这种短文一般由两个部分构成：先打一个比方，然后进入正题，说明道理。很像解《诗》者所谓“比兴”。**“今有声于此”“今有人于此”这一类语句在诸子文献（如《墨子》《孟子》《荀子》等）中比较多见。此类语句最早不是出现于著述者的案头，而是在讲学者的口头。为使听课的学生们更容易理解自己要说明的某一个道理，讲学者先讲一个比较生动直观的比喻，然后进入正题。“今有……于此”是一种口语化的句型，讲学者使用这种句型是为强化比喻的生动性和直观性。**在《吕氏春秋》中大约有50篇“比喻类事语体”。

第四节 《淮南子》文体分析

与《吕氏春秋》的情况相近，《淮南子》成书也是由许多人受聘参与撰写。西汉淮南王刘安（汉高祖刘邦之孙）“招致宾客方术之士数千人，作为《内书》二十一篇，《外书》甚众，又有《中篇》八卷，言神仙黄白之术，亦二十余万言”（《汉书·淮南厉王刘长传》）。今本《淮南子》是“《内书》二十一篇”，刘安是该书“主编”。

在今本《淮南子》中，共有相对独立的记言记事短文900篇左右（约占今本《淮南子》篇幅的百分之五十）。其中事语体（包括多事一语、寓言类事语体、比喻类事语体等）占比最高，约有500篇。《淮南子》最后一卷《要略》是全书总论，另外二十卷是“正文”。教材类短文及其变体主要分布在除《天文》《坠形》《时则》外的十七卷中。一卷内短文篇幅不足一半者有：《原道》《俶真》《精神》《本经》《主术》《诠言》《兵略》等，短文篇幅超过一半者有：《览冥》《缪称》《齐俗》《道应》《氾论》《说山》《说林》《人间》《修务》《泰族》等。

《淮南子·要略》开篇讲述写书的用意和写法：“夫作为书论者，所以纪纲道德，经纬人事，上考之天，下揆之地，中通诸理，虽未能抽引玄妙之中才，繁然足以观终始矣。总要举凡，而语不剖判纯朴，靡散大宗。惧为人之惽惽然弗能知也，故多为之辞，博为之说。又恐人之离本就末也。故言道而不言事，则无以与世浮沉；言事而不言道，则无以与化游息。故著二十篇。”上面提到的十七卷，大体由“言道”和“言事”两种成分构成。

上文“言道”即“讲道理”，也就是“论点”；“言事”即“摆事实”，也就是“论据”。从这个角度上说，《淮南子》（除《天文》《坠形》《时则》外十七卷）的篇内结构与《吕氏春秋》相近，也是由“摆事实”和“讲道理”两种成分以不同比例组合而成。二者不同的地方，是《吕氏春秋》二十六卷之下再分子篇，而《淮南子》则没有这一层的划分。这两部书各卷的篇幅相近，《吕氏春秋》再分子篇，故其篇目清楚、行文明快。而《淮南子》缺少这一层划分，故其“总要举凡”在“要”和“凡”之间不够明朗，其卷内的行文也显得拖沓、烦冗一些。在短文篇幅超过一半的十卷中，卷十八《人间训》的短文含量占这一卷篇幅的百分之八十以上。下面举例分析其文体结构。

《淮南子·要略》：“《人间》者，所以观祸福之变，察利害之反，钻脉得失之迹，标举终始之坛也。分别百事之微，敷陈存亡之机，使人知祸之为福，亡之为得，成之为败，利之为害也。诚喻至意，则有以倾侧偃仰世俗之间，而无伤乎谗贼螫毒者也。”

《人间训》自开篇至“是故不可不慎也”是全卷的“经言”，总论祸福因果。“经言”部分包含一个“经传体”。“经”：“事者，难成而易败也；名者，难立而易废也”。后面的“传”文包含“事”和“语”两个部分；“事”的部分引用三个比喻和一条语录（三事一语）。“千里之堤，以蝼蚁之穴漏；百寻之屋，以突隙之烟焚；《尧戒》曰：‘战战栗栗，日慎一日’；人莫蹟于山，而蹟于蛭。”在后面“语”的部分归纳了“事”中所包含的道理：“是故人皆轻小害，易微事，以多悔。”

“经言”之后又有一个“经传体”。“经”：“天下有三危：少德而多宠，一危也；才下而位高，二危也；身无大功而受厚禄，三危也。故物或损之而益，或益之而损。何以知其然也？”这里提出两个“论点”：**物或损之而益，或益之而损**。后面的“传”文是两个事语体，引用两篇短文分别说明两个“论点”。

《楚庄王既胜晋》[事语体]【事】：“昔者，楚庄王既胜晋于河、雍之间，归而封孙叔敖，辞而不受。病疽将死，谓其子曰：‘吾则死矣，王必封女。女必让肥饶之地，而受沙石之间有寝丘者。其地确石而名丑，荆人鬼，越人禨，人莫之利也。’孙叔敖死，王果封其子以肥饶之地。其子辞而不受，请有寝之丘。【语】楚国之俗，功臣二世而爵禄，惟孙叔敖独存。**此所谓损之而益也**。”

《昔晋厉公南伐楚》[事语体]【事】：**“何谓益之而损**？昔晋厉公南伐楚，东伐齐，西伐秦，北伐燕，兵横行天下而无所绻，威服四方而无所诎，遂合诸侯于嘉陵。气充志骄，淫侈无度，暴虐万民。内无辅拂之臣，外无诸侯之助，戮杀大臣，亲近导谀。明年出游匠骊氏，栾书、中行偃劫而幽之。诸侯莫之救，百姓莫之哀，三月而死。【语】夫战胜攻取，地广而名尊，此天下所愿也，然而终于身死国亡。**此所谓益之而损者也。”**

紧接上文，是对两个“论据”的归纳性评论：“夫孙叔敖之请有寝之丘，沙石之地，所以累世不夺也；晋厉公之合诸侯于嘉陵，所以身死于匠骊氏也。”

接下来是一个比较简短的“经传体”。“经”：“众人皆知利利而病病也，唯圣人知病之为利，知利之为病也。”在“传”的部分，前面是一个“二事一语”（比喻类事语体）：【事1】：“夫再实之木根必伤”，【事2】：“掘藏之家必有殃”，【语】：“以言大利而反为害也”。后面并列二“事”：【事1】《张武教智伯夺韩魏之地而禽于晋阳》，【事2】《申叔时教庄王封陈氏之后而霸天下》。这两篇短文只列标题，这一卷靠后有其全文。

再后面又是一个“经传体”。以孔子言论为“经”：“孔子读《易》至《损》《益》，未尝不愤然而叹曰：‘益损者，其王者之事与！事或欲与利之，适足以害之；或欲害之，乃反以利之。利害之反，祸福之门户，不可不察也。’”后面“传”的部分引用两篇短文“论据”：

(1)《阳虎为乱于鲁》[事语体]【事】阳虎为乱于鲁，鲁君令人闭城门而捕之，得者有重赏，失者有重罪。围三匝，而阳虎将举剑而伯颐，门者止之曰：“天下探之不穷，我将出子。”阳虎因赴围而逐，扬剑提戈而走。门者出之，顾反取其出之者，以戈推之，攘祛薄腋。出之者怨之曰：“我非故与子反也，为之蒙死被罪，而乃反伤我，宜矣其有此难也。”鲁君闻阳虎失，大怒，问所出之门，使有司拘之，以为伤者受大赏，而不伤者被重罪。【语】**此所谓害之，而反利者也。**

(2)《楚恭王与晋人战于鄢陵》[事语体]【事】何谓欲利之而反害之？楚恭王

与晋人战于鄢陵，恭王伤而未休。司马子反渴而求饮，竖阳谷奉酒而进之。子反之为人也，嗜酒而甘之，不能绝于口，遂醉而卧。恭王欲复战，使人召司马子反。辞以心痛。王驾而往视之，入幄中而闻酒臭。恭王大怒，曰："今日之战，不穀亲伤。所恃者，司马也。而司马又若此，是亡楚国之社稷，而不率吾众也。不穀无与复战矣。"于是罢师而去之，斩司马子反为僇。【语】故竖阳谷之进酒也，非欲祸子反也，诚爱而欲快之也，而适足以杀之。**此所谓欲利之而反害之者也。**

以上是《人间训》前面八分之一的内容，后面八分之七的内容大体如此。《淮南子》除《天文》《坠形》《时则》《说山》《说林》外的十五卷都采用了类似的结构，只是"言道"（论点）和"言事"（论据）两种成分的篇幅比例有所不同。

前面提到，**《淮南子》中的《说山训》和《说林训》在体式上与《韩非子》中《说林》的情况相近。**《淮南子·要略》："《说山》《说林》者，所以窍窕穿凿百事之壅遏，而通行贯扃万物之窒塞者也。假譬取象，异类殊形，以领理人之意；解除结细，说捍抟囷，而以明事埒事者也。"

《韩非子·说林》上下共辑录七十一篇短文，除六篇寓言和两篇单纯的语录体短文外，其余都是事语体短文。《淮南子·说山训》辑录短文150余篇，《淮南子·说林训》辑录短文240余篇。这些短文的篇幅更加简短，平均30字左右，主要成分是格言、寓言、比喻和历史故事等，其中包括一些比较规范的典型文体。

第五节 《新书》《新语》《史记》《韩诗外传》文体分析

(一)《新书》

今本贾谊《新书》共引用教材类短文或其变体52篇，具体如下。

(1) 昔楚灵王问范无宇[劝谏体-不从-验，事语体]。

(2) 炎帝者黄帝同父母弟也[事语体]。

(3) 屠牛坦一朝解十二牛[典型的比喻-事语体]。

(4) 昔者卫侯朝于周[事语体]。

(5) 古者周礼天子葬用隧[事]。

(6) 礼天子之乐[事语体]。

(7) 宓子治亶父[事语体]。

(8) 豫让事中行之君[事语体]。

(9) 禹有十年之蓄[事语体]。

(10) 纣圣天子之后也[事语体]。

(11) 梁尝有疑狱[问答体-劝谏体-事语体]。

(12) 抑臣又窃闻之曰有上主者[议论-复杂的事语体]。

(13) 昔周文王使太公望傅太子发[事语体]。

(14) 礼圣王之于禽兽也[事语体]。

(15) 子赣由其家来谒于孔子[事语体]。

(16) 楚惠王食寒菹而得蛭[事语体]。

(17) 卫懿公喜鹤[事语体]。

(18) 邹穆公有令[事]。

(19) 楚王欲淫邹君[事语体]。

(20) 宋康王时有爵生鹯于城之陬[事语体]。

(21) 晋文公出畋[事语体]。

(22) 楚怀王心矜好高人[事语体]。

(23) 齐桓公之始伯也[事语体]。

(24) 二世胡亥之为公子[事]。

(25) 孙叔敖之为婴儿也[事]。

(26) 怀王问于贾君[问答体-事语体]。

(27) 昔楚庄王即位[事语体]。

(28) 昔宋昭公出亡，至于境[事语体]。

(29) 昔者虢君骄恣自伐[事语体]。

(30) 窃闻之……目见正而口言枉[事语体]。

(31) 子胥发郁冒忿[比较复杂的事语体]。

(32) 汤见设网者四面张[事]。

(33) 楚昭王当房而立[事语体]。

(34) 昔楚昭王与吴人战[事]。

(35) 文王昼卧[事]。

(36) 豫让事中行之君[事语体]。

(37) 昔梁大夫宋就为边县令[事语体]。

(38) 翟王使使至楚[事]。

(39) 纣作梏数千[事语体]。

(40) 帝尧曰吾存心于先古[复杂一些的事语体]。

(41) 大禹之治天下也诸侯万人[事]。

(42) 周文王问于粥子曰[问答体]。

(43) 周武王问于粥子曰[问答体]。

(44) 周武王问于王子旦曰[问答体]。

(45) 周成王年二十岁即位享国[问答体]。

(46) 周成王曰敢问于道之要柰何[问答体]。

(47) 周成王曰敢问治国之道[问答体]。

(48) 周成王曰寡人闻之有上人者[问答体]。

(49) 周成王曰寡人闻之圣王在上位[问答体]。

(50) 鲁叔孙昭聘于宋[讥语体-验]。

(51) 晋叔向聘于周，发币大夫[赞语体-验]。

(52) 晋之三卿[讥语体-验]。

（二）《新语》

《汉书·陆贾传》："贾凡著十二篇。每奏一篇，高帝未尝不称善，左右呼万岁，称其书曰《新语》。"今本陆贾《新语》共引用教材类短文或其"变体"13篇，具体如下。

(1) 昔哀公问于有若[问答体-事语体]。

(2) 秦二世之时赵高驾鹿而从行[事语体]。

(3) 人有与曾子同姓名者杀人[事语体]。

(4) 鲁定公之时与齐侯会于夹谷[事]。

(5) 齐人使优旃舞于鲁公之幕下[事语体]。

(6) ……伊尹负鼎居于有莘之野[事语体]。

(7) 曾子孝于父母昏定晨省[事语体]。

(8) 颜回一箪食一瓢饮[事语体]。

(9) 昔扁鹊居宋得罪于宋君[事语体]。

(10) 昔宫之奇为虞公画计[事语体]。

(11) 鲁庄公一年之中以三时兴筑作之役[事语体]。

(12) 段干木徒步之士[事]。

(13) 夫子陈蔡之厄[事语体]。

（三）《史记》

《史记》征引极博，据张大可先生的统计，司马迁撰写《史记》所引经传史地诸子等书多达104种："这104种书，今存42种，残存8种，亡佚54种，存亡各居其半。"[1]先秦乃至汉初的教材类短文或其"变体"是司马迁撰写《史记》的重要史料来源之一，《史记》中引用此类短文素材在500篇以上，占全书篇幅的五分之二以上。前面提到，左丘明在《左传》编写过程中，刻意保留了教材类短文素材的原有文体结构（谏、讥、赞、问等）。司马迁撰写《史记》则没有顾及此事。《史记》"太史公曰"是司马迁对早期文献中"君子曰"等语类评论的承前启后，班固《汉书》"赞曰"等相沿成为论赞体传统（见刘知几《史通·论赞》）。

前面还提到，从《国语》《左传》等较早期文献，到《战国策》（《史记》引《战国策》指刘向汇编前的战国策文）、《韩非子》、《吕氏春秋》等战国子书，教材类短文及其"变体"有一个记史质量逐渐下降的过程。这种情况直接影响到《史记》的记史质量。尤其是从战国中晚期到汉初，许多短文出自私学教书先生的手笔。他们没有历史纪实的职责，但却需要撰写教材。于是，短文的记史成分与演义成分逐渐混淆。几百篇战国策文和几百篇孔门故事多在真真假假之间。吕不韦和秦始皇的父子关系以及赵高的指鹿为马一类故事，则很有可能出自"荐绅先生"杜撰。

（四）《韩诗外传》

今本《韩诗外传》凡309章，每章都是一篇相对独立的记言记事短文，一般由两个部分组成：第一部分引用一篇教材类短文或其"变体"，第二部分引一句《诗》。

下面是卷一《哀公问孔子章》的内容：哀公问孔子曰："有智寿乎？"孔子曰："然。人有三死而非命也者，自取之也。居处不理，饮食不节，劳过者，病共杀之。居下而好干上，嗜欲不厌，求索不止者，刑共杀之。少以敌众，弱以侮强，忿不量力者，兵共杀之。故有三死而非命者，自取之也。"《诗》云："人而无仪，不死何为！"

前面的短文是问答体，后面的诗句呼应短文的内容。除二十余章例外，《韩诗外传》大多数篇章在结尾处都有引《诗》内容。《诗》前面的短文主要有问答体、事、事语体等，还有一百三十余章由议论和引文构成。例如卷一《传曰安命养性者》：【引文】"传曰：'安命养性者，不待积委而富；名号传乎世者，不待势位而显；德义畅乎中而无外求也。'【评论】信哉！贤者之不以天下为名利者也。【引诗】《诗》曰：'不忮不求，何用不臧。'"此章前面是一段"传曰"引文，后面是对引文的评论，再后面是引《诗》。

又比如卷一《孔子曰君子有三忧》：【引文】"孔子曰：'君子有三忧，弗知可无忧与？知而不学，可无忧与？学而不行，可无忧与？'【引诗】《诗》曰：'未见君子，忧心惙惙。'"

《四库全书总目提要》："王世贞称《外传》引《诗》以证事，非引事以明《诗》。"《韩诗外传》短文与《诗经》内容之间的关系大多比较牵强。按：上引《韩诗外传》中《哀公问孔子章》似属后人杜撰。其内容也见于《文子》《说苑》等书，在《文子》中是"老子曰"。

---

[1] 张大可：《史记文献研究》，北京：民族出版社，1999年版，第170页。

第六节　《说苑》《新序》《列女传》《论衡》文体分析

（一）《说苑》

西汉时收罗教材类短文及其“变体”最多的一个人是刘向，这与他多年从事校理宫中藏书的工作有关。同时他也是西汉时新编此类短文最多的人。刘向所编《新序》《说苑》在宋时已有残缺，今本经过曾巩的补缀校正。今本《新序》共辑短文一百八十余篇，今本《说苑》则有短文近七百篇。

《说苑叙录》（见卢文弨《群书拾补》等）：“所校中书《说苑杂事》及臣向书、民间书，复校雠，其事类众多，章句相溷，上下谬乱，难见次序。除去与《新序》重复者，其余诸浅薄不中义理，别集以为百家后，令以类相从，一一条别篇目，更以造新事，十万言以上，凡二十篇，七百八十四章，号曰《新苑》（即今本《说苑》），皆可观。”

宋王应麟撰《汉艺文志考证》：刘向所序《新序》本传，采传记行事者《新序》《说苑》凡五十篇奏之。《隋志》：《新序》三十卷，《说苑》二十卷是也。曾巩校定十卷，《杂事》至《善谋》（阳朔元年二月癸卯上，总一百八十三章）二十卷缺（《史记商君传》注引《新序》论。《索隐》曰：“《新序》是刘歆所撰”，盖误以向为歆）。《说苑》向校中书《说苑杂事》，分别次序，除去与《新序》复重者，以类相从，凡二十篇。《君道》至《反质》，七百八十四章（鸿嘉四年三月巳亥上）。《崇文总目》存者五篇，曾巩复得十五篇，与旧为二十篇。李德刍云：阙《反质》一卷，巩分《修文》为上下，以足二十卷。后高丽进一卷，遂足。

由上面的引文可以了解到：

第一，刘向编《新序》《说苑》《百家》的主要底本是《说苑杂事》（或《说苑》和《杂事》），还有他自己的藏书和一部分“民间书”。

第二，至少在《说苑》中还包括一些刘向的“更以造新事”。从今本《新序》看，其中也应包含了一部分由刘向所新造的短文。按《新序》卷七《节士》有一篇汉代事，卷十《善谋》（下）十三篇都是汉代事，《说苑》所录秦汉事不足十篇，其余短文都是先秦事。这些先秦事大多互见于《左传》《国语》《战国策》《论语》《孟子》《荀子》《管子》《晏子春秋》《韩非子》《吕氏春秋》《淮南子》《史记》《韩诗外传》等书，非刘向所“造新事”。二十余篇秦汉“新事”也并非都是刘向所“造新事”；因此，刘向在《新序》《说苑》中“更造新事”很少，不足这两部书全部短文数量（八百余篇）的四十分之一。

第三，除“更造新事”外，《新序》是刘向对上述底本的“精选本”。精选之余的短文又被他分为两类，一类是“浅薄不中义理”者，被他“别集”为《百家》；另一类是尚“可观”者，他将这部分短文（包括他自己的“更造新事”）“以类相从，一一条别篇目”编成《说苑》。

由于以“义理”为编书原则，《新序》《说苑》和《百家》在成书后被分别归入向、歆父子《七略》的两个分类中。《百家》被归入多少有些旁门意味并被认为是不可观的“小说家者流”（《汉书·艺文志》），《新序》和《说苑》则被归入正统的“儒家者流”（同上）。《新序》《说苑》对教材类短文的引用方式，大体不出《韩非子》《吕氏春秋》和《淮南子》的规范。

下面先简要介绍《说苑》的文体情况。全书凡二十卷：卷一《君道》、卷二《臣术》、卷三《建本》、卷四《立节》、卷五《贵德》、卷六《复恩》、卷七《政理》、卷八《尊贤》、卷九《正谏》、卷十《敬慎》、卷十一《善说》、卷十二《奉使》、卷十三《权谋》、卷十四《至公》、卷十五《指武》、卷十六《谈丛》、卷十七《杂言》、卷十八《辨物》、卷十九《修文》、卷二十《反质》。除《谈丛》《杂言》外，每卷内容都是围绕卷名规定的主题辑录短文。

自卷二《臣术》至卷十五《指武》，这十四卷都是比较典型的“经传体”。例如，卷二《臣术》开篇一段总论“臣术”主题：“人臣之术，顺从而复命，无所敢专，义不苟合，位不苟尊；必有益于国，必有补于君；故其身尊而子孙保之。故人臣之行有六正六邪，行六正则荣，犯六邪则辱，**夫荣辱者，祸福之门也。**”后面是对“六正”“六邪”的具体说明。这一段总论是全卷的“经”。此后是“传”的部分，共辑录教材类短文或其“变体”二十三篇。

又如，《说苑》卷九《正谏》开篇一段总论“正谏”主题：“易曰：‘王臣蹇蹇，匪躬之故。’人臣之所以蹇蹇为难，而谏其君者非为身也，将欲以匡君之过，矫君之失也。君有过失者，危亡之萌也；见君之过失而不谏，是轻君之危亡也。夫轻君之危亡者，忠臣不忍为也。三谏而不用则去，不去则身亡；身亡者，仁人之所不为也。是故谏有五：一曰正谏，二曰降谏，三曰忠谏，四曰戆谏，五曰讽谏。孔子曰：‘吾其从讽谏乎。’夫不谏则危君，固谏则危身；与其危君、宁危身；危身而终不用，则谏亦无功矣。智者度君权时，调其缓急而处其宜，上不敢危君，下不以危身，故在国而国不危，在身而身不殆；昔陈灵公不听泄冶之谏而杀之，曹羁三谏曹君不听而去，春秋序义虽俱贤而曹羁合礼。”这一段总论是全卷的“经”。此后是“传”的部分，共辑录二十四篇短文，其中二十三篇是劝谏体短文。具体如下：

《颜烛谏景公游海不归》[劝谏体-从-验]，《楚庄王以苏从死谏使为相》[劝谏体-从]，《咎犯死谏晋平公轻赋敛》[劝谏体-从]，《客以寓言死谏孟尝君不可入秦》[劝谏体-从]，《舍人巧言死谏吴王罢兵》[劝谏体-从]，《椒举巧谏楚庄王罢兵》[劝谏体-从]，《茅焦死谏秦始皇见母》[劝谏体-从]，《耕者死谏楚庄王罢筑高台》[劝谏体-从]，《鲍叔谏桓公罢铸大钟》[劝谏体-从]，《子西谏楚昭王游荆台》[劝谏体-从，事语体-赞]，《保申谏楚文王罢游猎》[劝谏体-从，事语体-赞]，《叔向谏晋平公罢高台》[劝谏体-从]，《公卢以寓言死谏赵简子罢兵》[劝谏体-从]，《晏子谏景公筑台为钟》[劝谏体-从]，《晏子巧谏景公释杀马者》[劝谏体-从]，《子巧谏景公释亡鸟者》

[劝谏体-从],《景公失礼受辱晏子解之》[劝谏体-从-验],《子胥三谏被杀吴王将死而悔》[劝谏体-三谏-三不从-验],《齐简公不从谏而有患》[劝谏体-不从-验,事语体],《叔仲谏鲁襄公不可因丧罢朝楚》[劝谏体-从],《汉代梁孝王不从枚乘谏而至死》[劝谏体-不从-验],《子胥以寓言谏吴王从民饮酒》[劝谏体-从],《晏子与景公论朝居严则下无言》[劝谏体]。

《说苑》卷一《君道》、卷十八《辨物》、卷十九《修文》、卷二十《反质》四卷没有典型的卷首“经”文,只有围绕卷名主题辑录的短文。《谈丛》《杂言》两卷在体式上与《韩非子》的《说林》和《淮南子》的《说山训》《说林训》情况相近,属于没有什么编辑体例的短文撮抄。《谈丛》辑录语录、格言、议论等70余条,《杂言》辑录各类短文50余条。

(二)《新序》

《新序》凡十卷,前五卷的卷名都是“杂事”,也属于没有编辑体例的短文撮抄。例如,卷四共辑录短文二十八篇:

(1) 管子举五人以强齐自举图霸业[事语体-赞]。

(2) 桓公用管子逸于得贤[事语体-赞]。

(3) 魏文侯答公季成田子方乃仁人[问答体]。

(4) 李克答魏文侯置相事[事语体-赞]。

(5) 白圭答孟尝君论魏文侯功过[问答体]。

(6) 叔向答晋侯论齐桓公君臣事[问答体]。

(7) 曹刿强盟齐桓公信诺终霸[事语体]。

(8) 晋文公期五日信诺退兵遂以霸[事语体]。

(9) 赵襄子义服中牟[事语体-赞]。

(10) 楚庄王平郑败晋不迫逃敌[事语体-赞]。

(11) 楚庄王以自责退晋师[事语体]。

(12) 赵衰辞晋文赏归功出谋者[事]。

(13) 宋就善理边亭盗瓜事楚梁修好[事语体-赞]。

(14) 朱公为梁王解疑狱[事语体]。

(15) 楚惠王以仁心吞蛭其病自愈[事语体]。

(16) 子产不毁乡校[事语体-赞]。

(17) 鲍叔祝酒桓公等莫忘危难时[事语体]。

(18) 麦丘老人以三祝谏齐桓公得用[事]。

(19) 孔子谏哀公民水君舟居安思危[问答体]。

(20) 野人以郭氏亡国谏齐桓公[劝谏体]。

(21) 老夫以虢君亡国谏晋文公[劝谏体]。

(22) 晋平公与叔向论贤臣赵武[问答体]。

(23) 乐王鲋答叶公赵文子为人[事语体-赞]。

(24) 钟子期闻磬之悲声而问击磬者[事语体]。

(25) 楚人以石为虎射没羽再试不能[事语体]。

(26) 晏子谏齐侯不祝祷彗星[劝谏体-从]。

(27) 宋景公不移天罚反得天赏[事语体]。

(28) 宋康公见祥行危反为祸[事语体]。

“杂事”五卷共辑录短文一百零八篇。其余四卷与上述情况大同小异。

《新序》“杂事”五卷的底本，有可能是前引《说苑叙录》提到刘向“所校中书”的《杂事》。《新序》后面五卷的卷名是：《刺奢》、《节士》、《义勇》、《善谋》（上、下）。这五卷与《说苑》的《君道》《辨物》《修文》《反质》四卷的情况相同。都是围绕卷名主题辑录短文。例如。《刺奢》围绕卷名主题共辑录十一篇短文：

(1) 桀奢拒谏伊尹去夏助商[劝谏体]。

(2) 纣筑台暴民周师灭之[事语体]。

(3) 许绾巧言死谏魏王筑台[劝谏体-从]。

(4) 宛春谏卫灵公天寒凿池[事语体]。

(5) 香居巧言死谏齐宣王筑大室[劝谏体-从]。

(6) 优莫讥谏赵襄子饮酒五日夜[劝谏体]。

(7) 晏子谏景公欲去礼饮酒[劝谏体-从]。

(8) 魏文侯见箕季一见四得[事]。

(9) 楚使以宋子罕仁其邻谏王缀兵[事语体-赞]。

(10) 孟献子答宣子问富有二贤士[事语体-赞]。

(11) 邹穆公令食禽以秕[事语体-赞]。

又如,《善谋》(上)辑录十篇短文:

(1) 桓公不从管子谏而盟江黄[劝谏体-不从-验,事语体]。

(2) 晋文从狐偃谏勤王遂霸[劝谏体-从-验,事语体-赞]。

(3) 宫之奇谏假道[事语体-赞]。

(4) 烛之武退秦师[事语体-赞]。

(5) 司马侯谏晋君许楚灵王盟[事语体-赞]。

(6) 子胥不以父仇择时伐楚[事语体-赞]。

(7) 秦用商鞅以强以亡[事语体]。

(8) 司马错谏秦惠王伐蜀[事语体]。

(9) 楚使上书秦昭王退伐楚之兵[事语体]。

(10) 虞卿存赵去而赵亡[事语体]。

《善谋》(下)共有十三篇短文,都是秦汉间事,是为刘向的"更造新事":

(1) 沛公用陈恢谋先入咸阳[事语体]。

(2) 汉王用韩信谋定帝业[事语体]。

(3) 赵卒说燕王放归赵王[事语体]。

(4) 郦食其等设谋楚汉相争时[事语体]。

(5) 张良谏汉王不用郦生谋而定海内[事语体]。

(6) 张良谋兴汉灭楚[事语体]。

(7) 张良谏刘邦封仇臣而群臣自安[事语体]。

(8) 娄敬张良谏定都关中[劝谏体]。

(9) 吕后令张良谋不易太子[事语体]。

(10) 四老张良谋不以太子击黥布[事]。

(11) 内史谏惠王献十城吕后释怒[劝谏体]。

(12) 汉武帝与谋臣议战和匈奴事[事语体]。

(13) 主父偃谏汉武帝弱诸侯[事语体]。

（三）《列女传》

《汉书·刘向传》："向睹俗弥奢淫，而赵、卫之属起微贱，逾礼制。向以为王教由内及外，自近者始。故采取《诗》、《书》所载贤妃贞妇，兴国显家可法则，及孽嬖乱亡者，序次为《列女传》，凡八篇，以戒天子。"《列女传》为刘向所撰，凡七卷：卷一《母仪传》、卷二《贤明传》、卷三《仁智传》、卷四《贞顺传》、卷五《节义传》、卷六《辩通传》、卷七《孽嬖传》。每卷依卷名主题有若干"列女"故事，全书共有故事一百零四篇。这些故事的体例与《韩诗外传》的情况相近。一般在故事之后都有"君子曰"、引《诗》和一段"颂曰"的评论，属于事语体。

下面是卷四《贞顺传》"楚昭贞姜章"的具体内容。

【事】贞姜者，齐侯之女，楚昭王之夫人也。王出游，留夫人渐台之上而去。王闻江水大至，使使者迎夫人，忘持符，使者至，请夫人出，夫人曰："王与宫人约令，召宫人必以符。今使者不持符，妾不敢从使者行。"使者曰："今水方大至，还而取符，则恐后矣。"夫人曰："妾闻之：贞女之义不犯约，勇者不畏死，守一节而已。妾知从使者必生，留必死。然弃约越义而求生，不若留而死耳。"于是使者反取符，还则水大至，台崩，夫人流而死。王曰："嗟夫！守义死节，不为苟生，处约持信，以成其贞。"乃号之曰贞姜。**【语】**君子谓贞姜有妇节。**【引诗】**诗云："淑人君子，其仪不忒。”此之谓也。【颂文】颂曰：楚昭出游，留姜渐台，江水大至，无符不来，夫人守节，流死不疑，君子序焉，上配伯姬。

《列女传》百余篇短文的文体结构与《楚昭贞姜章》大同小异。本书前面提到，西周时期的男子成年礼是“冠礼”，女子成年礼是“笄礼”。《礼记·丧服小记》所谓“男子冠而妇人笄”。《仪礼·士昏礼》：“女子许嫁。笄而醴之称字。祖庙未毁，教于公宫三月。若祖庙已毁。则教于宗室。”与“笄礼”相关的女子教育制度，即《周礼》所谓“妇学”。《周礼·九嫔》：“掌妇学之法，以教九御、妇德、妇言、妇容、妇功，各帅其属而以时御叙于王所。”在东周时期，笄礼仍普遍存在。《礼记·乐记》：“昏姻冠笄，所以别男女也。”在《列女传》中，百余篇短文的主题都可以归入《周礼》“妇学”范畴。具体说，前五卷（《母仪传》《贤明传》《仁智传》《贞顺传》《节义传》）的主题可以归入《周礼》“妇德”，卷六（《辩通传》）的主题可以归入《周礼》“妇言”；卷七（《孽嬖传》）则是《周礼》“妇德”的反面教材。

据此判断，《列女传》很可能有一些先秦底本，是为东周时期与“笄礼”相关的“妇学”教材类短文。刘向将收集到的此类短文加以编次整理，并续写了一部分汉代的内容。

（四）《论衡》

今本《论衡》八十五篇，《招致》仅有篇目，实存八十四篇。王充好辨，论事或否定，或肯定，多有自相矛盾之处。王充所论是非的对象有许多取自先秦教材类短文或其“变体”，这些短文构成《论衡》中很大一部分“话语素材”。

王充在《论衡》中引用先秦短文或详或略。详者如：“传书言：延陵季子出游，见路有遗金。当夏五月，有披裘而薪者，季子呼薪者曰：‘取彼地金来！’薪者投镰于地，瞋目拂手而言曰：‘何子居之高，视之下，仪貌之壮，语言之野也！吾当夏五月，披裘而薪，岂取金者哉？’季子谢之，请问姓字。薪者曰：‘子皮相之士也，何足语姓名！'遂去不顾。世以为然，殆虚言也。夫季子耻吴之乱，吴欲共立以为主，终不肯受，去之延陵，终身不还，廉让之行，终始若一。……季子能让吴位，何嫌贪地遗金？"（《书虚篇》）略者如："马圄之说无方，而野人说之；子贡之说有义，野人不听。"（《逢遇篇》）《论衡》引用先秦短文详者、略者加在一起有三百余篇。此外还有五十余篇汉代故事。

第十二章

文体源流分析（下）

第一节　从春秋官学到战国私学（上）

《庄子·天下》："古之人其备乎！配神明，醇天地，育万物，和天下，泽及百姓，明于本数，系于末度，六通四辟，小大精粗，其运无乎不在。其明而在数度者，旧法世传之史尚多有之。其在于《诗》《书》《礼》《乐》者，邹鲁之士、搢绅先生多能明之。《诗》以道志，《书》以道事，《礼》以道行，《乐》以道和，《易》以道阴阳，《春秋》以道名分。其数散于天下而设于中国者，百家之学时或称而道之。"这段史料具有很高的认识价值，历来为学者所重视。

学术下移开始于春秋时期，其结果是出现了"百家之学"；而"百家之学"对《诗》《书》《礼》《乐》《易》《春秋》的"时或称而道之"，又从一个相反的方向表明，在西周乃至春秋时期的官学与战国时期的"百家之学"之间，存在着一脉相承的演化关系。前者是后者的产生基础，后者中仍然残留着前者的成分。

上文庄子语中的"邹鲁之士""搢绅先生"都是指当时私学中的为师者。周代的邹（邾）国与鲁国相毗邻，二者均在今山东省境内。因此，"邹鲁之士"应是指孔门传人。"搢绅先生"则是指"垂绅搢笏"的仕宦者，更准确地说应是指曾经为官、已经致仕的宦学之师。前面已经谈到，由为官而为师在春秋时期曾经是一种普遍存在的重要制度。因此，《庄子》所说"搢绅先生"应是早期官学体制在战国中期的残存现象。

《礼记·学记》："古之教者，家有塾，党有庠，术有序，国有学。"《礼记·曲礼上》："人生十年曰幼，学。二十曰弱，冠。三十曰壮，有室。四十曰强，而仕。五十曰艾，服官政。六十曰耆，指使。七十曰老，而传。"这是西周乃至春秋时期的官学教育体制：从接受教育（"学"）到担任官吏（"仕""服官政""指使"），再到担任官学教育者（“传”），由此构成足够优秀的士大夫出身者的人生“三步曲”。

《礼记·学记》引《记》曰：“凡学，官先事，士先志。”在西周礼制的官学教育制度中，学为“士”是“基础教育”，学为“官”是“专门教育”，二者是同一个教育过程中的两个内容。由于宦学教育既是学为“士”，又是学为“官”，所以孔子说“学也，禄在其中矣”（《论语·卫灵公》）。《荀子·儒效》：“匹夫问学，不及为士，则不教也。”《荀子·大略》：“学者非必为仕，而仕者必如学。”荀子生当战国晚期，他所说的“仕者必如学”明确体现了当时残存的教育体制与早期官学教育的继承关系。

在战国时期，西周乃至春秋时期的官学体制已经发生了进一步的衰落。但是，这个时期每一个诸侯方国的政权机器仍在运转，这种运转仍然需要很大数量的中下层官吏来维持，这些中下层官吏也仍然需要掌握一些最起码的宦学知识。这种仍然存在的社会需求为早期家塾、乡校等中下层官学教育机构的残存提供了条件。

只有“禄在其中”，才有人愿意求学，才有人愿意为其子弟的求学进行“投资”。只有在这种情况下，“搢绅先生”才能够有人可教、有饭可吃。这种由官学而私学的“搢绅之学”以及一直存在着的教与学之间的需求关系，为“百家之学”的产生和存在提供了不可缺少的条件。同时，也为“邹鲁之士”负笈远游、讲学于国门之外提供了“市场”。

战国诸子在未成就其学说之前，或就学于“搢绅先生”，或就学于“邹鲁之士”，或就学于已有的“百家之学”的传学者。他们学成之后，开始著书立说，成一家之言，开学授徒，于是“百家之学”又多一家。前面提到，战国诸子及其门徒的第一职业是教书，他们上则应对国君，为臣为客为王者师，下则受到望族、乡党的礼聘，开学授徒。这在当时是一种受人尊敬、收入不菲的重要职业。

自春秋晚期到战国乃至汉初，官学教育和学术可以分为两种情况：一是残存的“国学”体制，二是残存的“乡学”体制。“乡学”体制的早期职能是以德教民和培养基层官吏。春秋时期每一个诸侯方国的国都均是或大或小的学术中心（“国学”

体制)，包括礼官、乐官、历官、史官和官学教育机构等等。其职能是贵族教育，是传承周代礼制(《诗》《书》《礼》《乐》《易》《春秋》)以及各诸侯方国的制度和文化。

孔子曾观书周室，当时的周王室也是一个比较重要的学术中心。进入战国，这种情况仍有延续；“鲁学”“楚学”一直残存到战国晚期。三家分晋后，晋国的“学术中心”随之一分为三。田氏代齐，稷下之学继承并替代了传统的齐国学术。燕昭王即位于破燕之后，卑身厚币以招贤者，“士争趋燕”，于是燕有碣石宫。吕不韦广纳门客，秦始皇时设七十人的博士官机构，“秦学”随之兴盛。汉承秦制，设立博士学官“七十余人”。西汉早期博士学官的“今文”文献大都来自秦王朝中央政权的博士学官。

前面提到，战国时期的“邹鲁之士”指孔门传人。这是一个有必要作进一步分析的重要问题。本书前面提到，孔子晚年以“国老”身份主持修订《春秋》，实际上是为鲁国官学修订教材；“未修《春秋》”在孔子之前一直是鲁国官学教育中长期使用的教材；“孔修《春秋》”在孔子之后的使用范围并非局限于孔门，而是通用于鲁国。

《史记·太史公自序》：“周室既衰，诸侯恣行。仲尼悼礼废乐崩，追修经术，以达王道，匡乱世反之于正，见其文辞，为天下制仪法，垂六艺之统纪于后世。”据上文及《史记·孔子世家》，孔子晚年不仅修订《春秋》，而且对《诗》《书》《礼》《乐》作过一番编次订正，还撰写了一部分《易传》。本书前面已经对此作过讨论，孔子对“未修《春秋》”改动很少。与“未修《春秋》”的情况相同，这些文献在孔子之前是鲁国官学教育中长期使用的经典教材。经过孔子的编次订正之后，仍然作为官学教材通用于鲁国。由于上述原因，“孔门学术”和“鲁国学术”这两个概念逐渐发生重合；从战国到汉初，凡“邹鲁之士”或鲁国的“儒生”“诸生”无不师法孔子、归宗孔门。

《诗》《书》《礼》《乐》《易》（包括“百国《春秋》”）都是传自西周的官学教材，随着战国时期进一步的礼坏乐崩，诸方国的官学教育逐渐衰落，所使用的教材也逐渐缺失。在这种情况下，诸方国出现了对讲学者和教材的需求。于是鲁国开始向外输出讲学者和教材，这些讲学者即“邹鲁之士”，他们携带的教材便是六艺的“经传说记”（包括《国语》《左传》乃至《论语》《孝经》等）。孔子的影响因此而逐渐遍及天下：“中国言六艺者折中于夫子”（《史记·孔子世家》）。

第二节 从春秋官学到战国私学（下）

在“搢绅先生”和“邹鲁之士”之间，存在一些彼此相通的文化背景。《诗》《书》《礼》《乐》《易》《春秋》是诸方国“搢绅先生”使用的传统教材，“邹鲁之士”也以这些文献作为基本教材，并且带来了经过整理质量更高的“版本”；《国语》《左传》中收集了各诸侯国的教材类短文，保留了春秋时期各诸侯国传承自西周礼乐制度的一些基本观念。因此，作为本地势力的“搢绅先生”很容易接纳作为外来者的“邹鲁之士”。即使在晚些时候逐渐出现的“百家之学”，为了迎合传统势力获得教学“资格”，也要对《诗》《书》《礼》《乐》《易》《春秋》等传统经典文献“时或称而道之”。

上引《庄子·天下》将战国时期各诸侯国的讲学者分为三种成分：“邹鲁之士”“搢绅先生”和“百家之学”。这三种成分的讲学者主要活动于两个场合，即前面提到的残存的“国学”和“乡学”体制。这两个场合在早期阶段的主要性质是官办学校，受教育者在这里学为士，学为官，学为“君子”。

本书前面已经提到，这种教育的起源，可以直接追溯到部落社会的成年礼教育制度；在西周时期，这种教育是周天子王政体制中的重要组成部分，是一整套彼此匹配、相互支撑的社会权力和文化结构中的一个重要环节。在西周乃至春秋时期，这种教育制度有着固定的层级划分，固定的教育者、被教育者、教育内容和教育功能。这些都是战国学术的产生基础，并且在一定程度上决定了产生什么样的战国学术。

战国时期残存的“国学”体制以方国财力为依托，更容易吸引“精英”（战国中晚期诸侯国用士养士的政策与此相关联）；残存的“乡学”体制由乡里供资，是当时学术、教育的基础。前者是“点”，后者是“面”；诸子“百花”的种子种在“面”上，“花”开在“点”上。研究战国学术如果不知道“搢绅之学”的普遍存在，“百家之学”也就成了“空中花园”。

相对来说，“点”上的学术更加活跃，“面”上的学术更加稳定；前者是“精英”的学术，后者是乡里私学中教书先生们的学问。“点”上和“面”上的学术相互影响，这种情况在一定程度上决定了诸子著述在文体方面的继承与变迁。

司马相如临终时“遗札书言封禅事”，书中将战国时期“百家之学”称为“荐绅先生之略术”（《史记·司马相如列传》）。《史记·儒林列传》：“及至秦之季世，焚诗书，坑术士，《六艺》从此缺焉。陈涉之王也，而鲁诸儒持孔氏之礼器往归陈王。于是孔甲为陈涉博士，卒与涉俱死。陈涉起匹夫，……然而缙绅先生之徒负孔子礼器往委质为臣者，何也？以秦焚其业，积怨而发愤于陈王也。”司马迁在这里又将“鲁诸儒”称为“缙绅先生”。

《史记·五帝本纪》太史公曰：“学者多称五帝，尚矣。然《尚书》独载尧以来；而百家言黄帝，其文不雅驯，荐绅先生难言之。”《史记·封禅书》：“其语不经见，缙绅者或不道。”司马迁所说“荐绅”“缙绅”（即前引庄子语中的“搢绅”）都是当时私学中的讲学者，“难言之”和“或不道”具体指他们在讲学中的言说。庄子对“邹鲁之士”“搢绅先生”和“百家之学”三种成分的区分非常重要，因为在此之后这种区分逐渐混淆。

早期官学体制中的为师者是致仕的官吏，“搢绅先生”的早期含义是对这种人名实相符的敬称。随着私学对官学的逐渐替代，随着私学为师者中加入了“邹鲁之士”和“百家之学”的传学者，至少私学中很大一部分为师者已经不是致仕的官吏，但人们仍然使用“搢绅先生”这种惯用的称谓以表示对私学为师者的尊敬。于是，“搢（荐、缙）绅先生”逐渐成为在许多情况下名实不符的敬称。

因此，司马相如和司马迁的话实际上并不矛盾。从战国晚期到汉代初期，诸子百家，包括儒家，只要是讲学于乡里的私学为师者，都可以被人们敬称为“缙绅先生”。较普遍存在于民间的私学也就是“搢绅之学”，既是“百家之学”的产生基础，也是“百家之学”产生之后的传播媒介。同时，“搢绅之学”还应是先秦学术乃至先秦典籍在秦火之余接续和流传到汉代的一个重要载体。

在动手撰写本书前，我用两年多时间对短文含量较高的先秦及汉代文献作过一次比较完整的“素材分析”。分析对象包括（书名后面括号中是教材类短文的具体篇数）：《尚书》（48篇）、《逸周书》（46篇）、《国语》（252篇）、《左传》（1210篇）、《论语》（501篇）、《礼记》（385篇）、《大戴礼记》（101篇）、《孝经》（18篇）、《管子》（398篇）、《晏子春秋》（216篇）、《墨子》（125篇）、《孟子》（261篇）、《荀子》（178篇）、《列子》（148篇）、《庄子》（234篇）、《六韬》（60篇）、《关尹子》（171篇）、《商君书》（8篇）、《孙膑兵法》（30篇）、《孙子兵法》（13篇）、《吴子》（37篇）、《韩非子》（585篇）、《吕氏春秋》（660篇）、《战国策》（488篇）、《战国纵横家书》（27篇）、《春秋事语》（16篇）、《韩诗外传》（309篇）、《淮南子》（903篇）、《新书》（62篇）、《列女传》（104篇）、《史记》（895篇）、《新序》（185篇）、《说苑》（689篇）、《新论》（90篇）、《新语》（13篇）、《孔丛子》（158篇）、《孔子家语》（328篇）、《论衡》（350篇）。

本书的具体分析步骤与方法如下：以《国语》为例，由于《国语》本身就是**短文辑录本**，因此可以直接对其中这些短文的文体类型加以分析和分类。其分类结果是《国语》短文的**文体分类本**。进而以表格形式（训语体表格、赞语体表格、劝谏体表格、问答体表格）对《国语》中典型文体的内容与体式加以具体划分，以此验证上述文体分类在体式与内容方面的客观有效性。**针对《国语》的文体研究是发现《左传》中存在同类现象的必不可少的认知路径。**

再以《左传》为例，先将其中1210篇相对独立的记言记事短文辑录出来（**短文辑录本**），然后对这些短文的文体类型加以分类（**文体分类本**），进而以表格形式（训语体表格、赞语体表格、劝谏体表格、问答体表格、事语体表格）对其中典型文体的内容与体式加以划分，包括为每篇典型文体短文冠以标题。**针对《国语》《左**

传》的文体研究是对其他先秦两汉文献展开文体研究必不可少的认知路径。

再以《说苑》为例，先将其中全部教材类短文及其“变体”区分出来（短文辑录本），为每篇短文确定标题，并确认其文体的性质（文体分类本）。与《国语》《六韬》《晏子春秋》《战国策》等书的情况相近，《说苑》本身就是**短文辑录本**。《说苑》中几乎全部内容都是由各类短文构成，全书共有689篇短文。通过上述分析、整理，得到两个结果：一是《说苑》689篇短文经过分篇编号后的辑录本；二是短文目录，包括与短文辑录本对应的编号，以及对每一篇短文文体属性的标注。

以这种方法进行“素材分析”，上述30余部文献的“短文辑录本”共有大约200万字，占这些文献全部篇幅的一半左右，各类短文数量的总和超过一万篇。这些短文在这些文献中的篇幅占比约为百分之五十。通过这项大规模的工作，可以获得此项研究中一些不可或缺、非常重要的基础研究数据。这些数据是本书“文体研究”的文献素材依据，同时也表明教材类短文及其变体在战国秦汉间诸子文献中篇幅占比很高，普遍存在。

第三节　文体类型（上）

这里有两个认识角度：一是教材类短文的文体类型、内容特征及其演化情况，二是教材类短文在先秦及汉代文献中的使用方法。本节讨论第一个问题。前已述及，《国语》体例是国别史，其细目242章。全书共有教材类短文252篇，其中典型文体短文196篇（训语体短文36篇，赞语体短文20篇，劝谏体短文120篇，问答体短文20篇）。

《春秋》三传都是双重体例，一是编年体，二是经传体。《鲁春秋》的编年体经文是纲，《春秋》三传的传文是目。本书第三章第五节提到，今本《左传》包含《春秋》经文、类似《公羊传》《穀梁传》的经文解说内容、1210篇相对独立的记言记事短文三部分内容。《左传》的前两部分内容与《公羊传》《穀梁传》的构成情况大致相同（《春秋》经文+解经传文）。所不同者，一是《左传》第二部分内容（解经传文）不采用问答体式，而是平铺直叙；二是《左传》第二部分内容中包括一些《春秋》经文没有记录的大事记写法记史内容（具体讨论见本书第八章第八节：《左传》独有的“不书”之事）。

《左传》与《公》《穀》二传最主要的不同之处，是《左传》中多出第三部分内容：1210篇相对独立的记言记事短文。这是《左传》（第三部分）与《国语》（全书）之间可以进行典型文体短文类项比较的重要场合。在《左传》第三部分内容中，共有特征分明的典型文体短文580余篇。其中，劝谏体短文236篇，训语体A类短文183篇，训语体B类短文55篇，赞语体A类短文18篇，赞语体B类短文56篇，问答体短文35篇。

为方便阅读，将本书第三章《国语》《左传》教材类短文典型文体的分类图示引录于下。

图12.3 教材类短文的分类系统

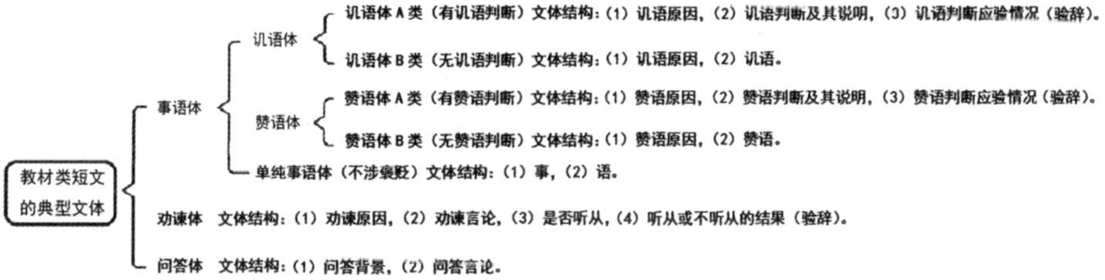

《国语》中典型文体短文约占其全部短文数量的五分之四，《左传》中典型文体短文约占其全部短文数量的二分之一。除典型文体之外，《国语》和《左传》中的其余短文，似乎可以依照《晏子春秋》的分类方法，归为由多个小类构成的“杂”类；或者，从事语体角度可以被称为记事类。其中一部分原是典型文体，在《国语》和《左传》的编写过程中失去原貌。

《国语》《左传》中的**记事类短文**内容比较单纯，都是史事的记录，其内容包括方国间的朝聘、会同、盟约、征伐等等，诸方国内部的各种祭事、政事、乱事等等。战国时期，在记事类短文的基础上出现了一些“变体”，如寓言、比喻、战国策文等。**语录体短文**（包括“礼制类短文”）至少在春秋时期已经出现，战国秦汉间的诸子著述中仍很多见。

在战国秦汉间的诸子著述中，除对春秋时期教材类短文的引用之外，较典型的训语体、赞语体和劝谏体短文仍然比较多见，但已经发生一些比较明显的占比改变（详见本节附录：教材类短文的较晚期案例）。《国语》《左传》“事语体”短文的“语”类评论大多是非分明，而且有着相对统一的是非判别标准（第一标准是夏商西周的传统制度和一整套道德伦理原则），不涉褒贬的“语”类评论极少，后者数量不足前者的十分之一。

在战国秦汉间的诸子著述中，“事语体”短文仍然很多，但“语”类评论发生了两个方面的明显变化：**第一，是非分明的“语”类评论明显减少，不涉褒贬的“语”类评论明显增多。第二，是非判别标准的改变，源自西周的传统制度和道德伦理**

原则逐渐"弱化"，甚至成为被否定的对象，更加"功利主义"的就事论事逐渐取而代之。

相对来说，问答体的情况比较简单。作为教材，这种提出问题和解答问题的体式既便于讲授也便于学习。本书第八章第一节提到，这种体式的较早期例证，在《尚书》中有《洪范》，在《逸周书》中有《大开武》《小开武》《大聚》《大戒》《本典》《官人》《祭公》七篇。由于问答体具有教学两便的优点，所以在诸子著述中非常多见。

在《管子》中，《四称》《侈靡》《小问》《桓公问》《度地》《问霸》等大致二十五篇均采用了桓公问管仲答的体式。在《大戴礼记》中，《孔子三朝记》七篇、《哀公问五义》、《哀公问于孔子》（同于《礼记·哀公问》）都是鲁哀公与孔子的问答，《主言》是曾子问孔子答，《五帝德》是宰我问孔子答，《子张问入官》是子张问孔子答。《礼记·乐记》后半部分有三篇问答体短文，即魏文侯与子夏之间的问答、宾牟贾与孔子的问答和子贡与师乙之间的问答。《仲尼燕居》和《孔子闲居》都是由孔子解答弟子提出的问题。

《论语》《孝经》中都有问答体的成分。《公》《穀》二传通篇采用自问自答的体式，这种体式明显具有讲义性质。在《孔子家语》中，《王言》《大婚》《儒行》《哀公问政》《问礼》《五仪》《入官》《五帝德》《五帝》（其中有些篇章亦见于《大戴礼记》《礼记》《荀子》等书）等篇均采用了问答体式。这种体式在《孟子》和《孔丛子》中亦多有所见。

《墨子》的《三辨》是程繁问墨子答，《尚贤》中仅用一个"曰"字自问自答，《公孟》是公孟问墨子答，讲守备的《备城门》《备高临》《备梯》《备穴》《备蛾傅》《杂守》等诸篇则均采用了秦滑厘与墨子之间的问答体式。

作为兵书的《吴子》现存六篇，均为魏文侯、武侯父子与吴起之间的问答。《孙子兵法》凡十三篇，篇首均冠以"孙子曰"，篇中时常采用"敢问"和解答的体式。在出土于山东临沂银雀山西汉墓中的简书《孙膑兵法》中，也有很大一部分内容采用了问答体式。

《鹖冠子》中《近迭》《度万》《王鈇》《兵政》《学问》等篇采用庞子与鹖冠子之间的问答体式，《世贤》是卓襄王问庞暖答，《武灵王》是武灵王问庞焕答。《商君书》中的《定分》篇是秦孝公与公孙鞅之间的问答。

《公孙龙子》多在问答之间展开论辩，汉初陆贾的《新语》中也有类似情况。在《荀子》中，《王制》以“请问为政”开篇，于是通篇便具有了解答提问的性质；《议兵》是临武君、赵孝成王与荀子之间的问答，主要的问者是前二者，主要的答者是荀子。在《韩非子》中，《问辩》《定法》属于典型的问答体式。此外，《六韬》《慎子》《战国策》《吕氏春秋》《吴越春秋》《越绝书》《春秋繁露》《淮南子》《新序》《说苑》《扬子法言》《申鉴》等书中均不同程度地存在着问答体式的成分。

《尚书·洪范》是武王问箕子答，《逸周书》七篇问答体短文都是君问臣答（答者除一篇是祭公外，其余六篇都是周公）。这是问答体教材类短文的较早期情况。君是明君，臣是圣贤，这样的**问答角色**可以加重教材的分量。《晏子春秋》“内篇”的六十篇问答体短文和《国语》二十余篇问答体短文，大都是君问臣答或上问下答，这是春秋时期教材类短文对西周文体传统的继承。

孔子以降，战国诸子经常采用应对国君的问答文体，这样的短文一方面是对早期传统的继承，另一方面人们乐于继承这种传统有其“现实意义”：曾为“王者师”可以抬高诸子的身份，同时曾经为国君授课的短文也可以加重教材的分量。孔子毫无疑问应对过鲁哀公的问咨，但十余篇应对鲁哀公的问答体短文有可能并非都是应对的实录，其中的一部分可能是以此为由头撰写的教材。如果说孔子确曾应对过哀公的问咨，那么撰写此类短文的战国诸子是否都曾经应对过国君便不太好说了。

本书前面已经提到，在《逸周书》问答体短文“文体结构”中问答言论的结束部分，多有规范化的“问者赞谢”内容。具体是指提问者对回答者的拜谢，是提问者对答语内容的认可、称赞和应允。除《逸周书》外，问答体短文中出现“问者赞谢”

较多的先秦文献还有《管子》《晏子春秋》《六韬》和大小戴《礼记》中孔子应对鲁哀公的几篇。《六韬》最多，并且其中有一些“问者赞谢”与《逸周书》中的同类内容很相似。

在春秋、战国、秦汉间的文体流变包含了四种不同的情况。第一，是较早期的问答体短文在较早期文献中的存在，例如《尚书》《逸周书》《国语》《左传》等书的情况。第二，是战国秦汉诸子著述中采用这种体式展开论说的现象，如《孔子三朝记》七篇、《墨子》、《荀子》、《吴子》等书的情况。在这些著述成书后，都曾在不同的范围用为诸子或其传人授徒的教材。《晏子春秋》《管子》《六韬》介于上述两种情况之间。第三，是战国秦汉间人对早期问答体短文的“仿制”，“仿制”者包括“邹鲁之士”“搢绅先生”和“百家之学”的诸子或其传人。这里面又可以分为两种不同的情况。一是采用旧体式并以托古的方式撰写“历史故事”，这种托古的方式从有一定的史实依据到纯属杜撰兼而有之。二是战国秦汉间人以旧体式撰写当时的事情。第四，是较早期教材类短文在较晚期文献中被引述和辑录的现象，这种情况下的早期短文会出现由多种原因所导致的不同方式和不同程度的变形，如情节、人物的加减，年代、事件的错位，历史人物的张冠李戴等等（如《淮南子》《新序》《说苑》等书的情况）。

在劝谏体、事语体等旧体式教材类短文的流变过程中，同样也存在上述几种情况。为便于直观比较，下面附录中枚举《韩非子》《吕氏春秋》和《说苑》等文献中较晚期教材类短文具体案例三十六篇，每种文献各举六篇劝谏体短文和六篇事语体短文，以此表明从春秋时期到战国秦汉间教材类短文典型文体的流变与继承。

附录：教材类短文的较晚期案例

◎《韩非子》劝谏体例证（6例）

(1)《昔晋公子重耳出亡过郑》（喻老）[劝谏体-不从-验]【劝谏原因】昔晋公子重耳出亡过郑，郑君不礼。【劝谏言论】叔瞻谏曰："此贤公子也，君厚待之，可以积德。"【是否听从】郑君不听。【劝谏言论】叔瞻又谏曰："不厚待之，不若杀之，无令有后患。"【是否听从】郑君又不听。【验辞】及公子返晋邦，举兵伐郑，大破之，取八城焉。

(2)《晋献公以垂棘之璧假道于虞》（喻老）[劝谏体-不从-验]【劝谏原因】晋献公以垂棘之璧假道于虞而伐虢。【劝谏言论】大夫宫之奇谏曰："不可。唇亡而齿寒，虞、虢相救，非相德也。今日晋灭虢，明日虞必随之亡。"【是否听从】虞君不听，受其璧而假之道。【验辞】晋已取虢，还，反灭虞。

(3)《智伯索地于魏宣子》（说林）[劝谏体-从-验]【劝谏原因】智伯索地于魏宣子，魏宣子弗予。【劝谏言论】任章曰："何故不予？"宣子曰："无故请地，故弗予。"任章曰："无故索地，邻国必恐，彼重欲无厌，天下必惧，君予之地，智伯必骄而轻敌，邻邦必惧而相亲，以相亲之兵待轻敌之国，则智伯之命不长矣。周书曰：'将欲败之，必姑辅之，将欲取之，必姑予之。'君不如予之以骄智伯。且君何释以天下图智氏，而独以吾国为智氏质乎？"【是否听从】君曰："善。"乃与之万户之邑。【验辞】智伯大悦。因索地于赵，弗与。因围晋阳，韩、魏反之外，赵氏应之内，智氏自亡。

(4)《秦康公筑台三年》（说林）[劝谏体-从-验]【劝谏原因】秦康公筑台三

年，荆人起兵，将欲以兵攻齐。【劝谏言论】任妄曰："饥召兵，疾召兵，劳召兵，乱召兵。君筑台三年，今荆人起兵将攻齐，臣恐其攻齐为声，而以袭秦为实也，不如备之。"【是否听从】戍东边。【验辞】荆人辍行。

(5)《赵主父使李疵视中山可攻不也》（外储说）[劝谏体-从-验]【劝谏原因】赵主父使李疵视中山可攻不也。【劝谏言论】还报曰："中山可伐也，君不亟伐，将后齐、燕。"主父曰："何故可攻？"李疵对曰："其君见好岩穴之士，所倾盖与车以见穷闾隘巷之士以十数，伉礼下布衣之士以百数矣。"君曰："以子言论，是贤君也，安可攻？"疵曰："不然。夫好显岩穴之士而朝之，则战士怠于行阵；上尊学者，下士居朝，则农夫惰于田。战士怠于行陈者则兵弱也，农夫惰于田者则国贫也。兵弱于敌，国贫于内，而不亡者，未之有也，伐之不亦可乎？"【是否听从】主父曰："善。"【验辞】举兵而伐中山，遂灭也。

(6)《齐桓公好服紫》（外储说）[劝谏体-从-验]【劝谏原因】齐桓公好服紫，一国尽服紫。当是时也，五素不得一紫。桓公患之。谓管仲曰："寡人好服紫，紫贵甚，一国百姓好服紫不已，寡人奈何？"【劝谏言论】管仲曰："君欲何不试勿衣紫也，谓左右曰，吾甚恶紫之臭。于是左右适有衣紫而进者，公必曰：少却，吾恶紫臭。"【是否听从】公曰："诺。"【验辞】于是日郎中莫衣紫，其明日国中莫衣紫，三日境内莫衣紫也。

◎《韩非子》事语体例证（6例）

(1)《越王入宦于吴》（喻老）[事语体]【事】越王入宦于吴，而观之伐齐以弊吴。吴兵既胜齐人于艾陵，张之于江、济，强之于黄池，故可制于五湖。【语】故曰："将欲翕之，必固张之；将欲弱之，必固强之。"

(2)《扁鹊见蔡桓公》（喻老）[事语体]【事】扁鹊见蔡桓公，立有间。扁鹊曰："君有疾在腠理，不治将恐深。"桓侯曰："寡人无。"扁鹊出。桓侯曰："医之好治不病以为功。"居十日，扁鹊复见曰："君之病在肌肤，不治将益深"。桓侯不应。扁鹊出。桓侯又不悦。居十日，扁鹊复见曰："君之病在肠胃，不治将益深。"桓侯又不应。扁鹊出。桓侯又不悦。居十日，扁鹊望桓侯而还走，桓侯故使人问之。扁鹊曰："疾在腠理，汤熨之所及也；在肌肤，针石之所及也；在肠胃，火齐之所及也；在骨髓，司命之所属，无奈何也。今在骨髓，臣是以无请也。"居五日，桓侯体痛，使人索扁鹊，已逃秦矣。桓侯遂死。【语】故良医之治病也，攻之于腠理。此皆争之于小者也。夫事之祸福亦有腠理之地，故曰圣人蚤从事焉。

(3)《杨子过于宋》（说林）[事语体]【事】杨子过于宋东之逆旅。有妾二人，其恶者贵，美者贱。杨子问其故。逆旅之父答曰："美者自美。吾不知其美也；恶者自恶，吾不知其恶也。"【语】杨子谓弟子曰："行贤而去自贤之心，焉往而不美？"

(4)《墨子为木鸢》（外储说）[事语体]【事】墨子为木鸢，三年而成，蜚一日而败。弟子曰："先生之巧，至能使木鸢飞。"墨子曰："吾不如为车輗者巧也。用咫尺之木，不费一朝之事，而引三十石之任，致远力多，久于岁数。今我为鸢，三年成，蜚一日而败。"【语】惠子闻之曰："墨子大巧，巧为輗，拙为鸢。"

(5)《客有教燕王为不死之道者》（外储说）[事语体]【事】客有教燕王为不死之道者，王使人学之，所使学者未及学而客死。王大怒，诛之。【语】王不知客之欺己，而诛学者之晚也。夫信不然之物而诛无罪之臣，不察之患也。且人所急无如其身，不能自使其无死，安能使王长生哉？

(6)《魏昭王欲与官事》（外储说）[事语体]【事】魏昭王欲与官事，谓孟尝君曰："寡人欲与官事。"君曰："王欲与官事，则何不试习读法？"昭王读法十余简而睡卧矣，王曰："寡人不能读此法。"【语】夫不躬亲其势柄，而欲为人臣所宜为者也，睡不亦宜乎。

◎《吕氏春秋》劝谏体例证（6例）

(1)《荆庄王立三年》（重言）[劝谏体-从-验]【劝谏原因】荆庄王立三年，不听而好讔。成公贾入谏。王曰："不谷禁谏者，今子谏，何故？"【劝谏言论】对曰：

"臣非敢谏也，愿与君王讔也。"王曰："胡不设不谷矣。"对曰："有鸟止于南方之阜，三年不动不飞不鸣，是何鸟也？"王射之曰："有鸟止于南方之阜，其三年不动，将以定志意也；其不飞，将以长羽翼也；其不鸣，将以览民则也。是鸟虽无飞，飞将冲天；虽无鸣，鸣将骇人。贾出矣，不谷知之矣。"【是否听从】明日朝，所进者五人，所退者十人。【验辞】群臣大说，荆国之众相贺也。

(2)《秦王立帝》（审应览）[劝谏体-从-验]【劝谏原因】秦王立帝。宜阳令许绾诞魏王。魏王将入秦。【劝谏言论】魏敬谓王曰："以河内孰与梁重？"王曰："梁重。"又曰："梁孰与身重？"王曰："身重。"又曰："若使秦求河内，则王将与之乎？"王曰："弗与也。"魏敬曰："河内，三论之下也。身，三论之上也。秦索其下而王弗听，索其上而王听之，臣窃不取也。"【是否听从】王曰："甚然。"乃辍行。

(3)《魏武侯谋事而当》（恃君览）[劝谏体-从]【劝谏原因】魏武侯谋事而当，攘臂疾言于庭曰："大夫之虑莫如寡人矣！"立有间，再三言。李悝趋进曰："昔者楚庄王谋事而当，有大功，退朝而有忧色。左右曰：'王有大功，退朝而有忧色，敢问其说？'王曰：'仲虺有言，不谷说之。'曰：诸侯之德，能自为取师者王，能自取友者存，其所择而莫如己者亡。今以不谷之不肖也，群臣之谋又莫吾及也，我其亡乎？曰，此霸王之所忧也，而君独伐之，其可乎？"【是否听从】武侯曰："善。"

(4)《齐宣王为大室》（恃君览）[劝谏体-从]【劝谏原因】齐宣王为大室，大益百亩，堂上三百户。以齐之大，具之三年而未能成。群臣莫敢谏王。【劝谏言论】春居问于宣王曰："荆王释先王之礼乐而乐为轻，敢问荆国为有主乎？"王曰："为无主。""贤臣以千数而莫敢谏，敢问荆国为有臣乎？"王曰："为无臣。""今王为大室，其大益百亩，堂上三百户。以齐国之大，具之三年而弗能成。群臣莫敢谏，敢问王为有臣乎？"王曰："为无臣。"春居曰："臣请辟矣。"趋而出。【是否听从】王曰："春子！春子反！何谏寡人之晚也？寡人请今止之。"遽召掌书曰："书之：寡人不肖，而好为大室，春子止寡人。"

(5)《魏惠王死葬有日矣》（开春论）[劝谏体-从]【劝谏原因】魏惠王死，葬有日矣。天大雨雪，至于牛目。【劝谏言论】群臣多谏于太子者曰：“雪甚。如此而行葬，民必甚疾之，官费又恐不给。请弛期更日。”太子曰：“为人子者，以民劳与官费用之故，而不行先王之葬，不义也。子勿复言。”群臣皆莫敢谏，而以告犀首。犀首曰：“吾未有以言之。是其唯惠公乎？请告惠公。”惠公曰：“诺。”驾而见太子曰：“葬有日矣。”太子曰：“然。”惠公曰：“昔王季历葬于涡山之尾，栾水啮其墓，见棺之前和。文王曰：‘嘻！先君必欲一见群臣百姓也夫！故使栾水见之。’于是出而为之张朝，百姓皆见之，三日而后更葬，此文王之义也。今葬有日矣，而雪甚，及牛目，难以行，太子为及日之故，得无嫌于欲亟葬乎？愿太子易日，先王必欲少留而抚社稷安黔首也，故使雨雪甚。因弛期而更为日，此文王之义也。若此而不为，意者羞法文王也？”【是否听从】太子曰：“甚善。敬弛期，更择葬日。”

(6)《赵简子攻卫》(贵直论)[劝谏体-从]【劝谏原因】赵简子攻卫，附郭。自将兵，及战，且远立，又居於犀蔽屏橹之下。鼓之而士不起。简子投桴而叹曰：“呜呼！士之速弊一若此乎！”【劝谏言论】行人烛过免胄横戈而进曰：“亦有君不能耳，士何弊之有？”简子艴然作色曰：“寡人之无使，而身自将是众也，子亲谓寡人之无能，有说则可，无说则死！”对曰：“昔吾先君献公即位五年，兼国十九，用此士也。惠公即位二年，淫色暴慢，身好玉女，秦人袭我，逊去绛七十，用此士也。文公即位二年，厎之以勇，故三年而士尽果敢；城濮之战，五败荆人，围卫取曹，拔石社，定天子之位，成尊名於天下，用此士也。亦有君不能耳，士何弊之有？”【是否听从】简子乃去犀蔽屏橹，而立於矢石之所及，一鼓而士毕乘之。简子曰：“与吾得革车千乘也，不如闻行人烛过之一言。”

◎《吕氏春秋》事语体例证（6例）

(1)《昔者秦缪公乘马》(仲秋纪)[事语体]【事】昔者秦缪公乘马而车为败，右服失而野人取之。缪公自往求之，见野人方将食之於岐山之阳。缪公叹曰：“食骏马之肉而不还饮酒，余恐其伤女也！”於是遍饮而去。处一年，为韩原之战。晋人已环缪公之车矣，晋梁由靡已扣缪公之左骖矣，晋惠公之右路石奋投而击缪公之甲，中之者已六札矣。野人之尝食马肉於岐山之阳者三百有馀人，毕力为缪公疾斗於车下，遂大克晋，反获惠公以归。【语】此《诗》之所谓曰“君君子则正，以行其德；君贱人则宽，以尽其力”者也。人主其胡可以无务行德爱人乎？行德爱人，则民亲其上；民亲其上，则皆乐为其君死矣。

(2)《赵简子有两白骡》（仲秋纪）[事语体]【事】赵简子有两白骡而甚爱之。阳城胥渠处广门之官，夜款门而谒曰：“主君之臣胥渠有疾，医教之曰：‘得白骡之肝，病则止；不得则死。’”谒者入通。董安于御於侧，愠曰：“嘻！胥渠也。期吾君骡，请即刑焉。”简子曰：“夫杀人以活畜，不亦不仁乎？杀畜以活人，不亦仁乎？”於是召庖人杀白骡，取肝以与阳城胥渠。处无几何，赵兴兵而攻翟。广门之官，左七百人，右七百人，皆先登而获甲首。【语】人主其胡可以不好士？

(3)《齐湣王亡居於卫》（季秋纪）[事语体]【事】齐湣王亡居於卫，昼日步足，谓公玉丹曰：“我已亡矣，而不知其故。吾所以亡者，果何故哉？我当已。”公玉丹答曰：“臣以王为已知之矣，王故尚未之知邪？王之所以亡也者，以贤也。天下之王皆不肖，而恶王之贤也，因相与合兵而攻王。此王之所以亡也。”湣王慨焉太息曰：“贤固若是其苦邪？”【语】此亦不知其所以也。此公玉丹之所以过也。

(4)《吴王欲杀王子庆忌》（仲冬纪）[事语体]【事】吴王欲杀王子庆忌而莫之能杀，吴王患之。要离曰：“臣能之。”吴王曰：“汝恶能乎？吾尝以六马逐之江上矣，而不能及；射之矢，左右满把，而不能中。今汝拔剑则不能举臂，上车则不能登轼，汝恶能？”要离曰：“士患不勇耳，奚患於不能？王诚能助，臣请必能。”吴王曰：“诺。”明旦加要离罪焉，挚执妻子，焚之而扬其灰。要离走，往见王子庆忌於卫。王子庆忌喜曰：“吴王之无道也，子之所见也，诸侯之所知也。今子得免而去之，亦善矣。”要离与王子庆忌居有间，谓王子庆忌曰：“吴之无道也愈甚，请与王子往夺之国。”王子庆忌曰：“善。”乃与要离俱涉於江。中江，拔剑以刺王子庆忌。王子庆忌捽之，投之於江，浮则又取而投之，如此者三。其卒曰：“汝天下之国士也，幸汝以成而名。”要离得不死，归於吴。吴王大说，请与分国。要离曰：“不可。臣请必死！”吴王止之，要离曰：“夫杀妻子，焚之而扬其灰，以便事也，臣以为不仁。夫为故主杀新主，臣以为不义。夫捽而浮乎江，三入三出，特王子庆忌为之赐而不杀耳，臣已为辱矣。夫不仁不义，又且已辱，不可以生。”吴王不能止，果伏剑而死。【语】要离可谓不为赏动矣，故临大利而不易其义；可谓廉矣，廉，故不以贵富而忘其辱。

（5）《齐之好勇者》（仲冬纪）[事语体]【事】齐之好勇者，其一人居东郭，其一人居西郭。卒然相遇於涂，曰：“姑相饮乎？”觞数行，曰：“姑求肉乎？”一人曰：“子，肉也；我，肉也；尚胡革求肉而为？於是具染而已。”因抽刀而相啖，至死而止。【语】勇若此不若无勇。

（6）《孟尝君为从》（季冬纪）[事语体]【事】孟尝君为从，公孙弘谓孟尝君曰：“君不若使人西观秦王。意者秦王帝王之主也，君恐不得为臣，何暇从以难之？意者秦王不肖主也，君从以难之未晚也。”孟尝君曰：“善。愿因请公往矣。”公孙弘敬诺，以车十乘之秦。秦昭王闻之，而欲丑之以辞，以观公孙弘。公孙弘见昭王，昭王曰：“薛之地小大几何？”公孙弘对曰：“百里。”昭王笑曰：“寡人之国，地数千里，犹未敢以有难也。今孟尝君之地方百里，而因欲以难寡人犹可乎？”公孙弘对曰：“孟尝君好士，大王不好士。”昭王曰：“孟尝君之好士何如？”公孙弘对曰：“义不臣乎天子，不友乎诸侯，得意则不惭为人君，不得意则不肯为人臣，如此者三人。能治可为管、商之师，说义听行，其能致主霸王，如此者五人。万乘之严主辱其使者，退而自刎也，必以其血污其衣，有如臣者七人。”昭王笑而谢焉，曰：“客胡为若此？寡人善孟尝君，欲客之必谨谕寡人之意也。”公孙弘敬诺。【语】公孙弘可谓不侵矣。昭王，大王也；孟尝君，千乘也。立千乘之义而不可凌，可谓士矣。

◎《说苑》劝谏体例证（6例）

（1）《卜者谏商王修德而桑谷自亡》（君道）[劝谏体-从-验]【劝谏原因】殷太

戊时，有桑谷生于庭，昏而生，比旦而拱，史请卜之汤庙，太戊从之。【劝谏言论】卜者曰："吾闻之，祥者福之先者也，见祥而为不善，则福不生；殃者祸之先者也，见殃而能为善，则祸不至。"【是否听从】于是乃早朝而晏退，问疾吊丧。【验辞】三日而桑谷自亡。

(2)《韩武子从谏缀田猎》(君道)[劝谏体-从]【劝谏原因】韩武子田，兽已聚矣，田车合矣，传来告曰："晋公薨。"武子谓栾怀子曰："子亦知君好田猎也，兽已聚矣，田车合矣，吾可以卒猎而后吊乎？"怀子对曰："范氏之亡也，多辅而少拂，今臣于君，辅也；蠡于君，拂也，君胡不问于蠡也？"【是否听从】武子曰："盈而欲拂我乎？而拂我矣，何必蠡哉？"遂辍田。

(3)《管仲谏桓公嫁娶事》(贵德)[劝谏体]【劝谏原因】桓公之平陵，见家人有年老而自养者，公问其故，对曰："吾有子九人，家贫无以妻之，吾使佣而未返也。"桓公取外御者五人妻之。【劝谏言论】管仲入见曰："公之施惠不亦小矣。"公曰："何也？"对曰："公待所见而施惠焉，则齐国之有妻者少矣。"公曰："若何？"管仲曰："令国丈夫三十而室，女子十五而嫁。"

(4)《叔向谏晋平公春筑台》(贵德)[劝谏体-从]【劝谏原因】晋平公春筑台。【劝谏言论】叔向曰："不可。古者圣王贵德而务施，缓刑辟而趋民时；今春筑台，是夺民时也。夫德不施，则民不归；刑不缓，则百姓愁。使不归之民，役愁怨之百姓，而又夺其时，是重竭也；夫牧百姓，养育之而重竭之，岂所以安命安存，而称为人君于后世哉！"【是否听从】平公曰："善！"乃罢台役。

(5)《尹铎谏赵简子春筑台》(贵德)[劝谏体-从]【劝谏原因】赵简子春筑台于邯郸，天雨而不息，谓左右曰："可无趋种乎？"【劝谏言论】尹铎对曰："公事急，厝种而悬之台；夫虽欲趋种，不能得也。"【是否听从】简子惕然，乃释台罢役。曰："我以台为急，不如民之急也，民以不为台，故知吾之爱也。"

(6)《李谈助平原君解邯郸之围》(复恩) [劝谏体-从-验]【劝谏原因】平原君既归赵，楚使春申君将兵救赵，魏信陵君亦矫夺晋鄙军往救赵，未至，秦急围邯郸，邯郸急且降，平原君患之。【劝谏言论】邯郸传舍吏子李谈谓平原君曰：“君不忧赵亡乎？”平原君曰：“赵亡即胜虏，何为不忧？”李谈曰：“邯郸之民，炊骨易子而食之，可谓至困；而君之后宫数百，妇妾荷绮縠，厨余粱肉；士民兵尽，或剡木为矛戟；而君之器物钟磬自恣，若使秦破赵，君安得有此？使赵而全，君何患无有？君诚能令夫人以下，编于士卒间，分工而作之，家所有尽散以飨食士，方其危苦时易为惠耳。”【是否听从】于是平原君如其计，而勇敢之士三千人皆出死，因从李谈赴秦军。【验辞】秦军为却三十里，亦会楚魏救至，秦军遂罢。李谈死，封其父为孝侯。

◎《说苑》事语体例证（6例）

(1)《楚庄王释戏妾者而得报》（复恩）[事语体]【事】楚庄王赐群臣酒，日暮酒酣，灯烛灭，乃有人引美人之衣者，美人援绝其冠缨，告王曰：“今者烛灭，有引妾衣者，妾援得其冠缨持之，趣火来上，视绝缨者。”王曰：“赐人酒，使醉失礼，奈何欲显妇人之节而辱士乎？”乃命左右曰：“今日与寡人饮，不绝冠缨者不欢。”群臣百有余人皆绝去其冠缨而上火，卒尽欢而罢。居三年，晋与楚战，有一臣常在前，五合五奋，首却敌，卒得胜之。庄王怪而问曰：“寡人德薄，又未尝异子，子何故出死不疑如是？”对曰：“臣当死，往者醉失礼，王隐忍不加诛也；臣终不敢以荫蔽之德而不显报王也，常愿肝脑涂地，用颈血湔敌久矣，臣乃夜绝缨者。”遂败晋军，楚得以强。【语】此有阴德者必有阳报也。

(2)《景差载涉水者叔向非其政》（政理）[事语体]【事】景差相郑，郑人有冬涉水者，出而胫寒，后景差过之，下陪乘而载之，覆以上衽。【语】晋叔向闻之曰：“景子为人国相，岂不固哉！吾闻良吏居之三月而沟渠修，十月而津梁成，六畜且不濡足，而况人乎？”

(3)《周公得天下贤士》（尊贤）[事语体]　【事】周公摄天子位七年，布衣之士，执贽所师见者十二人，穷巷白屋所见者四十九人，时进善者百人，教士者千人，官朝者万人。【语】当此之时，诚使周公骄而且吝，则天下贤士至者寡矣，苟有至者，则必贪而尸禄者也，尸禄之臣，不能存君矣。

(4)《祁奚救叔向于布衣之时》(善说) [事语体]【事】叔向之弟羊舌虎善乐达，达有罪于晋，晋诛羊舌虎，叔向为之奴。既而祁奚曰："吾闻小人得位，不争不义，君子所忧，不救不祥。"乃往见范桓子而说之曰："闻善为国者，赏不过；刑不滥。赏过则惧及淫人；刑滥则惧及君子。与其不幸而过，宁过而赏淫人，无过而刑君子，故尧之刑也，殛鲧于羽山而用禹；周之刑也，僇管、蔡而相周公，不滥刑也。"桓子乃命吏出叔向。【语】救人之患者，行危苦而不避烦辱，犹不能免。今祁奚论先王之德而叔向得免焉，学岂可已哉？

(5)《叔向答蔡侯有图伐蔡者》(权谋) [事语体-讥-验]【讥语原因】蔡侯、宋公、郑伯朝于晋。蔡侯谓叔向曰："子亦奚以语我？"【讥语判断及其说明】(叔向)对曰："蔡言地计众，不若宋、郑。其车马衣裘侈于二国，**诸侯其有图蔡者乎？**"【验辞】处期年，荆伐蔡而残之。

(6)《屈宜咎讥韩侯作高门》(权谋) [事语体，讥-验]【讥语原因】韩昭侯造作高门。【讥语判断及其说明】屈宜咎曰："**昭侯不出此门**。"曰："何也？"曰："不时。吾所谓不时者，非时日也。人固有利不利，昭侯尝利矣，不作高门。往年秦拔宜阳，明年大旱民饥，不以此时恤民之急也，而顾反益奢，**此所谓福不重至，祸必重来者也！**"【验辞】高门成，昭侯卒。竟不出此门。

第四节　文体类型（下）

这里简要讨论本章第三节开篇提到的第二个问题：教材类短文在先秦及汉代文献中的使用方法。论说文不是本书讨论的典型文体，但先秦及汉代文献中的许多论说文具有教材的性质，还有一些问答体实际上是论说文的“改头换面”。前面提到，《逸周书》中已经出现了论说文的雏形。这种体式的早期特征是对一些制度和观念的简要论述，“论”的成分少，“述”的成分多，如《度训》《命训》《常训》《文酌》等篇的情况。进入战国时期，一些子书论说文中“论”的成分逐渐增多，“述”的成分逐渐减少。

诸子著述中包含了一部分单纯的论说文，还有许多论说文引用了各种体式的教材类短文。这是教材类短文在战国及秦汉间文献中的第一种使用方法。第二种使用方法是所谓“经传体”，这样的篇章一般由“经”“传”两个部分构成，“经”的部分用来提出“论点”，“传”的部分引用短文来提供“论据”；“传”的篇幅远大于“经”。《韩非子》将“传”对“经”的说明关系称为“说”，《吕氏春秋》称为“解”。第三种使用方法是围绕某一主题对教材类短文的辑录。第四种使用方法是无主题的短文撮抄。

这里存在一个教材类短文使用方法的区分序列——1. 无主题撮抄，2. 主题辑录，3.“经传体”，4. 论说文对教材类短文的引用。在这个序列之外，是不引用教材类短文的单纯的论说文。论说文对教材类短文的引用现象很多，这个问题比较简单，无须说明。下面，对另外三种情况和一些相关的“变体”作简要说明。

（一）无主题短文撮抄和主题辑录

前面谈到，《韩非子》的《说林》，《淮南子》的《说山训》《说林训》，《说苑》的《谈丛》《杂言》，《新序》的“杂事”五卷等篇章，在体式上比较接近；**这些篇章的主要特征是没有特征，也就是在章法方面都属于没有什么编辑体例的短文撮抄（辑录）。在出土简帛文献中，楚帛书《春秋事语》、郭店楚墓竹简《语丛》（三、四）也是同类现象。**

以往学者的研究很少涉及这些篇章，原因很简单——这些篇章都属于没有作者主旨的短文撮抄。其中的短文体式不一、内容庞杂，在思想史、学术史乃至文学史等学科的常规研究中，这些篇章都属于认识价值不高、可以忽略的对象。从另一个角度看，这些篇章实际上非常重要。

这些篇章共收录短文近700篇——《韩非子》的《说林》上下共辑录71篇短文，除6篇寓言和2篇单纯的语录体短文外，其余都是事语体短文。《淮南子》中的《说山训》辑录短文150余篇，《说林训》240余篇。这些短文的篇幅更加简短，平均30字左右。主要成分是语录、格言、寓言、比喻和历史故事等，其中包括一些比较规范的典型文体。《说苑》的《谈丛》辑录格言、语录、议论等70余篇，《杂言》辑录各类短文50余篇。《新序》的“杂事”五卷共辑录短文108篇，主要成分包括事、事语体、问答体、劝谏体等。

这些短文很明显是收集来的，而不是韩非等作者的“原创”。他们为什么要收集这些短文？从何处收集？他们将这些体式不一、内容庞杂的短文汇编到一起要拿给什么人看？有什么用途？在本书前面已经讨论过的《春秋事语》中，包含了一些与此相关的认识线索。

帛书《春秋事语》“是秦末汉初（公元前200年左右）的写本”[1]。作为出土文献，《春秋事语》也属于没有什么编辑体例的短文撮抄，与上述传世文献中短文撮抄类篇章的情况相近。相对来说，《春秋事语》更加接近《新序》“杂事”五卷的情况。

张政烺先生认为，《春秋事语》“文章简短，在编辑体例上也乱七八糟。由此推测，它的编者大约是个头脑冬烘的教书先生。这样的书当是儿童读本，讲些历史故事，学点语言，为将来进一步学习《春秋》《世》《语》等等作准备。这和清代……的启蒙书《鉴略》《读史论略》《幼学故事琼林》等书有些相似”。[2]考虑到韩非这样“善著书”的作者也要汇编同类篇章，所以《春秋事语》应是当时比较多见的一类教学课本。

《春秋事语》每章是一篇独立的课文，全书共有十六篇课文。在每次教学单讲一篇课文的情况下，可以忽略课文之间的编辑体例。这种“初级课本”的主要使用场合，是战国秦汉间残存的“乡学”体制，亦即《庄子》《史记》所谓“搢绅之学”。《新序》“杂事”五卷的短文成分和用途与此相同。

此类课文的“前身”，是西周和春秋时期的教材类短文。《春秋事语》的记事范围不出春秋时期，大部分课文直接来自春秋时期的教材类短文。由于年代久远、辗转传抄，这些来自春秋时期的教材类短文已经发生一定的变形，并且逐渐加进一些后人的“仿制品”。《新序》“杂事”五卷中短文的记事范围，上至尧舜，下至战国晚期。其中既有来自春秋时期的教材类短文，也有许多后人的“仿制品”，几篇孔门故事传自“邹鲁之士”。

《韩非子·说林》中的短文情况介于《春秋事语》和《新序》“杂事”五卷之间，多了几篇“语录体”和寓言故事，事语体中则包含了一些“比喻类事语体”。“语录体”是教材类短文中早已存在的体式，寓言故事和“比喻类事语体”都属于战国时期的“变体”。《说苑·杂言》中的短文有事、事语体13篇，问答体14篇，语录、赠言、议论等27篇（孔门语录占18篇）。

《淮南子》的《说山训》《说林训》与上述情况相近，但比喻和寓言类的短文成分更多一些，短文的平均篇幅也更加简短（30字左右）。《说苑·谈丛》中短文的平均篇幅也比较简短（70字左右），比喻和寓言类的短文成分要少一些，语录、格言等各种言论的成分更多一些。

要之，《新序》“杂事”五卷、《韩非子·说林》、《淮南子·说山训》、《淮南子·

说林训》、《说苑·谈丛》、《说苑·杂言》等诸篇短文成分大同小异，只是各种短文的比重互有不同。这些篇章的性质，都是战国秦汉间“搢绅之学”的教材类短文汇编。其中，《淮南子》的《说山训》《说林训》《说苑·杂言》，以及出土文献《春秋事语》中，短文的平均篇幅比较简短，可供“搢绅先生”在讲学时灵活使用。

这些篇章中短文的体式、内容，有一部分是对西周乃至春秋时期官学传统的继承，如教材类短文及其各种“变体”。这些“变体”中包含一些比较新的成分，如诸子言论的摘抄和寓言、比喻类的短文。在西周乃至春秋时期官学教材中，即使已经有了寓言和比喻类短文，其数量也是非常少的。到了战国时期，这两种短文的数量开始逐渐增多。相对来说，比喻类短文的数量要远多于寓言。这两种短文的作者主要是“搢绅之学”的讲学者，他们撰写这两种短文的意图，是在讲学时更加直观地说明一些道理，更好地实现教与学之间的沟通。

这些作者讲学于乡里，才智不足以创一家之学。但在长年的教学实践中，偶有一得，创作出一两篇寓言或比喻类的短文。由于这些作品具有更好地实现教与学之间沟通的功能，所以很容易在“搢绅之学”的讲学者之间传播和交流。

在本节讨论的短文撮抄类篇章中，大部分短文都是从战国秦汉间“搢绅之学”中收集来的，收集这些短文汇编成册的目的是拿回到“搢绅之学”中用为教材。这种特定的汇编意图和用途，决定了汇编者较少考虑“我要说什么”。

另外两个因素决定这些篇章的短文成分：第一是“有什么”，也就是在短文收集的特定范围内有限的“资源”。第二是“选什么”，为使此类篇章在“搢绅之学”中更受欢迎，汇编者的选择标准主要考虑“读者对象”及其用途，投其所好，合其所用。正是由于这个原因，韩非虽然文章“笔锋犀利，鞭辟入里”，但他同时却汇编了“在编辑体例上也乱七八糟”的《说林》上下篇。

前面谈到，“搢绅之学”是“面”上的学术。短文撮抄类篇章的汇编者多是“点”上的学者，他们有条件收集到更多的短文。这些短文从“面”上收集来，汇编后拿回到“面”上去传播和使用。由此构成“点”和“面”之间的一种“学术交流”。在战国时期官学教育逐渐衰落的情况下，这种“交流”在一定程度上解决了乡里私学缺少教材的问题。

由于取材范围和使用场合都在“面”上，所以这种交流的本位在“面”上。因此，短文撮抄类篇章的体式、内容在一定程度上为后人展示了“搢绅之学”的一些情况。《春秋事语》中比较规范的教材类短文，体现了“搢绅之学”因循守旧的倾向。《新序》中“杂事”五卷和《韩非子》的《说林》上下篇中大量仿制和改编的短文，处处体现着仿制和改编者们多少有些平庸、世俗的旨趣。

《淮南子》的《说山训》和《说林训》中大量简短的比喻类短文，体现了教书先生担心学生听不懂而好用比喻的职业习惯。诸子著述中比较多见的“今有……于此”句式，也是来自教书先生（为强化其讲学的生动性和直观性）的口语习惯。一些短小精悍的格言、隽语，也是“搢绅先生”津津乐道的参考教材。他们从“百家之学”中摘抄一些简短的言论用作教书的课文，但并不像思想史作者们那样注重区分各家观点的异同。这些“初级课本”主要用来学文识字。

围绕卷名主题辑录短文的篇章包括：《礼记》中的《坊记》、《表记》、《缁衣》、《檀弓》（上、下），《管子》的《枢言》《白心》，《荀子》的《大略》，《说苑》的《君道》《辨物》《修文》《反质》，《新序》的《刺奢》、《节士》、《义勇》、《善谋》（上、下）等。这些篇章共辑录各类短文600余篇。在主题辑录类篇章的卷首加一段说明主题的简短言论（经），就是所谓“经传体”。

（二）“经传体”

比较早期的“经传体”是“六艺”经传，如《易经》与《易传》，《春秋》与《春秋》三传等。《礼记》中有一些专门解说《仪礼》的篇章，如《冠义》是解说《仪礼》的《士冠礼》，《昏义》解说《士昏礼》，《乡饮酒义》解说《乡饮酒礼》，《射义》解说《乡射礼》，《燕义》解说《乡射礼》和《大射仪》，《聘义》解说《聘礼》等等。在上述情况下，《士冠礼》等《仪礼》篇章是“经”，《冠义》等《礼记》篇章是“传”。

《仪礼》十七篇，除《士相见礼》《大射仪》《少牢馈食礼》《有司彻》外，均有“记”附在正文之后。《仪礼》正文主要讲述具体的仪式程序，“记”是对正文的补充说明。《丧服》除有“记”外，还有“传”，是对正文和“记”逐句、逐段的解说。《大戴礼记》中的《夏小正》以及《墨子》中的《经》与《经说》也是典型的“经传体”。

《管子》的《宙合》《心术上》《入国》三篇都是前有经文、后有解说的“经传体”。《管子解》五篇[《牧民解》（阙）、《形势解》、《立政九败解》、《版法解》、《明法解》]是对《经言》中一些篇章的解说，如《牧民》是“经”，《牧民解》（阙）是解说“经”的“传”；又如，《形势》与《形势解》之间、《版法》与《版法解》之间也是“经”与“传”的关系。

“经传体”可以勉强分为两种类型：**一是言论解经，二是短文解经。言论解经**的“经传体”出现较早，其中的“传”文都是解“经”的言论，有时采用问答体式；“经”是“正文”，“传”是“正文”的“注解”或“说明”。如《公羊传》《穀梁传》和《左传》第二部分内容（八百余条解经传文）。**短文解经**的“经传体”出现较晚，是在单篇使用教材类短文基础上的组合使用。其中“经”的部分是对篇章主题的阐述，“传”的部分使用教材类短文及其变体对“经”的主要论题加以说明。

在**言论解经**的“经传体”中，“经”的部分一般都是官学中比较重要的经典文献；晚些时候出现了以子书为“经”的“变体”，如《韩非子》中的《解老》，又如郭店楚简的《五行》篇。在**短文解经**的“经传体”中，“经”的部分一般都是编写者对篇章主题的说明，或有后面短文的纲目。

《春秋》与《左传》的经传关系介于上述两种“经传体”之间。作为“经”的《春秋》是官学中比较重要的经典文献，《左传》中有大约五分之一的篇幅是解经内容，这两点都是第一种“经传体”的特征。《左传》中大约五分之四的内容是谏、问、讥、赞等各种体式的1210篇教材类短文，系事于《春秋》的编年体框架之中。这是第二种“经传体”的特征之一，也应是同类体式的发生源头。

在《韩非子》中，《十过》《内储说》和《外储说》都是第二种“经传体”。《喻老》用二十余篇短文说明《老子》中的一些言论，这是以《老子》言论为“经”，以短文解说为“传”的“经传体”，介于上述两种“经传体”之间。《喻老》二十余篇短文都不是韩非原创。这些短文与《老子》言论之间的经传关系虽然不无牵强之处，但在当时已有的短文中找来这二十余篇对应解说《老子》的言论，毕竟是一件很不容易的事情。由此可见韩非性格中极端偏执的一面。

在《吕氏春秋》中，十二纪共十二卷，每卷五篇；将十二个月的《月令》分别置于每卷之首，作为每卷五篇中的首篇。十二月令是“经”，其余四篇是“传”。这是“经传体”的一种特定“变体”。在十二纪除《月令》部分之外的四十八篇“传”文中，包含一些**短文解经**的“经传体”，如《贵公》《去私》《论人》《简选》《爱士》《顺民》《知士》《审己》《精通》《安死》《至忠》《忠廉》《当务》《长见》《士节》《介立》《诚廉》《不侵》等篇；八览、六论中也有许多。

《淮南子》的《览冥》《缪称》《齐俗》《道应》《氾论》《人间》《修务》《泰族》诸篇，包含许多可以被区分出来的**短文解经**的“经传体”。在《说苑》中，《臣术》《建本》《立节》《贵德》《复恩》《政理》《尊贤》《正谏》《敬慎》《善说》《奉使》《权谋》《至公》《指武》等篇都是**短文解经**的“经传体”。

（三）“多事一语”的“话语习惯”

较早期的“事语体”，一般都是一“事”加一“语”；所谓“多事一语”指“事语体”中“事”的部分并列两个以上的“事”。从“事语体”到“多事一语”的演化路径比较直接，也就是从摆一个事实、讲一个道理到摆多个事实、讲一个道理。

这种演化又与多篇短文的组合使用（即多篇短文的“主题辑录”和短文解经的“经传体”）有关。在“荐绅先生”使用教材类短文的讲学方式中，一事一讲便是“事语体”，多事一讲便是“主题辑录”或短文解经的“经传体”；“主题辑录”的

“缩编”便是多事排比，短文解经的“经传体”的“缩编”便是“多事一语”。下面举例说明。

《淮南子·精神训》有一例“二事一语”：“【事1】晏子与崔杼盟，临死地而不易其义。【事2】殖（杞梁）、华（华周）将战而死，莒君厚赂而止之，不改其行。【语】故晏子可迫以仁，而不可劫以兵；殖、华可止以义，而不可县以利。君子义死而不可以富贵留也，义为而不可以死亡恐也。彼则直为义耳，而尚犹不拘于物，又况无为者矣。”

上文【事1】见于《左传》（襄25）：“晏子立于崔氏之门外，其人曰：‘死乎？’曰：‘独吾君也乎哉，吾死也？’曰：‘行乎？’曰：‘吾罪也乎哉，吾亡也？’曰：‘归乎？’曰：‘君死，安归？君民者，岂以陵民？社稷是主。臣君者，岂为其口实，社稷是养。故君为社稷死，则死之；为社稷亡，则亡之。若为己死，而为己亡，非其私昵，谁敢任之？且人有君而弑之，吾焉得死之？而焉得亡之？将庸何归？’门启而入，枕尸股而哭，兴，三踊而出。人谓崔子必杀之。崔子曰：‘民之望也，舍之得民。’”这篇短文还见于《晏子春秋》《韩诗外传》《新序》等书。

上文【事2】见于《左传》（襄23）：“齐侯还自晋，不入，遂袭莒。门于且于，伤股而退。明日，将复战，期于寿舒。杞殖、华还载甲夜入且于之隧，宿于莒郊。明日，先遇莒子于蒲侯氏。莒子重赂之，使无死，曰：‘请有盟。’华周对曰：‘贪货弃命，亦君所恶也。昏而受命，日未中而弃之，何以事君？’莒子亲鼓之，从而伐之，获杞梁。莒人行成。齐侯归，遇杞梁之妻于郊，使吊之。辞曰：‘殖之有罪，何辱命焉？若免于罪，犹有先人之敝庐在，下妾不得与郊吊。’齐侯吊诸其室。”

《淮南子·精神训》这种“二事一语”的构成方法，是先将两篇短文缩编、并列在一起，然后引发一段议论。《荀子·解蔽》也有一例“二事一语”：“昔人臣之蔽者，唐鞅、奚齐是也。唐鞅蔽于欲权而逐载子，奚齐蔽于欲国而罪申生。唐鞅戮于宋，奚齐戮于晋。逐贤相而罪孝兄，身为刑戮，然而不知，此蔽塞之祸也。故以贪鄙、背叛、争权而不危辱灭亡者，自古及今，未尝有之也。”上文二事都有杜撰的成分，是战国中晚期的“变体”短文。

在“多事一语”中，“事”的数量最多可达十几、二十几个。“事”的成分从记事短文到各种史事，乃至寓言和比喻。这种体式在诸子著述中很多见，例如：《大戴礼记》（出现3次，都在《保傅》篇）、《墨子》（5次）、《孟子》（4次）、《列子》（10余次）、《庄子》（3次）、《荀子》（7次）、《韩非子》（16次）、《吕氏春秋》（27次）、《淮南子》（250余次）、《新序》（2次）等。这种体式在许多情况下不是一篇相对独立的短文，而是“镶嵌”在一些论说文的行文之中。这是“荐绅先生”使用短文的讲学方式对诸子撰文“话语习惯”的直接影响。**这种影响长盛不衰，“冯唐易老，李广难封”一类“多事排比”史不绝书。**

（四）比喻类内容的过度使用

前面提到，**比喻类短文**的作者大多是“荐绅先生”，此类短文体现了教书先生担心学生听不懂而好用比喻的职业习惯。战国秦汉间《诗经》注解者的“赋比兴”解《诗》方法亦与此有关。下面举《淮南子·说山训》中的几个具体例证。

例证1【事】越人学远射，参天而发，适在五步之内，不易仪也。【语】世已变矣，而守其故，譬犹越人之射也。

例证2【事1】月望，日夺其光，阴不可以乘阳也。【事2】日出星不见，不能与之争光也。【语】故末不可以强本，指不可以大于臂。下轻上重，其覆必易。

例证3【事】水定则清正，动则失平。【语】故惟不动，则所以无不动也。

例证4【事】江河所以能长百谷者，能下之也。【语】夫惟能下之，是以能上之。

例证5【事1】拘囹圄者，以日为修。【事2】当死市者，以日为短。【语】日之修短有度也，有所在而短，有所在而修也，则中不平也。故以不平为平者，其平不平也。

例证6【事1】善射者发不失的，善于射矣，而不善所射。【事2】善钓者无所失，善于钓矣，而不善所钓。【语】故有所善，则不善矣。

上面六篇短文都是“比喻类事语体”，其中例证2、5、6是“二事一语”。比喻是形象思维，而非严格意义上的逻辑思维。上文【事】中的比喻与【语】中所归纳出的道理乃至这些道理的实际应用场合之间的关系，大多似是而非，不是严格意义上的逻辑对应。

使用比喻的好处是生动、直观，容易理解，所以教书先生乐于使用这种解说的"工具"；使用比喻的"副作用"是用"似"取代"是"，这就会影响论说的准确性，所以在任何比较严格的论述文字中须慎重使用。"荐绅之学"对诸子著述的重要影响之一，便是比喻手法的过量使用。下面举两个比较极端化的例子说明这个问题。

《荀子》中的《劝学》篇是历来公认的好文章，其中使用了50多条比喻类内容。整篇文章不足2000字，比喻类内容用了700余字。这些比喻类内容大部分集中在《劝学》篇的前半部分，具体如下（比喻类内容用黑体字表示）。

君子曰：学不可以已。**青，取之于蓝，而青于蓝。冰，水为之，而寒于水。木直中绳，輮以为轮，其曲中规，虽有槁暴，不复挺者，輮使之然也。故木受绳则直，金就砺则利，**君子博学而日参省乎己，则知明而行无过矣。**故不登高山，不知天之高也。不临深溪，不知地之厚也。**不闻先王之遗言，不知学问之大也。**干、越、夷、貉之子，生而同声，长而异俗，教使之然也。**诗曰："嗟尔君子，无恒安息。靖共尔位，好是正直。神之听之，介尔景福。"神莫大于化道，福莫长于无祸。**吾尝终日而思矣，不如须臾之所学也。吾尝跂而望矣，不如登高之博见也。登高而招，臂非加长也，而见者远；顺风而呼，声非加疾也，而闻者彰。假舆马者，非利足也，而致千里；假舟楫者，非能水也，而绝江河。**君子生非异也，善假于物也。**南方有鸟焉，名曰蒙鸠，以羽为巢，而编之以发，系之苇苕，风至苕折，卵破子死。巢非不完也，所系者然也。西方有木焉，名曰射干，茎长四寸，生于高山之上，而临百仞之渊，木茎非能长也，所立者然也。蓬生麻中，不扶而直；白沙在涅，与之俱黑。兰槐之根是为芷，其渐之滫，君子不近，庶人不服。其质非不美也，所渐者然也。**故君子居必择乡，游必就士，所以防邪辟而近中正也。物类之起，必有所始。荣辱之来，必象其德。**肉腐出虫，鱼枯生蠹。怠慢忘身，祸灾乃作。强自取柱，柔自取束。邪秽在身，怨之所构。**

施薪若一，火就燥也，平地若一，水就湿也。草木畴生，禽兽群焉，物各从其类也。是故质的张，而弓矢至焉；林木茂，而斧斤至焉；树成荫，而众鸟息焉。醯酸，而蚋聚焉。故言有招祸也，行有招辱也，君子慎其所立乎！**积土成山，风雨兴焉；积水成渊，蛟龙生焉；**积善成德，而神明自得，圣心备焉。**故不积跬步，无以致千里；不积小流，无以成江海。骐骥一跃，不能十步；驽马十驾，功在不舍。锲而舍之，朽木不折；锲而不舍，金石可镂。螾无爪牙之利，筋骨之强，上食埃土，下饮黄泉，用心一也。蟹八跪而二螯，非蛇蟺之穴，无可寄托者，用心躁也。**是故无冥冥之志者，无昭昭之明；无惛惛之事者，无赫赫之功。**行衢道者不至，事两君者不容。目不能两视而明，耳不能两听而聪。螣蛇无足而飞，梧鼠五技而穷。**诗曰："尸鸠在桑，其子七兮。淑人君子，其仪一兮。其仪一兮，心如结兮。"故君子结于一也。**昔者瓠巴鼓瑟，而流鱼出听；伯牙鼓琴，而六马仰秣。故声无小而不闻，行无隐而不形。玉在山而草木润，渊生珠而崖不枯。**为善不积邪，安有不闻者乎！

再举一个例子。《淮南子·齐俗训》：故仕鄙在时不在行，利害在命不在智。**夫败军之卒，勇武遁逃，将不能止也；胜军之陈，怯者死行，惧不能走也。故江河决，沉一乡，父子兄弟相遗而走，争升陵阪，上高丘，轻足先升，不能相顾也；世乐志平，见邻国之人溺，尚犹哀之，又况亲戚乎！**故身安则恩及邻国，志为之灭；身危则忘其亲戚，而人不能解也。**游者不能拯溺，手足有所急也；灼者不能救火，身体有所痛也。**夫民有余即让，不足则争。让则礼义生，争则暴乱起。**扣门求水，莫弗与者，所饶足也；林中不卖薪，湖上不鬻鱼，所有余也。**故物丰则欲省，求澹则争止。

在上面两段论说文字中，比喻性内容的占比约为三分之二，其行文旁征博引，文采斐然。**从另一个角度看，其作者如同患有强迫症一样滥用比喻。准确地说，此类比喻属于缺少语义递进关系的平行并列排比句。此种比喻方法的过量使用，导致论说的似是而非，行文的华而不实。**战国私学教书先生好用比喻的癖好在一定程度上成为子书行文中的通病，在《荀子·劝学》和《淮南子·齐俗训》中则病入膏肓。“病入膏肓”也是一个比喻，好用比喻早已成为中国特色书写习惯。

本书上一节和这一节的简要讨论表明，“多事排比”和“比喻类排比”（缺少语义递进关系的并列排比）的书写习惯主要来自战国私学的教书先生。

---

[1] [2] 张政烺：《〈春秋事语〉解题》，《文物》，1977年，第1期。

本书结语

本书结语

(一)

综上所述，我们可以看到这样一个事物演化的大致脉络：典型文体的教材类短文最迟出现于商代，这是与“神权政治”相匹配的一种“神道设教”的教本体裁（不包括问答体短文）。《洪范》中完整讲述了此类短文赖以产生的宗教观念以及一整套神佑与神罚的因果报应“规律”。在《逸周书》的《命训》《常训》等篇中，可以明显看到与《洪范》一脉相承的宗教观念。因此，《洪范》与《命训》《常训》之间宗教观念的呼应关系，为我们提供了此类短文存在于商代（或更早）并且延续到西周的一个连续性的认识线索。

商周两代经典文献中对同一种宗教观念连篇累牍的反复强调，又可以从另一个方面明确体现出这种宗教观念在商周文化中的统治地位及其支配性影响。《国语·周语》中的《祭公谏征犬戎》和《邵公谏厉王止谤》等篇章，是此类短文存在于西周时期的直接例证。

在西周（前1046—前771）结束前，由中央政权对下属方国的“国学”和“乡学”体制进行统一管理。在这个时期，典型文体教材类短文的撰写和发布也是由中央政权在官学系统中自上而下统一实行。在平王东迁（公元前770年）之后，周天子失去对诸侯国的控制能力，“礼乐征伐自天子出”（孔子语，见《论语·季氏》）的局面发生了不可逆转的改观。

但是，在春秋时期（前770—前476）的大部分时间里，以齐桓公、晋文公等为盟主的“诸夏”联盟仍然是当时诸侯国中最强大的一支政治军事势力。这支以“诸夏”为主体的强大势力仍然在一定程度上发挥着藩屏周室的作用，周王室因此而

拥有一定程度的或者说是名义上的正统地位。缓慢的“政治下移”与缓慢的“学术下移”平行发生。由于这个原因，一脉相承的三代礼制及其宗教观念（三代礼乐观念）并不是在一个突变过程中迅速消亡的。

在这样一个特定的历史过程中，一方面礼坏乐崩一直在持续发生，另一方面礼乐文化和制度又一直在这个过程中维持着它一定的生命力和影响力。“诸夏”联盟的形成是“政治下移”的结果，但“诸夏”联盟的主要盟约内容仍然是“皆奖王室”（《左传》僖28，前632年，《践土之盟》）。还可以参见《践土之盟》七十年后的《亳之盟》：“凡我同盟，毋蕴年，毋壅利，毋保奸，毋留慝，救灾患，恤祸乱，同好恶，奖王室。”（《左传》襄11，前562年）“学术下移”是“政治下移”的结果之一，但春秋时期大部分时间里的“学术下移”仍然体现为以方国为本位的官学体制。这种以方国为本位各自为政的官学体制虽然失去中央政权的统一管理，但在大部分情况下仍然以“六艺”作为正统性的基本教材。

作为“学术下移”的结果之一，以方国为本位，有更多的人参与了对典型文体教材类短文的撰写。春秋时期的此类短文仍然在很大程度上因袭着西周时期的写作规范。由于事关神佑神罚的宗教性顾忌，所以春秋时期大部分短文撰写者的撰写方式比较严谨、求实。换言之，撰写于春秋时期的大部分教材类短文具有较高的记史质量。西周以降数百年的写作传统，使许多教材类短文具有很高的文学质量。这种情况为《国语》《左传》的精美辞章奠定了基础，同时也滋养孕育了战国秦汉间的诸子文章。

（二）

在春秋战国之间，随着进一步的“学术下移”，开始了一个官学私学化的过程。这仍然是一个渐变过程，诸侯国社会中下层的早期乡学体制逐渐转化为仍然普遍存在的“搢绅之学”。“搢绅之学”是“百家之学”的载体，西周官学是“百家之学”的源头。在“搢绅之学”乃至“百家之学”的教学中，早期典型文体的短文仍然是一种被普遍使用的教本体裁。并且，仍有许多“搢绅先生”乃至诸子在不断以旧体式仿制新的短文。

春秋时期此类短文的撰写方式已经开始出现脱离西周规范的体式与内容改变，在战国时期的撰写方式中则一直在发生着更加远离西周规范的体式与内容改变。这种情况所导致的结果之一，是战国时期此类短文记史质量的每况愈下。与此同时，还出现了一大批作为“变体”的托古演义、神仙故事和寓言故事。

由于较普遍存在的“搢绅之学”一直绵延到汉代，我们在汉代诸子的著述中仍然可以看到教材类短文及其变体的大量存在。汉人所“仿制”的此类短文，从内容到体式，已经更远地离开西周官学教本的撰写规范。再向后，此类短文构成了我国文学史中“散文”“小说”“寓言”等体裁的主要源头，“君子曰”等语类评论则成为刘知几所说“论赞”体的前身（刘知几《史通·论赞》）。

西周官学中的教材类短文以及使用这种短文的讲学方式在如下几个方面对东周乃至西汉诸子的著述产生了深远的影响：(1) 从早期诸子对此类短文的撰写到晚期诸子对此类短文的“仿制”。(2) 诸子论说中对此类短文的大量引用。(3) 教学两便的问答体式成为诸子著述中最为多见的书写方式。(4) 在诸子著述对此类短文的引述方式中，仍然不同程度地体现着此类短文作为教材的讲授方式，也就是以一篇或若干篇短文来说明，或者说是证明教学者所要讲授的一个道理。(5) 同一篇短文在诸子著述中被你征我引、多次出现的情况非常普遍，由此可以了解到此类短文在“搢绅先生”乃至诸子之间的交流情况和用为教材的“资源共享”情况。(6) 诸子中的大部分人实际上就是“搢绅先生”中的佼佼者，他们是著述者同时也是讲学者。他们的大部分著述具有讲义的性质，这些讲义一方面为他们所自用，另一方面传播到更大范围的“搢绅之学”中去。在早期官学教材逐渐缺失和不适用的情况下，“百家之学”的各种讲义构成早期官学教本的很大一部分“替代物”。例如，《韩非子》中的《十过》和《内储说》《外储说》，便很明显是专门为“傅太子”所写的讲义。《吕氏春秋》也是一本相当规范化的讲义。

（三）

本书此项“文体研究”的素材资源极为丰富，从《国语》《左传》到《新序》

《说苑》，乃至《新论》《论衡》，可以从现存先秦两汉古文献中收集到万余篇此类短文及其变体。这些短文占先秦两汉古文献全部篇幅的一半左右。在这样一类很大数量的短文素材中，可以看到同一篇短文的不同传本从源到流的演化历程，以及大量变体的产生情况。

本书研究表明：首先，《国语》和《左传》的编写者不出鲁国，其编写过程应与孔子晚年归国以国老身份主持鲁国学政有直接关系。其次，当时官学教育中大量使用的教材类短文是《国语》和《左传》的主要史料来源。《国语》由二百余篇教材类短文构成。《左传》编写者收集到千余篇教材类短文，并将其修订删减、条分缕析编入《左传》的编年体叙事框架中。

此前我们知道，《国语》和《左传》是后人了解我国春秋时期近三个世纪历史过程的基本文献依据。现在我们知道，这两部重要历史文献的基本内容主要是由当时官学教育中大量使用的官学课本（教材类短文）构成。在《国语》和《左传》成书之后，这些短文仍被用为官学教材，战国晚期被用为私学教材。**从《诗》《书》《礼》《乐》《易》《春秋》到《国语》《左传》和大小戴《礼记》等，再到战国诸子文献乃至汉代的《新序》和《说苑》，这些文献的主要属性是官学乃至私学教育中使用的教材。换言之，我国很大一部分先秦历史被记录和保留在这一较长时段官学乃至私学教育的教材中。**

本书的副标题：史学角度的文体研究。按照战国晚期数十年间的列国兼并速度，从诸侯林立到最终统一至多需要一二百年。那么，什么原因导致这个过程在东周历史中被“拖延”了五个半世纪？**这也是一个极为重要的历史学认识角度。**

中国古代文明夏商西周的政权格局一直是天子之国统辖诸侯方国。诸侯方国大小强弱不一（公侯伯子男），各自拥有统辖一方、相对独立的政权体制和军事建制。在这种情况下，天子之国维系诸侯方国之间不发生冲突乃至战争的难度非常之高。在天子之国和诸侯方国内部，执掌各级政权的卿大夫背后各有其祖庙和宗族背景（相对独立的族群势力）。在这种情况下，维系天子之国和诸侯方国内部社会单元乃至权力个体之间的相互敬重、相安无事，也是一件难度极高的事情。

《大戴礼记·诰志》：“丘闻周太史曰：‘政不率天，下不由人，则凡事易坏而难成。’”在以趋利避害为首要动机的政治、军事博弈规则中，上述类型的分封制政治权力格局危若累卵。孔子所谓“易坏而难成”。因此，这种高度脆弱的政权体制和社会结构需要足够有效的支撑与维系机制，否则就会迅速瓦解，如同战国晚期数十年间的情况。夏商西周的存在期大约十五个世纪（约公元前22世纪—约公元前7世纪），在此期间，诸侯方国之间及其各自内部一直存在着上述类型的政体和社会格局。从这个认识角度，我们可以直接看到礼乐制度及其道德原则的社会支撑与维系功效。

《礼记·学记》：“是故古之王者建国、君民，教学为先。”从天子、诸侯到士大夫，其子弟均在冠礼前后的青少年时期进入官学体制中的国学和乡学接受教育。所学内容主要包括：何以为人（《礼记·学记》：“士先志”）的道德人格教育，以及何以为官（《礼记·学记》：“官先事”）的宦学知识教育。道德人格教育的目的是使受教育者学为君子，所谓“君子之学”。以此为基础，宦学知识的教育目的是使受教育者成为善于从政的君子。

在三代官学教育和主流意识形态中，礼乐制度及其道德原则的约束对象是当时主流社会中所有个体，包括天子、诸侯以及上中下大夫和上中下士。其约束途径一是制度规定的奖励与刑罚；二是神佑与神罚（神道设教），也就是道德礼义原则中的该做什么以及不该做什么。后一种途径的行为约束范围要远大于前一种途径。后一种途径虽然没有前一种途径的具体奖惩条例，但却具有令人更加畏惧的神佑与神罚。这是“神道设教”高度有效的政体与制度维系功能。

在此，我们有足够依据提出一个重要史学判断：此种今人看来十分“迷信”的“神道设教”，直接来自中国文明早期圣哲意图明确的理性创制。以中小型部落社会为基础，这些文化英雄从推动一个大型社会联合体的形成，到创立一整套维系大型社会联合体稳定存在的重要制度（三代礼乐制度和观念）。在此，我们可以更加准确地领悟孔子何以对尧舜禹等上古圣哲怀有毫无保留的崇敬。

参考文献

参考文献

孔安国传，孔颖达等正义，阮元校刻：《尚书正义》，北京：中华书局，1980年影印《十三经注疏》本。

毛亨传，郑玄笺，孔颖达等正义，阮元校刻：《毛诗正义》，北京：中华书局，1980年影印《十三经注疏》本。

王弼、韩康伯注，孔颖达等正义，阮元校刻：《周易正义》，北京：中华书局，1980年影印《十三经注疏》本。

郑玄注，贾公彦疏，阮元校刻：《周礼注疏》，北京：中华书局，1980年影印《十三经注疏》本。

郑玄注，贾公彦疏，阮元校刻：《仪礼注疏》，北京：中华书局，1980年影印《十三经注疏》本。

郑玄注，孔颖达等正义，阮元校刻：《礼记正义》，北京：中华书局，1980年影印《十三经注疏》本。

杜预注，孔颖达等正义，阮元校刻：《春秋左传正义》，北京：中华书局，1980年影印《十三经注疏》本。

何休解诂，徐彦疏，阮元校刻：《春秋公羊传注疏》，北京：中华书局，1980年影印《十三经注疏》本。

范宁集解，杨士勋疏，阮元校刻：《春秋穀梁传注疏》，北京：中华书局，1980年影印《十三经注疏》本。

何晏集解，邢昺疏，阮元校刻：《论语注疏》，北京：中华书局，1980年影印《十三经注疏》本。

唐玄宗注，邢昺疏，阮元校刻：《孝经注疏》，北京：中华书局，1980年影印《十三经注疏》本。

赵岐注，孙奭疏，阮元校刻：《孟子注疏》，北京：中华书局，1980年影印《十三经注疏》本。

郭璞注，邢昺疏，阮元校刻：《尔雅注疏》，北京：中华书局，1980年影印《十三经注疏》本。

朱右曾：《逸周书集训校释》，上海：商务印书馆，万有文库本1937年初版。

陈逢衡补注：《逸周书补注》（道光年间刻本），北京：中国书店，1982年版。

《逸周书》，《四库全书》本，台北：商务印书馆，1986年影印本。

《逸周书》，《四部丛刊》（初编史部）本，上海：商务印书馆，1936年版。

黄怀信等：《逸周书汇校集注》，上海：上海古籍出版社，1995年版。

孙诒让：《周书校补》，济南：齐鲁书社，1988年版。

《国语》，上海：上海古籍出版社，1998年版。《国语·战国策》，长沙：岳麓书社，1988年。

张纯一注：《晏子春秋校注》，《诸子集成》，长沙：岳麓书社，1996年版。

戴望校正：《管子校正》，《诸子集成》，长沙：岳麓书社，1996年版。

《司马法》，《百子全书》，长沙：岳麓书社，1993年版。

《六韬》，《百子全书》，长沙：岳麓书社，1993年版。

孙诒让撰：《墨子间诂》，《诸子集成》，长沙：岳麓书社，1996年版。

王先谦注：《荀子集解》，《诸子集成》，长沙：岳麓书社，1996年版。

王弼注：《老子注》，《诸子集成》，长沙：岳麓书社，1996年版。

张湛注：《列子注》，《诸子集成》本，长沙：岳麓书社，1996年版。

王先谦注：《庄子集解》，《诸子集成》，长沙：岳麓书社，1996年版。

王先慎注：《韩非子集解》，《诸子集成》，长沙：岳麓书社，1996年版。

《吕氏春秋》，《诸子集成》，长沙：岳麓书社，1996年版。

刘向集录，高诱注：《战国策》，上海：上海古籍出版社，1978年版。

董仲舒撰:《春秋繁露》,岳麓书社,1997年版。

韩婴撰,许维遹校释:《韩诗外传》,《韩诗外传集释》,北京:中华书局,1980年版。

旧题孔鲋撰,傅亚庶校释:《孔丛子校释》,北京:中华书局,2011年版。

刘向撰,刘晓东校点:《列女传》,沈阳:辽宁教育出版社,1998年版。

刘向撰,向宗鲁校证:《说苑校正》,北京:中华书局,1987年版。

刘向编著,石光瑛校释,陈新整理:《新序校释》,北京:中华书局,2009年版。

徐干:《中论》,《百子全书》,杭州:浙江人民出版社,1984年版。

刘安等撰,高诱注:《淮南子注》,《诸子集成》,长沙:岳麓书社,1996年版。

汉班固撰:《白虎通》,《百子全书》,长沙:岳麓书社,1993年版。

王充撰:《论衡》,《诸子集成》,长沙:岳麓书社,1996年版。

徐干撰:《中论》,《百子全书》,长沙:岳麓书社,1993年版。

桓宽撰:《盐铁论》,《诸子集成》,长沙:岳麓书社,1996年版。

荀悦撰:《申鉴》,《诸子集成》,长沙:岳麓书社,1996年版。

司马迁撰,裴骃集解,司马贞索隐,张守节正义:《史记》,北京:中华书局,1982年版。

班固撰,颜师古注:《汉书》,北京:中华书局,1962年版。

桓谭著:《桓谭〈新论〉》,北京:社会科学文献出版社,2014年版。

魏征等撰:《隋书》,北京:中华书局,1973年版。

马端临撰:《文献通考》,北京:中华书局,1986年版。

刘知几:《史通》,北京:中华书局,1961年版。

清纪昀等撰:《四库全书总目提要》,北京:中华书局,1987年版。

白寿彝总主编,徐喜辰、斯维至、杨钊主编:《中国通史》(第三卷),上海:上海人民出版社,1994年版。

蔡介民:《礼记成书之时代》,见陈其泰等编:《二十世纪中国礼学研究论集》,北京:学苑出版社,1998年版。

褚斌杰:《中国古代文体概论》,北京:北京大学出版社,1990年版,附录部分。

褚斌杰等:《儒家经典与中国文化》,武汉:湖北教育出版社,2000年版。

高明:《大戴礼记今注今译》,天津:天津古籍出版社,1988年版。

陈汉平:《西周册命制度研究》,上海:学林出版社,1986年版,第341-361页。

韩高年:《礼乐制度变迁与春秋文体演变研究》,北京:商务印书馆,2021年版。

何兹全:《西周春秋时期的贵族和国人》,《烟台大学学报(哲学社会科学版)》,1990年第4期。

胡家聪:《管子新探》,北京:中国社会科学出版社,2003年版。

荆门市博物馆编:《郭店楚墓竹简》,北京:文物出版社,1998年版。

梁启超:《要籍解题及其读法》,长沙:岳麓书社,2010年版。

刘大钧:《周易概论》,济南:齐鲁书社,1986年版。

刘保贞:《〈彖传〉性质新探》,《周易研究》,1996年第2期。

廖名春:《周易经传与易学史新论》,济南:齐鲁书社,2001年版。

李学勤:《孔子与〈春秋〉》,《缀古集》,上海:上海古籍出版社,1998年版。

刘尧汉、陈久金、卢央:《彝族天文学史》,昆明:云南人民出版社,1984年版。

马达:《〈列子〉真伪考辨》,北京:北京出版社,2000年版。

马王堆汉墓帛书整理小组:《马王堆汉墓出土帛书〈春秋事语〉释文》,《文物》1977年第1期。

毛礼锐、沈灌群:《中国教育通史》,济南:山东教育出版社,1985年版。

马如森:《殷墟甲骨文引论》,长春:东北师范大学出版社,1993年版。

钱玄:《三礼通论》,南京:南京师范大学出版社,1996年版。

沈玉成、刘宁:《春秋左传学史稿》,南京:江苏古籍出版社,1992年版。

童书业:《春秋左传研究》,上海:上海人民出版社,1980年版。

吴承学:《中国古代文体形态研究》,广州:中山大学出版社,2002年版。

杨伯峻:《春秋左传注•前言》,北京:中华书局,1981年版,1990年版。

郑杰文:《战国策文新论》,济南:山东人民出版社,1998年版。

张岱年：《齐学的历史价值》，《文史知识》1989年第3期。

张政烺：《〈春秋事语〉解题》，《文物》1977年第1期。

张大可：《史记文献研究》，北京：民族出版社，1999年版。

张岩：《〈国〉〈左〉文体与王官之学》，《新原道》第二辑，郑州：大象出版社，2004年版。

张岩：《春秋战国文体源流考略》，见《从部落文明到礼乐制度》，上海三联书店2004年版，附录一。

张岩：《从部落文明到礼乐制度》，上海：上海三联书店，2004年版。

张岩：《审核古文〈尚书〉案》，北京：中华书局，2006年版。

张岩：《文明起源：从原始群到部落社会》，北京：科学出版社，2012年版。

附录：

《国语》《左传》典型文体短文索引

附录一：《国语》典型文体短文索引（196 篇）

按：下面统一使用岳麓书社“古典名著普及文库”《国语·战国策》（1988年9月第一版）的《国语》短文标题（李维琦先生所加）。

一、《国语》劝谏体短文索引（120篇）

二、《国语》讥语体短文索引（36篇）

三、《国语》赞语体短文索引（20篇）

四、《国语》问答体短文索引（21篇）

◎《国语》典型文体短文索引（196篇）

一、《国语》劝谏体短文索引（120篇）

1.祭公谏征犬戎（周语上）[劝谏体-不从-验]

2.密康公母论小丑备物（周语上）[劝谏体-不从-验]

3.邵公谏厉王止谤（周语上）[劝谏体-不从-验]

4.虢文公谏不籍千亩（周语上）[劝谏体-不从-验]

5.仲山父谏立戏（周语上）[劝谏体-不从-验]

6.穆仲论孝（周语上）[劝谏体-从]

7.仲山父谏料民（周语上）[劝谏体-不从-验]

8.内史兴论晋文公必霸（周语上）[劝谏体-从-验]

9.富辰谏襄王-甲篇（周语中）[劝谏体-不从-验]

10.富辰谏襄王-乙篇（周语中）[劝谏体-不从-验]

11.襄王不许请隧（周语中）[劝谏体-从]

12.阳人不服晋侯（周语中）[劝谏体-从]【对比：文公出阳人（晋语四）】

13.襄王拒杀卫成公（周语中）[劝谏体-从]

14.定王论不用全烝（周语中）[劝谏体-从]

15.王孙说请勿赐（周语中）[劝谏体-从]

16.单襄公论晋有乱（周语下）[劝谏体-从，讥语体A-验]

17.单襄公论晋周（周语下）[劝谏体-从-验]

18.太子晋谏壅谷水（周语下）[劝谏体-不从-验]

19.单穆公谏铸大钱（周语下）[劝谏体-不从-验在下篇]

20.单穆公伶州鸠谏铸大钟（周语下）[劝谏体-不从-验]

21.景王问钟律（周语下）[劝谏体，问答体]

22.宾孟见雄鸡自断其尾（周语下）[劝谏体-不从-验]

23.曹刿问战（鲁语上）[劝谏体-从，问答体]

24.曹刿谏如齐观社（鲁语上）[劝谏体-不从]

25.匠师庆谏丹楹刻桷（鲁语上）[劝谏体-不从]

26.夏父展谏用币（鲁语上）[劝谏体-不从]

27.臧文仲如齐告籴（鲁语上）[劝谏体-从-验]

28.臧文仲请免卫成公（鲁语上）[劝谏体-从]

29.臧文仲请赏（鲁语上）[劝谏体-从-验]

30.文公欲弛宅-甲篇（鲁语上）[劝谏体-从-赞]

31.文公欲弛宅-乙篇（鲁语上）[劝谏体-从]

32.夏父弗忌改常（鲁语上）[劝谏体-不从-讥-验]

33.里革更书（鲁语上）[劝谏体-从]

34.里革断罟匡君（鲁语上）[劝谏体-从]

35.季文子论妾马（鲁语上）[劝谏体-不从，勉强]

36.叔孙穆子谏季武子（鲁语下）[劝谏体-不从-验]

37.襄公如楚-甲篇（鲁语下）[劝谏体-从]

38.襄公如楚-乙篇（鲁语下）[劝谏体-从]

39.闵马父笑对（鲁语下）[劝谏体]

40.管仲对齐桓公-甲篇（齐语）[劝谏体-从-验]

41.管仲对齐桓公-乙篇（齐语）[劝谏体-从-验，问答体]

42.管仲对齐桓公-丙篇（齐语）[劝谏体-从-验，问答体]

43.管仲对齐桓公-丁篇（齐语）[劝谏体-从-验，问答体]

44.管仲佐政（齐语）[劝谏体-从，问答体]

45.管仲论亲邻国（齐语）[劝谏体-从，问答体]

46.管仲论足甲兵（齐语）[劝谏体-从-验，问答体]

47.桓公帅诸侯而朝天子-甲篇（齐语）[劝谏体-从-验，问答体]

48.桓公帅诸侯而朝天子-乙篇（齐语）[劝谏体-从-验，问答体]

49.献公伐翟柤（晋语一）[劝谏体-从-验]

50.献公伐霍（晋语一）[劝谏体-不从-验]

51.公子重耳出亡-甲篇（晋语二）[劝谏体-从]

52.公子重耳出亡-乙篇（晋语二）[劝谏体-从-验]

53.宫之奇谓其子（晋语二）[劝谏体-不从-讥-验]

54.宰周公论齐侯好示（晋语二）[劝谏体-从]

55.秦晋乞籴-甲篇（晋语三）[劝谏体-从]

56.秦晋乞籴-乙篇（晋语三）[劝谏体-不从-验]

57.重耳适齐（晋语四）[劝谏体-从]

58.齐姜劝重耳（晋语四）[劝谏体-不从]

59.谋遣重耳（晋语四）[劝谏体-从]

60.卫文公不礼（晋语四）[劝谏体-不从]

61.曹共公不礼（晋语四）[劝谏体-不从]

62.宋襄公赠马（晋语四）[劝谏体-从]

63.郑文公不礼（晋语四）[劝谏体-不从]

64.楚成王享重耳（晋语四）[劝谏体-不从]

65.重耳逆怀嬴（晋语四）[劝谏体-从]

66.文公纳襄王（晋语四）[劝谏体-从]

67.文公出阳人（晋语四）[劝谏体-从]

68.箕郑对问（晋语四）[劝谏体-从，问答体]

69.文公称霸（晋语四）[劝谏体-从-验]

70.臼季举冀缺（晋语五）[劝谏体-从]

71.赵宣子请师（晋语五）[劝谏体-从]

72.车者论梁山崩（晋语五）[劝谏体-从]

73.伯宗妻之劝（晋语五）[劝谏体-从-验]

74.范文子不欲伐郑（晋语六）[劝谏体-不从-验在后文]

75.晋败楚师（晋语六）[劝谏体-从]

76.范文子不欲争郑（晋语六）[劝谏体-不从-验在后文]

77.范文子不欲与楚战（晋语六）[劝谏体-不从-验在后文]

78.范文子论胜楚必有内忧（晋语六）[劝谏体-不从-验]

79.长鱼矫劝杀二子（晋语六）[劝谏体-不从-验]

80.祁奚荐贤（晋语七）[劝谏体-从-验，问答体]

81.魏绛谏伐诸戎（晋语七）[劝谏体-从-验]

82.司马侯荐叔向（晋语七）[劝谏体-从]

83.平公灭栾氏（晋语八）[劝谏体-从-验]

84.范宣子争田（晋语八）[劝谏体-从，问答体]

85.叔向谏杀竖襄（晋语八）[劝谏体-从]

86.叔向论德（晋语八）[劝谏体-从]

87.赵文子请免叔孙穆子（晋语八）[劝谏体-从]

88.赵文子为室（晋语八）[劝谏体-从]

89.叔向均禄（晋语八）[劝谏体-从]

90.董叔将娶于范氏（晋语九）[劝谏体-不从-验]

91.阎没叔宽谏受贿（晋语九）[劝谏体-从]

92.邮无正谏杀尹铎（晋语九）[劝谏体-从]

93.史黯谏田于蝼（晋语九）[劝谏体-从]

94.史黯论良臣（晋语九）[劝谏体-从]

95.智果对智宣子（晋语九）[劝谏体-不从-验]

96.智伯国谏智襄子（晋语九）[劝谏体-不从-验]

97.子囊议谥（楚语上）[劝谏体-从]

98.屈建祭父（楚语上）[劝谏体-从]

99.蔡声子论楚材晋用（楚语上）[劝谏体-从]

100.灵王为章华之台（楚语上）[劝谏体]

101.范无宇论城（楚语上）[劝谏体-不从-验]

102.左史倚相儆申公子亹（楚语上）[劝谏体-从]

103.白公子张讽灵王纳谏（楚语上）[劝谏体-不从-验]

104.左史倚相论唯道是从（楚语上）[劝谏体-从]

105.昭王出奔（楚语下）[劝谏体-从]

106.昭王奔郧（楚语下）[劝谏体-不从]

107.惠王以梁与鲁阳文子（楚语下）[劝谏体-从]

108.子高杀白公胜（楚语下）[劝谏体-不从-验]

109.诸稽郢行成于吴（吴语）[劝谏体-从]

110.吴越荒成不盟（吴语）[劝谏体-不从]

111.夫差伐齐（吴语）[劝谏体-不从]

112.申胥自杀（吴语）[劝谏体-不从-杀谏者-讥-验在后文]

113.勾践袭吴（吴语）[劝谏体-从]

114.范蠡论持盈定倾节事（越语下）[劝谏体-五谏五从-验在后文]

115.范蠡谓无蚤图吴（越语下）[劝谏体-从，问答体]

116.范蠡谓人事天应（越语下）[劝谏体-从，问答体]

117.范蠡谓先征事不成（越语下）[劝谏体-从，问答体]

118.范蠡谓人事与天地相参（越语下）[劝谏体-从，问答体]

119.范蠡论战（越语下）[劝谏体-从，问答体]

120.范蠡谏勾践勿许吴成（越语下）[劝谏体-从]

二、《国语》讥语体短文索引（36篇）

1.芮良夫论专利（周语上）[讥语体A-验]

2.伯阳父论周将亡（周语上）[讥语体A-验]

3.内史过论神（周语上）[讥语体A-验，问答体]

4.内史过论晋惠公无后（周语上）[讥语体A-验]

5.王孙满观秦师（周语中）[讥语体A-验]

6.单子知陈必亡（周语中）[讥语体A-验]

7.刘康公论俭与侈（周语中）[讥语体A-验，问答体]

8.单襄公论郤至（周语中）[讥语体A-验]

9.单襄公论晋有乱（周语下）[讥语体A-验，有劝谏成分]

10.刘文公与苌弘欲城周（周语下）[讥语体A-验]

11.展禽论祀爰居（鲁语上）[讥语体A-验-赞]

12.子叔声伯辞邑（鲁语上）[讥语体A-验在后文，问答体]

13.叔孙穆子论楚公子围（鲁语下）[讥语体A-验]

14.献公卜伐骊戎（晋语一）[讥语体A-验，亦属劝谏体：谏-不从-讥-验]

15.史苏论骊姬（晋语一）[讥语体A-验-赞]

16.骊姬谮申生（晋语一）[讥语体A-验-赞]

17.舟之侨告其族（晋语二）[讥语体A-验]

18.宰孔论晋侯将死（晋语二）[讥语体A-验]

19.惠公背赂（晋语三）[讥语体A-验-语]

20.惠公改葬共世子（晋语三）[讥语体A-验在后文]

21.惠公悔杀里克（晋语三）[讥语体A-验]

22.宁嬴氏论阳处父（晋语五）[讥语体A-验]

23.郤献子耻国君（晋语五）[讥语体A-验在后文]

24.范文子论私难（晋语六）[讥语体A-验]

25.叔鱼杨食我之生-甲篇（晋语八）[讥语体A-验在后文]

26.叔鱼杨食我之生-乙篇（晋语八）[讥语体A-验在《左传》]

27.师旷论乐（晋语八）[讥语体A-验在《左传》]

28.叔向子朱不心竞而力争（晋语八）[讥语体-有讥有赞-验在后文]

29.叔向论忠信（晋语八）[讥语体A-验]

30.秦后子来奔（晋语八）[讥语体A-验]

31.医和视疾（晋语八）[讥语体A-验]

32.智襄子为室美（晋语九）[讥语体A-验]

33.史伯论兴衰-平王之末（郑语）[讥语体-有讥有赞-验，问答体]

34.斗且廷见令尹子常（楚语下）[讥语体A-验]

35.蓝尹亹论吴将毙（楚语下）[讥语体A-验在后文]

36.申胥自杀（吴语）[讥语体A-验在后文]

三、《国语》赞语体短文索引（20篇）

1.羊舌肸聘于周（周语下）[赞语体]

2.公父文伯之母对问（鲁语下）[赞语体]

3.敬姜论劳逸（鲁语下）[赞语体]

4.公父文伯之母别于男女之礼（鲁语下）[赞语体]

5.公父文伯之母欲室文伯（鲁语下）[赞语体]

6.敬姜之戒（鲁语下）[赞语体]

7.敬姜之哭（鲁语下）[赞语体]

8.申生伐东山-甲篇（晋语一）[赞语体-有劝谏成分]

9.申生伐东山-乙篇（晋语一）[赞语体-有劝谏成分]

10.里克杀奚齐-甲篇（晋语二）[赞语体-有劝谏成分]

11.冀芮答问（晋语二）[赞语体]

12.文公救宋败楚（晋语四）[赞语体]

13.赵衰三让贤（晋语四）[赞语体]

14.郤至甲胄见客（晋语六）[赞语体]

15.范文子论德福-甲篇（晋语六）[赞语体]

16.悼公赏韩穆子（晋语七）[赞语体]

17.悼公赐魏绛（晋语七）[赞语体]

18.卫庄公祷（晋语九）[赞语体]

19.少室周知贤而让（晋语九）[赞语体]

20.勾践灭吴（吴语）[赞语体]

四、《国语》问答体短文索引（21篇）

1.里革论君过（鲁语上）[问答体]

2.叔孙穆子聘于晋（鲁语下）[问答体]

3.季桓子穿井（鲁语下）[问答体]

4.仲尼论大骨（鲁语下）[问答体]

5.仲尼论苦矢（鲁语下）[问答体]

6.闵马父笑对（鲁语下）[问答体-有劝谏成分]

7.仲尼非难（鲁语下）[问答体-有劝谏成分]

8.献公问攻虢（晋语二）[问答体]

9.文公学读书（晋语四）[问答体]

10.郭偃论治国（晋语四）[问答体]

11.胥臣论教诲（晋语四）[问答体]

12.叔孙穆子论死而不朽（晋语八）[问答体]

13.范宣子谓范献子（晋语八）[问答体，赞语体B]

14.赵文子与叔向游（晋语八）[问答体]

15.叔向贺贫（晋语八）[问答体-劝谏体]

16.叔向对赵简子（晋语九）[问答体]

17.赵简子问贤（晋语九）[问答体]

18.申叔时论傅太子（楚语上）[问答体]

19.观射父论绝地天通（楚语下）[问答体]

20.观射父论祀牲（楚语下）[问答体]

21.王孙圉论楚宝（楚语下）[问答体]

附录二：《左传》典型文体短文索引（588 篇）

按：《左传》短文标题由本书作者所拟。

一、《左传》劝谏体短文索引（236篇）

二、《左传》讥语体A类短文索引（183篇）

三、《左传》讥语体B类短文索引（55篇）

四、《左传》赞语体A类短文索引（18篇）

五、《左传》赞语体B类短文索引（56篇）

六、《左传》事语体短文索引（不涉褒贬者）（5篇）

七、《左传》问答体短文索引（35篇）

◎《左传》典型文体短文索引（588篇）

一、《左传》劝谏体短文索引（236篇）

1.石碏谏魏庄公（隐3）[劝谏体-不从]

2.臧僖伯谏观鱼（隐5）[劝谏体-不从]

3.隐公问羽数于众仲（隐5）[劝谏体-从]

4.五父谏陈侯不许郑成（隐6）[劝谏体-不从，事语体-批评]

5.周桓公谏周王不礼郑伯（隐6）[劝谏体-不从]

6.鲁隐公问族于众仲（隐8）[劝谏体-从，问答体]

7.公子突献策大败戎师（隐9）[劝谏体-从-验]

8.羽父劝薛侯礼让滕侯（隐11）[劝谏体-从]

9.臧孙达谏鲁侯勿取郜鼎（桓2）[劝谏体-不从，赞语体]

10.斗伯比谏楚子纳少师（桓6）[劝谏体-从]

11.季梁劝随侯修政（桓6）[劝谏体-从-验]

12.斗廉献策莫敖击败郧师（桓11）[劝谏体-从-验]

13.祭仲谏郑伯勿辞齐婚（桓11）[劝谏体-不从-验]

14.斗伯比谏楚子必济师（桓13）[劝谏体-不从-验]

15.昭公劝郑伯勿以高伯为卿（桓17）[劝谏体-不从-验，讥语体]

16.申繻谏鲁桓公勿携姜氏如齐（桓18）[劝谏体-不从-验]

17.辛伯谏周公勿启祸端（桓18）[劝谏体-不从-验，倒叙]

18.三甥请邓侯杀楚子（庄6）[劝谏体-不从-验]

19.鲍叔谏齐侯重用管仲（庄9）[劝谏体-从-验]

20.曹刿论战（庄10）[劝谏体-从-验]

21.公子偃谏鲁侯击宋师（庄10）[劝谏体-从-验]

22.石祁子谏卫人归猛获（庄12）[劝谏体-从]

23.曹刿谏鲁侯不可如齐观社（庄23）[劝谏体-不从]

24.士蔿谏晋献公去富子（庄23）[劝谏体-从-验]

25.御孙谏丹楹刻桷（庄23-24）[劝谏体-不从]

26.御孙谏男女同贽违礼（庄24）[劝谏体-不从]

27.士蔿谏晋侯不可伐虢（庄27）[劝谏体-从]

28.斗射师谏公子元勿处王宫（庄30）[劝谏体-从]

29.内史过论神降于莘（庄32）[劝谏体-从]

30.管仲请齐侯救邢（闵1）[劝谏体-从]

31.仲孙谏齐侯宁鲁难而亲之（闵1）[劝谏体-从，问答体]

32.里克谏晋侯勿使大子帅师（闵2）[劝谏体]

33.狐突谏晋太子不可与皋落战（闵2）[劝谏体-不从]

34.孔叔谏郑侯不可成于楚（僖3）[劝谏体]

35.晋臣谏君不可以骊姬为夫人（僖4）[劝谏体-不从]

36.孔叔谏止郑伯逃盟（僖5）[劝谏体-不从]

37.宫之奇谏假道（僖5）[劝谏体-不从-讥]

38.郤芮劝夷吾不如之梁（僖6）[劝谏体-从]

39.逢伯劝楚子释许男（僖6）[劝谏体-从]

40.孔叔谏郑伯下齐以救国（僖6）[劝谏体-不从]

41.管仲谏桓公修礼于诸侯（僖7）[劝谏体-从-验]

42.管仲谏桓公勿许郑大子（僖7）[劝谏体-从-验]

43.梁由靡劝里克乘胜追狄（僖8）[劝谏体-不从-讥-验]

44.宰孔劝晋侯不与齐盟（僖9）[劝谏体-从]

45.秦国君臣议输粟于晋（僖13）[劝谏体-从]

46.晋侯拒谏不救秦饥（僖14）[劝谏体-不从-讥-验在后文]

47.庆郑谏晋侯战事勿乘小驷（僖15）[劝谏体-不从-验]

48.韩简谏晋侯不可敌秦师（僖15）[劝谏体-不从-讥-验]

49.晋阴饴甥劝秦伯释晋君（僖15）[劝谏体-从]

50.宁庄子促卫侯伐邢求雨（僖19）[劝谏体-从-验]

51.子鱼劝宋公修德而后伐人（僖19）[劝谏体-不从-验]【倒置】

52.臧文仲谏鲁侯勿焚巫尪（僖21）[劝谏体 从 验]

53.成风谏鲁侯复封须句（僖21）[劝谏体-从]

54.富辰谏周王召王子带（僖22）[劝谏体-从]

55.臧文仲谏鲁侯不可轻敌（僖22）[劝谏体-不从-验]

56.司马谏宋君勿与楚战（僖22）[劝谏体-不从-验在后文]

57.司马谏宋襄公不鼓不成列（僖22）[劝谏体-不从-验]

58.子犯劝重耳勿拒野人（僖23）[劝谏体-从-验在后文]

59.姜氏与子犯谋醉遣重耳（僖23）[劝谏体-不从-强遣]

60.僖负羁之妻劝其善待重耳（僖23）[劝谏体-从]

61.叔詹谏郑文公礼遇重耳（僖23）[劝谏体-不从]

62.子玉请楚成王杀重耳（僖23）[劝谏体-不从]

63.头须讽谏晋文公（僖24）[劝谏体-从]

64.富辰谏周王不可以狄伐郑（僖24）[劝谏体-不从-验在后文]

65.富辰谏立狄女为后（僖24）[劝谏体-不从-验在后文]

66.郑伯问礼于皇武子（僖24）[劝谏体-从，问答体]

67.狐偃谏晋侯纳周王（僖25）[劝谏体-从]

68.先轸、狐偃谏晋文公救宋（僖27）[劝谏体-从]

69.晋侯救宋谋三军帅（僖27）[劝谏体-从-验]

70.晋文图霸从谏如流（僖27）[劝谏体-从-验]

71.晋君臣议救宋之策（僖28）[劝谏体-从]

72.先轸献策：拘宛春且私许曹卫（僖28）[劝谏体-从]

73.晋臣解晋侯畏战之惑（僖28）[劝谏体]

74.令尹子西不听谏而败（僖28）[劝谏体-不从-讥-验]

75.馆人劝臧文仲速行（僖31）[劝谏体-从-验]

76.宁武子解卫侯梦康叔之惑（僖31）[劝谏体]

77.蹇叔谏秦师不可远袭（僖32）[劝谏体-不从-讥-验]

78.臧文仲谏鲁侯朝齐（僖33）[劝谏体-从]

79.臼季荐郤缺而受赏（僖33）[劝谏体-从-验]

80.晋侯朝王伐卫（文1）[劝谏体-从]

81.乐豫谏宋侯不可去群公子（文7）[劝谏体-不从-验]

82.荀伯贵同僚之谊（文7）[劝谏体-不从-验]

83.惠伯谏鲁侯勿启内乱（文7）[劝谏体-从-验]

84.郤缺劝赵孟树德立威（文7）[劝谏体-从]

85.先克劝晋侯勿废狐赵之勋（文7）[劝谏体-从]

86.范山劝楚子伐郑（文9）[劝谏体-从-验]

87.蒍贾劝楚子伐庸（文16）[劝谏体-从-验]

88.务人劝惠伯不可归鲁（文18）[劝谏体-不从-验]

89.赵宣子谏晋侯不可侈（宣1）[劝谏体-不从-验]【缩写】

90.士季谏晋灵公不君（宣2）[劝谏体-不从]

91.赵盾请晋侯以赵括为公族（宣2）[劝谏体-从]

92.子良谏襄公勿去穆氏（宣4）[劝谏体-从]

93.荀伯谏晋侯欲伐赤狄（宣5）[劝谏体-从]

94.泄冶直谏被杀（宣9）[劝谏体-不从-被杀]

95.郤成子与诸大夫议召狄（宣1）[劝谏体-从，倒叙]

96.申叔时谏楚王勿灭陈（宣11）[劝谏体-从]

97.士贞子谏晋侯不可杀林父（宣12）[劝谏体-从]

98.孟献子劝鲁宣公与楚修好（宣14）[劝谏体-从]

99.伯宗谏晋侯讨罪伐狄（宣15）[劝谏体-从-验]

100.苗贲黄谏晋侯释齐使（宣17）[劝谏体-从]

101.叔服劝刘康公不可伐戎（成1）[劝谏体-不从-验]

102.巫臣劝楚王勿纳夏姬（成2）[劝谏体-从]

103.季文子谏鲁侯不可叛晋（成4）[劝谏体-从]

104.伯宗劝晋师不可袭卫（成6）[劝谏体-从-验]

105.韩献子谏晋侯不可居郇瑕（成6）[劝谏体-从]

106.晋臣谏晋师不可与楚战（成6）[劝谏体-从]

107.巫臣谏楚王勿取申吕田（成7）[劝谏体-从]

108.韩献子请晋侯立赵氏后（成8）[劝谏体-从]

109.范文子请晋侯释楚囚（成9）[劝谏体-从]

110.定姜劝卫侯见孙林父（成14）[劝谏体-从]

111.申叔时诫子反慎战（成16）[劝谏体-不从-验]

112.晋臣谏君不可杀魏绛（襄3）[劝谏体-从]

113.晋侯许鲁襄公属鄫（襄4）[劝谏体-从]

114.魏绛谏晋侯与诸戎修好（襄4）[劝谏体-从]

115.郑僖公拒谏被杀（襄7）[劝谏体-不从-杀谏者-被杀]

116.子囊谏楚王不可伐晋（襄9）[劝谏体-不从]

117.知武子劝诸侯之师许郑成（襄9）[劝谏体-从]

118.魏绛向晋侯献息民之策（襄9）[劝谏体-从-验]

119.宋向戌辞晋侯所赐封地（襄10）[劝谏体-从]

120.郑子展力主行楚令伐卫（襄10）[劝谏体-从]

121.子产劝子孔焚载书（襄10）[劝谏体-从-验]

122.晏桓子答齐侯求后之礼（襄12）[劝谏体-从，问答体]

123.子囊议楚王谥（襄13）[劝谏体-从]

124.石臭劝楚人归郑使（襄13）[劝谏体-从]

125.季札辞为吴君（襄14）[劝谏体-从]

126.中行献子劝晋侯定卫国（襄14）[劝谏体-从]

127.子罕谏宋侯农忙筑台（襄17）[劝谏体-不从]

128.夙沙卫谏齐侯守险（襄18）[劝谏体-不从-验]

129.臧纥劝季孙不可作钟铭功（襄19）[劝谏体]

130.仲子谏齐侯废常不祥（襄19）[劝谏体-不从-验]

131.臧武仲责季孙赏盗（襄21）[劝谏体]

132.薳子冯托病辞为令尹（襄21）[劝谏体-从]

133.祁奚求赦叔向（襄21）[劝谏体-从]

134.乐王鲋劝范宣子归栾氏勇者（襄21）[劝谏体]

135.申叔豫讽谏令尹多宠人（襄22）[劝谏体-从-验]

136.崔杼谏齐侯伐晋（襄23）[劝谏体-不从]

137.闵子马劝公鉏敬恭父命（襄23）[劝谏体-从-验]

138.子产劝范宣子轻诸侯币（襄24）[劝谏体-从]

139.薳子劝楚王不可伐舒鸠（襄24）[劝谏体-从]

140.子强献楚师败吴之策（襄25）[劝谏体-从-验]

141.郑子产论献陈捷于晋（襄25）[劝谏体-从，问答体]

142.牛臣献计射杀吴子（襄25）[劝谏体-从-验]

143.子产辞令请秦人释堇父（襄26）[劝谏体-不从-验，从-验]

144.子产劝子展不御楚师（襄26）[劝谏体-从-验]

145.赵文子劝晋侯归诸侯失地（襄26）[劝谏体-从-验]

146.子罕劝左师辞邑（襄27）[劝谏体-从]

147.陈文子促齐侯朝晋（襄28）[劝谏体-从]

148.鲁君如楚不以丧反（襄28）[劝谏体-从]

149.宋君如楚以丧反（襄28）[劝谏体-从]

150.楚人使鲁襄公亲襚（襄29）[劝谏体-从-验]

151.郑使印段如周葬灵王（襄29）[劝谏体-不从]

152.季札聘鲁诫穆子务在择人（襄29）[劝谏体]

153.季札聘齐诫晏子（襄29）[劝谏体-从—验]

154.季札聘宋诫子产（襄29）[劝谏体]

155.季札将行勉叔向（襄29）[劝谏体]

156.单公子谏灵王杀儋括（襄30）[劝谏体-不从-验]

157.穆叔劝武子勿立公子裯（襄31）[劝谏体-不从-验，讥语体A-验]

158.子产劝子皮勿用尹何（襄31）[劝谏体-从]

159.祁午请赵武戒备楚人寻盟无信（昭1）[劝谏体-从]

160.赵孟请楚人释叔孙豹（昭1）[劝谏体-从]

161.曾阜劝叔孙可以出矣（昭1）[劝谏体-从]

162.少姜请晋侯释陈无宇（昭2）[劝谏体-不从]

163.叔向谏晋侯释陈无宇（昭2）[劝谏体-从]

164.穆叔劝季孙礼遇邾穆公（昭3）[劝谏体-从]

165.子尾劝子雅放逐卢蒲嫳（昭3）[劝谏体-从]

166.司马侯谏晋侯许楚使（昭4）[劝谏体-从]

167.子产讽谏楚子再合诸侯（昭4）[劝谏体，问答体]

168.椒举谏楚子不可示诸侯侈（昭4）[劝谏体-不从-讥]

169.椒举谏楚子戮庆封（昭4）[劝谏体-不从-验]

170.椒举谏楚子以礼受赖子降（昭4）[劝谏体-从，问答体]

171.启强谏楚子不可辱晋使（昭5）[劝谏体-从，问答体]

172.献子谏晋侯不可强留鲁侯（昭5）[劝谏体-从]

173.叔向致书子产不宜铸刑书（昭6）[劝谏体-不从]

174.左师诫华亥助寺人柳为恶（昭6）[劝谏体]

175.叔向谏晋侯礼遇楚使（昭6）[劝谏体-从]

176.申无宇讽谏楚王不可效纣（昭7）[劝谏体-从]

177.惠伯谏鲁侯如楚（昭7）[劝谏体-从]

178.启强讽谏鲁侯退楚重宝（昭7）[劝谏体-从]

179.子产答韩宣子问罕朔之位（昭7）[劝谏体-从，问答体]

180.晋大夫劝韩宣子吊卫修好（昭7）[劝谏体-从]

181.师旷讽谏晋侯宫室崇侈（昭8）[劝谏体-不从-讥-验在后文]

182.叔向劝宣子妥办周晋争田（昭9）[劝谏体-从]

183.屠蒯讽谏晋侯殡期饮酒（昭9）[劝谏体-从]

184.晏子劝桓子致邑于齐侯（昭10）[劝谏体-从]

185.子产劝子皮丧礼不必百两（昭10）[劝谏体-不从-不从者悔而赞劝谏者]

186.大夫谏蔡侯须防楚子诱杀（昭11）[劝谏体-不从-验]

187.荀吴劝韩宣子救蔡（昭11）[劝谏体-从]

188.冶区夫劝季平子善待费人（昭13）[劝谏体-从-验]

189.观从劝子干杀弃疾（昭13）[劝谏体-不从-验]

190.荀吴劝韩宣子辞鲁侯朝晋（昭13）[劝谏体-从]

191.富子、子产议孔张失位（昭16）[劝谏体]

192.子产劝韩起舍玉（昭16）[劝谏体-从]

193.左尹谏楚子迁许备患（昭18）[劝谏体-从]

194.令尹请楚子归蹶由（昭19）[劝谏体-从]

195.孔子劝琴张不必吊宗鲁（昭20）[劝谏体]

196.晏子谏齐侯勿诛祝史（昭20）[劝谏体-从]

197.晏子与齐侯论君臣之道（昭20）[劝谏体，问答体]

198.大宰犯谏楚子勿助华氏（昭21）[劝谏体-不从]

199.牧之谏莒子忍让齐师（昭22）[劝谏体-不从-验]

200.吴公子光献败楚之策（昭23）[劝谏体-从-验]

201.郑伯诫献子平王室乱（昭24）[劝谏体-从]

202.乐祁劝宋公许季氏婚（昭25）[劝谏体]

203.子家子劝鲁侯不如奔晋（昭25）[劝谏体-不从]

204.子犹谓齐侯勿亲纳鲁昭公（昭26）[劝谏体-从]

205.晏子谏齐侯勿禳彗星（昭26）[劝谏体-从]

206.沈尹戌劝子常诛无极止谤（昭27）[劝谏体-从-验]

207.子家子劝鲁侯遵礼如晋（昭28）[劝谏体-不从-验]

208.叔游劝祁盈勿执胜与臧（昭28）[劝谏体-不从-验]

209.魏大夫讽谏魏献子辞贿（昭29）[劝谏体-从]

210.子家子诫鲁侯齐人无礼（昭29）[劝谏体-从]

211.子家子劝鲁侯葬马不如食之（昭29）[劝谏体-从]

212.子西谏楚子勿与吴结怨（昭30）[劝谏体-不从]

213.伍员告吴子伐楚之策（昭30）[劝谏体-从-验]

214.范献子劝魏献子城成周（昭32）[劝谏体-从]

215.士伯劝韩简子执宋仲几（定1）[劝谏体-从]

216.荣驾鹅劝季孙慎办昭公后事（定1）[劝谏体-从]

217.荀寅劝范献子辞蔡侯（定4）[劝谏体-从]

218.子鱼辞出境（定4）[劝谏体-不从]

219.子西谏楚王勿杀蓝尹亹（定5）[劝谏体-从]

220.文子谏卫侯莫追鲁师（定6）[劝谏体-从]

221.处父等人逼阳虎退兵（定7）[劝谏体-从]

222.鲍国谏齐侯勿许阳虎（定9）[劝谏体-从]

223.褚师圃劝晋师攻卫不如伐齐（定9）[劝谏体-从-验]

224.伍员谏吴王勿与越议和（哀1）[劝谏体-不从-讥-验]

225.逢滑劝陈侯不许吴人（哀1）[劝谏体-从-验]

226.鲁人谋伐邾（哀7）[劝谏体-不从]

227.景伯劝拖延鲁吴城下之盟（哀8）[劝谏体-不从]

228.季札劝子期吴楚罢兵（哀10）[劝谏体-从]

229.伍子胥谏吴王勿遗越患（哀11）[劝谏体-不从-讥-验]

230.季孙问田赋之法于孔子（哀11）[劝谏体-不从，问答体]

231.子贡劝吴人释卫侯（哀12）[劝谏体-从]

232.大宰嚭谏吴王伐宋（哀13）[劝谏体-从]

233.诸御鞅谏齐侯防患（哀14）[劝谏体-不从-验]

234.子路劝陈瓘亲善鲁国（哀15）[劝谏体-从]

235.叶公劝子西勿用白公胜（哀16）[劝谏体-不从-验]

236.庆忌谏吴子不改必亡（哀20）[劝谏体-不从-验]

二、《左传》讥语体A类短文索引（183篇）

1.众仲谓州吁必败（隐4）[讥语体A-验在后文]

2.泄伯讥陈五父歃如忘（隐7）[讥语体A-验在后文]

3.针子讥郑公子如陈逆妇（隐8）[讥语体A]

4.君子知周王取田失郑（隐11）[讥语体A-验在后文]

5.君子知息之将亡（隐11）[讥语体A-验在后文]

6.师服知桓叔之乱（桓2）[讥语体A-验]

7.师服料晋将有乱（桓2）[讥语体A-验]

8.施父讥曹太子乐奏而叹（桓9）[讥语体A-验在后文]

9.原伯讥郑伯效尤（庄21）[讥语体A-验]

10.内史过讥虢其亡乎（庄32）[讥语体A-验在后文]

11.舟之侨料虢殃将至（闵2）[讥语体A-验在后文]

12.群臣议晋侯授太子偏衣（闵2）[讥语体A-验在后文]

13.晋卜偃论虢必亡（僖2）[讥语体A-验在后文]

14.士蔿对筑城不慎（僖5）[讥语体A-验]

15.内史过料晋侯无后（僖11）[讥语体A-验在后文]

16.晋卜偃以沙鹿崩料国几亡（僖14）[讥语体A-验在后文]

17.秦伯卜伐晋（僖15）[讥语体A-验在后文]

18.周内史论吉凶由人（僖16）[讥语体A-验]

19.子鱼讥宋公用人于社（僖19）[讥语体A-验在后文]

20.目夷讥宋人小国争盟（僖21）[讥语体A-验在后文]

21.子鱼讥诸侯会宋公于盂（僖21）[讥语体A-验在后文]

22.子鱼讥宋公伐郑（僖22）[讥语体A-验在后文]

23.辛有料陆浑之戎迁于伊川（僖22）[训语体A-验]

24.叔詹讥楚子取郑二姬（僖22）[训语体A-验在后文]

25.卜偃讥晋怀公杀狐突（僖23）[训语体A-验在后文]

26.王孙满观秦师（僖33）[训语体A-验在后文]

27.先轸斥晋侯释秦囚（僖33）[训语体A-验]

28.宁嬴论阳处父华而不实（文5）[训语体A-验在后文]

29.君子论秦三良殉穆公（文6）[训语体A-验]

30.叔仲惠伯料越椒将灭宗（文9）[训语体A-验在后文]

31.楚巫谓三君将强死（文10）[训语体A-验]

32.周内史料三国之君死于乱（文14）[训语体A-验在后文]

33.季文子论齐侯侵鲁伐曹（文15）[训语体A-验在后文]

34.襄仲料齐君将死（文17）[训语体A-验在后文]

35.赵盾避楚师（宣2）[训语体A-验在后文]

36.子文料越椒将亡若敖氏（宣4）[训语体A-验]

37.伯廖讥郑公子曼满欲为卿（宣6）[训语体A-验]

38.唯子良忧郑国（宣9）[训语体A-验]

39.君子料清丘之盟唯宋可免（宣13）[训语体A-验在后文]

40.君子谓先縠被杀咎由自取（宣13）[训语体A-验]【倒置】

41.桓子料子家将亡（宣14）[训语体A-验在后文]

42.刘康公讥赵同献俘不敬（宣15）[训语体A-验在后文]

43.季文子知晋侯不免（成4）[训语体A-验在后文]

44.士贞伯料赵婴祭神将亡（成5）[训语体A-验]

45.士贞伯料郑伯将死（成6）[训语体A-验在后文]

46.季文子与范文子论晋寻旧盟（成9）[训语体A-验]

47.范文子料秦晋盟而无信（成11）[训语体A-验]

48.孟献子料郤氏将亡（成13）[讥语体A-验在后文]

49.刘子论成子不敬（成13）[讥语体A-验在后文]

50.宁子知苦成家将亡（成14）[讥语体A-验在后文]

51.姜氏叹卫太子临丧不哀（成14）[讥语体A-验]

52.申叔时讥子反背盟（成15）[讥语体A-验在后文]

53.韩献子论楚人背盟（成15）[讥语体A-验在后文]

54.韩献子讥晋三郤谮杀伯宗（成15）[讥语体A-验在后文]

55.郤至等人论楚师（成16）[讥语体A-验在后文]

56.单襄公料郤至将亡（成16）[讥语体A-验在后文]

57.范文子祈死（成17）[讥语体A-验]

58.君子谓子重伐吴得不偿失（襄3）[讥语体A-验]

59.臧武仲论陈不服楚必亡（襄4）[讥语体A-验]

60.君子讥季文子薄葬鲁小君（襄4）[讥语体A-验在后文]

61.穆叔讥孙文子聘鲁失仪（襄7）[讥语体A-验在后文]

62.穆姜知过（襄9）[讥语体A-验]【倒置】

63.士庄子讥齐高厚不敬（襄10）[讥语体A-验在后文]

64.孟献子论楚郑侵鲁及宋（襄10）[讥语体A-验]

65.士鞅对秦伯问晋大夫谁先亡（襄14）[讥语体A-验，问答体]

66.臧武仲料卫侯复位（襄14）[讥语体A-验在后文]

67.晏婴料齐侯弗能久（襄18）[讥语体A-验]

68.晋大夫议楚师（襄18）[讥语体A-验在前文]【倒置】

69.孔成子料宁喜不有其宗（襄19）[讥语体A-验在后文]

70.陈公子黄料庆氏将灭（襄20）[讥语体A-验]【倒置】

71.叔向料齐侯卫侯将蒙难（襄21）[讥语体A-验在后文]

72.晏子讥齐侯拒谏（襄22）[讥语体A-验在后文，劝谏体-不从]【典型双属性】

73.晏子惧栾盈在齐（襄22）[讥语体A-验在后文]

74.君子议楚人杀二庆（襄23）[讥语体A-验]【倒置】

75.晏子讥齐侯伐卫晋（襄23）[讥语体A-验在后文]

76.陈文子讥崔武子事君（襄23）[讥语体A-验在后文，问答体]

77.陈文子讥齐侯使楚客观社（襄24）[讥语体A-验在后文]

78.然明讥程郑失语（襄24）[讥语体A-验在后文]

79.大叔文子讥宁喜许卫献公（襄25）[讥语体A-验在后文]

80.孟公绰不患齐师伐鲁（襄25）[讥语体A-验]

81.师旷讥晋臣不心竞而力争（襄26）[讥语体A-验在后文]

82.悼子与右宰议卫侯谋复（襄26）[讥语体A-验在后文]

83.春秋书曰宁喜弑其君（襄26）[讥语体A-验在后文]

84.君子知晋平公失政（襄26）[讥语体A-验在后文]

85.孟孙讥庆封美车聘鲁（襄27）[讥语体A-验在后文]

86.大宰以会盟失信知令尹将死（襄27）[讥语体A-验在后文]

87.叔向论楚人何害（襄27）[讥语体A-验]

88.赵孟与叔向料郑七子休咎（襄27）[讥语体A-验，有赞语判断]

89.梓慎料宋与郑有饥（襄28）[讥语体A-验]

90.子产以蔡侯不敬料其不免（襄28）[讥语体A-验]

91.游吉讥楚子不修政德（襄28）[讥语体A-验在后文]

92.展庄叔讥庆封奔鲁献美车（襄28）[讥语体A-验]

93.穆子讥庆封在吴又富（襄28）[讥语体A-验]

94.穆叔讥伯有不敬鲁君（襄28）[讥语体A-验]

95.子羽料公子围取代楚君（襄29）[讥语体A-验]

96.子大叔讥宋平公城杞（襄29）[讥语体A-验]

97.女齐料齐宋二臣将有难（襄29）[讥语体A-验]

98.季札过戚闻钟声而异哉（襄29）[讥语体A-验]

99.裨谌料子产将主政（襄29）[讥语体A-验，有赞语成分]

100.穆叔料令尹围将有大事（襄30）[讥语体A-验]

101.子产答叔向问郑国之政（襄30）[讥语体A-验，问答体]

102.君子知郑难不已（襄30）[讥语体A-验]

103.子产料陈必亡（襄30）[讥语体A-验]

104.裨灶料伯有将亡（襄30）[讥语体A-验]

105.申无宇料令尹围必不免（襄30）[讥语体A-验]

106.穆叔料赵孟将死（襄31）[讥语体A-验，劝谏体-不从-验]

107.穆叔料鲁襄公将死（襄31）[讥语体A-验]

108.子服惠伯料滕君将死（襄31）[讥语体A-验]

109.北宫佗料令尹围将作乱（襄31）[讥语体A-验，问答体]

110.子羽料会盟者臧否（昭1）[讥语体A-验在后文，有赞语成分]

111.赵孟与叔向论令尹围（昭1）[讥语体A-验在后文]

112.刘子料赵孟不复年（昭1）[讥语体A-验在后文]

113.后子料赵孟将死（昭1）[讥语体A-验在后文]

114.郑行人挥料子皙弗能久（昭1）[讥语体A-验]

115.子产料令尹围将行大事（昭1）[讥语体A-验]

116.郑游吉料楚灵王必合诸侯（昭1）[讥语体A-验]

117.宣子料子雅子旗将不臣（昭2）[讥语体A-验]

118.张趯料晋将失诸侯（昭3）[讥语体A，赞语体]

119.晏子料子旗不免（昭3）[讥语体A-验在后文]

120.申无宇讥楚子欲迁许（昭4）[讥语体A-验]

121.浑罕论子产作丘赋（昭4）[讥语体A-验]

122.叔向讥楚王汰侈（昭5）[讥语体A-验]

123.士文伯以铸刑书料将火灾（昭6）[训语体A-验]

124.晏子讥齐侯伐北燕（昭6）[训语体A-验]

125.晋侯问士文伯谁当日食（昭7）[训语体A-验在后文，问答体]

126.郑裨灶料陈将复封（昭9）[训语体A-验在后文]

127.裨灶以星象讥晋侯将死（昭10）[训语体A-验在后文]

128.武仲讥鲁伐莒用人于社（昭10）[训语体A-验]

129.苌弘答景王问诸侯吉凶（昭11）[训语体A-验在后文，问答体]

130.叔向论楚师围蔡（昭11）[训语体A-验，问答体]

131.子产料蔡国必亡（昭11）[训语体A-验]

132.叔向论单子将死（昭11）[训语体A-验]

133.叔向料鲁公室将卑（昭11）[训语体A-验]

134.申无宇讥楚子人殉（昭11）[训语体A-验]

135.昭子讥宋华定聘鲁非礼（昭12）[训语体A-验]

136.斗韦龟议楚共王立嗣（昭13）[训语体A-验]

137.叔向论子干难取君位（昭13）[训语体A-验]

138.梓慎料鲁禘有咎（昭15）[训语体A-验]

139.景王讥籍谈数典忘祖（昭15）[训语体A-验]

140.叔向料周景王不终（昭15）[训语体A-验]

141.子服料晋公室将卑（昭16）[训语体A-验]

142.昭子料季平子有异志（昭17）[训语体A-验]

143.苌弘料晋人伐戎（昭17）[训语体A-验]

144.苌弘料周毛得必亡（昭18）[训语体A-验]

145.梓慎料四国有火（昭18）[训语体A-验]

146.君子以御火之礼知陈许先亡（昭18）[训语体A-验]

147.闵子马论原伯鲁不悦学（昭18）[训语体A-验]

148.昭子料楚将不在诸侯（昭19）[讥语体A-验]

149.沈尹戌论楚师必败（昭19）[讥语体A-验]

150.梓慎、昭子料宋将有乱（昭20）[讥语体A-验在后文]

151.泠州鸠讥周王铸无射（昭21）[讥语体A-验]

152.昭子料蔡侯不终（昭21）[讥语体A-验]

153.昭子讥叔辄哭日食（昭21）[讥语体A-验]

154.樊顷子料周室之乱（昭22）[讥语体A-验]

155.闵马父料王子朝不克（昭22）[讥语体A-验]

156.苌弘以南宫极震勉刘文公（昭23）[讥语体A-验在后文]

157.沈尹戌料子常必亡郢（昭23）[讥语体A-验]

158.苌弘勉刘子务德无患（昭24）[讥语体A-验]

159.梓慎与昭子料日食兆灾（昭24）[讥语体A-验]

160.沈尹戌料楚伐吴将取祸（昭24）[讥语体A-验]

161.昭子料宋右师将亡（昭25）[讥语体A-验]

162.乐祁料宋君及昭子将死（昭25）[讥语体A-验]

163.晋士伯料宋右师背盟必亡（昭25）[讥语体A-验]

164.师己以异兆料鲁侯困乾侯（昭25）[讥语体A-验]

165.子大叔讥楚子备边（昭25）[讥语体A-验]

166.子家子讥阳虎伐郓必败（昭27）[讥语体A-验]

167.有妇人讥尹固将死（昭29）[讥语体A-验]【倒叙，验辞在前。】

168.孔子讥晋铸刑鼎（昭29）[讥语体A-验]

169.史墨料吴将入郢（昭31）[讥语体A-验，问答体]

170.史墨讥吴用师于越（昭32）[讥语体A-验]

171.卫彪傒讥魏舒干位（昭32）[讥语体A-验]

172.卫彪傒料魏舒必有大咎（定1）[讥语体A-验]

173.女叔宽料苌弘、高子将不免（定1）[讥语体A-验]

174.斗辛讥吴人不能定楚（定5）[讥语体A-验]【倒置】

175.孔子讥阳虎适赵氏（定9）[讥语体A-验]

176.史鳅料公叔戌将遭难（定13）[讥语体A-验]

177.子贡讥邾鲁二君执玉违礼（定15）[讥语体A-验]

178.子西料吴师无患于楚（哀1）[讥语体A-验]

179.景伯讥吴人征鲁百牢（哀7）[讥语体A-验]

180.子贡答大宰嚭问礼（哀7）[讥语体A-验，问答体]

181.子之料卫侯不免（哀12）[讥语体A-验]

182.子贡讥鲁哀公诔孔子（哀16）[讥语体A-验]

183.成子讥知伯其能久乎（哀27）[讥语体A-验]

三、《左传》讥语体B类短文索引（55篇）

1.君子讥周郑交恶（隐3）[讥语体B]

2.君子论燕师何以败绩（隐5）[讥语体B]

3.君子谓郑伯诅子都无益（隐11）[讥语体B]

4.君子讥宋华父督弑君（桓1-2）[讥语体B]

5.君子讥鲁侯调停宋郑未成（桓12）[讥语体B]

6.君子评周人助卫侯复位（庄6）[讥语体B]

7.君子论楚师入蔡（庄14）[讥语体B]

8.君子谓强鉏不能卫其足（庄16）[讥语体B]

9.君子议齐人杀哀姜（僖1）[讥语体B]

10.君子论随叛楚不自量力（僖20）[讥语体B]

11.子鱼论宋襄公不鼓不成列（僖22）[讥语体B]

12.君子评楚子示妇人俘馘（僖22）[讥语体B]

13.君子评郑子臧好奇服致祸（僖24）[训语体B]

14.孔子谓晋侯召王不可以训（僖28）[训语体B]

15.君子及孔子论鲁侯逆祀（文2）[训语体B]

16.君子评鲁人逆妇姜于齐（文4）[训语体B]

17.臧文仲悲楚灭六与蓼（文5）[训语体B]

18.君子讥狂狡失礼被擒（宣2）[训语体B]

19.君子讥羊斟因私憾败国（宣2）[训语体B]

20.君子论子家弑郑灵公（宣4）[训语体B]

21.君子论郑二臣怙乱被杀（宣12）[训语体B]【倒置】

22.君子谓晋先谷自取其咎（宣13）[训语体B]【倒置】

23.孔子论器与名不可假人（成2）[训语体B]

24.君子论宋二臣厚葬文公（成2）[训语体B]

25.君子讥蔡许之君匮盟失位（成2）[训语体B]

26.君子讥晋师畏楚而避之（成2）[训语体B]

27.君子讥莒人无备败于楚（成9）[训语体B]

28.君子讥郑人立君之祸（成9）[训语体B]

29.范文子叹楚君享宾违礼（成12）[训语体B]

30.孔子谓鲍庄不能卫其足（成17）[训语体B]

31.君子讥齐灵公伐莱（襄2）[训语体B]

32.君子讥季孙厚葬齐姜（襄2）[训语体B]

33.君子讥楚王杀令尹（襄5）[训语体B]

34.孟献子论鲁人卜郊不从（襄7）[训语体B]

35.君子讥吴乘楚丧伐之（襄13）[训语体B]

36.穆叔谓御叔乃国之蠹也（襄22）[训语体B]

37.孔子论臧纥不谙世故（襄23）[训语体B]

38.左氏论齐高止出奔（襄29）[训语体B]【倒置】

39.君子谓宋共姬女而不妇（襄30）[训语体B]

40.子皮谓伯有因侈被逐（襄30）[训语体B]

41.君子论澶渊之盟无信（襄30）[训语体B]

42.君子论莒展舆君位得而复失（昭1）[训语体B]

43.史赵等人论鲁郑贺晋（昭8）[训语体B]

44.昭子论季平子筑郎囿（昭9）[训语体B]

45.昭子论为人子不可不慎（昭10）[训语体B]

46.孔子评子革讽谏楚灵王（昭12）[训语体B，问答体]

47.昭子论齐师伐徐无道（昭16）[训语体B]

48.昭子评小邾穆公朝鲁（昭17）[训语体B]

49.君子评许侯饮太子药而死（昭19）[训语体B]

50.闵马父训子朝辞令（昭26）[训语体B]

51.君子论邾黑肱奔鲁献地（昭31）[训语体B]

52.左氏谓邾子因洁癖横死（定3）[训语体B]

53.君子论驷歂杀邓析用竹刑（定9）[训语体B]

54.君子论涉佗弃礼而亡（定10）[训语体B]

55.子思论郑驷秦因侈被杀（哀5）[训语体B]

四、《左传》赞语体A类短文索引（18篇）

1.臧氏父子论宋公子善对（庄11）[赞语体A]

2.君子论陈敬仲守礼泽及后世（庄22）[赞语体A]

3.士蔿与卜偃料赵、魏始兴（闵1）[赞语体A]

4.赵庄子料栾伯必长晋国（宣12）[赞语体A]

5.羊舌职赞晋侯善赏（宣15）[赞语体A]

6.君子赞季文子知惧（成7）[赞语体A]

7.君子论晋以三卿谋出师获胜（成8）[赞语体A]【倒置】

8.鲁厚孙料卫侯必归（襄14）[赞语体A-验]

9.公孙挥料子产将主郑政（襄26）[赞语体A-验在后文]

10.叔向料郑七穆罕氏后亡（襄26）[赞语体A]

11.周王料韩氏昌阜于晋（襄26）[赞语体A]

12.叔向赞子荡敏以事君（襄27）[赞语体A]

13.叔向赞子皮、子罕出粟助民（襄29）[赞语体A]

14.季札赞卫多君子（襄29）[赞语体A]

15.季武子赞晋多君子（襄30）[赞语体A]

16.文子谓郑人有礼乃数世之福（襄31）[赞语体A]

17.叔齐料秦后子必归（昭1）[赞语体A]

18.孔子赞魏子举用贾辛（昭28）[赞语体A]

五、《左传》赞语体B类短文索引（56篇）

1.郑伯克段于鄢（隐1）[赞语体B]

2.君子赞宋宣公立嗣知人（隐3）[赞语体B]

3.君子赞石碏大义灭亲（隐4）[赞语体B]

4.君子赞郑庄公以王命讨不庭（隐10）[赞语体B]

5.君子赞郑庄公不灭许国（隐11）[赞语体B]

6.君子赞郑公子忽辞婚于齐（桓6）[赞语体B]

7.君子善鲁庄公拒伐齐师（庄8）[赞语体B]

8.君子赞鬻拳自纳于刑（庄19）[赞语体B]

9.子文赞楚文王知臣（僖7）[赞语体B]

10.君子赞荀息忠君守诺（僖9）[赞语体B]

11.君子赞管仲让不忘其上（僖12）[赞语体B]

12.君子赞晋盟诸侯皆奖王室（僖28）[赞语体B]

13.君子赞晋文公能刑而民服（僖28）[赞语体B]

14.君子赞狼瞫怒不作乱（文2）[赞语体B]

15.赵成子惧秦伯犹用孟明（文2）[赞语体B]

16.君子赞秦伯专用孟明（文3）[赞语体B]

17.君子赞秦伯哀楚人灭江（文4）[赞语体B]

18.襄仲赞秦使聘鲁执礼甚敬（文12）[赞语体B]

19.君子赞邾文公迁国（文13）[赞语体B]

20.孔子赞董狐书法不隐（宣2）[赞语体B]

21.羊舌职赞晋侯重用士会（宣16）[赞语体B]

22.君子赞春秋书法（成14）[赞语体B]

23.君子谓晋人聘鲁于是乎有礼（成18）[赞语体B]

24.君子赞祁奚举善（襄3）[赞语体B]

25.君子赞季文子尽忠公室（襄5）[赞语体B]

26.君子赞范宣子聘鲁守礼（襄8）[赞语体B]

27.君子赞晋诸臣相让（襄13）[赞语体B]

28.君子赞子囊将死不忘社稷（襄14）[赞语体B]

29.君子赞楚能官人（襄15）[赞语体B]

30.君子赞郑伯张临终戒子（襄22）[赞语体B]

31.臧孙赞孟椒盟臧氏（襄23）[赞语体B]

32.孔子赞郑人慎辞之功（襄25）[赞语体B]

33.君子赞郑简公善事大国（襄26）[赞语体B]

34.君子赞左师不攻司城（襄27）[赞语体B]

35.子罕赞子皮饩国人粟（襄29）[赞语体B]

36.叔向赞子产坏晋馆垣辞令（襄31）[赞语体B]

37.孔子赞子产不毁乡校（襄31）[赞语体B]

38.北宫文子赞子产使能任贤（襄31）[赞语体B]

39.叔向赞子产论晋侯疾（昭1）[赞语体B]

40.赵孟赞医和论晋侯疾（昭1）[赞语体B]

41.韩宣子赞周礼尽在鲁（昭2）[赞语体B]

42.叔向赞叔弓聘晋有礼（昭2）[赞语体B]

43.君子赞晏子劝齐侯省刑（昭3）[赞语体B]

44.君子赞公孙段相礼甚恭（昭3）[赞语体B]

45.君子赞左师善守、子产善相（昭4）[赞语体B]

46.孔子论昭子杀竖牛（昭5）[赞语体B]

47.君子赞司马侯论鲁昭公（昭5）[问答体-赞语体]

48.孔子赞孟僖子学礼（昭7）[赞语体B]

49.君子赞子产不毁游氏庙（昭12）[赞语体B]

50.孔子赞子产与晋人争纳贡之等（昭13）[赞语体B]

51.孔子赞叔向断晋人争田之罪（昭14）[赞语体B]

52.孔子赞虞人守官（昭20）[赞语体B]

53.孔子赞子产论为政（昭20）[赞语体B]

54.孔子赞楚昭王不以祭河消灾（哀6）[赞语体B]

55.孔子赞鲁人勇克齐师（哀11）[赞语体B]

56.君子赞楚惠王不烦卜筮（哀18）[赞语体B]

六、《左传》事语体短文索引（5篇）

1.臧文仲评宋襄公欲合诸侯（僖20）[事语体]

2.韩献子患楚师伐陈（襄4）[事语体]

3.赵文子谋少弭诸侯之兵（襄25）[事语体]

4.郯子论官（昭17）[事语体]

5.孔子料子路死于卫乱（哀15）[事语体]

七、《左传》问答体短文索引（35篇）

1.鲁桓公为子问名（桓6）[问答体]

2.子文答叔伯任令尹以靖国（僖23）[问答体]

3.贾季答丰舒赵衰与赵盾孰贤（文7）[问答体]

4.王孙满对楚子问鼎（宣3）[问答体]

5.晋知罃对楚子（成3）[问答体]

6.晋卫来聘，鲁侯问礼（成3）[问答体，劝谏体-从]

7.巫臣诫莒子备国（成8）[问答体，劝谏体-不从]

8.季文子问师数于臧武仲（成18）[问答体，劝谏体]

9.穆叔答韩献子歌诗之礼（襄4）[问答体]

10.士弱答晋侯问宋灾与天道（襄9）[问答体]

11.师旷答晋侯何以卫人出其君（襄14）[问答体]

12.叔孙豹答范宣子何谓三不朽（襄24）[问答体]

13.然明答子产为政之道（襄25）[问答体]

14.子产答子大叔为政之道（襄25）[问答体]

15.子产答外仆何以舍不为坛（襄28）[问答体]

16.吴使答赵文子季札立否（襄31）[问答体]

17.医和答晋侯淫生六疾（昭1）[问答体]

18.申丰答季武子御雹藏冰（昭4）[问答体]

19.晏子答陈桓子何以骤见郑罕虎（昭5）[问答体]

20.子产谓晋侯梦熊当祀夏郊（昭7）[问答体，劝谏体-从-验]

21.子产论平息郑人相惊以伯有（昭7）[问答体]

22.子产答晋人问伯有犹能鬼乎（昭7）[问答体]

23.士文伯答晋侯日食祸福（昭7）[问答体]

24.史赵答晋侯陈其亡乎（昭8）[问答体]

25.申无宇儆楚王须防尾大不掉（昭11）[问答体]

26.晏子对景公问古人无死（昭20）[问答体]

27.梓慎答鲁侯日食祸福（昭21）[问答体]

28.子大叔答赵简子揖让周旋之礼（昭25）[问答体]

29.晏子与齐侯论治国之礼（昭26）[问答体]

30.魏献子问成鱄与魏戊县（昭28）[问答体]

31.魏献子问龙于蔡墨（昭29）[问答体]

32.史墨答季氏出君因果是非（昭32）[问答体]

33.叔孙辄对吴王问伐鲁（哀8）[问答体]

34.孔子答季孙问十二月螽（哀12）[问答体]

35.子赣答卫侯能否归国（哀26）[问答体]